重大工程建设管理理论与实践

——德兴铜矿五号尾矿库建设纲鉴

施骞　编著

同济大学出版社
TONGJI UNIVERSITY PRESS

图书在版编目（CIP）数据

重大工程建设管理理论与实践：德兴铜矿五号尾矿库建设纲鉴／施骞编著．-- 上海：同济大学出版社，2021.7

ISBN 978-7-5608-8464-6

Ⅰ．①重… Ⅱ．①施… Ⅲ．①铜矿－尾矿设施－建设－德兴②铜矿－尾矿设施－安全管理－德兴 Ⅳ．① F426.1 ② TD926.4

中国版本图书馆 CIP 数据核字 (2021) 第 147310 号

重大工程建设管理理论与实践
—— 德兴铜矿五号尾矿库建设纲鉴

施　骞　编著

责任编辑　由爱华　李小敏　　**责任校对**　徐春莲　　**封面设计**　张　微

出版发行　同济大学出版社 www.tongjipress.com.cn
（地址：上海市四平路 1239 号　邮编：200092　电话：021-65985622）
经　销　全国各地新华书店
印　刷　常熟市华顺印刷有限公司
开　本　787 mm×1092 mm 1/16
印　张　19
字　数　474 000
版　次　2021 年 7 月第 1 版　2021 年 7 月第 1 次印刷
书　号　ISBN 978-7-5608-8464-6
定　价　80.00 元

序

《重大工程建设管理理论与实践——德兴铜矿五号尾矿库建设纲鉴》一书真实、客观、生动记录了德兴铜矿五号尾矿库（简称“五号尾矿库”或“五号库”）项目从可研、立项、建设到建成投入使用以来方方面面的成果，记录了参与这个超级工程建设全体人员的心血和汗水，记录了项目实施期间地矿多方联动、密切合作，描绘了这个划时代伟大工程由天堑变通途、深山起平湖的壮丽画卷。德兴铜矿五号尾矿库项目是地矿合作共赢、实现多赢的经典工程、友好工程和示范工程。本书可为国内外同类型尾矿库项目的建设、实施与管理提供具有可操作性、可复制性的借鉴。

笔者曾在德兴工作，现在江西铜业集团有限公司（简称“江铜集团”）任职，对德兴这片土地有着深厚感情。德兴铜矿的持续均衡稳定生产对地方经济发展有着举足轻重的作用，对江铜集团保障原料自给率和提升核心竞争力具有重要意义。五号尾矿库是江西省重点工程，也是一个超级工程，更是一个划时代的世纪工程。它早一天建成，就可以早一天缓解德兴铜矿面临的尾矿堆存困难及其进一步引发的减产甚至停产的巨大压力。可以说这就是一个与时间赛跑的工程。

五号尾矿库建设于江铜集团“十三五”规划实施时期，建成于江铜集团“三年创新倍增”的关键节点，服务于江铜集团全力打造具有全球竞争力的世界一流企业的征程路上，承前启后，意义重大。作为亚洲最大尾矿库，它拥有70个西湖的库容量，坝体绝对高差比三峡大坝还要高，江西省历史上单次征地面积最大、全国同类型尾矿库投资性价比最高等这些“光环”，足以让每一名参与者与见证者惊叹和骄傲。笔者到江铜集团履新后第一次到德兴铜矿，就有幸参加了2019年7月3日的蓄水启动仪式，见证了这一伟大的时刻，为这个超级工程的磅礴气势所震撼。通过本书的详细记录，希望可以让读者直观了解五号尾矿库项目建设的艰辛与不易，了解更多为项目建设默默付出的无名英雄。

在项目建设前期，通过充分的准备工作，依法依规，取得了项目建设必须的“安全、环保、水保、土地”等国家部委、省厅批文和“通行证”，为五号尾矿库项目建设提供保障。

在项目建设期间，德兴市委、市政府及相关单位、部门的鼎力支持，广大基层领导干部翻山越岭，走村入户，“白＋黑”“5+2”，全力以赴攻坚征地拆迁工作，为项目的稳步推进做出贡献。

在项目攻坚时刻，全体建设工作者斗高温战严寒、风里来雨里去，翻山越岭，钻洞下沟，以项目施工现场为家，晴天一身灰，雨天一身泥，舍小家保“大家”，撸起袖子加油干，用心守护着项目建设安全、环保和质量这根红线和生命线。这是圆满按期建成五号尾矿库的根和基。

在项目决胜阶段，通过党建引领，以高质量的党建推动项目高质量发展，在项目建设的“急、难、险、重”困难面前，彰显了党支部的战斗堡垒作用和党员的先锋模范作用。

项目建成后，及时投入生产服务，工艺流程畅通，涌现了大批先进典型，培养了一批工程技术人员，积累了基本建设管理经验，储备了优秀专业管理人才。

展望“十四五”规划，让我们以书为鉴，共期未来，携手并进，砥砺前行，为把江铜集团建成世界一流企业，为建设富裕、美丽、幸福的现代化江西做出新的更大的贡献。

未来之库，未来可期，精彩继续！

江西铜业集团党委书记、董事长、总经理

2021 年 6 月

前　言

德兴铜矿五号尾矿库工程是江西省重点工程项目之一，历经八年时间基本建成，将作为四号尾矿库的接替工程投入使用，为江西铜业集团和当地社会经济发展贡献巨大力量。

五号库工程的每一名参与者，栉风沐雨、披星戴月，用智慧和汗水建成了这座亚洲最大的“安全之库、环保之库、智能之库”。本书旨在记录五号库建设过程的点点滴滴，也期待与同行分享五号库工程建设的宝贵经验。

全书围绕三大篇展开。建设篇从项目全生命周期管理的角度，阐述了五号库从项目建设规划、设计、施工管理到运营策划过程中的每一步关键工作。项目管理者以一定的管理素养和水平及在重大工程项目上高度的责任心和使命感，坚持以计划管事、以制度管人，并以合理化的组织结构为依托，确保五号库质量安全、进度和费用管控目标得以实现。

如果说建设篇是横向反映五号库周全细致的管理工作，创新篇就是从纵向深度挖掘五号库建设过程中的某些环节，以反映其与同类型工程建设相比的独到之处。五号库建设过程可以说是一波三折，正所谓“难点就是创新点”，有困难才会有突破。五号库被称为世纪工程，工程规模宏大、影响意义深远，对建设者和管理者也是史无前例的挑战。这就要求五号库在项目模式上必须创新，并且是多方位地创新，涉及组织管理、技术、环保等各个领域，以创新提升管理水平，以创新突破技术瓶颈，以创新推动和谐发展，从而加快建设创新型工程。

人文篇则是本书的一大亮点。它收录了项目建设过程中发生的难忘故事，以第一人称视角讲述了五号库建设的全过程，涉及德兴铜矿与施工单位、德兴市五号库建设协调服务领导小组，以及海口镇与大茅山集团公司两大权属单位的工作进展，涵盖了决策、协调、管理和实施人员八年来的所见、所闻、所想、所感。通过他们的回忆，过去的一幕幕场景仿佛历历在目。参与建设者的心路历程折射出每一步走来的辛酸，但他们也积累了不一样的人生财富。同时，人文篇也启示每一个管理工作者，要想管好项目，首先要管好人，要重视人、尊重人、关心人、呵护人，不仅需要制度管人，更重要的是以情动人。

本书得到国家自然科学基金资助（项目号：71771178）。本书可为工程建设管理者提供参考，也可作为工程管理高年级本科生或研究生的教学参考用书。由于编者水平有限，难免有错漏不当之处，敬请读者批评指正。

目 录

创新篇

人文篇

建设篇

今天的组织需要的是由一群平凡的人，做出不平凡的事。

——〔美〕彼得·德鲁克

第 1 章　德兴铜矿五号尾矿库建设背景及意义

1.1　项目建设所在地基本情况

1.1.1　项目建设地点

德兴铜矿地处江西省上饶地区德兴市境内（图 1.1），位于怀玉山脉孔雀山下，距德兴市区 35 km，距乐平市 90 km，距上饶市 128 km，距省会南昌市 300 km，交通便利。距婺源高铁站 48 km，距德兴高铁站 61 km，距德兴东站 26 km，距德兴市新岗山高速公路枢纽站 24 km，距德兴市德兴东高速公路枢纽站 25 km，2 小时车程内有南昌昌北机场、上饶三清山机场、景德镇机场、安徽黄山机场、浙江衢州机场等 5 个机场，均在南昌、上海、福州、杭州、合肥六小时经济圈内，属长三角经济圈、海西经济圈。矿区南依泊水河与花桥为邻，北与婺源县太白镇隔乐安河而望，东接德兴市海口镇，西连德兴市泗洲镇（图 1.2）。

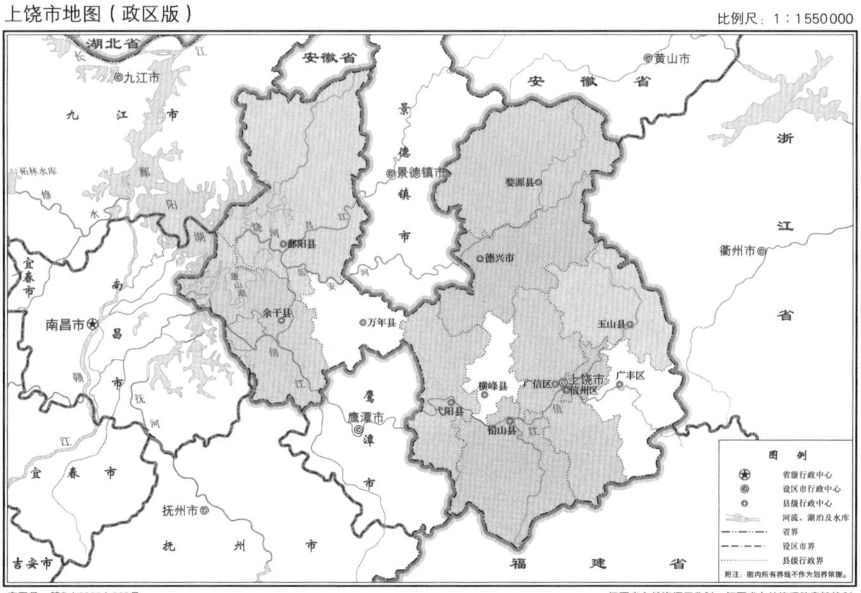

图 1.1　德兴市地理位置

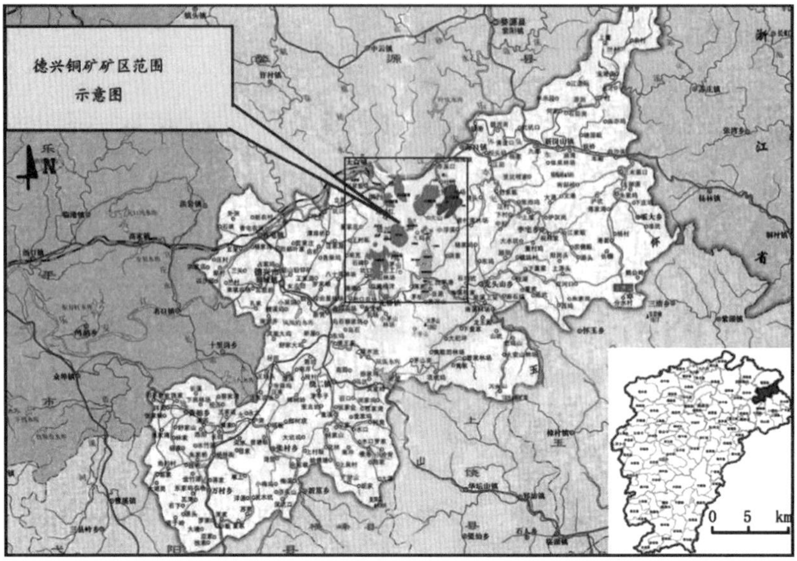

图 1.2　德兴铜矿矿区范围示意图

五号库项目位于德兴铜矿现有的四号尾矿库东侧的铁罗山沟内，属于德兴市海口镇杜村村委会管辖范围。地理坐标：东经 117° 46′5″ 至 117° 48′26″，北纬 29° 0′14″ 至 29° 3′41″。

1.1.2　自然环境情况

德兴取“山川之宝、惟德乃兴”之意而命名，位于江西省东北部，地处赣、浙、皖三省交界处，乐安河中上游，隶属于上饶市。东接浙江省开化县，东南与上饶县、玉山县毗邻，南和横峰县、弋阳县相接，西接乐平市，北连婺源县。德兴市总面积为 2 101 km^2，辖 4 个街道、6 个镇、6 个乡、大茅山集团公司、大茅山风景名胜区和江西德兴高新技术产业园区，总人口为 33 万人，1990 年 12 月撤县设市。

德兴境内群山连绵，峰峦重叠，岗陵起伏延展，东南部的山属怀玉山脉中段，东北部的山属浙江境内白际山支脉尾段。怀玉山支脉从东部入境，纵贯中部伸向西南，使境内形成东、南两边高峻，西北逐渐低平向内倾斜的地形。地势自东南向西北倾斜，东南层峦叠峰，最高点为东部三清山的玉京峰，海拔 1 816.9 m；中部大茅山盘亘起伏，主峰海拔 1 392.9 m；西北部为丘陵及山间盆地，丘顶标高 200 ～ 300 m；最低点在西部蓝村附近，海拔 32 m。德兴市常态地貌类型以山地、丘陵为主，山地占德兴市面积的 44%，丘陵占 33%，低丘岗地占 23%。

德兴水资源丰富，长度在 5 km 以上的河流有 87 条，水能理论蕴藏量为 14.4 万 kW，电能为 9.7 亿 kWh，可开发量为 9.63 万 kW，占理论蕴藏量的 66.8%。1983 年被国务院列为 100个农村电气化试点市之一。1998 年德兴市已建水电站 121 座，总装机容量为 22 201 kW。

德兴矿产资源十分丰富。德兴是历代银场，南朝陈开始采银，故又称“银城”。德兴素有“铜都”“银城”“金山”之誉，是中国有色金属工业的重要基地。北宋炼铜家张潜著述《浸铜要略》，开创了湿法炼铜的先河。德兴市已探明境内金属矿藏有铜、铅、锌、钼、金、银、钨、铬、铁、锰、锡、镍、钒、镓、铟、镉等 30 余种，其中铜、铅、锌、钼、金、银、钨都有相当可观的储量，特别是铜储量为世所罕见，截至 2006 年，已探明铜金属量总计达 1 067.49万 t 。1958 年开始建造的德兴铜矿，是亚洲最大斑岩铜矿。黄金储量居江南之首，远景储量 580 t，2006 年末保有金金属量 262.3 t。非金属矿有大理石、蛇纹石、硫铁矿、煤、石灰石、玉石、瓷石、水晶和萤石等，其中大理石、蛇纹石的储量最为丰富。德兴市有德兴铜矿、银山矿业公司、三和金业公司、金德铅业（江西有色冶炼加工总厂铅冶炼分厂）、金山金矿、花桥金矿等一大批有色贵金属采选及加工企业，被省经贸委授予“江西省黄金产业基地”称号。

德兴山多林茂，是中国百强林业县市和中国科学兴林试点县市之一，连续被江西省政府授予“全省造林先进单位称号”。森林覆盖率达 76%，2018 年年底森林活立木总蓄积量为 971 万 m^3，公益林区面积为 54 162 hm^2，商品林区面积为 109 851 hm^2，天然林面积为 80 676 hm^2，经济林面积为 8 525 hm^2，生态公益林面积为 51 800 hm^2。林地资源多属天然次生，针叶林面积比重大。受海拔、山地土壤、气候及人类活动等诸多因素的影响，形成油茶林、毛竹林、针阔混交林、灌木林四大森林类型；自然分布的野生植物有 157 科，1 088 种，常见的树种有 400 余种，油茶、油桐、乌桕、茶叶为德兴经济林主要树种，珍稀树种有华东黄松、黄山松、南方铁杉、水松、红花油茶等 20 余种。德兴森林覆盖率高，适宜多种动物生长繁殖和栖息。中草药资源蕴藏丰富，素有“出门就是药，深山是药库”的美誉，中药材品种占国内植物药材品种数量的 1/5 以上。

1.1.3　社会经济情况

2019 年是中华人民共和国成立 70 周年，也是“十三五”规划实施的关键之年，德兴人民在市委、市政府的领导下，深入贯彻党的十九大精神，坚持以习近平总书记新时代中国特色社会主义思想为引领，按照高质量发展要求，统筹做好稳增长、促改革、调结构、惠民生、防风险各项工作。紧紧围绕“打造赣浙皖三省交界最具魅力山城”的宏伟目标，全面落实“创新、协调、绿色、开放、共享”发展理念，坚持继承与创新并举，努力培育支撑经济社会高质量发展的产业，不断优化产业结构、深化改革创新，集中精力求突破，以更精确的目标切实推动资源型城市转型升级。全市经济始终呈现稳中有进、稳中向好的良好态势。

1. 全市经济总量平稳增长，增幅有小幅回落

2019 年，德兴市实现生产总值 154.66 亿元，总量在上饶市排第 8 位，按可比价格计算，同比增长 7.5%，增速在上饶排第 7 位。其中，第一产业完成 19.25 亿元，同比增长 2.8%；第二产业完成 57.14 亿元，同比增长 8.7%；第三产业完成 78.26 亿元，同比增长 7.7%。三次产业结构由上年同期的 12.6∶37.1∶50.3 调整为 12.4∶36.9∶50.6。三次产业对经济的贡献率分别为 11.1%，34.7%，54.2%。

2. 经济效益向高质量发展

2019 年，德兴市财政总收入累计完成 40.68 亿元，较上年同期增收 2.50 亿元，增长 6.55%；占全市生产总值比重为 26.3%，经济发展质量持续提升。上划省级收入完成 1.12 亿元，增长 25.53%；上划中央收入完成 10.44 亿元，增长 28.6%。按征收部门划分，税收部门完成 27.64亿元，同比增长 8.85%，税占比为 68%。企业效益保持两位数增长，主营业收入为 231.4亿元，同比增长 16.4%，在上饶市排第 4 位；实现利润总额 12.0 亿元，在上饶市排第 5 位，同比增长 18.4%，在上饶市排第 4 位。

1.2　项目建设的背景及意义

1.2.1　德兴铜矿

德兴拥有“中国铜都”的美誉。德兴铜矿现为江西铜业股份有限公司主干矿山，是中国及亚洲最大的露天铜矿之一，拥有丰富可靠的资源，铜金属储量占全国第一位。矿藏特点是储量大而集中，埋藏浅，剥采比小，矿石可选性好，综合利用元素多。

德兴铜矿为特大型斑岩铜矿，由铜厂、富家坞和朱砂红三个矿区组成，建有铜厂、富家坞两个露天采矿场以及泗洲、大山两个选矿厂（图 1.3）。采选能力为 10 万 t/d，其中，泗洲选矿厂为 3.8万 t/d，大山选矿厂为 6.2 万 t/d。大山选矿厂经扩大采选生产规模技术改造后，处理规模达到 9.2 万 t/d，矿山总生产规模达到 13 万 t/d。

图 1.3　德兴铜矿选矿厂

1.2.2　建设背景

矿山产出的尾矿全部排往尾矿库堆存。德兴铜矿共有三座尾矿库，分别为一号库、二号库和四号库。目前一号库已经闭库，二号库停止使用，四号库正在使用。三号库完成了设计图纸，由于后续评估认为建设成本太高，因此没有开工建设。此前矿山的尾矿主要排往四号尾矿库，该尾矿库于 1991 年 2 月建成使用，根据当时圈定的矿体边界品位，连同已建成的一号、二号尾矿库，可以堆放铜厂和富家坞两矿区矿石产出的全部尾矿。

近年来，随着矿山企业的不断发展，矿山尾矿库的剩余库容已经远远满足不了堆存矿山生产期内产出全部尾矿的需要。这一情况主要是以下原因造成的：

（1）在生产中由于铜市场价格的升高，德兴铜矿自发地利用了大量低品位矿石，并在 2007 年进行扩大采选生产规模技术改造项目可行性研究时，从可持续发展的战略出发，为了充分回收资源，加大规模效益，将矿山开采的边界品位从 0.30% 降至 0.25%。由于边界品位的降低，铜厂和富家坞两个矿区可开采的矿石量大幅增加。

（2）三期工程圈定的矿石量并没有包括朱砂红矿区的矿石量。

（3）正在使用的四号尾矿库的库尾由于排放废石，占据了部分有效库容。

德兴铜矿扩大采选生产规模技术改造项目在 2010 年底建设完成并投入使用后，采选能力由 10 万 t/d 增加到 13 万 t/d。采选规模扩大后，矿山尾矿库剩余的有效库容只够使用到 2020 年。

德兴铜矿在进行扩产项目可行性研究和初步设计时，对四号尾矿库的排放计划进行了研究。结果表明，采选规模的扩大造成了矿山现有尾矿设施，特别是四号尾矿库排矿发生了排放尾矿困难。虽然通过改造现有尾矿设施并增加了四号尾矿库库尾放矿及周边放矿项目，但按当时矿山尾矿处置规划，至 2014 年年底，四号尾矿库将发生尾矿排放困难，因此，研究建议矿山尽快规划后续尾矿的处置计划，即五号库规划建设。五号库原始地貌如图 1.4 所示。

图 1.4　五号库原始地貌全景

1.2.3　建设意义

五号库项目不仅是企业生产的重大项目，更是上饶市乃至江西省的重大项目，对保证企业生产需要，满足企业可持续发展需要，加快德兴铜矿和地方经济的发展都有着十分重要的意义。项目所在的海口镇，在德兴市市域城镇体系规划中被定义为综合型城镇。项目建设符合德兴市城镇发展战略方针和总体功能规划要求，符合《德兴市城市总体规划（2008—2030）》，同时能够保障德兴铜矿 13 万 t/d 采选工程的正常生产，符合《江西省矿山资源总体规划（2008—2015）》。

目前矿山尾矿库的剩余库容已经远远满足不了堆存矿山剩余全部尾矿的需要，采选规模扩大后，矿山还缺总库容为 9.59 亿 m^3 的尾矿库，同时矿山现有尾矿设施的排矿难问题如果不能及时解决，周边排放的尾矿将隔断和淤积回水区域，若控制不当还会出现隔断和淤积排水区域、堆坝速度滞后等问题，严重影响矿山的生产安全和经济效益。二号、四号尾矿库因地理位置受限，均已不再适宜增容。为满足矿山生产期内产出全部尾矿的堆放需要，保障矿山尾矿处置系统安全、稳定运行，五号库的建设刻不容缓。

当前德兴市正处于加快转型升级、推动绿色崛起的关键时期，尾矿库的建成对尾矿资源的进一步开发利用、推动企业科技创新与可持续发展具有积极的影响。目前已建成的五号库如图 1.5、图 1.6 和图 1.7 所示。

图 1.5　五号库上游坝

图 1.6　五号库下游坝

图 1.7　浮船和岸边泵站回水系统

1.3 项目概况

1.3.1 世纪工程

五号库工程是江西省重点工程，从项目立项开始，历经 8 年基本建成。超大库容量使五号库成为亚洲最大的尾矿库，其被称为世纪工程，集库、坝、洞、路、电等为一体，在未来数十年内，将为德兴铜矿和地方经济可持续发展贡献力量。该工程属尾矿处置工程，由尾矿库上游坝、下游坝、尾矿库回水系统、尾矿库排洪系统、尾矿输送分级排放系统、尾矿库安全监测、安防、调度、通信、供电等工程组成，主要建设内容可概括为“两坝、七洞、一路一电”。

五号库工程征地面积大、库容量大、投资数额大、工程量大。

（1）工程总占地面积达 13.41 km^2，征用土地 1 310.2 hm^2，搬迁 313 户库区居民，约 1 200 人。

（2）总库容量达 10.313 亿 m^3，相当于 70 个西湖的容量。

（3）工程总投资约 32 亿元。

（4）开辟 38 900 m 道路；掘进 23 000 m 隧洞；跨越 20 多个山头，架设 30 000 m 高压线，完成土石方 500 万 m^3。200 多辆工程车参与其中，500 余工程技术人员奉献其中，最终筑成 178 m 高上游坝和 224 m 高下游坝。

1.3.2 工程之最

在征地拆迁工作中，五号库工程创造了若干个江西省乃至全国第一（首次）记录：

（1）全国首个个体（企业）一次性征收建设用地规模（面积 1 310.2 hm^2）最大项目；

（2）从预审到建设用地报批，用时最短，仅用四年不到就获得国务院（国土资源部）的正式批复，且在一次报批超大面积的单体项目中，规模全国第一；

（3）《节约集约用地方案》《土地复垦方案》编制，一次性通过国土资源部专家组评审，在江西位居第一；

（4）在上饶及德兴首次争取和利用“优先使用林地许可”的优惠政策，为项目工程争取到了两年多前期勘察的宝贵时间。

第2章　德兴铜矿五号尾矿库项目建设的管理组织模式

2.1　组织结构模式

2.1.1　组织建设的难点

五号库建设工期紧、规模大、对工程质量要求高，若不能按时保质地完成建设，必然会影响德兴铜矿后续的采矿生产活动，进而影响江西省铜矿产业的发展。项目参建单位众多，业主方协调工作量大，给五号库建设项目的管理和组织带来了一定的挑战。

（1）五号库项目属于大型工程建设项目，如何设计有效的项目组织模式来管理众多参与方，协调政府、设计方、施工方和其他相关单位之间的关系，确保多方沟通渠道畅通，联系紧密，协同工作，从而确保项目前期各项报批工作以及建设期工程进度，是业主方项目管理工作首要考虑的问题。

（2）五号库项目建设前期需要完成大量征地拆迁工作。由于征迁地涉及的村民户数较多且村民可能存在一些抵触心理，项目组织的构建必须充分考虑外部沟通渠道的建设，加快信息在"德兴铜矿—德兴市政府—权属单位"三大主体之间的流转速度，提升三大主体相互配合的效率，尽快为五号库工程后续开工建设创造条件。

（3）五号库作为四号库的接替工程，是继四号库后亚洲最大的尾矿库。为建成如此规模宏大的工程项目，往往需要科学构建与之对应的组织网络。工程建设的参与单位众多，使得该组织网络呈现一定的复杂性特征，会带来管理上的困难，处理不当会严重影响工作效率。五号库工程建设的紧迫性不允许出现这样的情况，因此在有限的资源下，如何设计合理高效的组织结构模式，提高组织效能，是五号库项目建设面临的一个重要挑战。

2.1.2　组织建设的基本原则

在四号尾矿库项目建设组织管理经验的基础上，德兴项目部依据五号库项目的建设特点，结合自身情况，分析了五号库项目组织建设中的难点，并围绕如何解决这些组织建设难点来确定组织设计的基本原则。

1. 加强与政府部门间的沟通协作

作为江西省重点工程项目，五号库工程对江西铜矿产业具有重要的意义。五号库的建设不仅是德兴铜矿的大事，也是德兴市政府的大事。五号库项目建设任务繁重，尤其是前期一系列的准备工作仅凭德兴铜矿一家企业的力量几乎不可能完成，必须依托德兴市政府及相关部门的大力协作，充分发挥政府的力量。因此，在组织设计的过程中，必须重视与政府部门间沟通渠道的建设，确保信息传递的及时性和有效性，提高项目前期准备工作的效率。

2. 以生产运营需求为导向

“尾矿库是用来堆存矿山进行矿石选别后排出尾矿或其他工业废渣的场所。”因此，五号库工程能否及时建成并投入使用，直接关系到选矿厂的采矿生产量。由于四号尾矿库的剩余库容量告急，五号库的建设迫在眉睫，若不能及时建成，将导致采矿量的不断减少，给企业造成巨大损失。由于五号库的交付使用时间非常明确，同时必须确保工程质量及运营安全，因此必须要以五号库的生产运营需求为导向进行项目管理组织设计。

3. 权责清晰、分工明确

五号库项目应通过合同文本明确各标段勘察、设计、施工等各个服务方的权利和义务，减少工作交界面，避免出现相互推卸责任的情况，同时五号库项目管理组织内部也需要通过界定工作任务分工和管理职能分工来明确各部门间的权利、责任和义务，确保每项工作不重复、不遗漏。[1]

2.1.3　组织结构模式的确立

从职能上来看，德兴项目部主要负责江西铜业股份有限公司在德兴铜矿的基本建设项目；从组织机构上来看，德兴铜矿负责生产，而德兴项目部专门负责德兴铜矿的基建项目，两者是两个单位。为了有效管理基建与生产，将基本建设工作合理穿插于生产运营之中，组织设计需要充分考虑两者之间的关系。因此，德兴项目部起初是单独设立的，为了方便管理，由德兴铜矿矿长兼任项目部经理，项目部常务副经理主持项目部的日常工作，同时项目部常务副经理进入德兴铜矿的班子，参加德兴铜矿的班子会议，从而解决生产和基建之间的协调一致问题。

德兴项目部共计 33 个人，将近一半以上是干部，党员比例高达 80%，拥有中级技术职称及以上的达到 90%，高级工程师达 60%，基本由高学历、高职称人才组成。项目部的干部分为两个层次，即项目部的领导干部和中层干部。领导干部由常务副经理及下设的三名副经理组成，这三名副经理都是江西铜业股份有限公司直管的，与常务副经理一起组成项目部的班子成员，而德兴铜矿矿长是兼任的，负责统筹协调和总体控制，一般不参与日常工作。同时德兴项目部下设五部一室，各部门部长、副部长共同组成项目部中层干部群体。德兴项目部组织结构如图 2.1 所示。

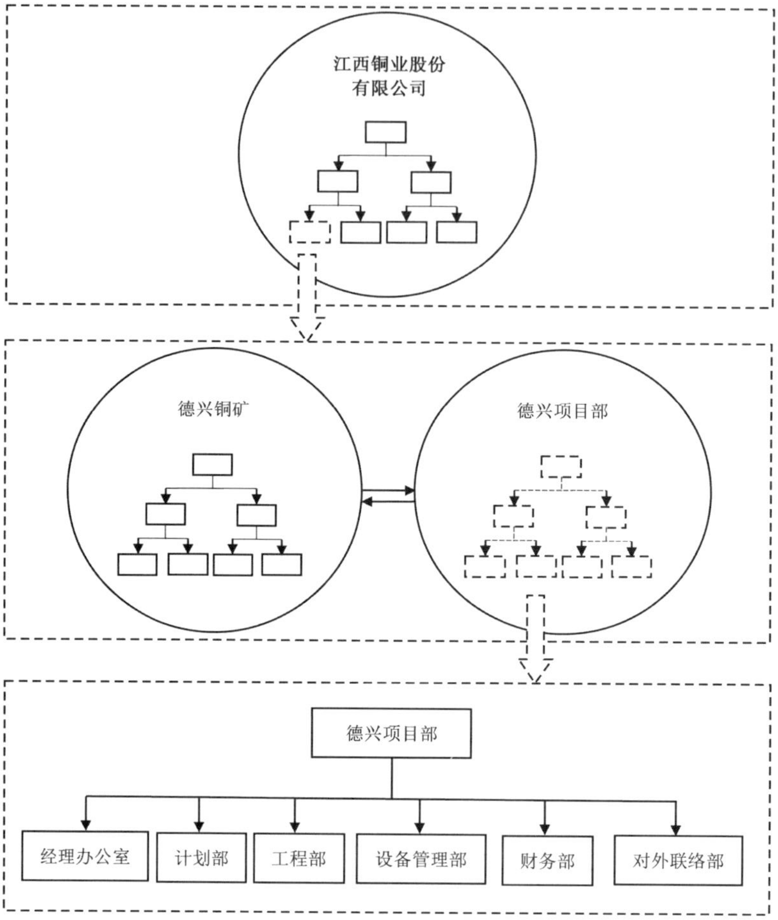

图 2.1 德兴项目部组织结构

虽然德兴项目部是五号库项目的唯一业主方，但五号库项目的建设对德兴市，乃至整个江西省都会产生重大的影响，因此仅凭德兴项目部一己之力不可能完成五号库的全部建设重任，特别是在项目前期，德兴项目部必须与德兴市政府以及两大权属单位建立积极的协作关系，处理各类建设准备工作。为此，德兴市政府也为五号库项目特别设立了建设协调服务领导小组，设置组长、副组长、常务副组长，并下设宣传维稳组、征地拆迁组、控违组和综合协调组四个工作组（图 2.2），与德兴项目部的对外联络部紧密协调、配合工作，积极沟通项目前期工作中遇到的各种问题，为推进五号库工程建设争取了宝贵的时间。

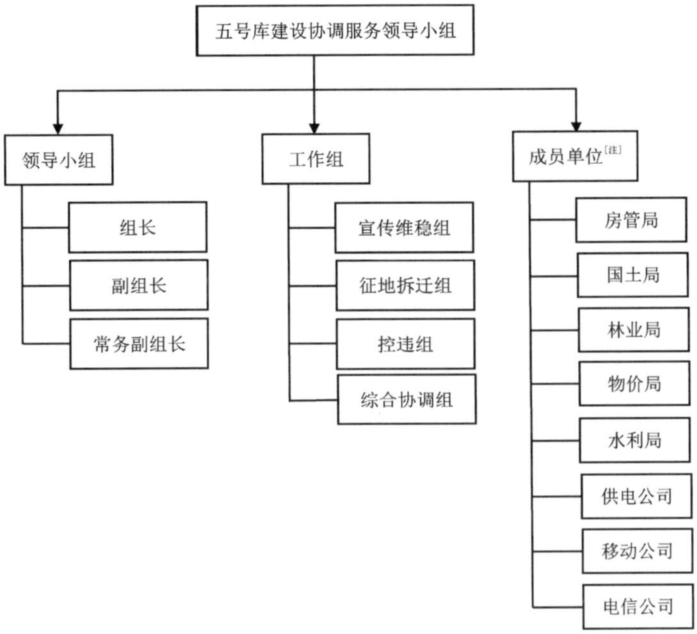

注：配合五号库建设的成员单位还包括德兴市委、市政府、公安局、环保局、交通运输局、法制办、市纪委、矿管局、档案局、规划局、农业局、安监局、城管局、公路局、民政局、财政局、审计局、建设局、联通公司、广电网络公司、供水公司、海口镇政府、大茅山集团公司、银城街道办、新营街道办等。

图 2.2　五号库建设协调服务领导小组组织结构

2.2　组织分工

2.2.1　任务分工

德兴项目部为明确五号库建设期间各部门的工作任务，避免出现一项工作没有部门负责或是一项工作由多个部门负责的情况，在五号库项目伊始就编制了详细的项目管理任务分工表，作为项目组织设计文件的重要组成部分，明确各项工作任务由哪个工作部门负责，由哪些工作部门配合或参与（表 2.1）。同时，随项目实际情况合理调整管理任务分工表。

2.2.2　职能分工

项目经理部承担德兴铜矿重大建设工程项目的组织、实施和管理工作，为了更好地履行职责，确保建设工程项目的顺利实施，按照相关法律法规的要求，依据《江西省重点建设项目管理办法》和《江西铜业股份有限公司（总部）规章制度体系专业制度》等，结合实际情况确定项目经理部应履行下列职责：

（1）履行建设工程项目的立项报批程序，做好前期准备工作。

（2）根据批复的可研报告中的建设总体规划、工程进度计划，编制年度、季度、月度投资和资金计划，报公司审批后组织实施，严格执行开工报告审批制度，控制概算投资，杜绝计划外项目发生。

（3）依法对工程勘察、设计组织招标或按阶段办理设计委托，与中标或受委托单位签订勘察或设计合同，并严格履行合同管理工作。

（4）按规定向勘察、设计、施工、监理单位提供有关资料，确保资料真实、准确、齐全。

（5）联系协调设计中的有关事宜，按照管理权限做好初步设计审查的申报，组织技术和施工图设计审查、会审、设计交底，并形成会议纪要。

（6）遵循公开、公平、公正和诚实守信的原则，负责项目施工、监理的招标，参与公司材料设备部组织的重要设备、材料的招标。

（7）负责与中标的施工、监理单位签订合同并严格履行合同，确保“投资、进度、质量”三控制目标的实现。

（8）规范建设工程合同（包括勘察、设计、施工、监理）文本、合同违约、处罚及最终结算价确定等的重要条款；建立工程合同台账制度、工程项目月报制度、施工企业台账和施工企业黑名单制度；做好合同报备工作。

表 2.1　管理任务分工表

编　码	工作名称	项目经理部	经理办公室	计划部	工程部	设备管理部	财务部	对外联络部
A	前期准备							
A/01	项目立项	☆	○					
A/02	编制项目建议书	△	☆					○
A/03	编制项目可研报告	△	☆					○
A/04	相关文件报批申请	△	○					☆
A/05	土地征用	△						☆
B	项目规划							
B/01	投资目标	△		☆			○	
B/02	进度目标	△		☆				
B/03	质量目标	△		☆				
B/04	编制设计任务书	☆	○					
C	采购管理							
C/01	确立合同结构	△			☆	☆		
C/02	招标、评标	△	○		☆	☆		
C/03	提供必要工程资料		○	☆				

续　表

编　码	工作名称	项目经理部	经理办公室	计划部	工程部	设备管理部	财务部	对外联络部
C/04	合同签订	☆	○		△	△		
C/05	跟踪合同执行情况			☆	○	○	○	
C/06	甲供材料设备管理			△		☆		
D	设计管理							
D/01	进度控制	△		☆				
D/02	投资控制	△		☆			○	
D/03	质量控制	△		☆				
D/04	协调沟通	☆		△				
D/05	变更控制	☆		△				
D/06	设计交底	☆			○	○		
E	施工管理							
E/01	施工进度计划编制			△	☆			
E/02	进度控制	△		△	☆			
E/03	资金使用计划编制			△	☆		○	
E/04	投资控制	△		△	☆		○	
E/05	施工组织文件审查	△			☆			
E/06	专项施工方案审查	△			☆			
E/07	组织现场会议	△			☆			
E/08	技术交底				☆			
E/09	质量控制	△			☆			
E/10	现场材料设备检查				△	☆		
E/11	协调沟通	☆			△			
E/12	变更控制	☆			△			
F	信息管理							
F/01	定期召开会议	☆	△	○	○	○	○	○
F/02	会议纪要整理		☆	○	○	○	○	○
F/03	文件起草		☆	○	○	○	○	○
F/04	信息公开与宣传	☆	△	○	○	○	○	○
G	竣工验收							
G/01	组织相关单位验收	☆		△	△	△		
G/02	开展专项验收工作	☆			△			
G/03	资料收集整理移交	☆	△	○	○	○	○	○
G/04	项目总结	☆	△	○	○	○	○	○

注：☆—主办；△—协办；○—配合。

（9）负责现场施工管理，定期召开工程例会，及时协调解决设计、施工、监理之间的矛盾和问题，确保现场安全，文明施工。

为配合项目经理部做好具体工作，项目部进一步明确了经理办公室、计划部、工程部、设备管理部、财务部、对外联络部，即五部一室的管理职能分工，确保部门内工作井然有序，部门间工作衔接默契，为五号库项目建设搭建出良好的组织管理架构。

经理办公室应充分发挥综合、参谋、协调和服务的职能，当好领导的“参谋”和“助手”，具体包括：

（1）为领导和各部室提供高效、优质服务，保障项目经理部各项工作的顺利开展。

（2）负责党、政、工的工作计划、总结等材料的起草工作；传达上级的指令、决策，检查督促执行情况。

（3）负责经理部各类会议和重大活动的通知和组织安排工作。

（4）负责党、政、工会议的签到、记录及会议纪要的整理工作。

（5）负责党、政、工文件的收发、登记、传递、保管以及有关文书的整理归档；负责机要文件的取送、邮寄，国内传真的收发，做好保密工作。

（6）负责办公自动化系统的管理、维护，网上文件的收发、归档、拟办、催办工作。

计划部应加强计划（统计）、设计、预（结）算、档案等工作的管理，更好地服务于领导决策，提高项目建设的经济效益和社会效益，具体包括：

（1）依据国家的法律法规和建设工程的管理办法，负责项目经理部的计划（统计）、设计、预（结）算、档案等管理工作。

（2）计划管理，包括负责年度及调整计划，负责项目建设水土报告书编制的委托、验收申请和负责超概算及新增项目的申报。

（3）设计管理，包括合同管理、设计资料提供、技术及设计方案讨论、设计审查、科研技术服务成果和设计文件验收、设计变更管理。

（4）档案资料管理。

（5）预（结）算管理。

（6）协助招投标工作小组做好招标工作。

（7）材料计划供应管理。

（8）负责项目建设完成后的总结、评价报告编制汇总，上报公司工程管理部备案。

工程部应有效开展工程项目建设工程施工的组织协调管理工作，实现项目管理“投资控制、质量控制、进度控制”三大目标，具体包括：

（1）负责建筑工程项目的施工组织与管理。

（2）负责工程项目施工网络进度计划的编制。

（3）负责组织考察有关施工、监理单位。

（4）负责项目的安全、环境、职业健康与卫生、消费与评价、专篇审查及验收工作。

（5）负责组织施工、监理等单位进行建筑工程施工图纸会审并形成会议纪要。参与工程设计审查和施工图纸设计交底。

（6）负责建筑工程质量管理工作。

（7）监督施工单位建立健全安全施工和文明施工保证体系。

（8）做好工程项目施工进度的控制工作，确保进度计划目标的实现。

设备管理部应进行设备供应、设备安装的组织协调管理工作，具体包括：

（1）参加建设项目有关设备管理的可行性分析论证。参与建设项目大型设备采购的论证、选型、市场调研及招标采购。

（2）做好工程项目设备安装施工进度的控制工作，及时跟踪检查施工进度的执行情况，采取有效措施，确保进度计划目标的实现。

（3）参与公司材料设备部组织的设备计划、技术咨询、采购与招标等有关工作。

（4）参与设备的开箱检验和移交工作，将设备随机资料及时提供给安装单位。

（5）安排设备供应单位技术人员进行安装现场指导和设备调试。

财务部应建立健全财务会计基础制度，保证财务会计工作的有序进行，具体包括：

（1）负责资金筹措，保障资金及时到位，确保业主方资金需求。编制月度、年度资金流量计划，并上报公司财务管理部。

（2）负责组织召开资金平衡会，编制资金支付计划，定期对资金落实及使用情况进行分析，提供建设资金投资效益。

（3）负责审核工程进度、完工结算资料，办理工程价款的支付和清算工作。

（4）负责编制业主方管理费用计划，从严控制费用支出，确保建设项目资金专款专用。

（5）负责建设项目竣工验收决算财务报告的编制、固定资产移交的相关财务工作。

对外联络部应充分发挥协调沟通和土地管理的职能作用，保证项目正常有序地开发建设，控制和降低项目建设用地成本，具体包括：

（1）负责项目的对外联络工作。

（2）负责周边关系协调工作，包括统一联络、协调与周边林场、企业、村（局）委会及村民的关系；及时做好可能影响项目开发建设或地矿关系的各类矛盾、纠纷的调解、协商工作，营造良好的周边及施工环境，确保一方平安。

（3）负责土地征购和管理工作，包括做好建设用地的征购报批，地籍、地界、界桩管理及界域工作，处理土地纠纷；编制全矿土地利用中长期计划和年度计划，参与全矿土地复垦和土地利用开发工作，涉及土地使用的工程项目的前期设计审查工作，办理矿内新建、改建、扩建项目的建设用地审查，参与项目的选址界定；做好项目建设工程用地资料的收集、整理、归档工作，健全土地档案。

（4）林地管理，包括负责新征建设用地、林地及临时占用林地报批工作，并协助做好村（居）、林场林木清场采伐工作。

2.3 工作流程组织

2.3.1 工作流程组织的任务

工作流程组织反映的是一个组织系统中各项工作之间的逻辑关系，是一种动态关系，其主要包括：

（1）管理工作流程组织，如投资、进度、质量控制以及合同管理流程，付款和设计变更等流程。

（2）信息处理工作流程组织，如与生成月度报告有关的数据处理流程。

（3）物质流程组织，如弱电工程物资采购工作流程、外立面施工工作流程等。

工作流程组织的任务是定义各个工作流程。一般而言，工程项目工作流程组织可包括设计准备工作流程、设计工作流程、工程发包与物资采购流程、施工作业流程及其他各项管理工作流程。

2.3.2 工作流程图的编制

工作流程图是以流程图的方式反映一个组织系统中各项工作之间的逻辑关系，是重要的组织工具之一（表 2.2）。[2] 如五号库项目由施工单位发起工程变更，则可以绘制相应的工程变更签证流程图，使管理者或执行者清晰地明确每项工作之间的先后关系（图 2.3）。当工作流程涉及的部门较多时，也可以考虑用泳道图加以表达。

表 2.2　工作流程图的表达

图　例	文字解释
工作 工作执行者	工作流程图中两个矩形框分别表示工作和工作的执行者
判别条件	工作流程图中菱形框表示判别条件，引出流程的双分支
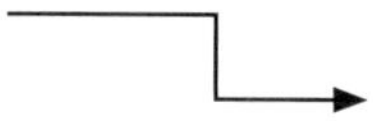	工作流程图中箭线表示工作之间的逻辑关系，须同时使用

2.4 小　结

五号库工程作为国家重点工程项目，其工程量大、工期紧、质量安全要求高等特点都给项目建设组织管理工作带来了前所未有的挑战，项目部必须构建高效合理的项目管理组织架构，加强组织管理，才能保证项目的顺利实施。为了高质、高效地完成五号库项目建设，德兴项目部始终充当着“服务型业主”的角色，在项目管控过程中坚持按照“三优化一沟通”模式开展工作，不断优化劳动力组织，优化作业时间，优化施工方法，加强设计、监理、施工单位间的沟通协调，确保项目管理全过程的延续性和可控性。

同时，德兴项目部十分重视与德兴市政府及两大权属单位的沟通协作，特别是在项目前期，积极联络政府部门和权属单位处理文件报批和征地拆迁工作，为后续开展勘察设计工作节省了宝贵的时间。从已建成的四号库和目前使用的五号库来分析，该组织管理模式的应用取得了不错的成效，提升了组织工作效率。

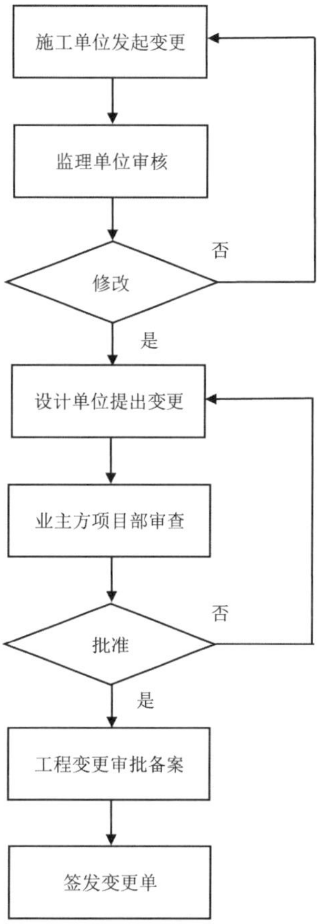

图 2.3　五号库工程变更签证流程

1. **权责清晰、分工明确**

“项目的目标决定了项目的组织，组织是目标能否实现的决定性因素。”[2] 许多建设工程项目的经验和教训表明，业主方设计出合理的组织结构，并策划好相应的任务分工和管理职能分工是组织能够有效运转的前提（图 2.4）。

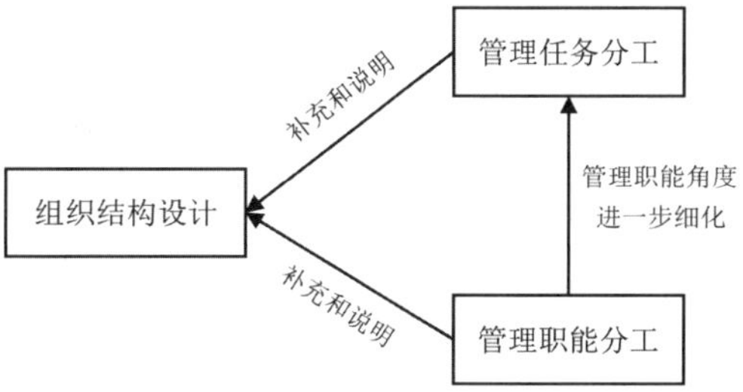

图 2.4　组织策划内容及相互关系

在组织结构设计方面，德兴项目部采用职能式组织结构，下设计划部、工程部、设备管理部、财务部和对外联络部五个部门以及经理办公室，在项目经理部的统一领导下协同开展五号库建设工作，并由项目部常务副经理主持日常工作。综合考虑五号库项目建设规模，以及业主方的项目管理能力，项目部建立职能式组织结构有利于发挥专业人才的作用，并且随着项目的推进，可以动态调整人力和物质资源在部门间的配置情况，降低管理费用。

在组织分工策划方面，可分为任务分工策划和管理职能分工策划，任务分工策划是对组织结构设计情况的说明和补充，通常以任务分工表的形式明确组织结构各部门的职责，而管理职能分工是从管理职能上对任务分工情况进行细化。在五号库项目立项之初，德兴项目部即对五部一室的工作任务分工和管理职能分工进行了详细的分析，并制作了工作任务分工表，形成了项目经理部规章制度汇编。工作任务分工表明确了每项任务主办、协办以及配合的部门，规章制度汇编第一分册则明确了项目经理部及各部室职责，做到权责清晰、分工明确，避免了项目进展过程中出现任务分工和职能分工的遗漏或重复，各部门严格按照既定文件要求执行工作，提高了整体工作效率。

2. 高质量项目管理团队

一般来说，规模较大、组成复杂的建设项目，业主方的组织结构也会较为庞大，这是为保证实现进度、质量、投资管理目标而在组织层面上采取的相应的保障措施。然而，德兴项目部的组织结构却十分精简，仅由 30 人左右构成。在有限的人员数量下，得益于项目团队拥有高学历、高职称人才，以及丰富的同类型工程项目管理经验，德兴项目部在五号库建设管理过程中表现出了较强的项目管控能力。精简的组织部门设计和人员安排非但没有成为团队工作效率的瓶颈，反而在最为困难的时期，激发了成员的斗志，展现出德兴铜矿良好的企业文化和成员凝聚力，“一个顶俩”“我不做谁做”的责任意识深入人心。德兴铜矿培养和发展的项目管理团队在节省组织机构建设不必要开支的同时，提升了组织工作绩效和企业综合实力。[1]

第 3 章　德兴铜矿五号尾矿库项目建设的前期评估工作

3.1　项目可行性研究

3.1.1　分析原则

根据国家发展和改革委员会关于江西铜业德兴铜矿扩建项目核准的批复中“为满足企业可持续发展的需要，做好矿山接替，应抓紧开展朱砂红矿区的详勘工作；同时，为保证企业生产需要，应适时启动铁罗山尾矿库的建设，作为四号尾矿库的接替”的精神，德兴铜矿于 2010 年向江西铜业股份有限公司上报了《关于新建五号尾矿库工程立项的请示》报告。

2010 年 5 月 31 日，江西铜业股份有限公司发文批复同意新建五号库工程立项，并要求德兴铜矿按照项目建设程序认真进行前期工作。根据江西铜业股份有限公司批文的精神，德兴铜矿于 2010 年 6 月委托中国恩菲工程技术有限公司对新建五号库工程开展可行性研究工作。中国恩菲工程技术有限公司于 2011 年完成了五号库工程的可行性研究工作，并于 2011 年 5 月提交了通过评审后的《德兴铜矿五号尾矿库可行性研究报告》。

五号库既是保障矿山生产的重要生产设施，也是矿山安全与环保的重大危险源、污染源，为保证项目达到安全可靠、技术先进和经济合理，可行性研究分析过程遵循如下原则：

（1）五号库的选址，按照技术上可行、经济上合理、尽可能少占农田、减少拆迁安置、考虑矿山长远发展等原则就近选择。

（2）五号库的建设容量与目前探明资源和圈定边界品位的矿石量相适应，处置规模与采选规模、生产运营需要相适应，建设计划与矿山尾矿的排放计划相适应，对生产服务期内所需要的主要设施贯彻整体规划、分步实施的原则。

（3）综合分析国内外先进技术及德兴铜矿的成熟经验，采用先进可靠的尾矿处置工艺方案和工程建设方案，在保证安全、环保的基础上努力做到建设、生产效益最大化，并贯彻节能减排的方针。

3.1.2 工作重点及可行性研究结论

为充分论证五号库项目建设的可行性，提升建设方案的科学性和有效性，德兴铜矿重点开展了以下分析工作：

（1）调查核算了矿山目前的剩余资源量和剩余尾矿库容量，确定了新建尾矿库需要的库容。

（2）根据需求的库容经多库址比较和现场调查选定了新建五号库库址及坝址。

（3）对矿山全部生产期内的尾矿处置方案进行了整体规划。

（4）确定了新建五号库的尾矿整体处置工艺方案。

（5）确定了尾矿坝、尾矿库排洪、渗水回收、尾矿输送及分级排放、尾矿库回水、交通道路、供配电、生产用水、仪表、电信等设施的建设等别、标准、规模与方案。

（6）根据矿山尾矿的整体排放规划及新建五号库的运行需要，初步确定了五号库主要设施的分期建设计划。

（7）提出了项目建设所必需的环境保护、工程安全、水土保持、闭库复垦的解决方案和要求。

（8）确定了项目的占地面积，初步划定了项目征地范围，并制定了影响范围内房屋人口的拆迁安置计划。

（9）对因项目建设在农业和生活用水方面受到影响的居民提出了供水方案。

（10）估算了项目各主要设施建设的分项、分期费用及总费用。

（11）编制了生产机构和各级人员的设置，估算了项目的投资费用和生产成本。

德兴铜矿通过对上述工作成果的总结归纳，最终从库容、库址、技术、动拆迁、投资等角度给出了五号库项目可行性研究的分析结论。

（1）库容分析。五号库设计总库容为10.04亿 m^3，与矿山正在使用的二号、四号尾矿库剩余的库容加在一起，能够满足堆存矿山已探明资源产生全部尾矿的需要。

（2）库址分析。五号库库址选择在位于四号尾矿库相邻山谷的铁罗山沟内，距离大山选矿厂、泗洲选矿厂都较近，尾矿的输送、回水都较方便。项目的供排水、供电、总图运输等配套设施的布置也很方便。

（3）技术分析。尾矿库采用上、下游同时筑坝，上、下游尾矿库后期堆坝都采用中线法堆坝，与矿山正在运行的四号尾矿库后期坝筑坝方法相同，可利用矿山积累的丰富经验。

（4）动拆迁分析。库区内人口相对较少，拆迁安置工程量相对较小。

（5）投资分析。尾矿库项目建设总投资为323 864万元，尾矿库可容纳尾矿量约为10.3亿 t，每吨尾矿的建设费用约合3.14元，尾矿处置的总成本由初期的每吨8.46元逐渐递减至后期的每吨4.36元。虽然尾矿库采用上、下游同时筑坝，但尾矿库的建设投资和尾矿处置的总成本都是非常低的。

根据上述分析结论可以看出，五号库项目建设是可行的。

3.1.3 可行性研究总结分析

项目可行性研究分析是决策阶段一项十分重要的工作，通过考察技术的先进性、经济的合理性和建设的可能性，对项目进行系统分析，判断项目是否可行。不同于国内一些工程“重项目开发、轻项目可研”的状况，五号库项目前期通过大量的实地调查和专业咨询，将项目可研工作落到实处，坚决杜绝“只走形式、不重实质”的工作态度，为五号库项目初步设计阶段塑造了一个良好的工程轮廓，在降低不确定性风险发生概率的同时，也提高了项目进度、投资和质量功能要求的确定性。

3.2 项目建设选址评估

3.2.1 项目选址的重要意义

五号库占地面积大，影响范围广，不同的建设选址方案将直接影响一系列问题，包括库容大小、征迁户数、增容潜力、生产安全、周边环境、林地使用等，因此在项目评估阶段，有必要对五号库建设地的选择开展详细的论证分析，综合考虑各种利弊，挑选最为合适的建设地点。

五号库的建设选址主要遵循以下原则：

（1）尾矿库的库容力求容纳全部生产年限的尾矿量。

（2）库址选择离选矿厂近，最好位于选矿厂的下游方向，可使尾矿输送距离缩短，减少对选矿厂的不利影响。

（3）尽可能位于居民区的下游方向，并尽量少占农田，少搬迁村庄。

（4）结合地质勘察结果，避免选择有不良地质情况的地区，减少额外费用的支出。

综合以上选址原则，五号库选址主要围绕库容设计、库址选择和坝址选择三个方面展开。

3.2.2 库容设计

根据测算结果，至 2010 年年底，矿山剩余矿石量为 16.16 亿 t，尾矿加权平均产率按 96.62% 考虑，则矿山总产出尾矿量为 15.61 亿 t，堆积干容重按 1.30 考虑，需建设有效库容 12.01 亿 m^3。扣除原剩余库容 3.38 亿 m^3，新建尾矿库需建设有效库容 8.63 亿 m^3，库容利用系数按 0.9 考虑，则新建尾矿库需要总库容为 9.59 亿 m^3。

3.2.3 库址选择

通过库容分析，初选了横坑、奈坑、富家坞、铁罗山、密川、外岭背六个可能的区域作为五号库的备选库址，并对各项指标进行了初步分析与比较（表 3.1）。

表 3.1 五号库库址初步比选

序号	比较内容	单位	横坑	奈坑	富家坞	铁罗山	密川	外岭背
			1	2	3	4	5	6
1	汇水面积	km^2	2.888	3.34	7.21	15.407	15.5	5.65
2	占地面积	km^2	1.655	1.554	3.236	10.854	10.968	2.278
3	库容	亿 m^3	0.984	0.538	2.61	10.04	9.71	0.61
4	是否有增容潜力		无	无	无	有	有	无
5	距泗洲 / 大山选矿厂距离	km	1.4/3.2	1/4	10/5.5	8/4	15/11	7/12

可以看出，除铁罗山、密川两个库址能够满足五号库库容的要求外，其余库址的库容都较小，无法单独作为尾矿库使用；其中，横坑、奈坑两个库址的沟口或下游为德兴铜矿的生活和办公区，且横坑岭尾矿库的沟口为朱砂红矿区，这两个尾矿库并不适宜作为矿山新选的尾矿库；富家坞尾矿库库址的库容相对较大，但此地已经规划为富家坞工业场地，且此库址的库容也无法满足五号库的库容要求。

由于只有铁罗山、密川两个尾矿库的库址能够满足堆存尾矿所需库容的要求，因此，对这两个方案又进行了进一步评价分析和比选（表 3.2）。

比较结果显示，两个库址的库容均能满足要求，增容潜力都很大，可满足矿上长远发展对尾矿库增容的需求。而铁罗山尾矿库库址在距选矿厂距离、尾矿输送、人口搬迁等方面都明显优于密川尾矿库库址。特别是考虑到密川尾矿库内人口和农田较多，工程前期的征地拆迁工作十分繁杂，因此，最终决定选择铁罗山库址作为新选尾矿库库址，建设五号库项目。

3.2.4 坝址选择

五号库由于地形限制，需要上、下游同时筑坝。上游尾矿坝坝址由于地形限制，初期坝只能选择在距离小浮溪上游约 1 200 m 的位置。

下游坝址可以选择的位置比较多，根据其地形情况，共有 3 个坝址可供选择，根据其相对位置，分别为上、中、下三个坝址。上坝址的初期坝位于铁罗山实业公司办公地下游，下坝址的初期坝位于杜村所在地，中坝址位于这两个坝址之间（表 3.3）。

表 3.2　五号库库址详细比选

序号	比较内容			单位	铁罗山	密川
1	尾矿库		汇水面积	km^2	15.407	15.5
			占地面积	km^2	10.854	10.968
			库容	亿 m^3	10.04	9.71
			是否有增容潜力		有	有
			地质条件		千枚岩	—
2	征地与搬迁	搬迁	人口	人	770	1 363
			户数	户	352	359
			房屋面积		134 幢	106 425 m^2
		征地	总征地面积	hm^2	1 085.2	1 096.8
			耕地	hm^2	35.33	127.13
			水塘水库	hm^2	0	4.47
3	距选矿厂距离		距泗洲选矿厂	km	8	15
			距大山选矿厂	km	4	11
4	尾矿坝	筑坝			上、下游同时筑坝	上、下游同时筑坝
		下游坝	坝顶标高	m	290	250
			总坝高	m	222	180
		上游坝	坝顶标高	m	290	250
			总坝高	m	165	120
		有无附坝			无	无
5	尾矿输送	泗洲厂	输送距离	km	8	20
			输送方式		压力输送	压力输送
			输送难易程度		容易	难
		大山厂	输送距离	km	5	17
			输送方式		前期自流、后期压力	压力输送
			输送难易程度		容易	难
6	回水				距离短	距离长
7	排洪				较容易	较容易
8	主要优缺点	优点			①汇水面积小；②与泗洲、大山选矿厂都很近，输送、回水都容易；③地质条件较好；④与四号库仅相隔一个山岭，尾矿库的管理方便；⑤增容潜力大	①汇水面积小；②总坝高相对较小
		缺点			①搬迁人口较多；②需上、下游同时筑坝	①与泗洲、大山选矿厂都很远，输送、回水都困难；②与四号库相隔远，尾矿库的管理不方便；③库区内人口、农田多；④需上、下游同时筑坝

表 3.3 五号库坝址比选

序号	比较内容		单位	上坝址	中坝址	下坝址
1	尾矿库	汇水面积	km^2	14.286	15.407	18.81
		占地面积	km^2	10.263	10.854	12.221
		总库容	亿 m^3	10.19	10.04	9.90
2	尾矿坝	坝基标高	m	72	68	55
		初期坝顶标高	m	140	120	100
		初期坝高	m	68	52	45
		初期坝工程量	万 m^3	163	98	266
		最终堆积标高	m	320	290	260
		总坝高	m	248	222	205
		是否有副坝		1 个副坝	无	无
3	增容潜力	增容后总库容	亿 m^3	11.00	14.04	17.83
		最终堆积标高	m	330	330	330
		总坝高	m	258	262	275
4	征地与搬迁	人口	人	770	770	1 759
		户数	户	352	352	665
		房屋	幢	134	134	369
		征地	hm^2	1 026.33	1 085.2	1 222.13
5	主要优缺点	优点		①占地面积小；②征地、搬迁的工程量小	①占地面积较小；②增容潜力较大；③征地、搬迁的工程量小	①总坝高小；②增容潜力最大
		缺点		①总坝高大；②增容潜力小；③排洪、回水布置困难	下游拦砂坝距杜村较近	①占地面积大；②征地、搬迁的工程量大

虽然上坝址占地面积相对较小，距下游村庄也相对较远，但其总坝高较高，需要修建副坝，尾矿库的增容潜力小。由于矿山目前的矿石储量有增加的趋势，如果选择此坝址作为最终选择的坝址，从矿山的长远发展看并不是最优的选择。

下坝址总坝高较小，增容潜力大，但由于坝址所在地就位于杜村，涉及搬迁的人口过多，而且坝址处较开阔，后期坝采用中线法堆坝较困难，如采用上游法筑坝，对尾矿库的安全不利。

从尾矿坝的坝高、增容潜力、征地与搬迁等几个方面综合考虑，最终选择中坝址作为下游坝最终坝址。此坝址的搬迁人口与上坝址相同，占地面积差不多，但总坝高要小 20 多米，后期增容的潜力也相对较大，如果后期矿山的资源增加，通过增加尾矿坝的最终坝高和修建一个副坝，尾矿库库容可以达到 14.04 亿 m^3，增容后的总坝高为 262 m，采取适当的加高方案是可以实现的。

3.2.5　建设选址评估总结分析

五号库建设选址是开展后续一系列评估工作的基础，也是各项工作的重中之重。需从项目本身的功能需求出发考虑问题，例如与选矿厂的相对位置、尾矿库库容量等；也需要把工程放在一个开放的社会经济系统中，综合社会稳定性、环境影响、林地使用等各种因素加以分析。因此，五号库在选址过程中，特别是对库址的选择，经过了两层筛选，通过各种因素反复斟酌和考量，才慎重做出最终决定。这一决策不仅对于后续评估工作起到了事半功倍的效果，同时也可节省项目投资，提升项目投入使用后的产出效益。

3.3　项目集约化用地评估

3.3.1　开展节地评价的目的和意义

按照《关于严格执行土地使用标准大力促进节约集约用地的通知》（国土资发〔2012〕132 号）的有关要求，对国家和地方尚未颁布土地使用标准和建设标准的建设项目，因安全生产、地形地貌、工艺技术等有特殊要求确实需要突破土地使用标准的建设项目应开展节地评价。

为达到科学合理地利用土地并实现集约化用地目标，项目部开展了五号库项目的节地评价工作，分析尾矿库用地集约化利用程度，优化用地规模，提高土地利用效率。

通过分析五号库建设项目用地结构、功能演进和土地利用状态的变化规律及其相互影响关系，可以得出建设项目用地最为有效的利用途径，为全面科学的用地管理和决策提供依据和技术支撑，具体包括以下三方面：

（1）用地数量节约化。在建设项目建设的各个阶段、各个环节，应尽量节约土地，不占或少占耕地。

（2）用地结构合理化。建设项目各功能分区用地的组合应相互协调，结构合理。

（3）用地功效最大化。提高建设项目用地的投入强度和集约化程度，实现土地利用的最大功能。

3.3.2　项目土地利用情况调查

五号库区属中低山冲沟地貌，尾矿库走向为南—北走向。从库型上看，五号库属于狭长型尾矿库，主沟的纵坡很缓。项目占地面积为 1 310.218 8 hm^2，其中，农用地为 1 281.797 8 hm^2（含耕地面积 34.105 hm^2），建设用地为 11.542 2 hm^2（含国有建设用地 11.404 1 hm^2），未利用地为 16.878 8 hm^2，总征地面积为 1 298.814 7 hm^2。耕地位于建设地点的中部，大多为水田，占总面积的 2.63%（图 3.1）。

项目建设完成后将分成五大功能区，分别为坝体、库区、道路、水库、其他设施区（包括泵站、变电站、管理用房等），其中，坝体占地面积为 225 hm^2，库区占地面积为 976.158 8 hm^2，道路占地面积为 73.73 hm^2，水库占地面积为 20.33 hm^2，其他设施占地面积为 15 hm^2（图3.2，表 3.4）。

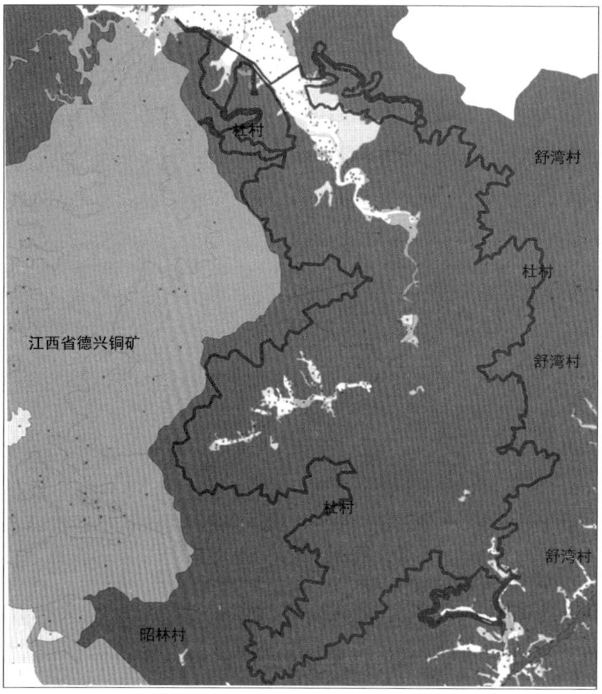

图 3.1　五号库节地评价范围

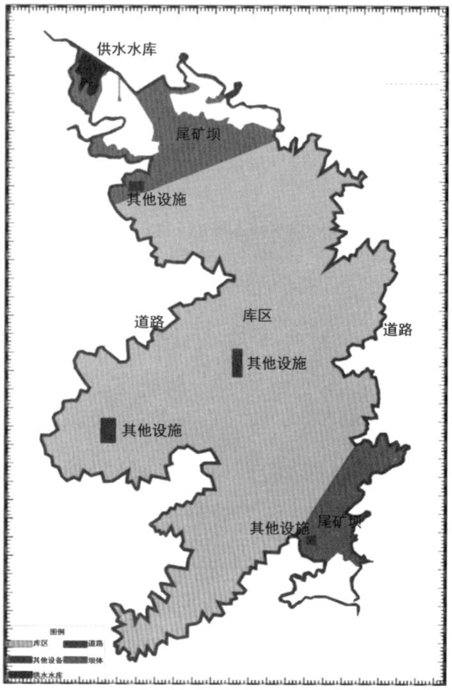

图 3.2　五号库功能分区

表 3.4　土地利用结构调整情况

地　类	调整前		调整后		增　减	
	面积 / hm^2	占总面积比例	面积 / hm^2	占总面积比例	面积 / hm^2	比例
耕地	34.105 0	2.60%	—	—	−34.105 0	−2.60%
园地	0.309 3	0.02%	—	—	−0.309 3	−0.02%
林地	1 243.742 5	94.93%	—	—	−1 243.740 0	−94.93%
其他农用地	3.641 0	0.28%	—	—	−3.641 0	−0.28%
工矿及居民点	0.138 1	0.01%	1 216.158 8	92.82%	1 216.021 0	92.81%
交通运输用地	11.404 1	0.87%	73.730 0	5.63%	62.325 9	4.76%
水利设施用地	—	—	20.330 0	1.55%	20.330 0	1.55%
未利用地	16.878 8	1.29%	—	—	−16.878 8	−1.29%
合　计	1 310.218 8	100.00%	1 310.218 8	100.00%	—	0.00%

3.3.3 节地评价的原则

为更好地开展五号库项目集约化用地评估工作，明确选择土地使用评估指标和标准的基本出发点，在正式进行评估工作前，制定项目节地评价的基本原则，包括：

（1）综合性原则。评价工作应从建设项目土地利用规模、土地利用结构、土地利用强度、土地利用效益等方面，综合评价土地利用状况。

（2）差异性原则。评价工作应从实际出发，充分考虑建设项目的类型、特点，以及所处区域经济社会发展差异进行评价。

（3）定性与定量分析相结合原则。评价工作应尽量把定性的、经验性的分析进行量化。在对项目建设依据与必要性等方面进行分析时应以定性分析为主，在评判节地水平时则以定量评价为主。

3.3.4 技术路线与方法

集约程度评价采用多因素综合评价法。其中，评价指标权重值的确定采用德尔斐法，理想值依照集约化用地的原则，在符合有关法律法规和矿区实际情况的前提下确定，指标标准化处理采用理想值比例推算法确定，潜力测算采用目标逼近法确定（图 3.3）。

3.3.5 集约化用地评估流程

1. 评价指标的确定

结合五号库项目实际用地范围，项目部依据评价原则，选取了相应的评价指标。矿区土地集约利用评价指标体系由目标和指标两个层次构成：目标层由土地利用规模、土地利用结构和土地利用效益等构成；指标层由单位用地面积、项目用地占用耕地比例、库区用地面积占总面积比例和投资强度构成，各指标具体定义如下：

（1）单位用地面积。矿区内尾矿总面积与可堆放尾矿总量之比，数值以“ hm^2/m^3”表示。

（2）项目用地占用耕地比例。项目区耕地的面积与项目区总面积之比，数值以“%”表示。

（3）库区用地面积占总面积比例。尾矿库库区用地面积与项目区总面积之比，数值以“%”表示。

（4）投资强度。项目投资总金额与项目建设总面积之比，数值以“万元 / 公顷”表示。

确定矿区土地集约利用评价指标体系后，结合建设用地调查数据，计算评价指标现状值（表 3.5）。

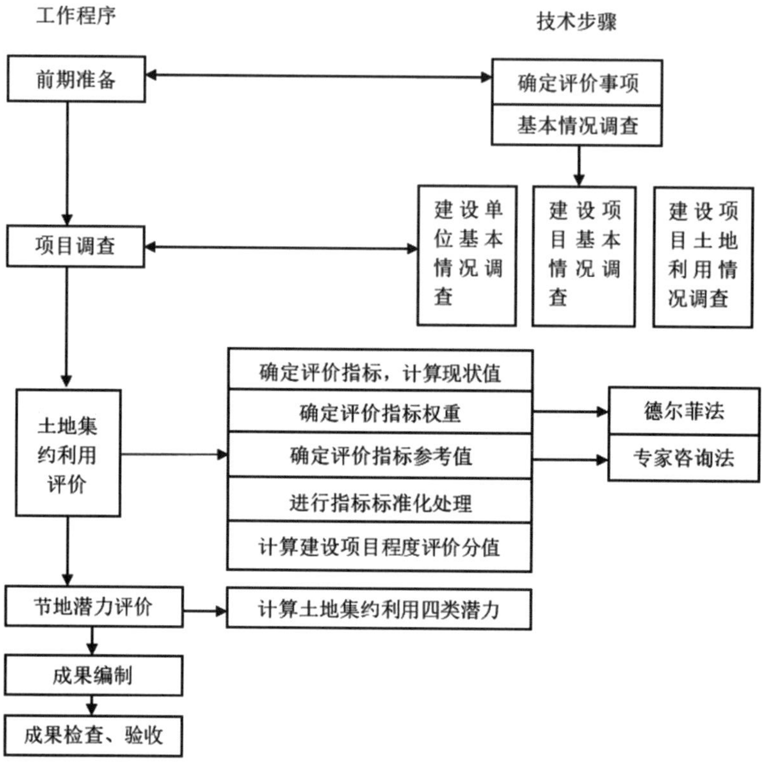

图 3.3　节地评价工作步骤分解

表 3.5　集约化用地评价指标现状值

指标名称	相关基础数据		指标现状值
	名　称	数　值	
单位用地面积	项目用地面积 / hm^2	1 310.218 8	0.012 7
	可堆放尾矿总量 / 万 m^3	103 130	
项目用地占用耕地比例	项目区耕地的面积 / hm^2	34.105	2.63%
	项目区总面积 / 万 m^3	1 310.218 8	
库区用地面积占总面积比例	库区用地面积 / hm^2	976.158 8	74.50%
	项目区总面积 / hm^2	1 310.218 8	
投资强度	固定资产总投资 / 万元	316 573.44	241.62
	项目用地面积 / hm^2	1 310.218 8	

2. 评价指标权重的确定

五号库项目集约化用地评价工作中指标权重采用德尔菲法获得。通过对评价目标、指标权重进行多轮专家打分，在分析各项评价指标的影响程度后，确定了节地评价目标以及评价指标体系权重值（表 3.6）。

表 3.6　评价指标权重

目标层	权重值	指标层	权重值
土地利用规模	0.5	单位用地面积	1
土地利用结构	0.3	项目用地占用耕地比例	0.2
		库区用地占总面积比例	0.8
土地利用效益	0.2	投资强度	1

3. 评价指标参考值的确定

节地评价工作参考值的确定采用经验借鉴法。参照德兴铜矿一号、二号、四号尾矿库各项建设指标情况，根据《江苏省建设项目节地评价规程（试行）》中评价指标参考值的确定方法求得本项目指标参考值。

通过五号库与一号、二号、四号尾矿库评价指标数据的对比可知，五号库的各项指标均为最佳，所以，评价指标的现状值可定为参考值（表 3.7）。

表 3.7　评价指标参考值

目　标	指　标	参考值	单　位
土地利用规模	单位用地面积	0.012 7	hm^2/ 万 m^3
土地利用结构	项目用地占用耕地比例	2.63%	—
	库区用地面积占总面积比例	74.50%	—
土地利用效益	投资强度	241.62	万元 / 公顷

4. 指标标准化的处理

由于不同种类的指标评价目的不同，因此各项指标的计量单位和取值范围也不尽相同，如果直接对原始指标作分析则可比性不强。对此必须对各类型评价指标作无量纲处理，使所有的指标取值分布在同一个区间内，以便分析比较（表 3.8）。

评价中采用理想值比例推算法，以指标实现度分值进行度量。

表 3.8 评价指标标准化处理

指 标	现状值	参考值	实现度分值
单位用地面积	0.012 7	0.012 7	1
项目用地占用耕地比例	2.63%	2.63%	1
库区用地面积占总面积比例	74.50%	74.50%	1
投资强度组成	241.62	241.62	1

5. 评价分值的计算

本工程采用多因素综合评价模型进行建设项目用地节约集约利用程度评价。此模型按照一定的目标和原则，以宗地为样本，选择对宗地发生作用的因素和因子作为评价指标，并通过合适的模式予以量化、计算和归并，从而实现评价目标（表 3.9）。

表 3.9 节地指标评价分值情况

<table>
<tr><th>目 标</th><th>目标权重值</th><th>指 标</th><th>权重值</th><th>现状值</th><th>参考值</th><th>实现度分值</th><th>目标分值</th><th>综合分值</th></tr>
<tr><td>土地利用规模</td><td>0.5</td><td>单位用地面积</td><td>1</td><td>0.012 7</td><td>0.012 7</td><td>1</td><td>1</td><td rowspan="4">100</td></tr>
<tr><td rowspan="2">土地利用结构</td><td rowspan="2">0.3</td><td>项目用地占用耕地比例</td><td>0.2</td><td>2.63%</td><td>2.63%</td><td>1</td><td>1</td></tr>
<tr><td>库区用地面积占总面积比例</td><td>0.8</td><td>74.50%</td><td>74.50%</td><td>1</td><td>1</td></tr>
<tr><td>土地利用效益</td><td>0.2</td><td>投资强度组成</td><td>1</td><td>241.62</td><td>241.62</td><td>1</td><td>1</td></tr>
</table>

可以看出，三个目标层因子中，各目标分值均为 1，综合评价分值为 100，根据建设项目用地节约集约利用程度评价等级划分标准，本项目为一等，即土地利用类型为集约型，五号库项目土地集约化利用程度处于高水平。矿区土地集约化利用程度高说明矿区在土地利用、土地管理等方面注重节约集约利用土地资源，落实了土地节约集约利用的政策和措施。

3.3.6 集约化用地评估总结分析

德兴铜矿作为德兴市、上饶市、全省的骨干企业，始终坚持‘资源开发与节约并举，把节约放在首位’的方针，大力发展循环经济，把资源合理开发和综合利用作为‘可持续发展’战略的一项重要内容，在矿产资源利用开发、生态环境保护和发展循环经济方面，走出一条科技含量高、经济效益好、资源消耗低、环境污染少、人力资源优势得到充分发挥的新型工业化道路。

德兴铜矿对五号库项目前期集约化用地评估给予充分重视，就建设项目基本情况和建设项目土地利用情况深入调查研究，特别是对建设项目土地利用情况包括项目选址、占用耕地、四至（地籍上每宗地四邻的名称）、土地形状、地形地貌、总用地面积、平面布局等方面，采用资料收集、表格填报、图形判识、实地调查等多种形式，在充分占有资料的前提下，运用科学的决策分析方法，确保集约化用地评估结果的有效性（图 3.4）。

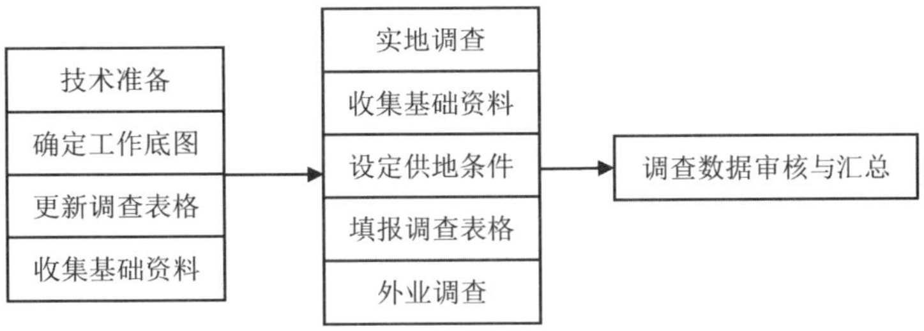

图 3.4　项目土地利用情况调查步骤

在整个评估流程中，最为关键的是评价指标的选取和评价指标体系的建立，这是开展后续分析工作的基础。项目部意识到只有依据合理的评价指标体系，分析结果才具有说服力，因此在建立评价指标体系的过程中依据六大原则（前瞻性原则、系统性原则、代表性原则、独立性原则、可比性原则、可操作性原则），慎重选取评价指标，为保证后续工作的有效性、分析结果的准确性奠定了基础。

通过对选取指标数量、意义等方面反复对比分析，项目部最终决定了五号库项目集约化用地评估的指标层由单位用地面积、项目用地占用耕地比例、库区用地面积占总面积比例和投资强度四项组成，并以此指标体系为基础评估了五号库项目节约集约化用地效果，得出了最终的评估结果，同时还提出了相应的技术经济措施，以进一步提升五号库项目的集约化用地程度，主要包括：

（1）在投资强度方面，通过增加资金投入，在技术经济以及安全等方面允许的情况下适当提高尾矿库坝高，增加尾矿库库容，从而提高矿区土地节约集约利用程度，使土地利用效益达到最大化。

（2）考虑改进尾矿的堆存工艺，提高尾矿在尾矿库堆放的压实度，提高单位体积内尾矿的堆存量，减少土地的占用。

（3）对建设项目位于下游尾矿坝的供水水库，考虑适当增加水库坝高，或者通过挖深水库的方法，增加水库库容，减少水库占地面积，提升五号库建设项目节地率。

3.4　项目环境影响评估

3.4.1　环境影响评估的目的和意义

根据《中华人民共和国环境影响评价法》，环境影响评估是指对五号库在规划和建设实施后可能造成的环境影响进行分析、预测和评估，提出预防或者减轻不良环境影响的对策和措施，并建立跟踪监测的方法与制度。

环境影响评估对于建设工程项目的规划与实施具有重要指导意义，具体包括以下五个方面：

（1）为开发建设活动的决策提供科学依据。

（2）为经济建设的合理布局提供科学依据。

（3）为确定某一地区的经济发展方向和规模、制定区域经济发展规划及相应的环保规划提供科学依据。

（4）为制定环境保护对策和进行科学的环境管理提供依据。

（5）促进相关环境科学技术的发展。

五号库工程环评工作严格贯彻国家相关产业政策，依据江西省国民经济和社会发展规划、江西省矿产资源总体规划、江西省环境保护规划等规划要求开展，从而制定满足设计和环境影响评估要求的污染防治措施，保证实现达标排放，达到从源头上减少污染物排放的目的。

3.4.2 环境影响评估范围

根据《环境影响评价技术导则生态影响》（HJ19—2011），环境影响评价应能够充分体现生态完整性，涵盖评价项目全部活动的直接影响区域和间接影响区域。根据五号库项目划定的建设用地范围，德兴铜矿综合考虑评估项目与项目区的气候过程、水文过程、生物过程等生物地球化学循环过程的相互作用关系，以评价项目影响区域所涉及的完整气候单元、水文单元、生态单元、地理单元界限为参照边界，划定了生态、大气、风险、地下水等评价范围，并明确了五号库项目周边五大重点环境保护目标（图 3.5）。

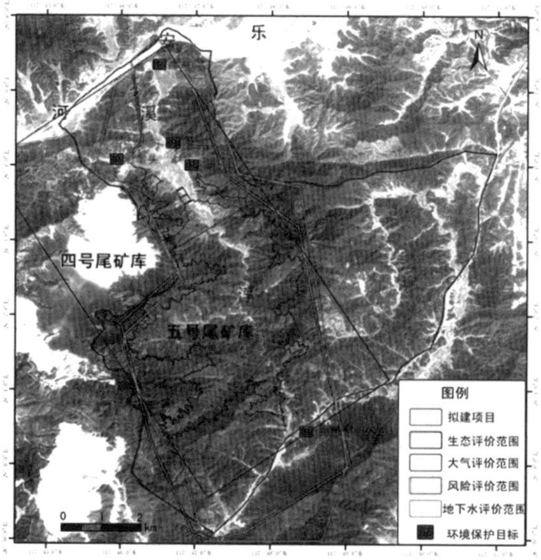

图 3.5 环境影响评估区域

本次环境影响评价的重点环境保护目标包括：五号库下游的杜村组、石墩头村组、墩上村组、浮溪口村组，上游的德昌高速公路，乐安河、浮溪，尾矿库上、下游的农田等。尾矿库内的铁罗山实业公司、横坑村居民，尾矿库上游的小浮溪村组居民将搬迁，因此不属环境保护目标（表 3.10）。

表 3.10　环境保护目标

环境要素	保护目标	户数 / 户	人口 / 人	相对厂址方位	距离 / m	保护目标
大气环境	杜村	236	762	N	560	满足《环境空气质量标准》二级标准
	石墩头村	152	376	NNW	1 500	
	墩上村	77	227	N	1 300	
	浮溪口村	95	280	NNE	3 000	
地下水环境	浮溪口村	95	280	NNE	3 000	满足《地下水环境质量标准》III 类标准
	杜村	236	762	N	560	
	墩上村	77	227	NNW	1 300	
环境要素	敏感区域	评价河段长度		受影响因素		保护目标
地表水环境	浮溪	季节性沟谷，5 km		尾矿库截断		满足《地表水环境质量标准》III 类标准
	乐安河	区域河流，10 km		尾矿库汛期排洪		
生态环境	尾矿库占地区域，尾砂、回水输送管线占地区域，尾矿库下游区域等					防止生态环境破坏，水土流失等
社会环境	保护目标同大气环境影响保护目标，重点关注受建设项目影响需要搬迁的村镇，主要涉及横坑村、小浮溪村和铁罗山实业公司					不降低现有生活水平
环境风险	在风险评价范围内敏感点包括浮溪口村、墩上村、石墩头村、杜村和德昌高速公路					降低环境风险，给出应急救援方案

3.4.3　环境影响预测与评价

根据划定的不同评估范围，项目部对五号库建设过程中可能产生对大气环境、地表水环境、地下水环境、声环境等主要影响因素进行了预测和分析，并采用定性定量相结合的分析方法进行评估，确保各项指标满足国家相关规范标准要求。

1. 大气环境

经过计算，在筑坝标高 200 m 时，尾矿库扬尘对下风向和各敏感点的影响很小；下风向最大落地浓度为 5.35 μg/m³，最大浓度占标率为 0.59%；敏感点最大落地浓度为 4.23 μg/m³，最大浓度占标率为 0.48%。在筑坝标高 290 m 时，尾矿库扬尘对下风向和各敏感点的影响很小；下风向最大落地浓度为 4.15 μg/m³，最大浓度占标率为 0.47%；敏感点最大落地浓度为 3.51 μg/m³，最大浓度占标率为 0.4%。

根据大气环境防护距离标准计算程序（Ver1.1）计算得知，建设项目场界外无污染物浓度超标点，无需设大气环境防护距离。根据《一般工业固体废物贮存、处置场污染控制标准》（GB 18599—2001）中的场址选择要求，在尾矿库场界 500 m 距离内应禁止建设居民定居点。

2. 地表水环境

采用完全混合模式预测尾矿库运行，后期按千年一遇洪峰标准时，预测尾矿库排洪对下游乐安河的环境影响。结果显示尾矿库排洪水对乐安河的水质影响很小，COD（化学需氧量）、NH_3-N（氨氮）、铜、铅、锌、砷、汞、铬、镉九项预测指标均不超标。

3. 地下水环境

根据分析，尾矿库建设会直接破坏库区占地范围内的含水层，改变局部地下水环境系统，但尾矿库区内地下水在居民搬迁之后不再有开发利用价值，影响不大。在尾矿库上游截渗坝采取相应的导流措施及正常运行的情况下，尾矿库不会对上游截渗坝以南地区地下水环境产生较大影响，在接受的范围之内，不会产生较为明显的沼泽化等环境地质问题。

在下游截渗坝正常运行情况下（截渗坝渗透系数 $< 10^{-5}$ cm/s），运营期尾矿废水中的氨氮不会对下游墩上村及杜村等居民点地下水环境产生明显影响；在截渗坝截渗能力不能达到相应设计要求时，会对下游地下水产生一定的影响。尾矿库服务期满后，酸性降雨条件下，降雨淋溶水中的钡及镍，在截渗坝正常运行情况下，不会对下游地下水产生大面积的影响；当截渗坝发生事故失效时，地下水中钡及镍会受到一定影响。在截渗坝下游设置地下水水质监测井，兼作应急井，可以防止污染物对地下水环境的影响。

4. 声环境

据环境噪声影响预测结果，各发声设备产生的噪声衰减到场界处的昼、夜间噪声值均低于《工业企业厂界环境噪声排放标准》（GB12348—2008）中的二类标准，叠加了现状监测值后仍满足其中二类标准。该工程建成后，由于尾矿库周边 500 m 范围内无居民集中区，尾矿库运营噪声对周边环境影响尚可接受。

项目部依据同类型工程建设经验，对五号库工程在“建设期—运营期—服务期满后”这一完整时间轴上进行了详细分析，得出尾矿库工程对周边环境影响较为严重的四大污染源，特别是废气、废水的排放对附近村民的影响较大。通过识别各阶段污染物的主要产生途径，针对不同时期潜在的环境污染风险，制定了相应的环境保护措施，最大限度地减少项目建设对周边环境造成的影响。

3.4.4 环境保护措施及相关费用

根据污染源识别结果，项目部为切实落实保护环境、规范施工的指导思想，制定了详细的环境保护治理措施和相应的费用支出明细，论证了建设工程采取的污染物防治措施和生态保护措施在技术和经济上的可行性。

五号库项目环境投资费用合计支出 27 673.13 万元，占建设项目总投资费用的 10% 左右，专款专用以保证治理效果（表 3.11）。

表 3.11　治理措施汇总及费用支出

类　别	治理项目	环保治理措施内容	治理效果	投资 / 万元
废水	生活污水	生活污水处理化粪池，容积 1 m^3	不外排	1
	尾矿库渗漏水	上游坝沉砂池、截渗池、截渗坝，下游坝截渗池、截渗坝	有效防止尾矿库废水渗漏	4 179
	洪水	尾矿库库内排洪设施、上游排洪设施	安全排洪	18 449.64
固体废物	生活垃圾	收集后运往泗洲镇处理	合理处置	10
噪声	设备运行噪声	选用低噪声设备、隔声减振	场界达标	80
生态保护	水土流失防治及水土保持措施	工程措施、植物措施、临时措施		1 844.66
	下游居民生产用水	供水水库	能满足尾矿库下游杜村一、二、三组，墩上村组，浮溪口村组居民农业生产用水需求	2 618.83
环境监测	日常环境监测	购置常规监测设备对废水污染源进行监测、并定期对项目周围环境质量状况进行监测	达标排放	200
	设置环境保护图形标志	在废水排口、高噪声源、尾矿库等处设置环境保护图形标志，排放口规范化管理	满足《排污口规范化整治技术要求（试行）》	10
	地下水跟踪监测	设四口地下水例行监测井		80
环境风险	事故风险	报警、监测设施、抢险救援设施、应急培训及通信等	环境风险可接受	200

3.4.5　环境影响评估总结分析

五号库项目通过系统的环境评估工作，划定环境影响范围，识别各阶段的主要污染源，并通过各项污染防治和生态保护措施，以经济技术等手段减少项目建设过程中资源的不合理开发和利用，确保污染物达标排放并符合总量控制标准的要求，从而减少对环境的破坏行为，并认真落实环境风险防范措施，杜绝污染物事故性排放，将环保工程的理念融入德兴铜矿的发展理念中，积极履行社会责任并践行可持续发展。

尾矿库的建设及运营或多或少会对周围自然环境和社会环境产生影响，直接或间接地危及邻近地区公众的利益，因此，项目部必须坚持以人为本的原则开展环境影响评估工作，必须以公众的利益为出发点制定环境保护的相关措施。同时，德兴市政府也加强了对项目周边土地利用规划的控制，规定在项目大气环境卫生防护距离内，不得建设居民住宅、学校、医院等环境敏感点。此外，德兴铜矿也通过多次、多渠道的信息公示和群众交流，使相关公众更全面地了解有关背景信息，发现潜在环境问题，并从自身角度提出合理化建议，提高了环保措施的针对性和有效性（表 3.12）。

表 3.12 五号库公众环评参与计划

公示时间	内　容	方　式
2013 年 2 月 4—14 日	二次公示	通过网络、报纸以及宣传海报发布信息公告
2013 年 2 月 4—14 日	公众意见调查	调查问卷

3.5 项目林地使用评估

3.5.1 林地使用评估的目的和意义

“林地作为一种重要的土地资源，是森林赖以生存与发展的根基，是生态建设的载体，具有稀缺性和再生的缓慢性。随着社会经济的快速发展以及城市化进程的加快，生态环境保护与社会经济发展对林地需求的矛盾日益突显。因此，完善林地保护管理体系、推进林地有序使用是林地使用评估工作的重点。”[3]

五号库建设涉及德兴市海口镇和大茅山集团公司的林地资源，不可避免对森林资源总量、生物多样性、生态效能、景观风貌、环境质量、林业发展等方面产生一定的不利影响。林地使用评估工作就是要通过科学合理的选址规划、实施异地恢复森林植被、栽树植草绿化、水土保持、野生动植物保护、景观修复与保护等一系列措施，将一切不利影响降到最低，将其控制在当地生态、社会环境可承受的范围内。

3.5.2 评估对象的确定

根据五号库项目建设用地红线图，评估小组通过实地调查首先确定了使用林地的范围，对范围内现有的林种、树种、重点保护野生动植物等情况开展了详细的调查，确定了相应的评估对象，并以此类对象为依据展开项目建设的影响分析（表 3.13）。

3.5.3 综合影响评价分析

通过对项目建设前后森林资源、生物多样性、生态效能、景观风貌和林业发展情况的详细对比分析，结合五号库项目建设背景，评估小组认为项目建设使用林地是必要的、可行的，通过采取一定的措施，项目使用林地对环境的影响程度是可控的，符合国家法律法规、产业政策的要求，并给出了如下结论。

1. 项目使用林地是必要的

项目区（域）林地资源丰富，林地、农田、水域等交错分布，其中，项目区域林地面积占该区域国土总面积的 79.7%；项目区林地面积占该区国土总面积的 88.6%。本项目属大型面状工程，包括尾矿库库区征地和道路及其他征地，因此，项目建设将不可避免使用该区域

表3.13　五号库林地使用评估对象

<table>
<tr><td rowspan="7">森林资源的影响</td><td rowspan="6">森林总量的影响</td><td rowspan="2">全省森林资源的影响</td><td>全省林地面积的影响</td></tr>
<tr><td>全省活立木蓄积的影响</td></tr>
<tr><td rowspan="2">项目区域森林资源的影响</td><td>项目区域林地面积的影响</td></tr>
<tr><td>项目区域活立木蓄积的影响</td></tr>
<tr><td rowspan="2">项目区森林资源的影响</td><td>项目区林地面积的影响</td></tr>
<tr><td>项目区活立木蓄积的影响</td></tr>
<tr><td colspan="3">项目区域整体森林质量的影响</td></tr>
<tr><td rowspan="5">生物多样性的影响</td><td rowspan="3">物种多样性和遗传多样性的影响</td><td rowspan="2">植物资源的影响</td><td>森林植被类型多样性的影响</td></tr>
<tr><td>重点保护野生植物资源的影响</td></tr>
<tr><td colspan="2">重点保护野生动物资源的影响</td></tr>
<tr><td colspan="3">森林生态系统净生产力的影响</td></tr>
<tr><td colspan="3">生物多样性丰富地段的影响</td></tr>
<tr><td rowspan="9">生态效能的影响</td><td rowspan="2">涵养水源的影响</td><td colspan="2">调节水量的影响</td></tr>
<tr><td colspan="2">净化水质的影响</td></tr>
<tr><td rowspan="3">水土保持的影响</td><td rowspan="2">施工期水土流失</td><td>水土流失测算</td></tr>
<tr><td>水土保持措施</td></tr>
<tr><td colspan="2">运营期水土流失</td></tr>
<tr><td rowspan="4">固碳释氧的影响</td><td colspan="2">植被固碳的影响</td></tr>
<tr><td colspan="2">土壤固碳的影响</td></tr>
<tr><td colspan="2">森林释氧的影响</td></tr>
<tr><td colspan="2">净化大气环境的影响</td></tr>
<tr><td colspan="4">景观风貌的影响</td></tr>
<tr><td rowspan="3">林业发展的影响</td><td colspan="3">林产品供应能力的影响</td></tr>
<tr><td colspan="3">林地所有者（经营者）收入的影响</td></tr>
<tr><td colspan="3">育林基金和检疫费征收的影响</td></tr>
</table>

的林地资源。

2. 项目使用林地条件具备

五号库库址选择在位于四号尾矿库相邻山谷的铁罗山沟内，呈南北带状分布，距离大山选矿厂、泗洲选矿厂都较近，尾矿的输送、回水都较方便。项目的供排水、供电、总图运输等配套设施的布置也很方便。

项目建设不可避免地占用林地资源，应严格限定在尾矿库设计的用地红线内施工作业，防止越界多占土地；业主方预缴森林植被恢复费，用于异地恢复森林植被，确保森林资源能占补平衡。

3. 项目使用林地对环境影响程度可控，保护措施切实可行

（1）对生物多样性的影响。征地范围内除香樟外，无其他重点保护野生植物分布。通过采取迁地移植措施，可以有效保护香樟种群。征地范围内森林植被类型以阔叶混交林、杉木针叶林为主，上述类型在项目区域广泛分布，项目建设对森林植被多样性影响较小。征地范围内分布有重点保护动物五种，分别为棘胸蛙、尖吻蝮、灰胸竹鸡、画眉和野猪。由于周边森林资源丰富，适宜野生动物栖息的生境广布，野生动物可在附近找到适应的栖息地；通过设置保护标志、设置声屏障系统、种植绿化带等措施，可进一步减轻对野生动物的影响。

（2）对生物多样性丰富地段的影响。项目没有涉及自然保护区、森林公园和湿地公园等生物多样性丰富地段。天然林中生物多样性丰富，项目建设使用天然林面积比例较大，项目建设对项目区（域）天然林资源有一定程度影响。通过采取异地植被恢复、生态环境保护、强化宣传教育等措施，可有效减轻不利影响。

（3）对生态效能的影响。项目建设将使项目区域涵养水源、水土保持、固碳释氧、净化空气等生态效能有所下降，但均在生态环境可承受范围内。通过异地森林植被恢复、植树绿化、水土保持措施等，可减轻进一步对生态效能的影响。

（4）对林业发展的影响。项目建设将使项目区域林产品的供应能力有所下降，林地所有者（经营者）的收入减少，对林业的发展会产生一定影响。但通过安排林地补偿、林木补偿、林地附着物补偿和安置补助等专项资金，预缴森林植被恢复费、及时植树造林，引导农户就地种植经济价值较高、收获期更短的树种，可逐渐恢复项目区域林产品供应能力。同时，通过改善项目区域交通条件，将促进林业资源综合开发利用，壮大林业产业，有利于项目区域林业可持续发展。

4. 项目使用林地对景观风貌影响不大，保护措施切实可行

项目建设将使项目区域生物景观、地文景观破碎化，影响景观资源的整体性、协调性。大面积的尾矿堆积面与周围自然景观形成强烈的视觉反差，影响景观资源的协调性。通过实施绿化美化措施和生态环境保护措施，可减轻项目建设对景观风貌的影响。与五号尾矿库相邻的四号尾矿库已使用多年，在项目区内形成了独特的人文景观。本项目建成后，五号尾矿坝、排洪系统、泵站等人文景观也将很好地融入周围的自然景观。

3.5.4 具体保障措施

对于综合影响评价分析中给出的建议和意见，可以通过建立一系列保障措施，从资金、技术、森林植被恢复、重点保护野生动植物保护、环境保护和林地使用管理等方面落实相应要求，促进区域社会经济的健康发展。

1. 资金保障

本项目建设征地、拆迁将使部分农民失去生产资料、失去住所，从而失去基本生活保障。项目建设安排有相应的征地、拆迁、安置、移民等费用，将及时发放给拆迁户，做好安置工作，

就近划定宅基地，合理调配耕地和安置劳动力。充足的资金保障可以在较大程度上减轻征地、拆迁对农民的影响。

2. 技术保障

德兴市林业主管部门长期从事营造林、野生动植物保护等方面的工作，技术力量强、经验丰富，具备为野生动植物保护、异地森林植被恢复提供技术支撑的能力。同时，积极履行工程建设使用林地监管职责，严格控制使用林地范围，打击非法采集重点野生植物、捕杀重点保护野生动物行为。

3. 森林植被恢复保障

德兴铜矿依据财政部、国家林业局财综〔2002〕73 号文件，按征收标准预缴了项目使用林地面积数量的森林植被恢复费，为异地森林植被恢复提供了充足的资金作为保障。

德兴市林业主管部门将根据使用林地数量、森林资源状况，进行异地森林植被恢复规划，重点安排在生态脆弱地段，且恢复森林植被面积不少于使用森林总面积。

4. 重点保护野生动植物保护措施

（1）重点保护野生植物保护措施。

①征地范围内分布有 126 株香樟，通过采取迁地移植保护措施，可确保香樟种群数量不减少。

②移植时间选择在 2 月底至 3 月中旬，阴天或晴天无风天气，主要移植工作有切根处理、修建及伤口处理、挖掘及根的保护、装运及树干保护、栽植和养护等。

（2）重点保护野生动物保护措施。

通过采取保护措施，力求使项目建设对野生动物的影响降至最低，同时做到：

①在施工过程中，加强施工队伍思想教育，增强保护意识，禁止猎捕野生动物。

②设置迁徙通道，为野生动物转移出境创造条件；在声音敏感点，设置声屏障或栽植乔灌草相结合的绿化带，减轻噪声对野生动物的影响，营造良好的栖息环境。

③加强生活污水、生活垃圾、施工废水等处理监测，确保经处理达标后排放。

5. 林地使用管理保障

五号库建设占用林地须经林业主管部门审核同意，凭林地使用审核同意书向土地行政主管部门办理建设用地审批手续后方可使用林地。项目建设涉及林木、“四旁”树的采伐，实施单位需要向德兴市林业主管部门申请林木采伐许可证。

3.5.5　林地使用评估总结分析

评估工作的开展必须依据使用林地现状的调查测量数据，因此评估小组充分重视现场调查工作的完成质量，严格执行《森林资源规划设计调查主要技术规定》等有关内容和技术标准，在测量精度方面，面积、蓄积、株数等测量指标的允许误差范围控制在 10% 以内，各林地权属、地类、林种、树种依照德兴市林业主管部门提供的资料，经现场踏勘后确定，以保证评估结果的完整性和准确性。在获取调查数据后，评估小组对五号库项目建设前后林地使用变化进行了比较，客观分析了项目建设对森林资源、生物多样性、生态效能、景观风貌和林业发展的影响，并给出了相应的解决方案，降低五号库工程对林地的不利影响。通过建立一系列的资金、技术等保障措施，确保方案的可行性，特别是对于珍稀野生动植物的保护，制定了详细的植物迁地移植计划和动物迁徙转移计划，为其尽可能营造良好适合的生存环境，保证种群数量不会因五号库建设而大幅减少。

江西省林业厅在五号库库区林木砍伐工作上，也给予了大力的支持。一般来说，无论当年申报的林木砍伐指标是否用完，年底必须“封刀停伐”，并且在第二年需要重新申报，重新缴纳砍伐费用。五号库项目年底申报的林木砍伐指标没有用完，考虑到五号库项目工程情况特殊，必须加快前期工作进度，因此江西省林业厅同意特事特办，推迟库区林木砍伐的“封刀”时间，这是此前从未有过的，可以看出对五号库项目建设的全力支持。在高效利用每年砍伐指标的同时，也避免了重复缴纳砍伐费用。

3.6 项目安全专项评估

3.6.1 安全评估的目的和意义

建设工程安全专项评估是对建设过程中的有害因素进行安全评价，查找其存在的危险、有害因素，确定其影响程度并提出合理可行的安全对策措施及建议。

德兴铜矿作为危化企业，十分重视项目前期的安全评估工作。安全影响分析和安全对策制定是抓好项目建设的前提和保证。项目部在五号库建设过程中，严格遵守国家的法律法规，按法律规定程序“报建”，尤其是安评、职业卫生防护等重点专项报批工作，坚持先报批后开工建设的原则。通过执行严格的安全专项评估流程，德兴铜矿制定了相应的安全保护措施以避免五号库项目安全事故的发生，同时，通过分析所有可能发生的安全事故，项目部针对五号库项目还制定了一套周全的应急预案，随时随地保护人员及财产的安全。

3.6.2 危险有害因素识别

项目部依据相关资料和工程建设经验，提出了尾矿库工程主要的五大潜在危险有害因素（图3.6）。

一般情况下，尾矿库与周边环境的相互影响主要体现在以下五个方面：

（1）尾矿库址附近有采矿活动，当尾矿库压矿时（位于矿山岩石移动界限内），则库区的尾矿水容易进入采矿作业区，影响采矿作业安全。同样，采矿岩石移动会破坏尾矿设施，影响尾矿库的安全。

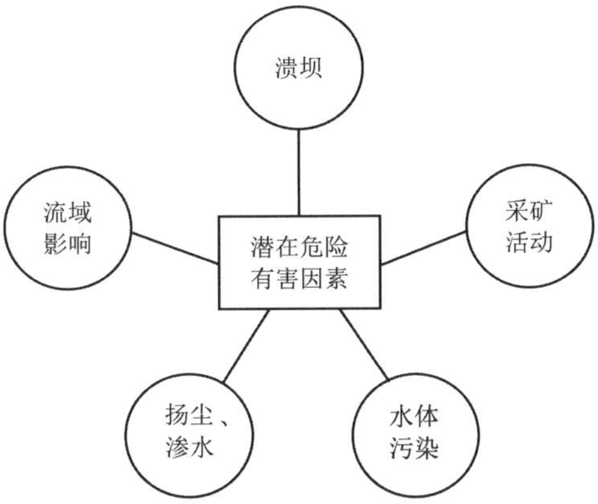

图 3.6　工程安全潜在危害

（2）尾矿库所在流域内的崩塌、滑坡、泥石流等不良地质作用在暴雨期会造成尾矿库排水设施堵塞，影响尾矿库的安全。

（3）尾矿库的扬尘、尾矿坝的渗水对附近居民，尤其是下风向或下游的居民生活带来不良影响。

（4）尾矿水中若含有毒、有害成分，可能对下游水体造成污染。

（5）尾矿库区附近有集中居民区时，尾矿库一旦溃坝将对居民区安全构成严重威胁。

3.6.3　影响分析及安全对策

根据五号库项目可能存在的五大潜在危险有害因素，德兴铜矿针对其一一开展了细致的讨论分析，并对周边安全威胁较大的因素制定了完整的应对措施。

尾矿库在矿山生产中具有十分重要的作用，但也是重要的危险源。尾矿坝一旦发生溃坝，沿山谷往下游倾泄，可能造成人员伤亡和财产损失，同时对自然、生态环境造成一定破坏。五号库下游有乐安河和村庄，尾矿坝一旦发生溃坝，有可能堵塞河流，引起人员伤亡。因此，安全专项评估中重点讨论了五号库发生溃坝的可能性，开展了极端情况下五号库工程溃坝模型试验，并以此试验结果制定可行的安全对策，保证尾矿库下游区域人员和财产的安全。

1. 尾矿库与矿山安全影响分析

根据江西省国土资源厅出具的“关于德兴铜矿五号尾矿库建设项目用地矿产资源调查结果的备案证明”，该尾矿库不存在压矿问题。

距离尾矿库最近的选矿厂为大山选矿厂，最近的采矿场为富家坞采矿场，上述选矿厂和采矿场与尾矿库边界之间距离较远且中间有山岭相隔。上述设施与尾矿库之间不会产生相互影响。

2. 流域对五号库的安全影响分析

五号库所在流域内未见较大的崩塌、滑坡、泥石流、地面塌陷等不良地质作用，流域范围内也没有排土场或废石堆场，因此该流域不会对五号库产生安全影响。

3. 尾矿库扬尘对周边环境的影响分析

由于尾矿库两侧有山岭与周边环境相隔，所以尾矿库扬尘只会对尾矿库下游和上游区域产生影响。根据《江西铜业股份有限公司德兴铜矿五号尾矿库工程环境影响报告书》，尾矿库扬尘对下风向和各敏感点的影响很小，环境防护距离设为500 m，环境防护距离内无村庄、学校、医院等环境敏感目标，但为了有效减少尾矿库扬尘的发生，可利用尾矿库澄清水建设水喷淋装置。

4. 尾矿库渗流对周边环境的影响分析

由于尾矿库所在流域范围内在区域上为一个完整的水文地质单元，根据《江西铜业股份有限公司德兴铜矿五号尾矿库工程环境影响报告书》，在尾矿库上、下游设置截渗设施和库内局部防渗设施后，五号库项目不会对居民环境敏感点及乐安河产生较大影响。

5. 尾矿库溃坝对周边环境安全影响分析及安全对策

（1）尾矿库溃坝形式及可能性分析。

五号库下游有杜村的6个村小组（一、二、三组，墩上，浮溪口，石墩头）和乐安河，上游有杜村小浮溪村小组和德昌高速公路。尾矿库正常运行时不会对上述河流、公路、居民区的安全产生影响，但尾矿库一旦溃坝会对下游河流造成严重污染，同时会对高速公路车辆及杜村居民的安全造成影响。尾矿坝发生溃坝从溃决形式上来说，大体分为三类：基础失稳导致整体破坏溃坝，即“一溃到底”形式；渗透破坏导致溃坝；漫顶导致溃坝。结合尾矿库工程特点，五号库可能产生的溃坝形式及可能性分析如下：

①尾矿坝持力层主要为凝灰质千枚岩，地层岩性均一，强度较高，后期堆坝物料为旋流后的粗粒径尾砂，力学性能较好，设计最终边坡角度符合中线法堆坝的要求，从设计的安全可靠度分析，该库不会发生整体性的溃决破坏。

②考虑到尾矿库建成后初期将尽可能早地回水，初期坝采用不透水坝。后期坝采用旋流粗粒尾砂堆坝，为尽快排出粗砂内含有的水分，降低坝体浸润线，在初期坝与下游拦砂坝之间铺设排渗垫层，设计中充分考虑尾矿坝的渗透性能，采取可靠措施保证坝体内排渗通畅。粗砂构成的坝体及强透水性的排渗体，保证了坝体自身的渗透比降远小于允许渗透比降，所以，该库发生渗透破坏的可能性非常小。

③尾矿库内设置两套排洪系统，一用一备。即使一套排洪系统失效，还有一套排洪系统能够正常使用，而两套排洪系统同时失效的概率非常小。如尾矿库使用至中、后期，即使两套排洪系统同时失效并遭遇设防标准降雨，尾矿库也不会发生洪水漫顶。

综合以上三类溃坝型式分析，第一、二类可以从本质上进行解决，第三类发生漫顶导致溃坝的可能性也非常小。

（2）溃坝模型试验。

虽然尾矿库发生溃坝的概率非常小，但考虑到五号库库容大、坝高高，溃坝的影响范围大，江西铜业股份有限公司德兴铜矿于2012年8月委托清大水木（北京）工程技术研究院进行溃坝模型试验的研究。清大水木（北京）工程技术研究院在理论探讨和预备模型试验基础上，通过野外调研和专家咨询，针对两条排洪系统失效、连续发生特大洪水并导致尾矿库漫顶的极端情况开展了五号库工程溃坝模型试验。

试验结果表明，即便出现发生溃坝的可能，也有足够的安全撤离时间和相应的减缓措施，因此，可以认为尾矿库的选址是合理的，尾矿库的正常生产运行是安全的。

（3）安全对策。

为了确保上、下游居民和交通设施的安全，除了按照设计的要求加强尾矿库的管理外，还可以采取以下安全对策避免安全事故发生：

①采用高标准设计，辅助以科学的管理，避免尾矿库的安全事故发生。采用的主要设计措施为：尾矿坝采用安全性好的中线法尾矿筑坝；洪水标准取规范规定的上限；在尾矿库运行中、后期预留较大的调洪库容，库内设两套排洪系统，一用一备。

②利用尾矿坝采用中线法筑坝的优越条件，在汛期来临前，尽可能提前堆筑下一期坝体，在非常情况下，可以借助后期坝雄厚的坝体拦挡洪水。

③德兴铜矿四号尾矿库通过多年来的防洪实践，形成了“旱季防洪，科技防洪”的思想观念和以矿调度室为指挥中心的防洪度汛管理体系，建立了一整套科学而完备的防洪度汛预案。根据不同的暴雨量而启动相应的抢险救灾程序，明确防汛安全生产责任制，建立汛期值班制度、库区巡查制度和确立下游居民撤离方案等，同时每年汛期都组织防洪演习，训练了一支职工应急抢险队伍。五号库针对尾矿库下游居民及上游小浮溪村组、高速公路制定应急预案。借鉴四号尾矿库在防洪度汛方面的成功经验，保证在设计标准洪水的情况下，尾矿库能正常生产；在超过设计标准洪水的情况下，尾矿库有足够的应急预警时间，并动员应急抢险队伍，有序地组织居民撤离，封闭上游的高速公路，保证居民的生命安全不受影响。

④由于下游坝溃坝后的影响范围及造成的后果远大于上游坝溃坝，因此在尾矿库运行期，上游沉积滩顶标高应小于下游沉积滩顶标高，以减小下游坝发生溃坝的概率。

3.6.4　安全专项评估总结分析

五号库工程安全专项评估通过识别潜在的威胁有害因素，在进行影响分析的基础上制定出详细的安全对策，特别是为确保尾矿坝的安全，德兴铜矿开展了稳定性分析、浸润线分析、入库分配方案等一系列深入的探讨研究，力保五号库项目实现安全生产目标。

在尾矿坝渗流分析和抗震分析过程中，德兴铜矿严格按照相关规定要求，分别委托河海大学和防灾科技学院，对尾矿坝进行了三维有限元模型分析，并根据分析结果给出的建议改进设计方案和运营策划。采取相应的安全措施后，能够确保周边居民和交通设施的安全。

依据有关安全生产法律法规，江西省安全生产监督管理局组织专家对《江西铜业股份有限公司德兴铜矿五号（铁罗山）尾矿库建设项目安全预评估报告》进行了评审。专家组经现场踏勘后,听取并审议了报告内容,一致认为:报告对五号库的主要危险有害因素进行了辨识,并采用安全评价方法对危害程度进行了分析评价;评价单元划分合理,并提出了相应安全对策措施。

3.7 项目水土保持及复垦评估

3.7.1 水土保持评审的目的和意义

国务院国发〔1993〕5号文件《关于加强水土保持工作的通知》中指出,水土保持是山区发展的生命线,是国土整治、江河治理的根本,是国民经济和社会发展的基础,是必须长期坚持的一项基本国策。选矿厂排放出的尾矿无论是作为一种有待开发的资源,还是作为对环境存在污染威胁的固体废物,都不允许造成流失。同时,在尾矿贮存设施建设期间,许多建(构)筑物的开挖和填筑,也破坏了原有的自然生态。为了防止水土流失,五号库工程在实施过程中必须非常重视水土保持和复垦工作。

五号库建设过程中可能造成水土流失的工程包括:

(1)尾矿坝坡的尾砂流失或滑塌;

(2)尾矿库沉积干滩面;

(3)各建(构)筑物的开挖裸露边坡及地面;

(4)开挖方多余土石方的弃土。

3.7.2 水土保持措施

针对上述水土流失原因的分析,德兴铜矿依据四号库水土保持的措施经验,对五号库水土保持采取工程措施(护坡、排水沟、拦渣坝等)和植物措施(坝坡绿化、场院绿化、山坡植被恢复)等,在工程设计中因地制宜选用这些措施。

1. 征地

项目设计占地面积是五号库服务年限内总用地面积,工程建设用地多少,征购多少,就使用多少,决不浪费一分土地。在征用土地范围内,将尽可能地保护自然植被免遭破坏,遭破坏的植被按规定种植恢复。

2. 挖填方平衡及弃土计划

五号库项目土石方量主要发生在上、下游尾矿坝和库区道路,挖方236.62万m^3,填方189.60万m^3,土石方工程总量为426.22万m^3。上述土石方量除少量尾矿排洪、输送系统的挖方量可以用来堆筑尾矿坝外,其余都要另找地方堆弃(全部运到尾矿库库区淹没范围内合适的地点进行堆弃)。尾矿坝的填方除对石料要求较高部分外,主要在尾矿库库区范围内采取(表3.14)。

表 3.14　土石方工程量计划

序　号	工程名称	挖方 / 万 m^3	填方 / 万 m^3
1	下游坝	36.82	127.00
2	上游坝	6.99	57.10
3	排洪系统	15.02	—
4	尾矿输送系统	7.29	—
6	回水系统	0.50	0.50
7	库区道路及其他	170.00	5.00
	合　计	236.62	189.60

3. 主要工程措施

（1）对尾矿坝尾矿的流失防护应保证坝坡的稳定，防止滑塌，并在初期坝设块石护坡，后期坝下游设多级拦砂坝、沉砂池和截渗坝，最终坝坡覆土植草，两侧和坝面修建截水沟，干滩面喷水防尘。

（2）道路和各建（构）筑物的开挖至稳定边坡，并适当覆盖和绿化。

（3）对各建（构）筑物的裸露地面进行绿化。

4. 尾矿库封闭及复垦

在尾矿坝的两侧都应修建截水沟，不让库区范围外的雨水进入库区内。尾矿库使用完毕后，要对尾矿库做专门的闭库设计并进行复垦。闭库的尾矿库已停止输送尾矿，库内逐渐干涸，形成大面积沙滩，也要进行复垦。在尾矿库的服役期进行相关的复垦试验，找到合适的复垦方案，在尾矿库闭库后立即加以实施。

5. 施工注意事项

为了防止水土流失，场地平整施工要避开雨季，遵照“先截后挖、先拦后排”的原则。开挖前应先施工截水沟，防止在施工过程中因突降暴雨造成施工作业场地水土流失。

3.7.3　水土保持与复垦总结分析

实践证明，开展水土保持工作是山区生态和经济社会可持续发展的重要途径，对此项目部高度重视五号库水土保持与复垦工作（图 3.7），依据“因地制宜、因害设防、常规治理与重点防护相结合”的原则，建立了项目水土流失防治体系（图 3.8），从治理措施、施工措施、监控措施三大方面入手，做好五号库工程水土保持工作。在治理措施上，德兴铜矿通过识别对造成尾矿库库区水土流失的主要作业活动，布置了工程、植物和临时防护措施，并制定了相应的实施计划，减少因五号库工程建设造成的水土流失；在施工措施上，项目部专门制定了冬雨季施工管理办法，通过规范施工流程、改进施工方法等措施，减少因雨水造成的作业现场的水土流失；在监控措施上，德兴铜矿通过制定监测计划，在五号库建设地周边设置了若干监测点，实时监测库区内的水土流失情况和不利影响，并采取有效措施控制水土流失的发生。尾矿库服务期满，德兴铜矿按规定闭库后，将做好生态恢复工作，同时将对闭库后的尾矿库定期监测，防范环境风险事故的发生。

图 3.7　水土保持评审会

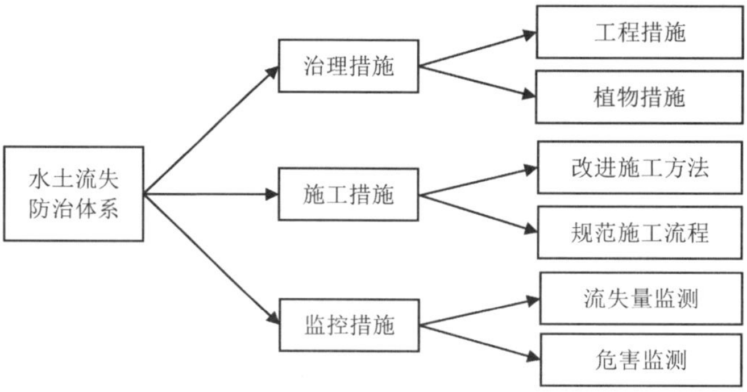

图 3.8　五号库项目水土流失防治体系

五号库项目对于德兴市和整个江西省的重要性不言而喻，如此巨大的工程若没有经历前期充分的评估论证分析，之后的各类风险将是不可控的，即便在保证工程设计和施工质量的前提下，也需要充分进行前期评估，才能保障其成为一项合格的工程。

随着国家经济社会的快速发展，在各项工程建设项目日益增加的同时，建设项目的前期评估工作也越来越受到关注和重视。在五号库项目前期，德兴铜矿积极筹备各类评估材料，在可行性研究的基础上，从企业、国家和社会的角度对项目的计划和方案进行评价，以准确的一手数据资料，运用各种论证分析方法和手段，对五号库项目的选址、用地、环境、林地、安全、水保等专项开展评估工作，并给出了相应的评估结果和一些合理化的建议和意见，切实落实评估工作的要求。

3.8 小　结

五号库项目前期评估工作的及时开展，能够让管理者在项目前期就从项目建设全生命周期的角度出发，审视项目建设的全过程。综合考虑设计、施工、运营等各环节间的相互作用关系，寻找合理的建设方案，并通过不断优化，改善方案的局限性和不足之处，来提升项目建成后带来的经济效益和社会效益。同时，选址、用地、环保、安全等方面的评估对提高管理部门的决策水平，提升项目报批阶段的工作效率，避免前期决策的失误，都有着积极的意义。

在工程建设项目前期评估工作中，任何评估失误都有可能导致决策的失误，进而对项目建设造成严重的后果，这是五号库工程所不能允许的。对此，为保证评估结果的有效性，德兴铜矿在整个项目评估过程中，始终坚持以“考察因素的系统性、实施方案的最优性、选择指标的统一性、采集数据的准确性、分析方法的科学性”为原则开展评估工作，为后续决策提供重要依据。

五号库项目评估工作广泛听取社会意见，通过问卷的形式收集资料和数据，并充分考虑项目周边受影响较大的企业和个人提出的意见和建议，确保项目评估的公正性和客观性。对评估结果中暴露出来的问题制订切实可行的解决措施和方案，以充分发挥评估工作的价值。对某些影响重大的评估对象，例如尾矿库溃坝分析等，评估人员充分听取各专业人员的意见后，联合其他专业研究机构对重大问题进行分析讨论，增加了项目评估结果的可信度。

通过上述分析可以看出，五号库项目前期开展的评估工作对提高五号库项目环境保护、使用功能、建设质量，降低建设和运营费用都有着重要的意义。许多建设工程项目的成功经验都表明，有效的决策评估是工程项目成功的前提，任何建设工程项目都处于社会经济系统中，考虑项目所在地的社会、政治、经济和自然环境等因素与项目建设成功与否有着十分密切的关系，一些没有经历前期评估或是盲目随意开展评估工作的建设项目，往往会导致建设过程受阻，造成不可挽回的损失。因此，为规避这一现象的发生，工作小组重视调研工作的深度和广度，根据评估结果权衡不同建设方案的利弊，发挥项目所在地社会、政治、经济和自然环境等因素对项目建设的积极影响，提升项目的社会和经济效益。工作组在积极申报评估材料的同时，认真落实批复中的意见，为避免形式主义的空谈，结合实际情况不断进行申报内容的调整和修改，将不利影响降至最低，直至寻找到项目自身处于社会经济系统中的有利位置。

第 4 章　德兴铜矿五号尾矿库项目建设的动拆迁与安置管理

4.1　土地征收管理

4.1.1　征地范围与计划

五号库建设用地征用量大、库区需要拆迁安置的人口较多。征地包括尾矿库库区征地和道路及其他征地，总征地面积约为 12 km^2，项目的道路及其他用地在基建期一次性征用完毕。为节省基建期投资，尾矿库征地随着生产的进行和淹没标高的升高分期实施，主要搬迁人口及范围为杜村的横坑村小组和铁罗山实业公司。

尾矿库征地共分三期。一期征地在基建期征完，征地范围为库区山沟两侧标高 210 m 以下范围；二期征地在尾矿库投入使用后 10 年内完成，征地范围为库区山沟两侧标高 210 ~ 260 m 范围；三期征地在尾矿库投入使用后 20 年内完成，征地范围为库区山沟两侧标高 260 ~ 290 m 范围（表 4.1）。在征占的土地中包括林地约为 11 km^2，耕地约为 0.4 km^2（表4.2）。

表 4.1　各期征地量

征地期项目	一期 / km^2	二期 / km^2	三期 / km^2	合计 / km^2
尾矿库征地	6.696	2.697	1.461	10.854
道路及房屋	1.22	—	—	1.22
合　计	7.916	2.697	1.461	12.074

表 4.2　征地种类及面积

序　号	项目名称	占地类别		合计 / km^2
		林地 / km^2	耕地 / km^2	
1	尾矿库	10.5	0.35	10.85
2	库区道路及其他	1.2	—	1.2
合　计		11.7	0.35	12.05

4.1.2　征迁地行政区划及基本情况

1. 横坑自然村

横坑自然村隶属于海口镇人民政府杜村村委会。

海口镇人民政府位于德兴市东北部。东邻新岗山镇、李宅乡，南靠龙头山乡，西接泗洲镇，北与婺源县以乐安河为界。总面积为 152 km^2。辖海口、黄渡、江田、舒湾、杜村 5 个行政村和新源、海乐 2 个居委会。共有 89 个村民小组，55 个自然村，共计 1.5 万人。

杜村村委会位于海口镇西偏南 5 km，山垄田畈边，浮（溪口）昭（林）公路贯穿境内。辖 6 个自然村，8 个村民小组，共计 628 户，2 260 人。耕地为 1 477 亩，山林面积为 2 万余亩。主要生产稻谷、大豆、木材、茶叶。

横坑自然村在海口南偏西 9 km 山垄中（图 4.1）。共计 20 户，95 人。

图 4.1　横坑原貌

2. 铁罗山分场

铁罗山分场现隶属于大茅山综合垦殖场。

大茅山综合垦殖场分布于德兴市的花桥、龙头山、海口、新营、绕二、界田公社和泗洲等乡、镇（街道）境内，东界玉山县怀玉山垦殖场，南接上饶、横峰县。辖花桥、铁罗山、龙头山、梧风洞、绕二 5 个分厂，39 个农、林场，171 个生产队。82 个自然村，1 个农点。18 个直属单位，5 个附属单位。总面积约为 258 km^2，共计 4 347 户，15 925 人，以汉族为主。职工为 8 289 人，其中固定职工为 7 205 人。总场驻地在大茅山西北麓花桥公社境内的詹村，西距德兴市 19 km。垦殖场以大茅山命名。

铁罗山分场穿插在德兴市海口公社、泗洲镇境内，接德（兴）九（都）县线的浮（溪口）昭（林）公路穿过全场。辖李陈家、西源、东坑、小浮溪、大桥 5 个农、林场，21 个生产队，7 个自然村，直属单位有木制品厂、基建队。总面积约为 36 km^2，共计 306 户，1 053 人，以汉族为主。职工为 477 人，其中固定职工为 460 人。驻地铁罗山南偏西距詹村 25 km（图 4.2、图 4.3 和图 4.4）。

图 4.2　东坑原貌

图 4.3　老场部原貌

图 4.4　小浮溪原貌

4.1.3　征收补偿原则和方法

为正确处理利益关系，保障集体经济组织中每个成员或村民享有平等待遇，在征收工作开展之前，有必要明确土地征收补偿的原则和方法，做到公开、公平、公正地分配补偿款项，具体包括：

（1）征收土地按权属关系进行补偿。

（2）征收土地各种规费由五号库建设协调服务领导小组综合协调办公室统一申报。

（3）征收土地补偿费的发放原则包括：

①青苗和地表附着物补偿费，直接发放给合法经营者。

②集体土地补偿费和安置补助费，有条件的村民委员会或村民小组在土地被征收后可重新调整。经调整的村民小组，土地补偿费和安置补助费的分配形式由本级村民集体研究决定。

③村民委员会或村民小组不具备条件调整土地的，安置补助费直接发给被征地农户，土地补偿费的发放由本级村民依法集体研究决定。

（4）集体土地上的公共用地、公用水沟（渠）、公用道路、公共设施的补偿费由当地乡镇人民政府统一监管，土地补偿、安置补助费仍按权属关系补偿，其他补偿根据“谁投资谁受益的原则”发放到村委会、村小组或者经村委会、村小组依法集体研究同意后，用于村、组的集体公益事业，修建公共设施；铁罗山实业公司国有土地上的地表附着物，除青苗补偿给合法经营者（单位）外，其他公共用地、公用水沟（渠）、公用道路、公共设施等的补偿费，由市政府另行安排。

（5）五号库建设涉及被征收土地区域的海口镇政府和铁罗山实业公司在德兴铜矿提供用地红线图后，负责对本辖区和本单位被征地的分户面积、权属和数量进行登记、核实。测量和计算数据需真实、准确，并向群众公开。测量数据资料统一由海口镇政府、铁罗山实业公司上报五号库建设协调服务领导小组征地拆迁组，经征地拆迁组相关人员审查核对认定后，由市国土资源局与海口镇政府、村委会、村民小组、铁罗山实业公司等其他权属单位签订征地协议。

（6）征收土地补偿费支付方式：征地协议签订后付 50%；土地交付使用后付 50%。

4.1.4　征收补偿标准

为了切实维护被征地单位和农民的合法权益，维持生活和生产所需的基本生产资料，防止农民在失去土地后基本生活水平下降，根据江西省人民政府《关于公布全省新征地统一年产值标准和区片综合地价的通知》（赣府字〔2010〕126 号）文件精神，结合地方实际，制定土地征收补偿标准（表 4.3）。

（1）根据赣府字〔2010〕126 号《关于公布全省新征地统一年产值标准和区片综合地价的通知》文件的规定，海口镇行政区域水田的统一年产值标准为 1 307 元 / 亩。

表 4.3 五号库征用土地补偿标准

序 号	土地类别	补偿标准 /（元 / 亩）	备 注
1	水田	28 876	种植水稻或其他在水田中种植的农作物的耕地
2	菜地	28 876	商品性蔬菜基地或由水田改造的种植蔬菜的耕地
3	田地	28 876	由水田改造的种植其他经济作物的土地
4	精养鱼塘	28 876	由水田改造的有完善基础设施的高密度养殖鱼塘
5	旱地	19 347	种植旱地作物的耕地
6	宅基地	19 347	原则上有房屋、土地相关证书的土地
7	林地	10 107	有林权证书的土地
8	水库、水塘	10 107	经人工开挖砌坝的水面
9	其他农用地	10 107	其他属于农用地范畴的土地
10	未利用地	5 775	包括荒山、荒地、荒水、滩涂等未被开发利用的土地

（2）征地补偿费的分配和使用必须根据“赣府字〔2010〕126 号”文件精神，按江西省农业厅、财政厅、国土资源厅、民政厅等部门研究制定的分配办法执行。

（3）征地工作经费标准：征收（用）耕地安排工作经费 3 000 元 / 亩，其中，乡（镇、街办）2 000 元 / 亩，村（居）1 000 元 / 亩；林地安排工作经费 1 500 元 / 亩，其中乡（镇、街办）1 000 元 / 亩，村（居）500 元 / 亩；其他土地安排工作经费 1 000 元 / 亩，乡（镇、街办）、村各 500 元 / 亩。

4.2 房屋征收管理

4.2.1 房屋征收范围与计划

五号库的建设涉及大量的拆迁安置问题，主要搬迁人口及范围为杜村的横坑村小组和铁罗山实业公司。根据初步调查，需要进行拆迁安置的范围及人口如下：

（1）横坑村小组：户数 96 户，人口 247 人，房屋 55 幢（砖混 10 幢，土木 45 幢）。

（2）铁罗山实业公司：铁罗山实业公司包括两个林场（东坑林场、小浮溪林场），三个工厂（木制品厂、化纤器材厂、纸箱厂）及其附属的学校、卫生院、公司食堂、公司招待所、影剧院、办公大楼。户数 256 户，人口 523 人，房屋面积 79 栋（砖墙结构），建筑用地为 110 亩，一条自建公路（3 km 水泥路面）。

五号库房屋征收工作实施单位向被征收人提供产权调换、货币补偿两种补偿方式，由被征收人根据自身情况自主选择其中一种。

（1）选择产权调换的被征收人，安置住房位于德兴市城市规划区内老银泗公路北面（原铜业公司油库）的多层住宅楼。

（2）选择货币补偿的被征收人，由具备资质的房地产中介评估机构确定其房屋补偿、装饰装修补偿费用。

4.2.2　房屋征收补偿标准

工作组为提高五号库房屋征收补偿标准的公众满意度，依法保障群众参与度，听取并尊重多数人的意见和建议，使房屋征收和补偿标准的制定流程更加透明化，将征收决定和补偿情况及时向社会或者利害关系人公开，以统一的标准维护全体被征收人的合法权益（图 4.5）。

图 4.5　五号库征地拆迁工作会议（2013 年 6 月 27 日）

1. 产权调换

选择产权调换的被征收人，按以下方式进行补偿。

（1）房屋补偿：房屋征收实施单位根据被征收房屋主房建筑面积为被征收人提供位于德兴市城市规划区内老银泗公路北面（原铜业公司油库）的安置房（多层住宅楼）用于产权调换。安置房单套户型面积标准为四种，分别为 60 m²，80 m²，100 m²，120 m²。

具体调换比例为：被征收房屋主房属框架结构，按主房建筑面积 1∶1.05 调换安置房；被征收房屋主房属砖混结构，按主房建筑面积 1∶1 调换安置房；被征收房屋主房属砖木结构，按主房建筑面积 1∶0.95 调换安置房；被征收房屋主房属土木结构，按主房建筑面积 1∶0.85 调换安置房。

（2）附属房补偿：被征收人的主房以外的附属房，属房屋所有权证内明确记载面积的部分，按记载面积计入主房建筑面积进行产权调换；房屋所有权证内未记载面积的部分（经依法认定不属违法建筑），附属房建筑面积低于 15 m² 的，按实际建筑面积计入主房建筑面积进行产权调换；附属房建筑面积大于 15 m² 的，按 15 m² 计入主房建筑面积进行产权调换，剩余建筑面积按照市人民政府公布的重置价格给予一次性货币补偿。

被征收人的主房以外的简易场、阁楼、屋顶隔热层等一律按照市政府公布的重置价格给予一次性货币补偿。

（3）装饰装修补偿：按征收人的室内装饰装修，根据被征收房屋室内装饰装修的实际项目数，由房屋征收实施单位与被征收人协商确定补偿费用。

（4）搬家补偿：属现房安置的，由房屋征收实施单位支付一次搬家补偿费 1 500 元；属期房安置的，由房屋征收实施单位支付两次搬家补偿费 3 000 元。

（5）临时过渡安置补偿：按被征收房屋主房建筑面积每平方米每月补助 35 元，补偿期限为 18 个月；如安置房未能在 18 个月内交付的，按实际超出时间另行给予补偿。

（6）停产停业损失补偿：房屋征收实施单位对因征收非住宅房屋造成被征收人停产停业引起的经济损失给予补偿，补偿标准按实际经营面积每 10 m^2 补助 1 人，每人每月补助 350 元（按德兴市政府公布的 2012 年度城市居民最低生活保障标准）计算，一次性补助 12个月。

（7）安置房户型选择及补差办法：

①主房建筑面积为 60 m^2 以下的，可选择户型面积为 60 m^2，安置面积超出主房面积部分由被征收人按每平方米 900 元缴纳房款。

②主房建筑面积为 60 m^2 至 80 m^2（不含 80 m^2）的，可选择户型面积为 60 m^2 或 80 m^2 两种。选择 60 m^2 的，主房面积超出安置面积部分由房屋征收实施单位按每平方米 900 元进行补偿；选择 80 m^2 的，安置面积超出主房面积部分由被征收人按每平方米 900 元缴纳房款。

③主房建筑面积为 80 m^2 至 100 m^2（不含 100 m^2），可选择户型面积为 80 m^2 或 100 m^2 两种。选择 80 m^2 的，主房面积超出安置面积部分由房屋征收实施单位按每平方米 900 元进行补偿；选择 100 m^2 的，安置面积超出主房面积部分由被征收人按每平方米 900 元缴纳房款。

④主房建筑面积为 100 m^2 至 120 m^2（不含 120 m^2）的，可选择户型面积为 100 m^2 或 120 m^2 两种。选择 100 m^2 的，主房面积超出安置面积部分由房屋征收实施单位按每平方米 900 元进行补偿；选择 120 m^2 的，安置面积超出主房面积部分由被征收人按每平方米 900 元缴纳房款。

⑤主房建筑面积在 120 m^2 以上的，可以视实际情况对照安置房户型面积选择两套安置房。所选安置房总面积不得突破原有被征收房屋的主房建筑面积，主房面积超出安置面积部分由房屋征收实施单位按每平方米 900 元进行补偿。

⑥对家庭常住人口多（户籍未迁出的），按照经济适用房最低住房保障标准每人 15 m^2 确定安置房户型面积，安置面积超出主房面积部分由被征收人按每平方米 900 元缴纳房款。

⑦对家庭组成为三代同堂或有两个以上（含两个）子女（家庭居住人口总数为 4 ~ 5 人），参照每人 15 m^2 的住房保障标准只能安排 80 m^2 以下户型的，专门设计面积控制在 80 m^2 左

右的三室一厅安置房进行安置。安置面积超出主房面积部分由被征收人按每平方米 900 元缴纳房款。

⑧安置房底层的储藏间由被征收人按照每平方米 440 元的标准补缴房款。

2. 货币补偿

选择货币补偿的被征收人，按以下方式进行补偿。

（1）房屋补偿：根据被征收人房屋（含主房、附房、简易房、阁楼、屋顶隔热层等）的区位、用途、环境、容积率、结构、层次、建筑面积等因素，依照房地合一的原则，由具备资质的房地产中介评估机构评估确定。

（2）装饰装修补偿：被征收人的室内装饰装修，根据被征收房屋室内装饰装修的实际项目数，由具备资质的房地产价格评估机构评估确定补偿费用。

（3）搬迁补偿：房屋征收实施单位支付被征收人搬家补偿为每户 1 500 元。

（4）临时过渡安置补偿：按被征收房屋主房建筑面积每平方米每月补助 35 元，补偿期限为 3 个月。

（5）停产停业损失补偿：房屋征收实施单位对因征收非住宅房屋造成被征收人停产停业引起的经济损失给予补偿，补偿标准按实际经营面积每 10 m² 补助 1 人，每人每月补助 350 元（按德兴市政府公布的 2012 年度城市居民最低生活保障标准）计算，一次性补助 12个月。

4.2.3　房屋征收补助与奖励

为鼓励被拆迁人积极配合征迁工作组的房屋拆迁工作，减少房屋拆迁过程中产生的争议，工作组制订了五号库房屋征收补助与奖励措施，确保拆迁工作的顺利进行。

（1）征收补助：被征收人在征收补偿签约期限内完成协议签订并搬迁交房，依据被征收主房面积，按框架结构每平方米 60 元、砖混结构每平方米 45 元、砖木结构每平方米 30 元、土木结构每平方米 25元的标准对被征收人给予补助。

（2）征收奖励：房屋征收实施单位给予被征收人协议签订奖和搬迁腾空奖。协议签订奖：被征收人在征收补偿签约期限开始之日起 5 日内签订协议的给予 4 000 元奖励；第六日至第十日签订协议的给予 2 000 元奖励；超过期限的不给予奖励。搬迁腾空奖：协议签订之日起十日内搬迁腾空住房并交房的给予 3 000 元奖励；第十一日至第二十日搬迁腾空住房并交房的给予 1 500 元奖励；超过期限的不给予奖励。

同时，为使村民们尽早地迁入新居，将旧房腾空以待拆除，防止“只签协议，却不搬迁”的现象发生，工作组又按照“先签协议、先搬迁腾空、先选房”的原则开展安置房小区的抽号选房工作，并制定了具体的实施细则。

实施细则规定：协议签约期限开始之日起 15 日内完成协议签订并搬迁腾空房屋交接的村民参加第一次抽号、选房，各被征收户先抽出选房次序后，再按次序号依次选择安置房，安置房选定不得更改。协议签约期限开始第十六日后签订协议并完成搬迁腾空房屋交接的，按照腾空交接房屋的次序即时参加选择安置房。被征收房屋所有权人（以房屋所有权证或土地使用证记载为准）为60周岁以上老年人及残疾人的，在协议签订期限内完成协议签订并搬迁腾空的，优先考虑在安置房的一、二楼进行安置。未按协议付清安置房房款和未按规定时间交房的被征收人，不参加抽号、选房。

4.3 项目社会稳定风险分析

4.3.1 分析原则

五号库项目建设用地面积大，涉及的拆迁安置人数较多，影响广大群众切身利益。为有效规避社会稳定风险，在工程项目建设前期，进行了完整的社会稳定风险评估分析。通过社会稳定风险评估，预测、识别和分析各种可能影响社会稳定的因素，并制定相应的应对措施，运用适当的方法，预防和控制不稳定因素的发生。

1. 以人为本原则

五号库项目的建设涉及群众切身利益，征地拆迁过程中会产生大量的利益纠纷，这些纠纷将成为最主要的不稳定因素，因此，评估工作应从群众利益出发，站在群众的立场上，考虑其受到的影响和对应的承受能力，维护群众的合法权益。

2. 科学民主原则

依照相关法律法规和政策，深入实地调查研究，通过多渠道、多方式、多层次收集群众意见，并加以整理总结，分析五号库项目征地拆迁过程中所有可能的风险因素，召开评估大会，充分论证，确保评估工作全面、客观和准确。

3. 效益统一原则

五号库项目建设需要处理好土地征用和区域稳定的关系，统筹考虑项目建设、企业发展和社会可承受程度，通过合理的征迁方案和补偿标准，寻求各方利益的平衡点，实现有机统一。

4.3.2 分析方式与流程

为了有效解决房屋及土地征收主要矛盾，维护社会稳定，德兴市政府在出台《德兴铜矿五号尾矿库建设土地征收补偿方案》和《德兴铜矿五号尾矿库建设房屋征收补偿方案》的基础上，考虑到涉及房屋及土地被征收户的切身利益，因此开展了社会稳定风险评估工作（图4.6）。

评估采取走访群众、召开座谈会等方式进一步广泛征求意见，增强政策的透明度。采用召开评估大会确定评估风险等级的方式为征收评估定级，即A，B，C三个等级：群众反应强烈可能引发重大群体性事件的评估为A级，群众反应较大可能引发重大一般性事件的评估为B级，部分群众意见有分歧可能引发个体矛盾纠纷的评估为C级。

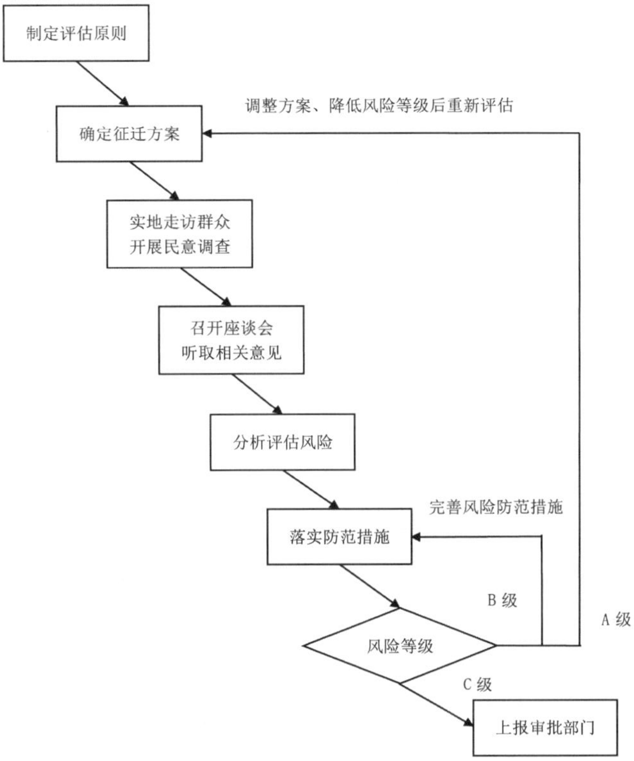

图4.6 社会稳定风险评估流程

4.3.3 社会稳定风险识别及分析

1. 项目合法性、合理性的风险

五号库工程属国家战略部署和重大决策项目，该项目严格依照房屋征收条例及土地征收（征用）管理办法等有关规定，出台了五号库建设项目土地征收补偿方案，市国土资源局、房管局、五号库综合协调办和海口镇人民政府多次深入房屋被征收人当中听取意见，并多次组织专家座谈修改完善了五号库建设项目土地征收补偿方案。

项目风险评价结果显示，1票合法性为B级，37票合法性为C级；1票合理性为B级，37票合理性为C级，因此，项目合法性、合理性风险较小。

2. 可行性评估

德兴市人民政府根据江西省人民政府《关于公布全省新征地统一年产值标准和区片综合地价的通知》（赣府字〔2010〕126号）文件精神，结合地方实际制定了《德兴铜矿五号尾矿库建设土地征收补偿方案》。根据国家关于房屋补偿的相关规定制定了《德兴铜矿五号尾矿库建设房屋征收补偿方案》，两个方案的制定都严格坚持依法依规，保障被征地拆迁群众的合法利益。因此，德兴市人民政府《德兴铜矿五号尾矿库建设土地征收补偿方案》和《德兴铜矿五号尾矿库建设房屋征收补偿方案》是依法、合理、可行的。

项目风险评价结果显示，2 票可行性为 B 级，36 票可行性为 C 级，因此，群众抵制房屋及土地征收的风险较小。

4.3.4　风险防范措施

评价结果表明，五号库项目风险在整体上是可控的，但该项目在房屋及土地征收过程中，不可避免会出现个别被征收人因补偿标准难以满足个人私欲而产生负面情绪。所以，为预防五号库项目征地拆迁过程中不稳定因素的发生和扩散，维护社会稳定，实现社会和谐，顺应建设社会主义和谐社会的时代潮流，根据评价结果中潜在的风险因素，评估人员制定了相应的防范措施。

1. 注重对被征收人切身利益的保护

（1）严格执行征收补偿标准。为了确保项目的顺利进行，德兴市政府制定了符合实际的征收补偿方案。在具体操作时，要从保护被征收人切身利益的角度出发，制定补偿标准时要严格按照政策。

（2）为被征收人设计、建设过渡安置房，规划好安置地。

2. 科学安排和监管补偿资金的使用

项目房屋及土地补偿金由五号库协调服务领导小组综合协调办公室、海口镇人民政府、大茅山集团公司管理，市财政监管，足额到位、专户存储、专款专用。

3. 征收期间做好征收对象的服务工作

海口镇人民政府、五号库综合协调办公室及市国土资源局、房管局等职能部门密切配合，换位思考，一切以群众利益为根本出发点；不忘初心、牢记使命，发挥政府官员的模范带头作用，全心全意为人民服务，做好人民的公仆。

4. 保障项目全过程治安安全

市国土资源局、五号库综合协调办公室、海口镇人民政府采取以预防为主的治安防范措施，在项目实施过程中加强综合治理工作，保持征收涉及区域日常治安环境的良好。密切关注极少数人可能因对补偿不满而引发问题，第一时间采取措施化解，将问题消除在萌芽状态。

4.3.5　分析结果

五号库项目属重点工程，工程建设时间紧、任务重，而且少数村民对土地征收、房屋拆迁有抵触情绪，在进一步实施房屋征收（征用）过程中不排除发生个体矛盾冲突的可能，根据赣办字〔2010〕21 号文件精神，风险评估等级确定为 C 级。但在工作过程中要加大防范措施的执行力度，各尽其责，对符合政策能解决的问题马上予以解决，坚决把不稳定因素控制在最小的范围内。

4.4 项目安置办法

4.4.1 安置小区

1. 小区情况

五号库拆迁安置小区位于德兴市，占地约 31 855.4 m^2，南临老德铜公路，西、北临自然山体，东临金属化工厂，交通便利，地理位置具有明显优势。

小区的基地呈不规则形状，但用地的地势高差不大，因此建筑布局根据用地形状做了相应的调整，并在规划与设计中结合城市空间关系及周边景观资源，以建筑群为依托，以绿化系统为主线，两者相互渗透，相互复合，形成了清晰的空间结构层次和丰富的环境层次，具有完整的系统性和明确的可识别性，以及良好的可达性（图 4.7，表 4.4）。

（1）建设目的。五号库房屋征收安置小区项目确保了五号库项目的顺利推进，保障了被征收房屋农民的合法权益，让被征收户尽快搬入新居，尽早安居乐业，从而消除不稳定因素。

图 4.7 五号库安置小区

表 4.4 五号库拆迁安置小区建设经济指标

序号	经济技术指标	单位	数值	备注
1	总用地面积	m^2	31 855.4	
2	总建筑面积	m^2	49 502.6	
2.1	住宅建筑面积	m^2	42 015.9	
2.2	商业、物业面积	m^2	2 471.11	其中物业用房 445.23m^2
2.3	车库、储藏间面积	m^2	5 015.59	
3	容积率		1.55	
4	建筑密度	%	23.5	
5	绿化率	%	35	
6	停车位	个	158	
7	总户数	户	416	A、B、C、D，四种户型
8	主体建筑层数	层	6	

（2）建设必要性。

①德兴市及德兴铜矿经济社会发展的需要：五号库项目建设是德兴市及江西铜业股份有限公司的重点工程项目，能够极大促进德兴铜矿综合采选生产能力的提升，为德兴及德兴铜矿带来财政收入的较快增长。

②关系到被征收房屋农民的切身利益：该项工程涉及搬迁的农民家庭急需妥善安置，关系到广大中低收入群众利益能否得到保证。

③城市建设发展的需要：德兴市委、市政府已确定把产业强市、城建兴市确定为今后德兴发展的重点战略。德兴市新的规划对整个德兴市新区的建设提出了更高的要求，作为德兴市新区的有机组成部分，要求进一步加快类似五号库房屋征收安置小区的建设，对改善投资环境、提升城市品位，加大吸引外资力度，具有特别重要的意义。

（3）社会意义。五号库房屋征收安置小区工程项目的建成，对促进德兴市经济建设的快速发展、对德兴的城市建设都具有重要的意义。

2. 建设标准

安置房单套户型面积标准为四种（图 4.8）。

A 户型：116.93 m^2，96 户，23.08%。

B 户型：103.17 m^2，96 户，23.08%。

C 户型：80.66 m^2，176 户，42.30%。

D 户型：63.76 m^2，48 户，11.54%。

总建筑层数为 6 层，层高不低于 3 m，进户门为普通金属门，室外窗为铝合金或塑钢，普通水泥砂浆楼地面，内墙为普通砂浆拉毛，外墙为外墙漆或外墙砖。

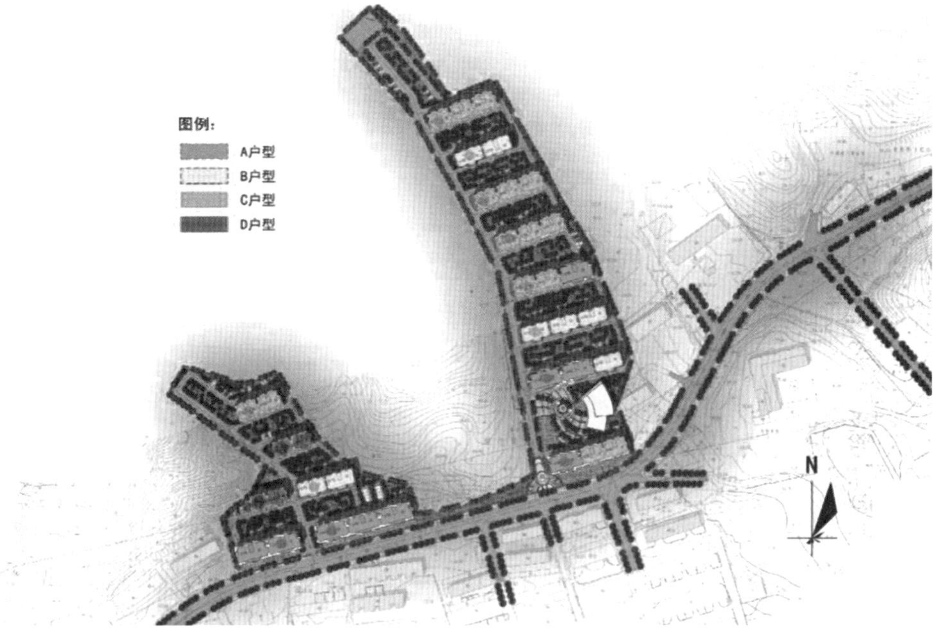

图 4.8　安置小区户型分布情况

3. 建设特点

横坑新居和铁罗山新居作为海口镇和大茅山集团的征迁安置小区（图 4.9，图 4.10），在规划设计的过程中充分考虑了村民们原有的生活习惯，以较好的小区环境和较高的房屋质量吸引搬迁户，一定程度上为五号库项目征迁工作的顺利实施做出了贡献。

图 4.9　横坑新居

图 4.10　铁罗山新居

（1）房屋建设标准高。安置小区每户人家均配备一定面积的储物间，给搬迁户提供堆放生活用品的空间，户型装修标准均为简装修，满足搬迁户随到随住的需求。

（2）设公共活动区。由于搬迁村民主要是以习惯了田园生活的老年人为主，为尽快让他们适应新的生活环境，安置小区内建有居民小花园，为居民乘凉、休憩、闲谈提供广大的空间，同时在每栋房屋底楼都设有公共活动室，尽可能保留住户原有的居住习惯，促进邻里关系和谐。

（3）户型选择多。为尽可能满足搬迁户的入住需要，避免在户型面积上引起纠纷，安置小区提供多户型选择，并在结构设计符合规范的前提下，考虑可否设计成“双拼”，即将相邻小户型合并成大户型，以便安置户可以在合理合法的基础上二合一，同时尽可能满足居民提出的多户“合并计算面积”等要求。

（4）预留扩建空间。五号库项目涉及的搬迁户数多，初期对项目征迁人数只有大致的测算范围，随工程进展的深入，已建成的安置房数量有无法满足搬迁住户数目的可能，故在规划时已预留了老银泗公路北侧（原铜业公司老油库）建设区域作为安置小区二期扩建工程的用地范围，避免因房源不足产生问题。

4.4.2 安置公墓区

1. 计划建设方案

五号库建设在土地征收和搬迁过程中涉及近千座坟墓的迁移，为了深化殡葬改革，完善落实坟墓搬迁安置，坚持“节约土地，保护环境，移风易俗，减轻群众负担”的原则，经五号库建设协调服务领导小组会议研究，决定根据土地、房屋征收实际，在新营街道办女儿田居委会（五号库安置小区附近）、海口镇杜村、大茅山集团公司铁罗山实业公司小浮溪林场建设三个搬迁安置公益性公墓。

农村公益性公墓是民政部门顺应建设生态社会的新需求，贯彻落实科学发展观的新举措。根据相关文件精神，公墓建设由五号库建设协调服务领导小组综合协调组牵头负责并具体实施，海口镇、大茅山集团公司及公墓区建设涉及的相关部门密切配合，满足坟墓搬迁安置工作的需要。三大公墓区基本情况：女儿田公墓区，位于银泗公路旁，占地约为 15 400 m^2，标准公墓位 583 个，停车位 44 个；海口镇杜村北至小浮溪道路旁，占地约为 9 353 m^2，标准公墓位 454 个，停车位 18 个；铁罗山实业公司小浮溪林地，占地约为 13 933 m^2，标准公墓位 226 个，停车位 20 个。三大公墓区均为农村公益性公墓，还包括墓地绿化、墓地道路等配套建设工程。

2. 实际建设情况说明

五号库三大安置公墓区于 2016 年 3 月 1 日开工建设，但德兴市新营街道办女儿田因社区征地原因，在 2016 年 4 月取消该项目，大茅山铁罗山小浮溪公墓区工程也因征地原因无法开工，原计划中的三大安置公墓区只有海口镇杜村公墓区基本完成既定建设计划。根据五号库建设的需要，经五号库建设协调服务领导小组研究后决定，五号库建设红线内需搬迁的坟墓统一安置到市公墓区，按照德兴市财政资金使用程序，经协调办牵头，财政、国土、民政、物价等部门参与，完成现场踏勘定位和政府采购招标工作，统一向德兴市殡仪馆购买 300 个墓地，位于德兴市双龙陵园内，并委托殡仪馆在海口镇杜村公墓区内构造迁墓用墓穴（图 4.11）。

图 4.11　五号库安置公墓区

德兴市殡仪馆积极配合德兴市人民政府关于矿区的迁墓行动，并确定了迁墓行动的可选性方案，选择条件较好的地方作为本次迁墓行动的迁入区域，更有利于百姓接受迁墓；同时，为配合市政府的葬殡改革工作，也为减轻市政府的财政负担，德兴市双龙陵园对本次迁墓的价格做出让步，大幅度下调墓穴的基础价格以及公墓区管理费，为德兴地区的绿色殡葬改革贡献力量。

通过农村公益性公墓建设，能有效提倡文明办丧，极大地破除封建迷信的思想，有利于建设和谐新农村，推进五号库项目土地、房屋征收搬迁安置工作。

4.5　小　结

五号库项目自立项以来，历经 8 年时间基本建成，五号库的顺利建成，离不开德兴铜矿、德兴市政府和海口镇及大茅山集团两大权属单位在动拆迁工作中付出的巨大努力。8 年时间里，在多方的共同努力下，共搬迁库区内 313 户居民。从 2012 年公布征迁方案开始，力排万难，解决了大大小小上百起纠纷事件。到 2016 年 6 月征迁工作取得实质性突破，直至 2019 年 4 月 14 日完成最后一户人家搬迁。五号库征地拆迁工作之所以取得成功，主要可以归结为以下六点。

1. 积极宣传解读政策

为使拆迁户更好地理解德兴市政府出台的两大征收补偿方案，确保村民对政策的解读没有歧义，工作组多次召开村民会议，进行面对面的思想交流和政策解读，耐心解答村民们提出的各种问题，以通俗化的语言为他们答疑解惑。同时，工作组还印制了宣传单发放到村民手中，对村民关注的热点问题进行重点解释。对于存在争议的问题，在有序组织的前提下，由德兴市政府派出专人陪同村民代表前往江西省住建厅就五号库房屋征收补偿方案的合法性和公平性向省厅领导和专家进行咨询，面对面答疑解惑，通过摆事实讲道理消除村民心中的困惑，让村民们从根本上接受补偿方案。工作组的走访排摸，使得众多矛盾在被激化以前，就能够被及时发现、及时解决。

2. 严格执行补偿标准

五号库项目社会稳定风险评估报告指出，德兴市政府制定的两大补偿方案是合理可行的，因此在开展动拆迁工作的过程中，必须严格执行补偿标准，既不能克扣群众的应得利益，也不能随意放宽补偿标准，始终遵循公开、公平、公正的原则，做到有凭有据，以理服人。补偿款的下发，都是在市综合协调办与征地拆迁组的统一监督下进行，确保专款专用，所有补偿对象、方式、面积、标准、金额等都张榜公布，接受所有群众的监督，把诚信作为组织开展动拆迁工作的立足之本。

3. 合理制定奖励措施

在房屋搬迁问题上，为切实加快协议签订的工作进度，确保村民能够尽快腾空房屋，德兴市政府出台了一系列奖励和补偿措施，包括房屋征收奖励、先搬先选房、赠送储物间等，极大地调动了村民搬迁的积极性。为更好地推进搬迁工作，海口镇政府又拿出十几万元的征迁补助资金，将原先制订的前十户拆除房屋的村民免费赠送安置小区储藏间的方案调整为只要在 2016 年 7 月 30 日前搬离拆除的村民均可赠送储藏间，这一补偿方案的调整避免了原奖励方案的局限性，也让村民们的态度由消极转为积极，从被动转为主动。所以，合理的奖励措施对动拆迁工作的开展有着积极作用。

4. 确保安置小区建设标准

横坑新居和铁罗山新居作为五号库项目动拆迁安置小区，拥有良好的小区环境和较高的户型标准，一定程度上促进了搬迁户尽快签订搬迁协议、完成搬迁、入住新小区的需求。事实表明，安置小区的及时建成，推动了五号库的动拆迁工作。第一批选号分房的村民来到安置小区后，十分满意其优越的住房条件和小区环境，有些村民甚至主动来劝说“钉子户”搬迁。以较高的安置小区建设标准吸引搬迁户，并让搬迁户自发来做村民们的工作，是五号库征迁工作中的一大特点，在很大程度上提高了工作的有效性。

5. 严守拆迁工作纪律

五号库征地拆迁工作组成员首先做到统一思想，即加强对两大征收补偿方案的学习和认识，两大权属单位通过召开工作动员会，定期召开培训会，提高成员的工作积极性；其次做到不畏难、不厌烦，针对被征收群众反复提出的老问题，耐心宣传，把群众的思想转变过来；

最后是提高成员的责任意识，做到严守秘密，对于领导小组会议、各工作小组的工作会议等研究内容，不随意外传，避免在村民中造成误解和产生不良影响。

6. 科学实施价格认定与评估

虽然国土资源局、房管局在征收工作开展以前就已经出台了两大征收补偿方案，但在实际执行过程中仍属于粗线条方案，鉴于评估对象的复杂性和多样性，对于细节问题需要价格认定部门进一步测算，为协议签订提供依据。价格认定与评估是一项平衡国家利益、集体利益和个人利益的工作，如何找好平衡点，既不能让百姓利益受损，也不能挥霍政府的资金，是工作的重中之重。德兴市价格认定与监测管理局全程参与五号库价格认定评估工作，付出了大量的精力参与村民的调解工作。由于村民总是希望评估价格越高越好，因此会提出一些不合理的诉求，工作组成员需要向村民一一解释每项评估结果是如何得出的，让他们充分了解评估的计算规则，认可价格认定的结果。价格认定部门的辛勤付出，在维护村民利益的同时，也确保了评估价格的合理性，为五号库征地拆迁工作消除矛盾冲突，维护社会治安做出了贡献。

第 5 章　德兴铜矿五号尾矿库项目建设的总体策划

5.1　项目系统分解

5.1.1　五号库项目分解结构

长期以来，项目管理工作几乎都是从工作分解结构（WBS）开始的。项目管理协会（PMI）在其出版的《项目管理知识体系指南》（PMBOK）中将工作分解结构置于项目范围管理中，作为项目管理的首要工作。在《项目管理知识体系指南》中，工作分解结构被定义为一种面向可交付成果的项目元素分组，是以可交付成果为导向的工作层级分解，其分解的对象是项目团队为实现项目目标、提交所需可交付成果而实施的工作。[4]

这种分解方式在简单的工程建设项目中是可行的，但对于像五号库这样的大型工程项目（项目集）而言，为了帮助项目管理者理清项目（项目集）的构成，可先对工程项目按实体对象进行分解，建立项目分解结构（PBS），明确项目管理的对象，即确定项目实体，再根据项目分解结构，建立工作分解结构。

为方便项目管理，可以将五号库项目按项目实体分为公用及辅助设施工程、主体工程和环保工程三大类，形成相应的项目分解结构（图 5.1）。

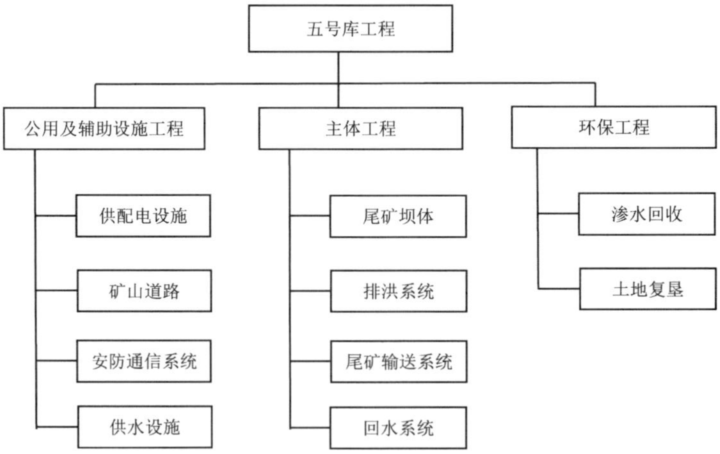

图 5.1　五号库项目分解结构

5.1.2　五号库工作分解结构

一般来说，项目分解结构的形成早于工作分解结构，在完成项目分解结构后，就可以着手编制项目工作分解结构。工作分解结构归纳和定义了项目的整个工作范围，每下降一层代表对项目工作更加详细的定义，工作分解结构总是处于计划过程的中心，也是制订进度计划、资源需求、投资预算、风险管理计划和采购计划等的重要基础。工作分解结构同时也是控制项目变更的重要基础。工作分解结构对工程项目管理的作用主要可归纳如下：

（1）明确项目管理的范围，确保项目包含且只包含所需的全部工作。

（2）可以为各独立单元分派人员，规定这些人员的相应职责。

（3）针对各独立单元，进行时间、投资和资源需要量的估算，提高时间、投资和资源估算的准确度。

（4）为投资、进度计划、质量、安全和费用控制奠定共同基础，确定项目进度测量和控制的基准。

（5）便于确定工作内容和工作顺序。

同时，为确保项目工作分解结构的有效性，编制工作分解结构应遵守如下原则：

（1）应在各层次上保证项目内容的完整性，不遗漏任何必要的组成部分。

（2）一个项目单元只能从属于某一上层单元，不能同时属于两个上层单元。

（3）项目单元应能区分不同的责任者和不同的工作内容，有较高的整体性和独立性。

（4）符合项目目标管理的要求。

五号库工作分解结构根据项目建设任务书、同类型工程相关信息进行分解，并严格依照相应的编制流程（图 5.2），确保分解的工作包不遗漏、不重复。五号库工作分解结构如图 5.3 所示。

5.2　项目投资规划

5.2.1　项目投资规划编制的目的

五号库项目投资规划编制是在建设工程项目策划阶段对项目投资做出合理的计划和安排，根据项目总体规划方案中确定的项目组成内容或实施过程，对五号库项目总投资进行合理的分配，进行投资目标的分解。

（1）对投资目标进行分析和论证。投资规划编制是对投资目标的进一步分析与论证，从而明确投资目标的可行性与合理性，对工程项目总投资数额的控制具有决定性作用。

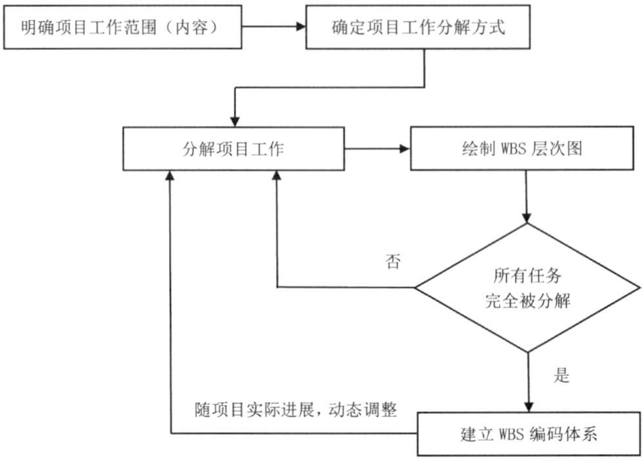

图 5.2 工作分解结构图绘制流程

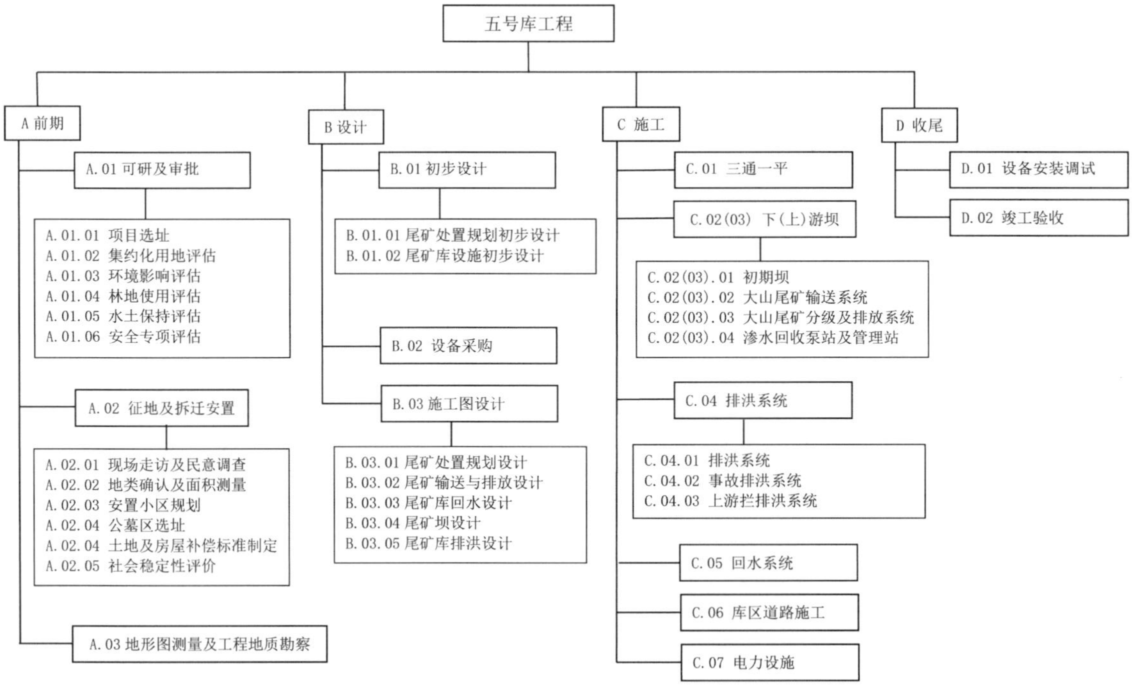

图 5.3 五号库工作分解结构

（2）确定项目各组成部分的投资数额。投资规划需计算并包含工程项目各个组成内容和各个专业工程的投资目标，不仅要求总目标的可行性，也要求各个分项的合理性，为项目投资管理提供切实的依据。

（3）编制投资控制方案和流程的前提。工程项目实施阶段，可根据投资规划编制投资控制方案和流程，设计概算和施工图预算的总额和分项均不能偏离投资规划方案确定的目标。[2]

5.2.2 项目投资规划编制的依据

五号库投资规划编制过程中，参考了如下的工程费用定额文件。

（1）各专业工程量根据各专业提供的设计条件，初步设计阶段的条件图、设备表、材料表及建（构）筑物一览表等，参考类似工程造价指标及《2008 有色预算定额》，并考虑当时当地正常情况下的建设条件和现行价格水平调整计算进行编制，建安工程材料、尾矿井巷工程主材预算价格调整至 2012 年 4 月份材料预算价格水平。

（2）主要机电设备按现行价格计算。设备购置费向设备制造厂家询价并结合当前市场行情适当调整，设备运杂费及备品备件费按设备原价的 7% 计算。其他设备参考《2011 年全国机电价格信息手册》计算。非标准设备按 2008 年中国有色金属工业协会颁发的《有色金属工业工程非标设备估价办法》估价。

（3）取费标准依据江西省现行使用的《2005 建筑安装工程费用定额》，并按当地现行文件规定计算调整。

（4）工程建设其他费用根据 2008 年中国有色金属工业协会颁发的《有色金属工业建安工程费用定额、工程建设其他费用定额》计算，并结合本工程项目特点、市场行情等作适当调整。根据本工程特点和基建条件，工程预备费按第一、二部分费用之和的 10% 计算。

5.2.3 项目投资规划的确定

“建设工程项目投资一般由建设投资和流动资产投资两部分组成，建设投资是进行工程项目的建造所需要花费的全部工程费用，即从建设工程项目确定建设意向直至建成竣工验收为止的整个建设期间所支出的总费用，是保证工程项目建设活动正常进行的必要资金，是工程项目投资中的最主要部分，而流动资产投资是指为维持项目生产经营而占用的全部周转资金。从工程项目建设以及工程项目管理的角度，投资控制的主要对象是建设投资，一般不考虑流动资产投资的问题。因此，通常仅就工程项目的建设及建设期而言，从狭义的角度，人们习惯上将建设工程投资与建设投资等同。”[2]

建设工程项目投资主要由工程费用、工程建设其他费用、预备费、建设期利息组成，如图 5.4 所示。

项目部依据投资规划编制流程（图 5.5），确定了五号库项目总投资估算。估算投资范围包括设计范围内所有费用，主要有上游坝，下游坝，尾矿库回水系统，尾矿库排洪系统，尾矿库安全监测、安防、调度、通信、供电等工程以及相应的其他费用，但未考虑基建期贷款利息（表 5.1）。

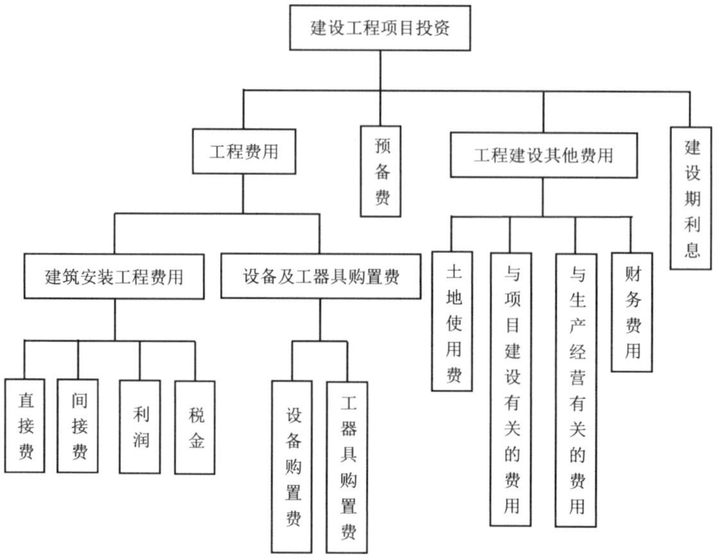

图 5.4 建设工程项目投资组成

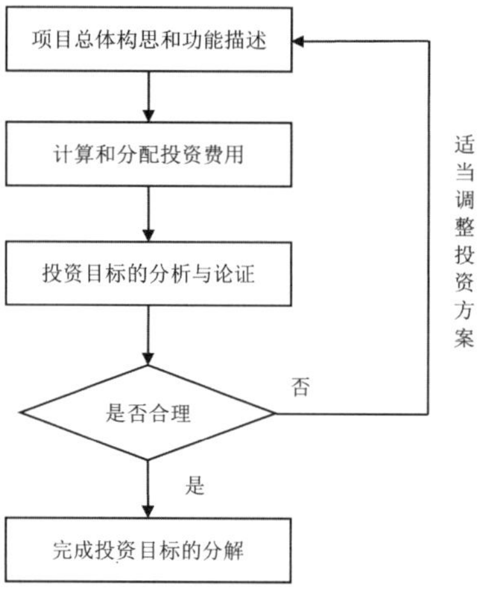

图 5.5 投资规划编制流程

表 5.1 五号库投资估算费用

序　号	项目名称		投资 / 万元	投资比例	合　计
一	工程费用	建筑工程	53 485.28	22.36%	31.58%
		安装工程	5 628.59	2.35%	
		设备	16 427.61	6.87%	
二	工程建设其他费用		132 494.84	55.38%	55.38%
三	预备费		31 205.00	13.04%	13.04%
	总估算价值		239 241.32	100.00%	100.00%

（1）工程费用按五号库项目构成可进一步划分为下游坝，上游坝，尾矿库回水系统，尾矿库排洪系统，尾矿库安全监测、调度、网络、安防，通信系统，总图道路土石方，大山 220 kV 总降压变电所改造，搬迁配套供水九个部分。

（2）工程建设其他费用包括土地使用费，建设单位经费，工程建设监理费，工程保险费，生产准备费，工具用具及生产家具购置费，办公与生活家具购置费，勘察设计费，招标、评估、标底及审查等费用，环境影响评价费，水土保持费用，劳动安全卫生评价费，联合试运转费，安全生产费用等。

（3）预备费指在项目实施过程中可能发生、难以预料、事先预留的费用。

5.3　项目进度规划

5.3.1　项目进度规划编制的目的

五号库项目的按时完工是矿山扩大采选生产规模的必然要求。若五号库工程不能及时投入生产使用，势必会造成采矿厂大幅减产，因此，在五号库的总体策划阶段，建立明确的项目进度管理目标和编制重要里程碑事件是确保五号库按时交付使用的关键工作。同时，五号库项目作为江西省重点工程项目，对德兴铜矿具有重大战略意义。五号库项目的进度管控质量间接反映德兴铜矿的项目管理水平，这对德兴铜矿树立世界一流铜矿企业的形象至关重要。

就一个完整的进度计划体系而言，应包括项目总进度规划、项目进度计划、项目实施性进度计划等不同层次的计划（图 5.6）。在建设项目进度计划体系中，项目总进度纲要是最上层的计划，是依据总目标编制的里程碑事件的集合，对下层计划起到统领控制的作用。[2] 因此，五号库项目进度管理的首要任务就是总进度纲要的编制。

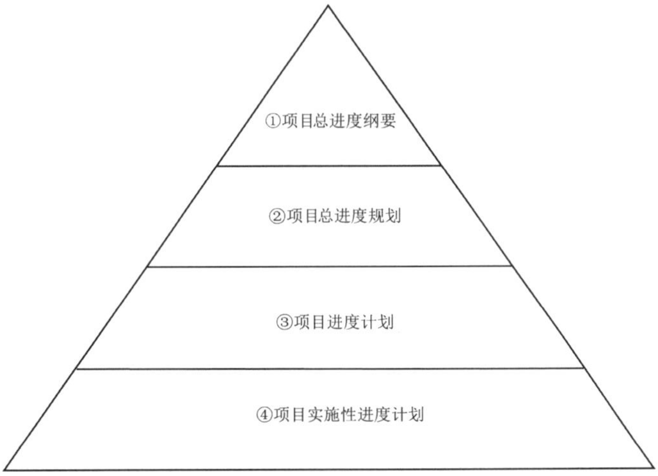

图 5.6　工程项目进度计划系统

5.3.2 项目总进度纲要的确定

尾矿工程项目，尤其是采用尾矿堆坝的工程项目，与一般工程项目相比具有以下显著的特点：

（1）项目所涉及的工程内容需要若干年之后分期投入使用，其建设期贯穿项目的全部使用期，甚至比使用期还长，因此，往往项目的使用期也是建设期。

（2）采用尾矿堆坝的项目，尾矿既是项目的服务对象，又是建造尾矿坝的主要材料，随尾矿的不断堆积，后续还需做相应的管理。

（3）尾矿库的后期坝是拦挡和贮存尾矿的主要构筑物，但尾矿坝的堆筑在我国往往由生产单位承担，生产单位既是尾矿库的使用者，又是尾矿坝的建设者。

（4）矿山的资源量、生产规模及尾矿特性经常会发生变化，这些变化必然会对尾矿设施产生重要的影响。

因此，编制五号库项目总进度纲要时，必须充分考虑尾矿库工程本身的特点，将尾矿库生产使用期的进度规划一并纳入总进度纲要编制的范围中来，从项目全生命周期的角度一次性做好关键性工作的安排。

考虑到尾矿库项目的这些特点，德兴铜矿对五号库的进度计划编制任务制定了“整体规划，分步实施”的方针。首先，根据矿山的需要和现有设施，规划出需要建设的续建尾矿库，并做出尾矿库的使用计划；其次，根据尾矿库的使用计划制定出新建尾矿库中每一个具体工程项目投入使用的时间，并以此编制项目的实施计划。

依据上述工作基础，德兴铜矿将项目基础设施按照投入使用的顺序分为四期建设。

一期工程：包括全部尾矿库设施（初期坝、拦砂坝、排渗及渗水回收设施、库内外排洪设施），大山选矿厂尾矿输送、分级堆坝、回水及相配套的水、电、路和生产管理设施，该期工程是项目的主要工程。

二期工程：主要为泗洲选矿厂至五号库需要延长的尾矿输送、分级堆坝和回水设施，该期工程在四号尾矿库堆坝完成前建成。

三期工程：主要为上、下游坝址处的大山尾矿分级站的加压泵站，该期工程在分级站尾矿不能自流到坝顶之前建成（上游坝顶标高为 195 m，下游坝顶标高为 200 m）。

四期工程：主要为上、下游坝址处的泗洲尾矿分级站的加压泵站，该期工程在分级站尾矿不能自流到坝顶之前建成（坝顶标高为 230 m）。

5.3.3 项目一期进度规划

五号库一期工程是项目最为主要的部分，项目前期工作量大，工程内容多，工程费用高，后期工程则相对简单。因此，项目部现阶段的首要目标是根据项目总进度纲要中规定的时间节点要求，对项目一期工程编制较为详细的总体进度规划。在项目一期建设任务中，项目可研，工程设计，征地及拆迁安置，大山上、下游尾矿输送系统，排洪系统，是五号库一期建设的控制性工程，一期工程总体建设应以此为基础，安排各单体工程建设计划，并编制相应的五号库（一期）总体进度规划（图 5.7）。

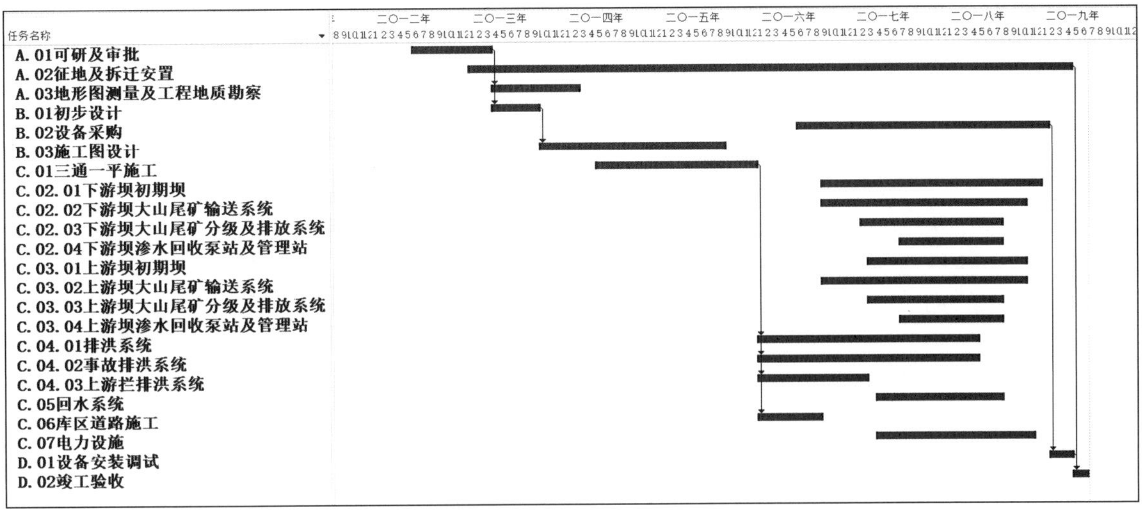

图 5.7　五号库（一期）总体进度规划

5.4　项目质量规划

5.4.1　项目质量规划编制的目的

工程项目质量的好坏，不仅影响投资者的综合效益，对于重大工程而言，还关系到国家经济和社会稳定等各方面。因此，严格按照质量标准体系，抓好项目建设全过程质量管理是重中之重。随着人类在工程实践中经验的不断积累，现代工程质量管理越发强调质量是规划、设计出来的，而不是检查出来的，即把质量管理的重心从质量控制放到了质量规划上。这并不代表质量控制不重要，而是更加强调，质量规划是明确工程质量标准和规则、产品或服务说明、质量政策的关键阶段，一旦确定了这些因素，后续项目实施就应严格按照质量规划的要求来执行。因此，质量规划相比质量控制是“无中生有”的过程，更加考验管理者的综合职业素养，需要管理者结合工程项目内外部环境因素，就质量规划的相关问题进行决策部署，同时为保证工程质量提供足够的资源配置。

5.4.2　项目质量规划内容

工程项目质量管理的主要对象是工程质量，它是一个综合性的指标。任何部分未满足规划要求，都会对项目产生消极的影响。因此，及早地明确五号库工程质量规划要求，会同各方专家，建立健全质量目标管理体系，可以有效指导设计、施工质量控制环节，确保质量管理工作的有效性、准确性和前瞻性（图 5.8）。

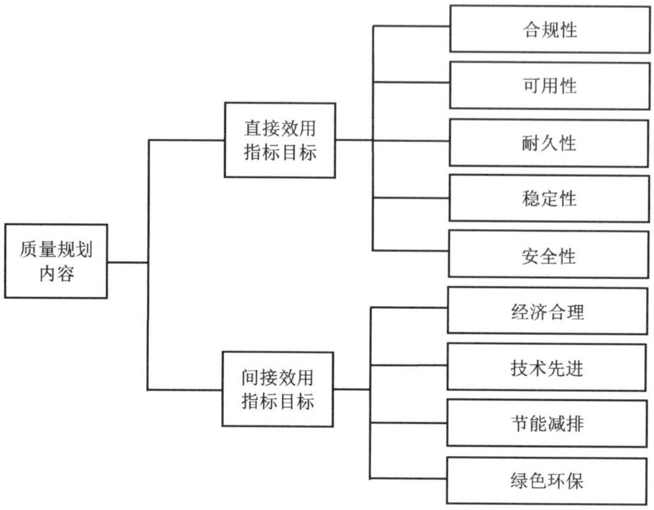

图 5.8 五号库质量规划

综上分析，项目部明确了五号库的质量规划内容，从直接效用指标和间接效用指标两个方面，制定了质量管理的战略方针，有利于明确质量管理工作的目的性并加强质量管理工作的针对性，消除盲目性和随意性带来的不确定因素，对实现项目质量管理目标有着重要的作用。

工程项目总体策划对整个项目的经济性影响很大，是决定建设和运营的关键环节，项目策划方案是否合理将关系到项目最终交付使用后的运营效果和成败，因此项目部对五号库各阶段的项目管理工作予以高度的重视。从计划和控制这两大管理职能来看，该阶段项目管理工作应侧重于前者。加强项目计划管理工作，对提高五号库项目的经济和社会价值具有非常重要的意义。项目部从项目进度规划、投资规划、质量规划等多个方面开展工作，在可行性研究的基础上，进一步分析和论证了总投资目标、总进度目标和项目功能、质量要求和标准，为后阶段的项目实施提供了相应的依据。

第 6 章　德兴铜矿五号尾矿库项目的设计管理

6.1　设计方案的形成

6.1.1　方案编制的原则及依据

五号库既是保障矿山生产的重要生产设施，也是矿山安全与环保的重大危险源、污染源，为保证项目符合安全可靠、技术先进和经济合理的要求，中国恩菲工程技术有限公司受德兴铜矿的委托，依据《德兴铜矿五号尾矿库可行性研究报告》中确定的建设方案，开展五号库总体设计方案的编制工作。

在编制过程中遵循下述三大原则，以提高五号库的规划设计质量：

（1）严格遵守国家及有色金属行业的有关安全、环保法规，合理采用高标准。

（2）项目的建设与设备标准力争与时俱进，与矿山的整体水平相匹配，提升尾矿设施的先进性和现代化水平，为尾矿设施的便捷高效管理打好基础。

（3）编制内容满足委托书要求，编制深度和技术标准满足国家和相关行业法规要求。

为确保方案的有效性，五号库项目设计方案参考了以下文件和资料：

（1）国家发展和改革委员会下发了关于江西铜业股份有限公司开展五号库项目前期工作的复函。

（2）《江西铜业股份有限公司德兴铜矿五号（铁罗山）尾矿库项目申请报告的核准评估报告》，中国国际工程咨询公司，2012 年 6 月。

（3）国家发展和改革委员会下发《关于江西铜业股份有限公司德兴铜矿扩建项目核准的批复》（发改产业〔2008〕2525 号）。

（4）江西铜业股份有限公司德兴铜矿新建（铁罗山）尾矿库项目委托书。

（5）《江西铜业股份有限公司德兴铜矿五号（铁罗山）尾矿库可行性研究报告》，中国恩菲工程技术有限公司，2011 年 5 月。

（6）关于五号库工程可行性研究报告的批复及专家意见书。

（7）《江西铜业股份有限公司德兴铜矿扩大采选生产规模技术改造初步设计书》，中国恩菲工程技术有限公司，2008 年 8 月。

（8）《江西铜业股份有限公司德兴铜矿泗洲选矿厂浮选技术改造初步设计书》，中国恩菲工程技术有限公司，2009 年 1 月。

（9）《德兴铜矿大山选矿厂 30 000 t/d 改扩建尾矿排放方案设计》，中国恩菲工程技术有限公司，2010 年 4 月。

（10）矿山剩余资源量及现有尾矿设施的现状资料。

（11）德兴铜矿矿区 1∶50 000，1∶10 000 地形图及区域地质图、矿权分布图。

（12）尾矿特性资料。

（13）项目占地及影响范围内的土地、居民调查资料。

（14）相关国家标准、规范、法规及各专业标准、规范等。

6.1.2 总体设计理念

1. 节能理念

在五号库设计过程中，项目部不仅从投资、进度、质量方面严格管控项目，也对其节能减排方面的设计提出了较高的要求。项目部认真贯彻节约能源的指导思想，把节能放在优先地位。通过引入节能新工艺、新技术、新设备，为矿山开辟了一条可持续发展的道路。在五号库工艺设计方面，尾矿输送最大限度地采用自流输送，尾矿输送系统的路线选择采用长隧洞形式，都可以起到减小尾矿输送距离、节省能源的作用；通过优化变配电所的位置，深入负荷中心，可提高配电电压，减少线路上的无用损耗。在五号库设备选用方面，对于电动机、变压器的设备选型，首要考虑节能型产品，尽可能选用功率因数高的设备，以减少无功功率的损耗。同时，在低压配电系统中通过设置有效的补偿电路，可进一步提高系统工作效率。对于一些长时间运转的大型设备，通过引入 PLC 控制系统，自动调节设备的运转状况，减少用电设备的能耗。设计阶段制定的大量节能减排措施，为五号库工程实现高效节能的生产目标和推动矿山未来可持续发展提供了保障。

2. 环保理念

项目部也十分重视绿色环保设计理念，在项目设计阶段始终以“保护绿色生态，实现绿色发展”为总体指导目标，制订五号库的环境保护方案，对弃土堆放、外坡治理、绿色复垦等工作都做出了明确的规划，从而在项目开始阶段就确保了五号库项目的绿色环境效益，形成了一种基于项目全生命周期的尾矿库绿色建造模式，建立了“绿色设计、绿色施工、绿色运营”的三级绿色管理体系，并以绿色设计方案带动绿色施工和绿色运营方案的实施。虽然在项目设计阶段开展绿色设计会增大设计工作的任务量和复杂度，但从项目全生命周期管理的角度来分析，绿色设计是开展绿色管理的基础，对于五号库未来的运营效益影响是巨大的。因此，项目部也将绿色环保作为单独的间接效用质量目标纳入设计方案审查目标体系中，进行重点分析论证，全方位提升企业的绿色化管理水平，响应国家坚持走可持续发展道路的号召。

6.1.3　主要设计内容

按照《德兴铜矿五号尾矿库可行性研究报告》中确定的建设方案，五号库主要建设内容为尾矿库设施、尾矿库的拦排洪系统、回水系统、尾矿输送系统、新老尾矿库的生产衔接及相配套的供水、供电及总图等（表 6.1）。

表 6.1　五号库设计清单

工程类别	项目组成	具体内容
主体工程	坝体工程	上、下游尾矿坝，拦砂坝，排渗设施，截渗坝，沉砂池，渗水回收池，渗水回收泵站
	排洪及下游供水系统	库内两套排洪系统（斜槽－隧洞式）、上游坝拦排洪系统（拦洪坝、至尾矿库下游排洪隧洞、至临侧山沟排洪隧洞）、尾矿库下游供水水库
	尾矿输送及分级排放系统	矿浆调节池、下游尾矿自流槽、稳压池、下游大山尾矿分级站、下游大山底流尾矿泵站、下游大山溢流尾矿泵站；上游尾矿自流槽、稳压槽、上游大山尾矿分级站、上游大山底流尾矿泵站、上游大山溢流尾矿泵站；泗洲尾矿输送系统、下游泗洲尾矿分级站、下游泗洲底流尾矿泵站、下游泗洲溢流尾矿泵站
	回水系统	浮船取水泵站、1# ～ 4# 回水泵站、高位水池
公用及辅助工程	供电	回水系统 4# 回水泵站附近 35 kV/10 kV 总降压变电所（SFZ11- 16000/35，16 MVA，35 kV/10 kV 主变两台），下游坝大山尾矿泵站工业场地 35 kV/10 kV 总降压变电所（SFZ11-8000/35，35 kV/10 kV 主变两台）
	矿山道路	尾矿库西侧设维检道路及上、下游坝西侧上坝道路 28 km，为厂外道路四级，路面宽为 3.5 m，路基宽为 4.5 m，路面采用单面坡，坡度为 1.5%。 尾矿库东侧设维检道路及上、下游坝东侧上坝道路 15 km；五号库下游道路 2 km；四号尾矿库与五号库之间山岭中部连接道路 2 km；尾矿库北侧新建一条道路连接四号和五号库，长为 1.7 km；连接回水泵站道路 4 km；连接各尾矿设施的道路 6.3 km。以上道路为厂外辅助道路，路面宽为 3.5 m，路基宽为 4.5 m，路面采用双面坡，坡度为 2.0%
	青龙山水库	主要包括大坝、溢洪道、输水建筑物、上坝交通工具
	生产、生活区	下游坝管理站、下游坝渗水回收管理站及仓库；上游坝管理站、上游坝渗水回收管理站及仓库
环保工程	废水治理措施 生态修复	渗水回收工程；水土保持、土地复垦、绿化与生态恢复

1. 尾矿库设施

（1）尾矿库。

五号库位于四号尾矿库东侧相邻的铁罗山沟内，汇水面积为 15.407 km²，尾矿库库区及附属设施的占地面积为 13.41 km²，总坝高为 224 m，总库容为 10.313 亿 m³。尾矿库两岸山脊线的标高基本上在 310 ～ 610 m，尾矿库走向为南—北走向。库区内控制岩性为千枚岩，比较单一。

五号库为二等尾矿库，库容加上矿山正服役尾矿库的剩余库容，可满足堆存矿山生产期内产出全部尾矿的需要。

（2）尾矿坝。

尾矿库采用上、下游同时筑坝，两座尾矿坝初期设初期坝、排渗垫层和拦砂坝，后期采用中线式尾矿筑坝，坝外均设渗水回收设施。

尾矿坝的最终坝顶标高为 290 m，尾矿库从下游拦砂坝坝址至上游拦砂坝坝址约为 4.6 km。

下游坝建在杜村的上游，初期坝坝基标高为 66 m，坝顶标高为 120 m，坝高为 54 m。采用不透水土石坝，总坝高为 224 m，下游最终拦砂坝距杜村约为 650 m。

上游坝建在小浮溪村的下游，初期坝坝基标高为 112 m，坝顶标高为 140 m，坝高为 28 m。采用不透水土石坝，总坝高为 170 m，上游最终拦砂坝距小浮溪村约为 650 m。

尾矿库投入运行后即开始尾矿筑坝，后期坝均采用经两段旋流器分级后的底流粗尾矿中线式堆筑，上游尾矿堆积坝外坡为 1∶3.0，下游尾矿堆积坝外坡为 1∶3.5，上游坝尾矿筑坝粗砂量为 6 436.23 万 m^3，下游坝尾矿筑坝粗砂量为 2 418.64 万 m^3，筑坝总量占尾矿排入量的 13.6%。

（3）排洪系统。

库内设两套排洪设施，两套排洪设施均可满足尾矿库工程对排洪系统排水能力的要求。两套排洪系统的型式均为斜槽－隧洞式，1# 排洪系统起始进水口标高为 108 m，2# 排洪系统起始进水口标高为 110 m，排洪系统的进口均布置在横坑沟内，出口均设在五号库下游坝外侧的左岸山坡上。为了减小由于尾矿库的建设对下游居民的影响，两套排洪系统排出的洪水直接通过一条排洪涵洞引到乐安河，为了管理上的方便，排洪涵洞的出口设在四号尾矿库排洪系统出口附近。

在上游尾矿坝的上游设置拦排洪系统，由拦洪坝和排洪隧洞组成，拦洪坝和上游截渗坝合二为一。在拦洪坝上游设两条排洪隧洞，把洪水分别排到东侧相邻的沟内和尾矿库下游，排往邻沟。排洪隧洞长度为 760 m，排往下游排洪隧洞长度为 5 700 m。其中排往下游排洪隧洞兼作输水隧洞。

2. 尾矿输送、分级排放及回水设施

尾矿库的输送、分级排放及回水设施分四期建设。在尾矿库的上、下游坝堆积边线外侧设工业场地，把尾矿分级站、尾矿泵站、管理站等尾矿分级及排放设施都设在工业场地，这些尾矿设施建成后作为永久设施使用。尾矿输送到工业场地后再进一步处理。

（1）一期工程。

一期工程在尾矿库基建期建设完成，主要为五号库工程使用初期大山选矿厂 6.9 万 t/d（尾矿量为 63 940 t/d）部分尾矿的输送、分级排放及回水等设施，在设计中兼顾后期相应的尾矿设施。

①尾矿输送系统。

五号库大山尾矿输送系统同时建设下、上游尾矿输送设施。在四号尾矿库大山选矿厂尾矿输送系统的 2# 隧洞进口附近设一矿浆调节池（池底标高为 277 m），从此处把尾矿接到矿浆调节池，再分别通过五号库上、下游尾矿自流槽输送到上、下游工业场地。

尾矿的水力输送型式采用无压自流输送。自流输送采用自流槽的形式，自流槽输送断面统一采用宽 1.5 m、高 1.5 m 的内衬铸石板。至下游坝自流槽敷，设坡度选为 $i_{下}$=0.005；至上游坝自流槽敷，设坡度为 $i_{上}$=0.006。

在矿浆调节池处向上、下游坝址的输送量，通过阀门分配，自流槽全部设置在隧洞内，在隧洞出口设稳压池。

②尾矿分级及排放设施。

上、下游坝尾矿均采用二段分级。一段分级的溢流送至坝顶分散放矿，底流加水稀释到 40% 的浓度后，输送到坝顶进行二段分级。二段分级的底流排往下游筑坝，溢流排往库内。在尾矿库工程运行的前期，分级及排放都依靠高差形成的静压力完成。

③回水系统。

尾矿库初期回水设施的回水能力按 19 万 t/d 选取。回水设施主要给大山选矿厂回水和给上、下游坝输送补加水。由于在中、后期还需要给泗洲选矿厂回水，则回水设施的布置兼顾上述三方面的回水。回水设施都设在横坑支沟内，库区取水设施采用浮船取水，岸边加四个加压泵站，为五号库 1# ～ 4# 回水泵站。浮船取水泵站及 1# ～ 3# 回水泵站内的水泵配置，统一按回水能力的总和设计。在 4# 泵站根据各方面取水量及扬程的不同分别配置水泵。

（2）二期工程。

泗洲选矿厂尾矿和大山选矿厂 2.25 万 t/d 系统、选硫系统尾矿开始排往五号库。大山选矿厂尾矿输送及分级系统的能力在一期工程中已经考虑了 2.25 万 t/d 系统、选硫系统尾矿的输送，二期工程中不再增加工程措施。二期工程包括泗洲选矿厂尾矿的输送、分级系统和回水系统增容。

①泗洲选矿厂尾矿输送、分级系统。

五号库泗洲选矿厂尾矿输送系统前段全部利用四号尾矿库泗洲选矿厂尾矿输送系统，后段为新建。五号库下游坝泗洲尾矿分级站的尾矿直接通过管道从四号尾矿库的左坝肩的稳压池（池底标高为 297.8 m）引出，下游坝泗洲尾矿分级站的标高为 265 m。当发生事故时，尾矿直接从稳压池排到四号尾矿库中。

一段分级设在下游坝泗洲尾矿分级站内，一段分级的溢流送到坝顶分散放矿，底流加水稀释到 40% 的浓度后，输送到坝顶进行二段分级，底流排往下游筑坝，溢流排往库内。

②回水设施增容。

二期工程五号库坝顶标高约为 180 m，库内水位在 170 ～ 175 m，此时 1# 回水泵站已经取消，只需对取水浮船及 2# ～ 4# 回水泵站增容。尾矿库后期回水系统增容后的回水能力为 38 万 t/d。

（3）三期工程。

当尾矿坝升高到一定高度（200 m）后，下游坝及上游坝大山尾矿分级站分级后的底流尾矿无法自流到坝顶，分级站出来的尾矿需要用泵加压输送到坝顶进行二段分级和排放。在下游坝和上游坝分级站旁各设一座大山尾矿泵站，泵站内泵的配置按输送溢流和底流分别设计。在分级站偶尔不能全部分级尾矿的情况下，全尾矿也由溢流泵打到库内，溢流泵的输送能力兼顾溢流和全尾矿两种工况。

①下游坝大山尾矿泵站。

当尾矿坝顶达到 200 m 标高后，在下游坝大山尾矿分级站的附近分别设下游大山底流尾矿泵站（标高为 226 m）、下游大山溢流尾矿泵站（标高为 234 m）。

②上游坝大山尾矿泵站。

当尾矿坝顶标高达到 200 m 后，在上游坝大山尾矿分级站的附近设上游大山底流尾矿泵站（标高为 219 m），上游大山溢流尾矿泵站（标高为 227 m）。

③事故处理系统。

当上、下游分级站的事故尾矿无法通过自流排往库内时，在上、下游工业场地设事故池。事故池内设事故返砂泵管系统，将事故尾矿送入尾矿泵站，同时事故池设溢流管道通往坝下的拦砂池。

（4）四期工程。

当尾矿坝坝顶标高达到 230 m 后，下游坝泗洲尾矿分级站的底流尾矿无法通过高差输送到坝顶进行二段分级，在分级站的附近设下游泗洲底流尾矿泵站（标高为 255 m）、下游泗洲溢流尾矿泵站（标高为 263 m）。

3. 供水

五号库的建设截断了乐安河附近当地村民人畜饮水及生产用水（农田灌溉）水源，受影响村小组为杜村一组、二组、三组，石墩头，浮溪口 5 个村小组，经调查受影响农田共计 1 500 亩，其中水田 1 140 亩，旱田 360 亩，因此，迫切需要解决当地村民的人畜饮水及灌溉用水问题。

青龙山水库为该地灌溉水源工程，可保障人畜饮水和农田灌溉用水，对促进当地经济和社会稳定发展将起到重要作用。水库位于五号库下游，大坝拦截铁罗山左岸支流，属于铁罗山流域。铁罗山流域发源于海口镇杜村的枫坡岭，自南向北，于浮溪口汇入乐安河。

枢纽主要建筑物包括大坝、溢洪道、输水箱涵、上坝交通工程。溢洪道布置于大坝主坝左侧，输水箱涵布置于大坝左侧，为坝下箱涵；死水位为 67.5 m，相应库容 0.6×10^4 m^3，正常蓄水位为 81.5 m，相应正常库容为 50.92×10^4 m^3，兴利库容为 50.32×10^4 m^3；按 20 年一遇设计洪水位为 81.77 m，相应库容为 53.38×10^4 m^3，相应下泄流量为 0.48 m^3/s；按 200 年一遇校核洪水位为 81.93 m，相应库容为 54.5×10^4 m^3，相应下泄流量为 0.94 m^3/s。

坝址采用了适应地基能力较强、坝坡较缓的土石坝方案。大坝为黏土心墙坝，坝顶高程为 81.50 m，最大坝高为 21.90 m，坝长为 370 m，坝顶宽为 5 m，下游坡比为 1∶2.5，采用草皮护坡；上游坡坡比为 1∶2.5，采用预制块护坡。大坝清基并抽槽，全坝段基础采用帷幕灌浆方式处理。

溢洪道布置于大坝左侧，与大坝相接，全长为 54 m，溢流堰为自由溢流宽顶堰，溢流净宽为 2.0 m，堰顶高程为 81.50 m，溢洪道包括进口段（5 m）、控制段（5 m）、泄槽段（41 m）、消力池（3 m）。

输水涵管位于大坝左侧坝下箱涵，进水口高程为 67.50 m，进口段为矩形断面，管身采用钢筋混凝土结构，断面尺寸为宽 1.0 m、高 1.2 m。

4. 供配电

根据工艺安排，五号库从建设期到尾矿库闭库需四期工程，为满足供电系统的统一性，尾矿库供配电系统分两期完成。

自大山 220/35/6 kV 变电站 35 kV 侧为五号库用电设备提供电源。用电负荷增加后，需对原有 1# 主变（63 MVA）进行扩容。根据负荷情况将 1# 主变扩容至 120 MVA，扩容后运行两台主变（1# 主变以及 3# 主变），整体安装容量为 183 MVA，原有 2# 主变（90 MVA）作为备用。

前期工程（一、二期工程）将现有四号尾矿库渗水回收泵站 6 kV 架空线延长至五号库下游，为其设备提供电源。在回水系统 4# 回水泵站附近新建 35 kV 总降压变电所，为回水系统供电，变电所内设 SFZ11-16000/35，16 MVA，35 kV/10 kV 主变两台。尾矿库上游双回 10 kV 电源引自回水 35 kV/10 kV 总降压变电所，双回 10 kV 电源采用架空线路，该线路一次建成，满足上游最终负荷要求。

后期工程（三、四期工程）将原有回水系统双回 35 kV 架空线路延长至下游尾矿泵站附近，在大山尾矿泵站工业场地内新建下游 35 kV/10 kV 总降压变电所一座。变电所内设 SFZ11-8000/35，35 kV/10 kV 主变两台。

5. 总图运输

分别在尾矿库上、下游坝设尾矿设施场地，上、下游的尾矿分级站，后期尾矿输送泵站、管理站等设施集中设置在尾矿设施场地，各设施共分四期建设。

在五号库西侧山坡最终淹没标高 296 m 修筑环尾矿库道路，沟通上、下游坝及尾矿库相关设施。五号库相关排洪设施及回水泵站等场地均从其附近的环尾矿库道路上修筑支路连接。

在尾矿库东侧山坡最终淹没标高 293 m 修筑上、下游简易道路。

6. 电信

为满足五号库生产管理和对内对外通信联络的需要，本着技术先进、经济合理、实用性强的原则，电信工程设计以下内容：生产调度通信系统、企业信息管理网络系统、工业电视及视频安防系统、精尾厂生产调度管理系统、尾矿库通信线路。

7. 自动化仪表

五号库采用在线监测系统，设尾矿库安全运行综合监控中心，监控中心内设计算机控制系统，用于实现尾矿库安全运行的综合监控。尾矿库安全运行综合监控系统，可实现尾矿库及分级站、泵站各点检测参数的实时显示及报警。数据以数字或曲线图形式显示，并且可以根据应用需要，对检测数据进行滤波、计算等处理。

在线监测系统可以与精尾厂及全矿信息管理系统相连，扩展为管控一体化综合系统。电信专业设计的视频监视系统的监视器及主机也将置于监控中心内，对尾矿库的关键地区视频图像进行监视与记录。

6.1.4 技术经济指标

在对五号库建设规模进行分析的基础上，项目部明确了五号库的技术经济指标（表6.2）。

表6.2 技术经济指标

序 号	指标名称	单 位	中线法上、下游同时筑坝	备 注
1	尾矿库工艺参数			
1.1	库容	亿 m^3	10.313	
1.2	最终堆筑标高	m	290	
1.3	尾矿库及设施占地	km^2	13.102	
1.4	汇水面积	km^2	15.41	
1.5	服务年限	a	>23	
2	尾矿砂			
2.1	泗洲选矿厂			
	尾矿产量	t/d	36 769	
	尾砂浓度	%	20 ～ 22	
	尾砂细度	%	61.93	为－0.074所占比例
2.2	大山选矿厂			
	尾矿产量	t/d	88 829	
	尾砂浓度	%	29 ～ 30	
	尾砂细度	%	65.79	为－0.074所占比例
3	坝体参数			
3.1	下游坝			
	初期坝坝基标高	m	66	
	初期坝坝高	m	54	
	后期坝最终坝高	m	224	
3.2	上游坝			
	初期坝坝基标高	m	112	
	初期坝坝高	m	28	
	后期坝最终坝高	m	178	

续　表

序　号	指标名称	单　位	中线法上、下游同时筑坝	备　注
4	筑坝用砂量			
4.1	下游坝			
	初期	万 m^3	39.21	坝体标高为 120 m
	后期	万 m^3	6 436.23	坝体标高为 290 m
4.2	上游坝			
	初期	万 m^3	18.94	坝体标高为 150 m
	后期	万 m^3	2 418.64	坝体标高为 290 m
5	给排水量			
5.1	总用水量	m^3/d	74 941.8	
	回水	m^3/d	74 936	
	生活用水	m^3/d	5.8	
5.2	排水量	m^3/d	4.93	生活污水
6	供电			
	设备安装功率	kW	37 790	
	设备运行功率	kVar	238 021	
	计算有功功率	kW	17 124.14	
	计算无功功率	kVar	6 450.37	
	计算视在功率	kVA	18 298.731	
	年耗电量	k·kWh	80 204	
7	总图运输			
7.1	总占地面积	ha	1 310.218 8	
7.2	道路	km	31	级配碎石路面
		km	28	混凝土路面
7.3	土石方量			
	挖方	万 m^3	236.63	包括道路、上下游尾矿设施
	填方	万 m^3	189.61	包括道路、上下游尾矿设施

6.2　设计阶段投资管理

6.2.1　二八定律

“大量研究结果表明，项目设计阶段对建设工程投资具有决定作用，影响程度符合经济学中的‘二八定律’。该定律指出，在任何一组结果的影响因素中，最重要的只占约 20%，其余 80% 尽管是多数，却是次要的。该定律可以解释项目设计阶段对确定投资费用的重要影响，即工程项目设计阶段已经决定了建设工程项目全生命周期内 80% 的费用（图 6.1）。在一般情况下，设计准备阶段节约投资的可能性最大，对建设工程项目经济性的影响程度能够达到 95% ~ 100%，初步设计阶段为 75% ~ 95%，施工图设计阶段为 25% ~ 35%，而在工程施工阶段，影响力可能只有 10% 左右。”[2] 因此，项目设计已经在很大程度上决定了项目的最终投资。

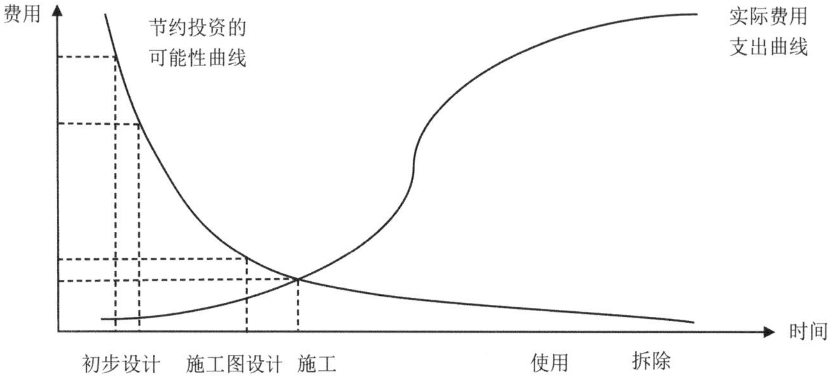

图 6.1 **投资费用曲线**

6.2.2 投资目标的深化

投资估算目标是经过慎重的论证分析决定的，但是五号库项目建设周期长、投资数额大，不确定因素多，导致投资目标并不是一成不变的。

《江西铜业股份有限公司德兴铜矿五号尾矿库可行性研究报告》确定的估算总投资额为 239 241.32 万元，此时业主方对该项目只有一个大致的轮廓，因而投资估算是一个比较粗略的目标。随着项目建设的不断深入，从项目的建设概念到详细设计的完成，投资目标也变得越来越清晰和明确（图 6.2）。

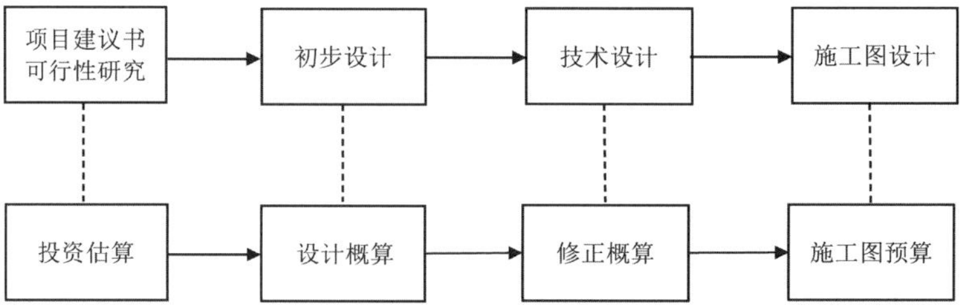

图 6.2 **投资目标细化过程**

五号库项目设计阶段概算总投资相比可研阶段的估算总投资有所增加，经详细分析后，具体原因如下：

1. 工程费用增加

为解决尾矿库下游居民生产用水、尾矿库征地范围区域外交通道路等问题，本阶段增加了相应的工程措施。主要为：下游供水水库，上游至下游的排洪隧洞，输水管线，尾矿库东侧上、下游联络道路。

根据最新《尾矿设施设计规范》，尾矿库将由二等尾矿库变为一等尾矿库，相应的防洪等级也有所提高。在新规范正式发行前，本项目还无法正式实施。虽然在初步设计中尾矿库仍然定义为二等尾矿库，但相应的拦排洪设施需要按一等尾矿库防洪标准设计。

地形图的变化造成工程量增加。

2. 征地及拆迁安置费用增加

本次初步设计阶段对比可研阶段，征地费用增加，主要是征地面积和征地单价增加。

征地面积增加的原因主要有两方面：一是增加了部分工程措施；二是新测绘的 1∶2 000 地形图与原使用的 1∶10 000 地形图有所偏差。

根据德兴铜矿富家坞项目部的意见，征地费用也由 50 000 元 / 亩增加到 55 000 元 / 亩。

拆迁安置费用主要增加了杜村小浮溪村小组搬迁安置费用。

3. 其他费用增加

其他费用主要增加了建设单位经费、试验费用等。

6.2.3　技术经济措施

工程项目投资管理是一项融合技术、经济和管理知识的综合性工作，要有效地控制工程项目的投资，应从组织、技术、经济、合同等多个方面采取措施。将技术措施与经济措施相结合，是控制工程项目投资最有效的手段。

投资管理虽然是与费用打交道，表面上看仅仅围绕着经济问题，其实不然。工程项目的投资与采用何种技术设计方案密切相关，在工程建设过程中把技术与经济有机结合，通过技术比较、经济分析和效果评价，正确处理技术先进与经济合理两者之间的关系，可以做到在先进技术条件下的经济合理，在经济合理基础上的技术先进。因此，项目设计阶段可以通过采取先进的技术措施，有效控制项目全生命周期潜在发生的投资费用。[2]

在五号库项目的建设过程中，项目建设方以先进技术为先导，坚持以技术创新为第一支撑的工程建设指导思想，针对面临的一系列问题，通过投入科研费用，开展相关课题的研究，有力地支撑了五号库项目建设的策划、决策和实施工作，从工程项目全生命周期的角度来看，减少了项目建设的潜在投资费用。在尾矿坝渗流分析中，业主方根据地形条件专门开展渗流模拟试验，对尾矿坝初期、中期和后期各运行条件（正常、洪水）下的渗流情况进行了三维渗流模拟计算，为选择正确合理的堆坝和排渗方案提供了极为可靠的科学依据。通过模拟尾矿坝不同时期的渗流情况和对采集的各项试验数据进行反复论证分析，最终选定了技术可行、经济合理的截渗墙布置方案。该项工程不但保证了尾矿库质量和生产安全，而且还较大幅度节省了运营期的维护管理费用。现代仿真模拟技术在五号库项目中的投入和运用，极大地提高了工程项目建设各阶段和工程各方面工作的科技含量，有效地降低了工程项目全生命周期的投资费用。

6.3 设计阶段进度管理

6.3.1 进度管理的特点

设计工作在时间维上具有多阶段、多工序的特点，在组织维上又具有多专业、多环节的特点，因此，进度管理既强调整体推进，又强调协同推进，特别是像五号库这样的大型工程项目，参与设计工作的单位多、部门多、人员多，设计工作量大，同时对设计水平要求也高，单单是资料的收集工作就可能消耗大量的时间，若没有科学合理的进度管理方法，就很难按时高效完成设计任务。

同时，设计阶段的进度管理不同于施工阶段，除去组织内部管理不当造成的进度拖延，施工进度受外部因素影响较大，例如极端天气、场地准备、设备供应等，因而有一定的不可预见性。设计工作处于相对稳定的外部环境，唯一频繁的影响因素源于业主方的设计变更，而某一环节的变更往往又会牵连多个专业部门的设计调整，造成大量的重复作业，进而影响设计进度。因此，业主方有必要提供一份审慎的设计任务书，并且定期及时地与设计单位沟通交流，尽可能做到有问题早发现早解决，减少设计变更带来的不利影响，提高设计工作者的工作效率。所以，设计阶段的进度管理不仅仅是设计单位的工作，也是业主方的工作，并且后者对于设计阶段的进度管理有着更为重要的作用。

6.3.2 进度计划的编制

设计合同签订后，设计单位根据合同要求成立项目工作组，编制设计进度管理计划。完成设计任务不是某一人的事，而是涉及多个部门的复杂任务，因此进度管理计划的编制也是一项复杂任务，需要层层分解，形成一个系统的体系（图 6.3）。除业主方规定的进度时间节点外，项目总负责人应视项目情况、单位情况，选择合适的时间跨度，编制各阶段的进度管理计划表，并将进度计划按专业（部门）进行第一层分解，例如分解成为建筑、结构、供电等专业（部门）进度计划，选派有能力的专业负责人落实；专业负责人还可以按单元（区域）进行第二层分解，例如结构部门可以将进度计划拆解为单体，进一步拆解为单体（地上）地下基础等单元（区域）进度计划；最后由专业负责人根据各单元（区域）设计工作量，挑选有能力胜任此项设计工作的专业设计人士开展设计工作，具体分配好每一名设计人员的工作任务和进度计划，并确保进度计划是合理的、可行的。

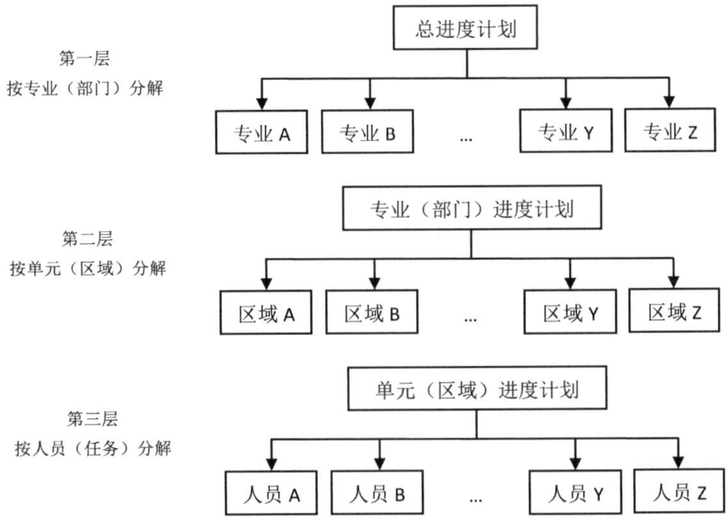

图 6.3　设计阶段进度管理计划体系

6.3.3　进度控制的方法

设计进度控制是设计管理中的重要一环，通过检查计划执行的情况是否符合规定的目标，迅速反应，采取相应措施，纠正偏差，保证计划的完成。

1. 抓好关键点

关键点包括关键时间节点和关键设计环节（图 6.4）。关键时间节点应由业主方掌控，明确各个阶段设计单位应达到的设计目标和设计深度，通过定期与设计单位沟通，了解设计进度，督促设计单位高效优质地完成设计任务。关键设计环节应由设计单位根据项目实际情况，依据设计任务书中的要求，结合设计难点、重点，确定每一阶段的设计内容和工作重心，由主到次推进设计工作。

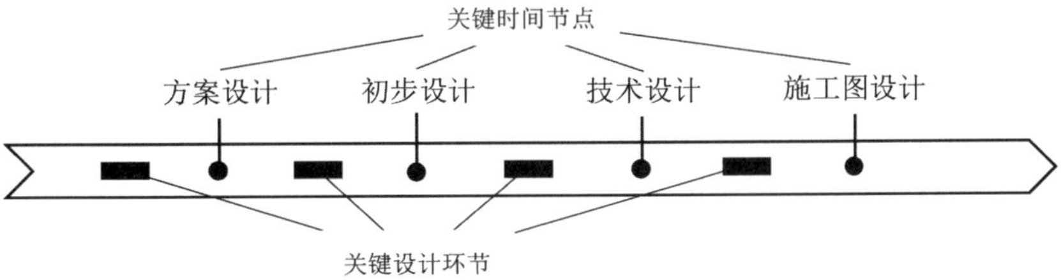

图 6.4　项目设计关键点

2. 协调各专业设计部门

尾矿库设计涉及众多专业部门，设计单位不仅需要重视对外交流，即与业主方的沟通协调，更要加强对内管理，即设计单位各专业部门间的协同配合（图 6.5）。设计单位通过定期召开会议，及时更新各专业部门设计情况，同步设计进度，特别是对于处在工作界面上的交叉设计内容，部门间应做好充分沟通并相互配合，保证设计出来的方案是可行的、可施工的。

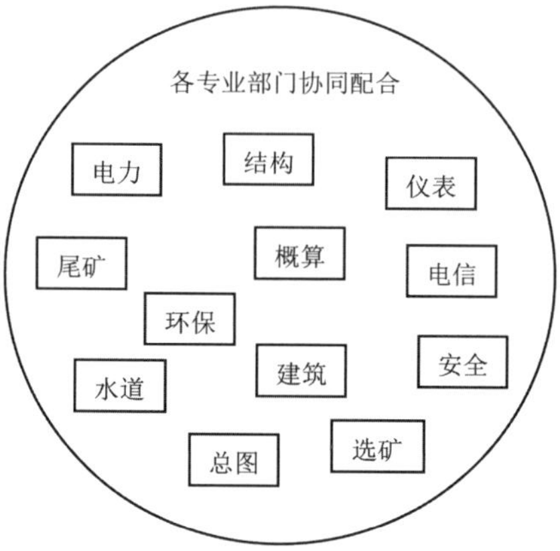

图 6.5 五号库设计单位参与部门

6.4 设计阶段质量管理

6.4.1 质量管理的重要性

工程项目施工是形成工程实体的唯一环节，因而容易让人们误以为只要抓好施工过程中的质量管理工作，就可以确保工程项目质量，却忽视了设计阶段的质量管理工作。“2001 年 5 月，建设部就发出过《关于进一步加强勘察设计质量管理的紧急通知》，文件指出部分勘察设计单位或业主方对建设工程质量不够重视，说明长期以来设计质量管理中存在着较大的问题，也充分反映了业主方对规划设计方案审查的必要性。”[2]

项目施工是按照设计文件和图纸的要求进行的，如果设计质量不合格，即使施工阶段管理得再怎么完美，也是无济于事。对此，项目部在五号库设计阶段就充分认识到这一点，召集相关专业人士，评估中国恩菲工程技术有限公司的设计工作质量，确保设计方案的质量能够达标。

6.4.2 设计方案审查

项目部根据工程项目设计阶段经历的方案设计、初步设计、技术设计和施工图设计四个阶段，制定了五号库设计阶段的质量控制工作流程（图 6.6）。为切实达到控制工程设计质量的目的，业主方多次组织召开会议，在项目推进的关键时间节点开展对设计方案的审查工作，围绕设计质量目标评价体系，对方案的优劣提出意见和建议，为完善五号库设计文件群策群力（图 6.7）。

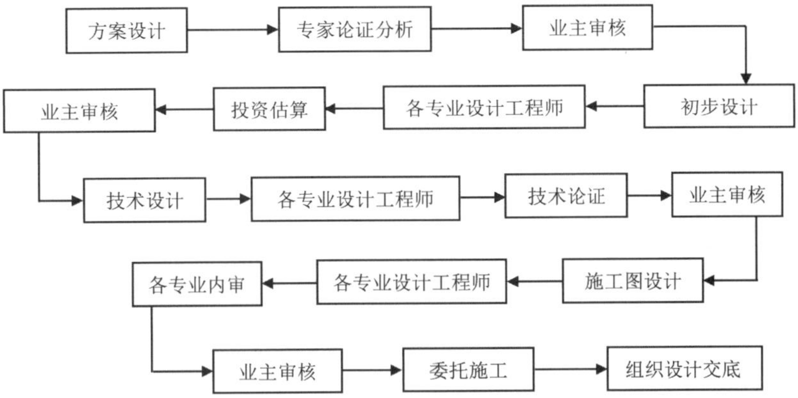

图 6.6　五号库设计质量控制流程

图 6.7　初步设计审查会议（2012 年 10 月 9 日，2013 年 3 月 8 日）

6.4.3　设计方案比选与优化

五号库项目在设计过程中，充分重视寻求优化设计的可能，对设计方案的不断挖潜有利于提高设计质量和投资效益，减少动工后不必要的资源浪费。例如在五号库上游坝西侧上坝的道路及上游坝库区设施道路设计方面，经现场人员多次踏勘研究和论证分析后，发现存在方案优化的空间。方案优化后，减少约 2 000 m 的道路路基施工及路面硬化工程，减少道路征地 1 000 m 左右，减少使用两个大型排土场，这一举措既合理规划了路线，又减少了征地拆迁量和施工工程量，节省了项目宝贵的时间和费用资源（图 6.8）。

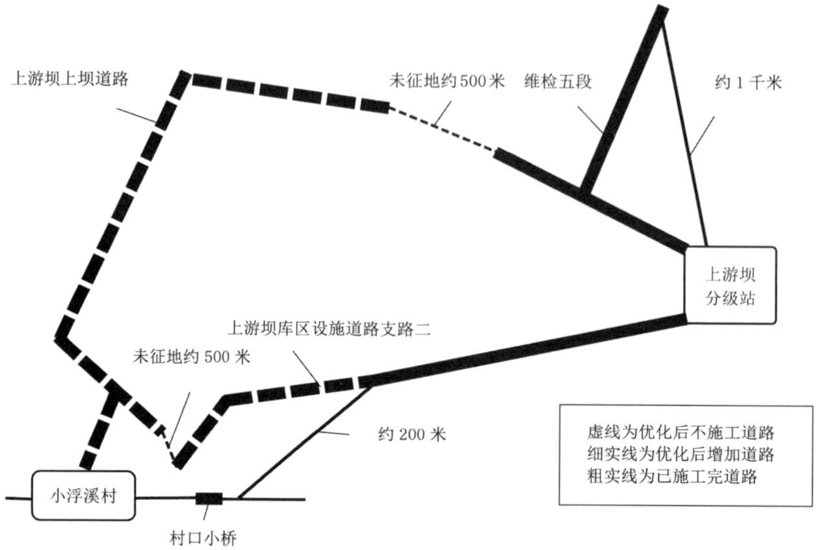

图 6.8　上游坝上坝的道路及上游坝库区设施道路方案优化

6.5　小　结

项目设计管理是一项承上启下的关键工作，是落实业主方建设意图和要求，指导施工转换工程实体的重要阶段。设计阶段围绕项目设计进度、质量、投资管理，保证项目总体策划的进度、质量、投资要求能够实现。设计管理不仅仅是设计单位内部的事情，也是业主方的事情，项目部通过定期召开会议，既能够起到督促设计工作的效果，也是检查干预设计工作的主要途径。

（1）确保项目投资总体可控。设计阶段对项目投资额有着决定性的影响，因此业主方应鼓励设计单位开展方案优化工作，设计单位根据技术条件和能力，配合好业主在总体性方案和专业性方案优化上的要求，进行设计挖潜，尽可能为业主节省投资。

（2）确保项目设计质量达标。由于设计质量是设计单位的立足之本，因此多数设计单位都会较为重视设计质量的管理，但业主方应督促设计单位加强各专业界面的协调，消除各专业间的差、错、碰、漏，确保总体设计质量能够符合质量规划的要求。

（3）确保项目设计进度有序。我国大部分工程都采用施工总承包模式，因此设计进度会直接影响业主方的招标活动，业主方应明确设计过程中几个关键完成时间节点，设计单位则根据业主要求，做好系统的进度管理计划，并落实相应的各部门、各人员工作安排。

第 7 章　德兴铜矿五号尾矿库项目的施工管理

7.1　施工管理目标的确立

7.1.1　标段划分与招投标管理

五号库项目作为江西省重点工程，由江西铜业股份有限公司德兴铜矿富家坞矿区开发项目经理部委托招标代理机构江西瑞林投资咨询有限公司，对该项目的三大施工标段进行公开招标，邀请有实力的潜在投标人参与投标。

五号库项目施工标段依据尾矿库三大基本组成部分进行划分，即上、下游坝，排洪系统以及尾矿输送和回水系统。这三大基本组成部分在施工作业面上基本独立，相互之间影响较小，为加快施工进度，采用平行发包模式是可行的（图 7.1）。同时考虑到各标段施工工艺和方法不尽相同，按照尾矿库项目基本组成部分划分施工任务，便于施工单位在制作投标文件时充分考虑企业自身的技术和管理水平，充分发挥其优势特长，方便业主选择最具竞争力的专业化施工服务团队。

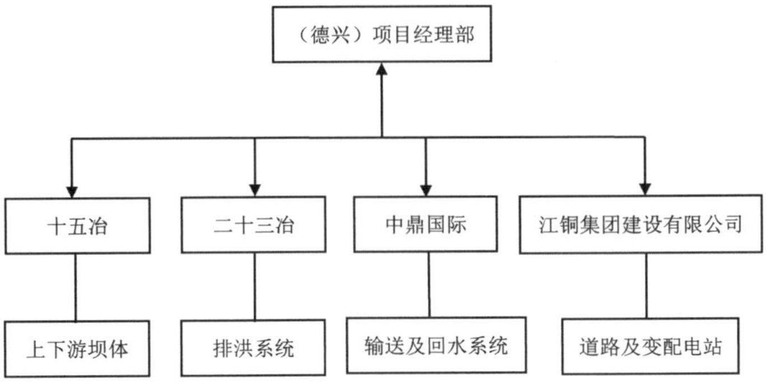

图 7.1　五号库合同结构

德兴项目部为确保五号库项目建设质量，在考察了施工难点和重点后，制定了严格的投标单位资格预审流程。这是保证投标文件质量的前提。同时招标文件中详细记录了每一标段投标单位参与投标的基本要求，对企业资质、业绩和项目经理的资质和业绩提出了相应的要求。最终经评标委员会评审，在江西省南昌公共资源交易中心确定了三大标段的中标单位。

其中，第一标段（上、下游尾矿坝及其附属设施工程）由中国十五冶金建设集团有限公司中标，中标价为 4.69 亿元；第二标段（排洪隧道及其附属设施工程）由五矿二十三冶建设集团有限公司中标，中标价为 1.76 亿元；第三标段（尾矿输送、回水隧洞及其附属设施工程）由中鼎国际工程有限责任公司中标，中标价为 0.91 亿元。

五号库项目除三大标段采取公开招标外，库区设施道路、西侧上、下游联络道路工程，由江铜集团（德兴）建设有限公司承建，合同额为 9 800 万元。35 kV 总降变电所及其外线电力管网工程，同样由江铜集团（德兴）建设有限公司承建，合同额为 1 900 万元。工程监理则由江西铜业建设监理咨询有限公司承担，合同额为 1 053 万元。

7.1.2 施工难点与重点

在明确五号库项目施工管理目标以前，有必要先结合工程标段划分情况，对各施工区域的难点与重点展开深入的分析与讨论，确定各标段在进度、质量和投资三大管理目标下的资源约束情况，从而有针对性地制定相应的施工管理目标，确保施工难点是管理的重点。

五号库第一标段为上、下游坝体施工区，多为露天作业，且占地面积大，因此本标段施工过程中存在如下问题：

（1）现场协调难。五号库项目施工区域土地多、森林茂密、库区内有两个村庄涉及拆迁，还有如经济林、农作物、坟地以及通信电力等设施、房屋还没拆除，施工时可能会有不少的阻工发生，加大了工程的施工难度，施工过程中协调地方工作繁重而艰巨。

（2）雨季施工影响大。五号库工程所在区域属亚热带季风气候，湿润多雨，丰水期最大月平均降雨量 344.6 mm，降雨多发生在 4 ～ 7 月，占全年降雨的 56.4%。本工程跨越多个雨季，特别是对于土石坝施工有很大影响，而土石坝施工是本项目的关键线路上的工程，可能直接影响总工期。

（3）现场交通组织复杂。虽然县道 X730 纵穿库区内，进出方便，但坝体施工将截断该道路，需修临时道路，满足公众通行和其他施工标段的施工，施工作业时干扰较大。因此在施工布置、工序安排以及施工措施上必须从大局出发，统筹策划，尽量排除和减小施工干扰。

第二标段包括上、下游排洪系统和库内排洪系统，其中库内排洪系统由两条排水斜槽组成，多为地下施工，且涉及长距离隧洞掘进作业，施工管理难度较大，对施工方案和工艺的选择提出了较高要求，本标段施工呈现出的难点包括：

（1）工程施工历经冬雨季、进口长距离浅地表施工，施工过程中需采取可靠的施工技术措施，确保工程质量和施工工期。

（2）排洪隧洞对掘的工期比较紧凑，通风、运输较为困难，因此做出合理的计划安排至关重要。

（3）经现场踏勘，1#，2# 库内排洪隧洞进口居民尚未搬迁。从地形平面图以及 1#，2# 库内排洪隧洞纵剖图中看，因隧洞中部埋藏较深，根据措施洞之间距离不宜过长原则，无法设立排碴措施洞。但 1# 至乐安河排洪隧洞有两处明洞，对掘长度只有 2 000 余米，工期比较灵活。

（4）为解决通风条件与施工运输难度，尽量缩短措施洞距离，对于上游至尾矿库下游排洪隧洞，从地形平面图以及上游至尾矿库下游排洪隧洞纵剖图中选择一坐标点位置，垂直设立一条排碴措施洞，但下游段至明渠之间对掘长度有 3 050 m，上游对掘长度约 2 715 m，工期极为紧张。

（5）1# 库内排洪隧洞目前拥有 4 个施工点，明洞开挖后可达 8 个工作面，2# 库内排洪隧洞目前拥有 2 个施工点，待斜槽开挖后可达 4 个工作面，上游至尾矿库下游排洪隧洞虽增设了一个措施洞而拥有 3 个施工点，4 个工作面，但均因地理环境复杂，沿线道路长，加之局部场地狭窄，不利于平面布置与现场管理。

第三标段由尾矿输送系统和回水系统组成，同样涉及长距离隧洞掘进作业，因此施工过程中呈现出的难点与第二标段相类似：

（1）工程施工点处于较偏远的山沟内，施工作业点分散，施工战线较长，交通不便，适合开挖措施洞的地点较少，解决施工用电问题相对困难，工程全面铺开施工较为困难。

（2）隧洞较长，适合选择的措施点不多，只有在桩号 K2+300 m 左右有一处，且交通又不方便，施工中应重点保证该作业点的进度。

（3）分布区域较广，需对作业人员、施工机械、设备及周转材料进行合理配备和精心的安排。

（4）隧洞掘进过程中需随时观测岩体，遇岩层断裂带和软岩层段，需改变施工方法。

（5）回水隧洞距出口约 80 m 处，需从已建尾矿输送隧洞正上方穿越，垂直高度仅 4.9 m。

7.1.3　目标制定的原则

明确的目标是项目管理的一大基本特点，也是四大管理职能，即计划、组织、协调和控制开展的基本前提，从项目管理学的角度分析，没有明确目标的工程建设项目，就没有办法制定相应的计划，也无法对其进行控制，因此五号库项目开展施工活动前必须制定明确的管理目标，遵循 SMART 原则，即明确化（Specific）、可衡量（Measurable）、可实现（Achievable）、可操作（Realistic）、时限性（Time-bound）。

（1）目标明确化。“指绩效考核要切中特定的工作指标，不能笼统”，让参与项目的成员都能够明确工作的目标。

（2）目标定量化。“指绩效指标是数量化或者行为化的，验证这些绩效指标的数据或者信息是可以获得的”，作为评估目标能否达成的依据。

（3）目标可实现。“指绩效指标在付出努力的情况下可以实现，避免设立过高或过低的目标”，能够最大程度地调动施工人员的积极性。

（4）目标可操作。“指绩效指标是实实在在的，可以证明和观察”，是在客观估计人力、财力和物力约束和人为约束条件下制定的。

（5）目标时限性。“指注重完成绩效指标的特定期限”，任何项目都有明确的起点和终点，因此，目标是在一段有限的时间内存在的。

7.1.4 五大管理目标

依据目标制定的原则，结合五号库项目各标段施工难点与重点，项目部对施工过程中普遍存在的约束条件，即进度、投资、质量、安全和文明施工目标提出了明确的要求（表 7.1）。

表 7.1 五号库施工管理目标

目标名称	目 标
进度	通过完善五号库项目进度计划系统，编制合理的实施性进度计划，加强对关键路径的管控，并对实际进度加以控制，确保里程碑事件按期完成，五号库工程能够在 2020 年投入使用
投资	根据编制的资金使用计划，合理确定实际投资费用的支出，并以施工图预算或工程合同价格为目标，通过工程计量，合理确定工程结算价款，控制工程进度款的支付，严格控制工程变更
质量	建立健全质量管理体系，落实质量管理制度和控制措施，以规范严格的质量管理流程保证工程质量合格，工程质量检验与评定按检验批、分部分项工程、单位工程进行，保证验收全部合格，争创优质工程
安全	完善施工现场安全管理制度，实现伤亡事故为零，重伤事故为零，重大设备事故为零，轻伤事故率控制在 3‰以下，科学文明施工，建成健康、安全、环境三位一体的管理体系
文明施工	加强现场管理，提高施工人员的文明施工意识，确保文明施工监管工作到位，通过不断完善文明施工管理体系，树立企业良好形象，创文明施工现场

7.2 施工阶段进度管理

7.2.1 施工进度计划编制的必要性

1. 完善工程项目进度计划系统

“建设工程项目进度计划系统是由多个相互关联的进度计划组成的系统，是项目进展控制的依据。由于编制各种进度计划所需要的必要资料是在项目进展过程中逐步形成的，因此项目进度计划系统的建立和完善也有一个过程，它是逐步形成的。”[2]

五号库项目前期已编制了项目总体进度纲要，初步制定了可研、征地拆迁、勘察、设计、施工、交付使用等里程碑事件的完成时间节点。现随着工程的不断深入，工程资料越来越完善，项目进展的不确定性也越来越小，特别到了施工阶段，已经具备了编制详细施工进度计划的条件，因此有必要完善工程项目进度计划系统（图 7.2）。

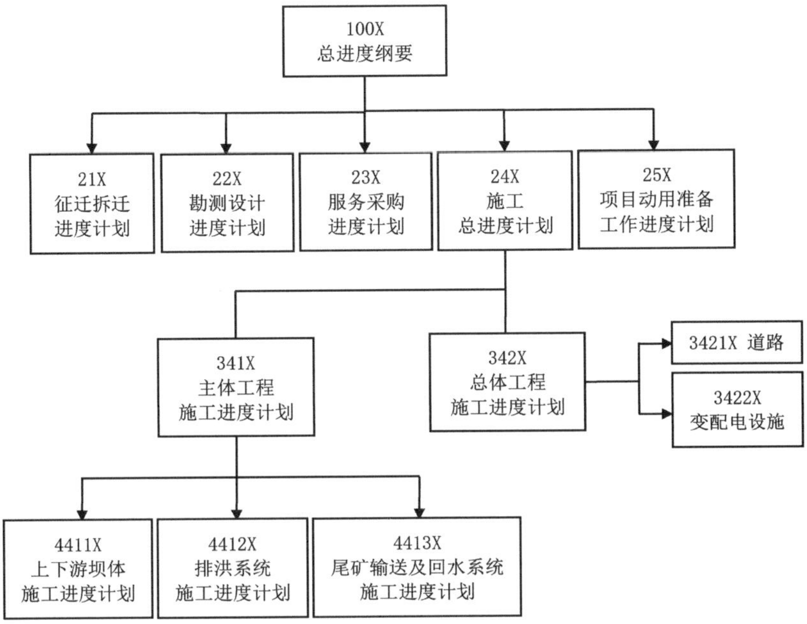

图 7.2　五号库进度计划系统

2. 确保工作有序开展

计划作为管理四大职能之一，是管理工作之先。说明一项工作首先要有计划，才会有后续的组织、协调和控制活动；没有明确的计划，工作就无法进行。因此，编制而成的施工进度计划必须是具体的、可实现的、可衡量的。在项目推进过程中，管理人员可以依据进度计划调配组织资源，有序开展工作，掌握和控制工作进度，检查和跟踪计划实施情况。

3. 合理分配各类资源

“资源需求计划，包括资金需求计划和其他资源（人力和物力资源），需求计划的编制以进度计划的编制为前提，反映施工过程中各时段所需要的资源”，两份计划必须相互适应，“在分析资源需求的同时，可以发现已编制进度计划实施的可能性，通过调整进度计划，又可以实现资源的合理分配利用，若资源条件不具备，则应调整进度计划”。[2]

7.2.2　主体工程进度计划及关键线路的确定

关键线路又称关键路径，关键路径的工期决定了整个项目的工期，任何关键路径上终端元素的延迟将直接影响项目的预期完成时间。因此，对关键活动予以充分重视，可有效控制工程进度，但是关键线路不是一成不变的，非关键线路存在向关键线路转化的可能。

1. 第一标段

尾矿坝施工是本标段工程施工的关键项目，其他建（构）筑物可以穿插施工（图 7.3）。

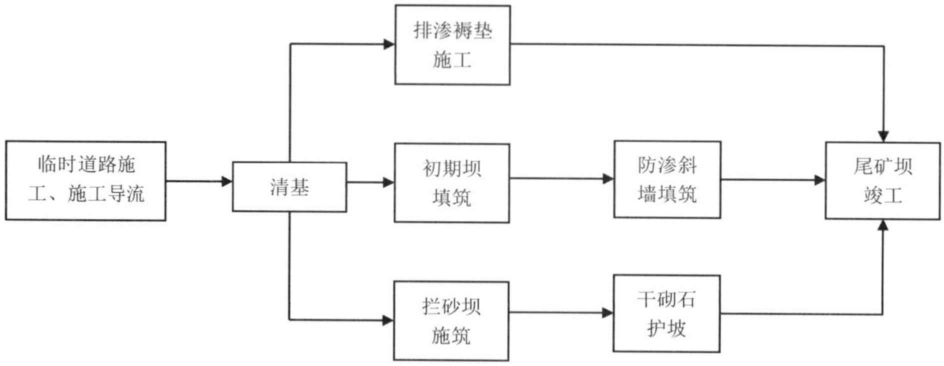

图 7.3　第一标段关键路径主要施工流程

关键线路上务必需要确保的关键时间节点如表 7.2 所示。

（1）导流工程完成时间，同时导流明渠、导流洞以下主隧洞掘及衬砌工程及洞外排设施应全部完成（关系到上、下初期坝体施工开工时间）。

（2）坝基开挖，上、下游齿槽开挖，基槽验收时间（关系到整个初期坝堆筑碾压工期）。

（3）上、下游截渗墙的施工完成时间。

表 7.2　关键节点计划

序　号	施工区域	分部分项工程	持续时间
1	下游坝施工区	坝基处理	45 天
2		帷幕灌浆	92 天
3		坝体填筑	398 天
4		坝体护坡	386 天
5		拦砂坝	122 天
6		截渗坝	122 天
7		排渗褥垫	45 天
8		库底防渗施工	45 天
9		沉砂池及回收池	184 天
10	上游坝施工区	坝基处理	30 天
11		帷幕灌浆	61 天
12		坝体填筑	231 天
13		坝体护坡	231 天
14		拦砂坝	213 天
15		截渗坝	123 天
16		排渗褥垫	45 天
17		沉砂池及回收池	183 天
18	尾矿回水系统		243 天
19	综合管网工程		105 天
20	监测系统施工		92 天

2. 第二标段

（1）1# 库内排洪隧洞全长为 3 177.2 m。为加快隧洞进口的开挖，必须开设支洞与斜井贯通解决通风问题。至乐安河隧洞虽长，扣除暗洞 906.0 m，对掘最长只有 1 952.0 m，所以工期不紧。关键工序节点：1# 库内排洪隧洞对掘长度为 3 177.2 m，1# 库内排洪隧洞为关键节点。场地平整及水电设施 10 天，两端对掘贯通需 270 天，混凝土衬砌 195 天，施工拆除与竣工验收 5 天。

（2）2# 库内排洪隧洞全长 3 291.4 m。为加快隧洞进口的开挖，同样要开设支洞与斜井贯通解决通风问题。关键工序节点：2# 库内排洪隧洞对掘长度为 3 291.4 m，2# 库内排洪隧洞为关键节点。场地平整及水电设施 10 天，两端对掘贯通需 270 天，混凝土衬砌 195 天，施工拆除与竣工验收 5 天。

（3）上游至尾矿库下游排洪隧洞全长为 5 991.7 m，其中出口明渠 228.0 m。选择最优位置增开一条措施洞后，下游段扣除明渠长度后还有 3 050.0 m，该排洪隧洞设计为圆形断面，需进行二次施工、工序复杂。关键工序节点：上游至尾矿库下游排洪隧洞对掘长度为 5 991.7 m，排洪隧洞下游段为关键节点。场地平整及水电设施 10 天，两端对掘贯通需 3 050.0 m，掘进 270 天，混凝土衬砌 180 天，施工拆除与竣工验收 5 天。

3. 第三标段

（1）尾矿输送系统施工准备期在方案中安排 15 天。

上游尾矿输送隧洞单工作面掘进 4 400 m 隧洞需要时间为 184 天。

上游尾矿输送隧洞单工作面混凝土支护 4 400 m 隧洞需要时间为 116 天。

隧洞掘进、衬砌的主控工期为 116＋184＝300 天，考虑到现场有各种因素的影响，工期控制在 320 天内完成。

隧道灌浆回填、流槽铸石板衬砌等子项待隧道衬砌混凝土达到规定强度后全部平行作业，其工期安排 50 天完成。

工程收尾 5 天。

根据以上测算，本工程的关键线路为上游尾矿输送隧洞的施工。关键线路工期能按期完成就可以满足整个工程的工期需要；非关键线路工程可以平行作业，完全可保证在 390 天内完成任务。

上游尾矿输送隧洞工程施工关键线路如下：工程开工→施工准备→临时道路修建→峒口开挖→隧道掘进（临时支护）→混凝土衬砌→回填灌浆→自流槽施工→现场清理及工程扫尾工作→竣工验收→本合同工程完工。

隧道掘进完成时间非常关键，该工序对后续影响很大，它直接关系到全面施工阶段的最早开工时间。

（2）回水系统施工准备期方案安排 15 天。

回水隧洞单工作面掘进 767 m 隧洞需要时间为 150 天。

回水隧洞单工作面混凝土支护 767 m 隧洞需要时间为 150 天。

隧洞掘进、衬砌的主控工期为 300 天。

隧道回水自流槽、灌浆回填等待隧道衬砌混凝土达到规定强度后部分可平行作业，其工期安排隧洞衬砌完成后 45 天完成。

工程收尾 5 天。

根据以上测算，本工程的关键线路为隧洞的施工。关键线路工期能按期完成就可以满足整个工程的工期需要；非关键线路工程可以平行作业，完全可保证在 365 天内完成任务。

回水隧洞工程施工关键线路如下：工程开工→施工准备→临时道路修建→峒口开挖→隧道掘进（临时支护）→混凝土衬砌→回填灌浆→回水自流槽施工→现场清理及工程扫尾工作→竣工验收→本合同工程完工。

7.2.3 进度控制及措施

1. 遵循动态控制原理

德兴项目部完善后的五号库项目进度计划系统为后续施工进度目标的控制提供了依据，在众多项目目标控制的方法论中，动态控制原理是基本方法论之一。“这一控制原理的三大要素即目标计划值、目标实际值和纠偏措施，其中，目标计划值是目标控制的依据和目的，目标实际值是进行目标控制的基础，纠偏措施是实现目标的途径。”[2]

项目部通过施工进度计划表将总进度目标进行有效分解，确定每一项工作的计划完成时间，用以确定进度目标控制的计划值，并在项目实施过程中，定期收集项目进度的实际值，将项目进度的目标计划值和实际值进行比较。若比较后发现差异，则采取组织、管理、技术、经济等有效手段，纠正偏差量，使计划目标一旦出现偏离就得以纠正，确保总进度目标的实现（图 7.4）。

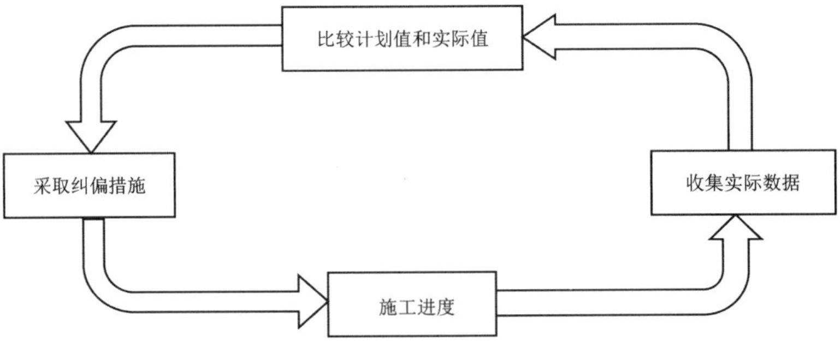

图 7.4 动态控制流程

2. 强化主动控制意识

动态控制原理是一种有效的被动控制方法，但是被动控制无法避免偏差的产生，从实际情况来看，偏差对工程进度已经产生了或多或少的影响，因此被动控制是一种反馈控制，存在着明显的缺陷。“而主动控制是一种面向未来的控制，可以解决传统控制过程中存在的时滞影响，尽最大可能改变偏差已经成为事实的被动局面，因此主动控制是一种前馈控制，可以使控制更为有效。”[2]

德兴项目部拥有同类型工程的建设经验和组织管理经验，从而能够根据丰富的经验预先分析项目实施过程中进度目标发生偏离的可能性。不同于被动控制方法，这些措施的制定需要业主方能够具备一定的预判能力，属于预防性措施。在进度计划实施的同时，要求业主方拥有健全的组织结构、科学的管理方法、先进的技术水平和合理的经济措施，从而形成与进度计划系统相互融合的有机整体，保证系统的运行不会发生偏离（图 7.5）。

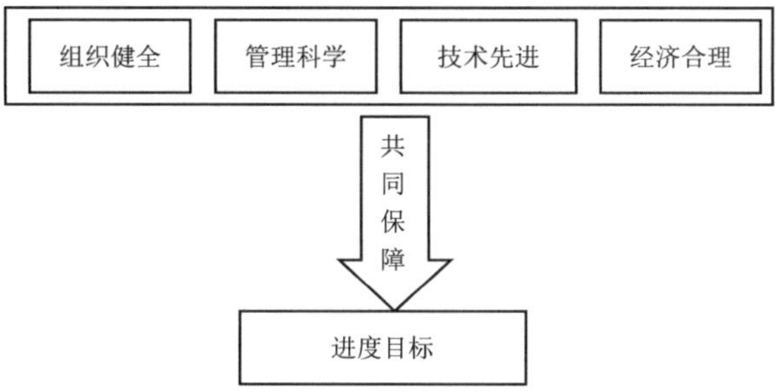

图 7.5　施工进度保障体系

3. 工程进度保证措施

（1）组织措施：

组织是目标能否实现的决定性因素，为实现项目的进度目标，德兴项目部充分重视健全项目管理的组织体系。

①选调工程经验丰富的管理人员和技术骨干组成项目部，全面负责工程施工组织与管理，并根据实际施工需要，组织富有经验、高素质的专业队伍投入项目施工，确保工程顺利进展。

②坚持会议制度，每周一次召开班组长以上的工程协调会，汇报上周的进度计划完成情况及需要解决的问题，布置下周的生产计划。

（2）管理措施：

①编制施工总进度计划，并明确关键线路。将总进度目标从总体到细部进行分解，直至落实到工序；总进度计划分解到月、周、天。施工总进度计划用工程管理软件和工程网络计划方法编制，并分析关键线路。

②严格执行合同，加强合同管理。

（3）技术措施：

①编制各类详尽、切实可行的施工作业指导书，用以指导工程施工，并在施工过程中组织技术攻关，充分利用新技术、新工艺，确保各施工工期控制点的实现。

②现场配置声像控制系统，工程技术人员深入现场，及时掌握、解决施工中出现的问题，加强现场调度，保证现场人力、物质资源等动态平衡。

③做好图纸的交付工作和图纸的自审、会审工作，提高图纸会审质量，尽量减少设计修

改带来的工期影响，同时在施工之前解决图纸上存在的问题。

④施工前必须进行技术交底，使参与施工的人员清楚所施工的内容，怎样操作，怎样控制，确保施工一项，优良一项，杜绝返工返修带来的工期影响。

（4）经济措施：

①执行严格的资金预算和计划管理，监督施工队专款专用，及时支付各专业队伍的劳务费用，防止施工中因为资金问题而影响工程的进展，充分保证劳动力、机械、材料及时进场。

②建立进度与效益挂钩的承包责任制，按周、月进度计划完成量对各作业班组和职能部门进行考核，予以奖励和惩罚，充分调动职工的生产积极性，保证工期目标的实现。

③物资供应部门提前进行采购或调度，杜绝停工待料、影响工期的情况出现。

④物资采购人员尽快进入现场，与各材料供应方进行联系，核定对方供应材料的质量是否与设计要求相符，确保材料质量。

4. 工程进度补救措施

工期一旦发生延误，认真分析原因，找出工期延误的各种因素，在确保工程主要里程碑节点不动摇的前提下，及时调整工程进度计划，同时详细研究制订工期补救措施，落实人、财、物等各种所需资源。

（1）利用现场人员加班加点，延长作业时间。如当天没有完成进度，连夜组织人员加班补救。调集精兵强将上阵，安排技术熟练的工人参与施工作业，上场要具有独立工作能力，避免出现“一人操作，两人陪衬”的低效率和消耗战，提高作业效率。

（2）加强工程计划性管理，灵活调配，合理安排施工工序和工艺，当某工序因故造成停工、窝工，及时灵活地将该工序人力、物力充实到其他工序，一旦滞后工序具备施工条件，则重点对该工序投入资源，补救滞后的工期。

（3）施工机械和周转材料保证一定数量的库存，预备不时之需和应急之用。

（4）尽可能穿插施工，采取交叉作业的方式，少占工期甚至不占工期，及早为赶工程进度，抢工程工期创造有利条件。

7.3　施工阶段投资控制

7.3.1　投资管理的任务

五号库项目投资管理工作贯穿项目建设各个阶段，规划设计阶段的投资管理和施工阶段的投资管理相互衔接，形成五号库项目投资管理体系。不同于规划设计阶段，施工图预算在施工阶段将作为投资管理目标的计划值，而不再是投资管理目标的实际值，这一相对关系的转换也体现了动态控制原理在项目投资管理中的应用。

尽管二八定律指出，施工阶段节约投资的可能性很小，但在该阶段，人力、物力、财力的投入量是最大的，现场管理稍有不善，就会造成项目投资失控，因此需要加强控制。[5]

在施工阶段，投资管理目标值将依据施工图预算或工程承包合同价格确定，通过编制合理的资金使用计划，合理确定实际费用的支出是投资管理的主要工作。对于业主方而言，工程结算价是项目费用真正的实际支出值，因此严审施工单位编制的工程价款文件是投资管理的关键性工作。通过工程变更的严格控制，合理的工程计量，确定的工程结算价，直接决定了业主方的开支，是工程项目实际投资的重要部分（图 7.6）。

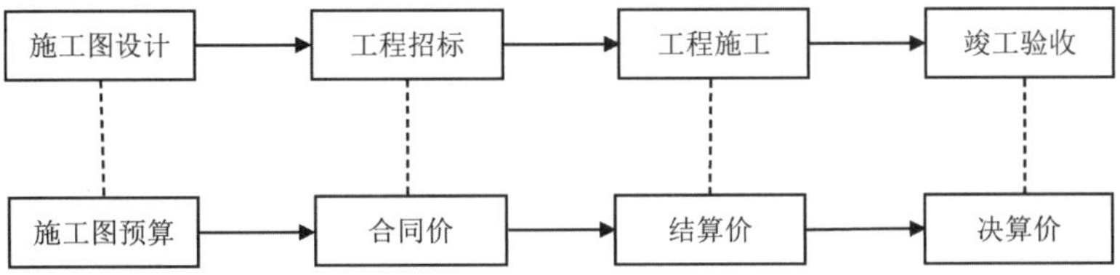

图 7.6　分阶段设置的投资控制目标

7.3.2　投资管理的主要措施

工程建设最终目的是在工期短、质量好的前提下，创造出最佳的经济效益。在确保五号库工程创优的前提下，业主方在投资控制方面采取多种有效控制措施，尽可能实现项目总投资目标。

（1）严审施工组织设计。施工组织设计不仅是施工作业的指导性文件，其编制质量也会影响业主方既定的项目管理目标。业主方要求施工单位编制先进合理的施工组织设计，实事求是地进行施工优化组合，做到有标准、有目标，同时鼓励施工单位优化施工平面布置，减少二次搬运，节省工时和机具；临时设施尽可能做到一房多用，减少面积和造价，尽量利用废旧材料，降低费用；科学利用建筑材料，不造成浪费，把废料降低到最低限度，向管理要效益。

（2）选好甲等供应材料单位。业主方对材料供应单位货比三家，选择质优价廉的材料。同时对原材料的运输进行经济比选，确定经济合理的运输方案。利用新技术，减少材料消耗，把材料费用控制在合理范围内。

（3）控制工程设计变更。由于项目不确定性而导致的工程变更往往会造成投资费用的超支，因此业主方必须联合设计、监理单位共同论证分析施工单位提出的变更请求，严格控制盲目、不必要的工程变更；对于审核通过的工程变更，按照相应的工作流程，做好记录并备案。

（4）加强现场签证管理。现场签证不包含在合同价中，由于其临时性、无规律性和随意性，容易造成投资失控，因此必须严格签发签证，做到实测实量，避免重复。用责任制和经济手段切实加强施工过程每一个环节的管理，做到“工完料尽”，提高经济效益，把投资管理建立在规范的受控状态。

（5）减少管理费用开支。业主方派往工地的管理人员力求少而精，做到一专多能，提高工作效率，节省不必要的管理费用。

（6）做好竣工决算工作。竣工决算是控制投资费用的最后一个环节，业主方在编制竣工决算书的过程中，应重点关注合同以外的增补费用，整理相关材料如设计变更单、现场签证等，做好主要实物量、材料消耗量等统计工作，为决算工作提供可靠依据。[5]

7.4 施工阶段质量管理

7.4.1 质量管理的基本原则

德兴项目部为保证和提高五号库工程项目质量，开展了系统的质量管理工作，并制定了相应的基本原则，主要包括：

（1）“质量第一”是根本出发点。在质量与进度、质量与投资的关系中，认真贯彻保证质量的方针，做到好中求快，好中求省，而不能以牺牲工程项目质量为代价，盲目追求速度与效益。

（2）预防为主的思想。工程项目质量不是检查出来的，必须在工程项目质量形成的过程中，事先采取各种措施，消灭种种影响质量的因素。

（3）为业主服务的思想。真正好的质量是业主满意的质量，把为业主服务的思想作为所有工作的出发点，贯彻到工程项目质量形成的各项工作中。[2]

德兴项目部依据上述基本原则，引导施工单位建立健全质量管理体系，落实质量管理制度，完善质量控制内容和措施并督促施工单位做好质量通病防治工作，确保项目建设的实体质量。

7.4.2 建立健全质量管理体系

“质量管理体系是以保证和提高工程项目质量为目标，运用系统的概念和方法，把企业各部门、各环节的质量管理职能和活动合理地组织起来，形成一个有明确任务、职责、权限而相互协调、相互促进的有机整体。”[2]

尾矿库项目对工程质量和使用安全要求极高，对此，施工单位积极响应业主方的号召，在施工阶段项目部建立并健全专职质量管理机构，明确各级各部门的职责分工，同时通过管理业务标准化、管理流程程序化，提高质量信息反馈的灵敏性，并做好了如下工作：

（1）建立项目部质量管理保证体系，将质量目标分解到位，层层落实到人（图 7.7）。

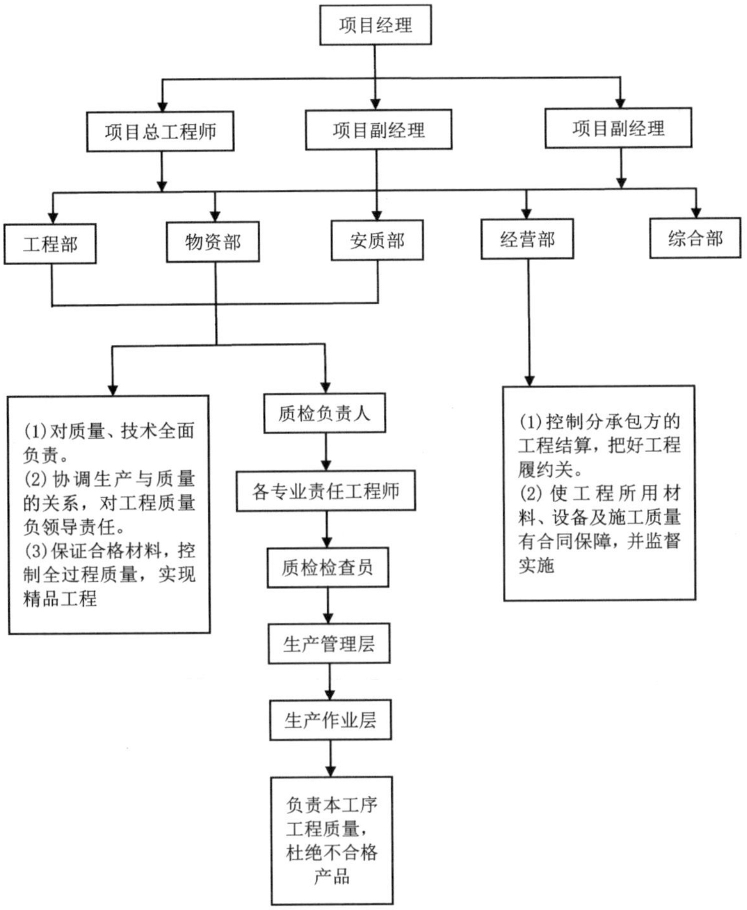

图 7.7　**质量管理保证体系**

(2) 建立由项目经理领导，技术负责人策划、组织实施，项目副经理中间控制，专业责任工程师检查监督的管理系统，形成项目经理部、各专业承包商和施工作业班组的质量管理网络。

(3) 质量管理实行“双线”控制：一条是以项目经理为首，技术负责人组织项目各管理人员、班组长和班组质量检查员组成的项目质量管理体系，对项目全过程质量实行自控；另一条是由业主的质量部门实行强制的内部监督。

(4) 采用质量保证监督措施，即内部质量监督和业主质量监理。选派多年从事工程质检工作、有经验的工程师担任经理部质检工程师，并在项目部设专职质检员，负责质检日常工作，对工程质量有一票否决权。质检工程师和专职质检员服从和配合业主质量监理，提供一切方便，共同把好质量关。

7.4.3　质量管理制度

健全而有效的管理制度是保证五号库项目建设质量的重要基础，项目部结合业主方的质量管理原则和方针，根据企业实际情况和尾矿库工程特点，制定了一套更为完善的质量管理工作制度。

（1）坚持隐蔽验收及复查制度。

①建立健全质量监督检查制度，认真贯彻执行自检、互检、交接检查制度，切实做好复核、隐蔽记录和原材料检验记录。

②根据施工质量管理规范和标准，对每一质量控制单元进行控制管理，包括质量检测标准、单元工程分解、工序检测记录、质量缺陷及事故的登记和处理、质量验收与评估等功能模块。隐蔽工程在隐蔽之前，应当及时通知业主及监理工程师检查，确认无误后方可隐蔽。

③在通过自检、专检认可后均应会同监理、建设、设计等单位代表进行中间验收，办理好隐蔽手续后方可进行下工序施工。

④项目部每月组织一次质量检查，对发现的质量问题或可能存在的质量隐患按《纠正和预防措施程序》，由项目工程师提出处理方案和预防纠正措施，施工员负责实施。

⑤严格执行“三工序”管理（即监督上工序、干好本工序、服务下工序）、“三检”制（即自检、互检、专检）和“四不放过”原则（原因不查清不放过、责任不落实不放过、没有防范措施不放过、不追究责任不放过）。

（2）原材料、半成品、专用计量器具跟踪检查制度。

①坚持“见证取样制”，用于工程的所有原材料、自行加工和外委托加工的成品和半成品，均按要求进行检验和试验。所有原材料必须有出厂合格证，并现场抽样复查，合格后方可使用。

②加强成品、半成品的保护，各道工序按正常程序施工，有特殊要求的如防腐、防锈等，要有专门的保护措施，以确保能够正常使用，后一道工序不得随意破坏前一道工序的成果。

③施工中所使用的专用计量器具（如水平仪、全站仪、钢尺等）均按计量器具的周检要求规定，实行周期检验，以确保计量器具精度，保证计量数据准确。

（3）粗钢筋的连接。在采用对焊时，必须保证连接质量，经过试验后，符合规范要求时方可施工使用。

（4）编制质量方针、目标和实现方针、目标的措施，制定各施工部门及主要管理岗位的职责，定期检查落实情况。

7.4.4　质量控制的内容和措施

施工阶段的工作质量是工程质量控制的关键环节，工程施工是一个从对投入原材料的质量控制开始，直到完成工程质量检验验收和交工后服务的系统过程。业主方要求施工单位项目部从施工准备、施工、竣工验收交付三个阶段完善五号库项目施工阶段工程质量控制内容和措施（表 7.3）。

表 7.3　施工质量控制措施

施工准备阶段	图纸会审	首先在施工单位内部进行图纸审查，并做好记录，然后参加会审。会审由监理或业主方主持，施工单位和设计单位共同参加。先由设计单位介绍设计意图和设计特点以及对工程施工的要求，再由施工单位提出图纸中存在的问题及疑问，通过讨论与协商解决现存的问题，然后设计院以书面形式对问题进行解释或提交设计变更通知书
	施工组织设计审查	施工组织设计是对施工的各项活动做出全面的构思和安排，指导施工准备和施工全过程的经济技术文件，其中对质量控制起主要作用的是施工方案。项目部在工程正式开工以前必须详细审查主要项目的施工方法、施工机械的选择，并采取保证质量、安全施工、冬雨季施工等方面的预控方法和有针对性的技术组织措施
	技术交底	在整个工程施工过程中，先由公司技术部门向项目部相关人员进行技术交底，再由施工员针对各工程部位对各施工班组进行认真的书面技术交底。书面上必须有签发人、审核人及接受人的签字，经过检查并审核后，列入工程技术档案
施工阶段	材料检验	严格材料的采购、验收制度，对进场的材料必须提供合格证或质保书，对需进行二次试验的原材料，如钢筋、水泥等，必须经试验确认合格后方可使用。事先做好材料计划单，过程中按计划分期、分批依次进料
	设备贮存	各种物资设备要分门别类，有序存放，建立严格的登记制度。为减少场地占用，需重叠堆放时，应讲究科学性。材料设备包装箱（袋）要标明叠放数量，并严格遵守收发手续
	质量验评	实施质量跟踪检查，将质量事故消灭在萌芽状态，服从业主、监理单位和质监站对工程施工质量的监督检查。坚持样板引路，实行质量岗位责任制。搞好工序间质量自检、互检、交接检。测量部门严格控制标高和垂直度，按规范要求给定中、腰线并做好标志，在自检和互检的基础上，报监理单位或质量检测部门复核无误后，方可继续施工
	技术档案	工程技术档案是工程交工验收的必备技术数据，同时也是将来工程质量等级评定以及交工后工程维护的重要依据。质检员定期负责资料的收集与整理，所有技术数据均由资料员统一归档保管，并用专用柜分类锁好
	（半）成品保护	钢筋加工好后按标识分规格、型号、施工部位归堆码放，底部用木枋作垫木，防止污泥砂浆污染钢筋。根据先用先加工原则，将加工好的钢筋即时用于施工部位。 拼装好的模板在钢筋施工时应轻拿轻放，不能使钢筋直接摔打在模板上，同时亦应防止外力撞击加固好的模板体系，以防模板变形和模板表层损坏。 浇筑完毕的混凝土其表面强度在未达到规定值之前禁止上人行走，对柱及梁的模板拆除，必须待其混凝土达到一定强度，以免在拆除时碰坏棱角。 建筑物完工至交工移交以前，应进行隔离，做好专门标识，并派专人巡视。 在对合同以外的内容交安时，应即时与业主方、监理单位、安装单位办理交安手续，说明交安时的建筑物完好状况，由安装单位对成品进行妥善保护
竣工验收交付阶段	竣工验收资料整理	竣工验收前，承包单位应分类整理好必要的竣工验收资料，移交给业主方
	竣工自检	竣工自检是承包单位内部的自我检查，为正式验收做好准备，竣工预检严格按照竣工验收标准，按检验批、分项工程、分部工程或单位工程，分级进行质量评定

7.4.5 质量通病防治

为防止施工各阶段中可能出现质量通病的环节，项目部在业主方的要求下，成立了以项目技术负责人为首的质量通病防治小组，预防并监督五号库工程施工过程中潜在的质量通病问题，提升质量管控效率。小组成员有项目经理、项目副经理、施工员、质量员、专业施工班组人员等（图 7.8）。

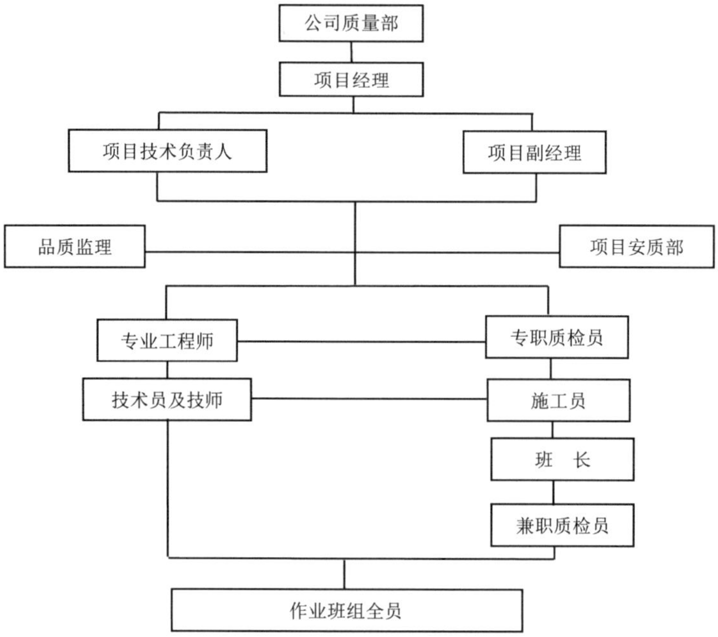

图 7.8 质量通病防治机构

7.5 施工安全管理

7.5.1 安全管理的基本原则

为保证五号库工程建设顺利进行，防止伤亡事故发生，确保安全生产，德兴项目部综合安全法规、安全技术、工业卫生三项内容，制定了安全管理的基本原则，主要包括：

（1）以人为本、预防为主。安全生产的方针是“安全第一、预防为主、综合治理”，在生产过程中，结合生产特点，对生产因素采取管理措施，把可能发生的事故消灭在萌芽状态。

（2）坚持“四全”动态管理。安全管理涉及生产活动的方方面面，因此生产活动中必须坚持全员、全过程、全方位、全天候的动态安全管理。

（3）安全管理重在控制。安全管理的各项内容中，对生存因素状态的控制与安全管理目的的关系更直接、更突出，因此对生产中人的不安全行为、物的不安全状态、管理上的缺陷和不良环境条件的控制是动态安全管理的重点。[2]

德兴项目部依据上述基本原则，引导施工单位建立健全安全生产管理体系，落实安全管理制度，督促施工单位完善安全生产实施细则，确保建设安全。

7.5.2　建立健全安全生产管理体系

按照业主方制定的安全管理基本原则，五号库施工现场成立安全管理领导小组，由安全生产第一负责人项目经理为首，全面负责安全生产工作；项目部设专职安全员，负责督导和检查施工现场安全工作；各班组分别设立兼职安全员，负责本班组的安全生产工作，认真落实安全生产责任制，保证安全计划措施的落实，确保安全目标的实现（图 7.9）。

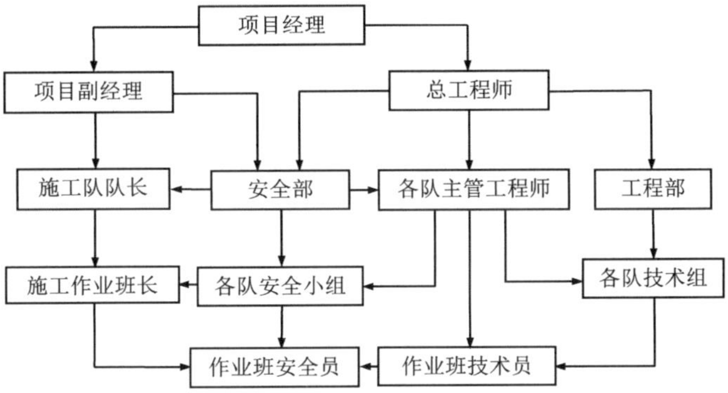

图 7.9　安全生产管理体系

7.5.3　安全管理制度

业主方要求施工单位项目部从教育制度、技术管理制度、检查制度、奖惩制度和安全生产责任书制度五个方面制定一系列保障安全生产的条例规定，并在五号库项目建设过程中严格执行安全管理制度，有效控制生产风险，将人员、财产等各种可能的危害降到最低。

1. 教育制度

环境健康安全教育的目的就是提高全体施工人员的安全素质，使其具有良好的安全意识、全面的安全知识、熟练的安全操作技能、强烈的自我保护意识（表 7.4）。

表 7.4 施工安全教育

教育内容	安全思想意识教育	通过教育，清除职工头脑中不正确的安全思想观念，树立安全意识
	劳动纪律教育	使全体职工懂得严格执行劳动纪律对安全的重要性，加强劳动纪律教育
	安全知识教育	包括一般生产技术知识、一般安全常识、专业安全技术知识的教育
	专业安全技术教育	对某一工种的岗位职工，必须进行专业安全知识教育
	安全技能教育	对职工进行安全操作技能、安全防护技能、安全避险技能、安全救护技能、安全急救技能等知识的教育
	事故案例教育	对一些典型事故，通过总结经验教训，告知预防事故发生时采取的必要措施，教育职工引以为戒，不重蹈覆辙
教育形式	会议形式	如安全知识讲座、座谈会、报告会、先进经验交谈会、事故教训现场会、展览会、知识竞赛等
	报刊形式	如订阅安全生产方面的书报杂志，自编自印安全刊物及安全宣传小册子等
	张挂形式	如安全宣传横幅、标语、图片、黑板报等
	固定场所展示形式	如劳动保护教育室、安全生产展览室等
	现场观摩演示形式	如安全操作方法、消防演习、触电急救方法演示等
三级安全教育	入场教育	新工人入场后，由项目部综合部负责，安全部安监人员讲解党和国家有关安全生产方针、政策、法令、法规及水电施工建设的有关安全规章制度。讲解劳动保护的意义、任务和安全生产有关的要求。介绍本企业安全生产情况、企业施工特点、机械设备状况（机械性能、作用、注意事项）和生产危险要害部位。介绍一般安全生产防护知识、用电、起重、架设等其他作业常识。 由于施工队生产特点、作业内容不同，在进行安全教育时，要结合各施工队具体生产特点进行教育。重点讲解本施工队生产特点、性质、生产方式、人员组成，安全活动情况和作业中对安全生产的要求，施工队关于安全生产的规章制度、劳动防护用品的穿戴和维护保养，生产作业中常见的事故原因和采取的避险措施以及文明施工、安全生产经验，还要讲解施工队的施工任务及消防、用电安全知识等
	岗位教育	着重讲解：第一，本班组安全生产概况、工作性质及职责范围；第二，新入场工人和新换岗工人要从事的生产作业性质、必要的安全知识以及班组岗位所使用的各种机具设备及其他安全防护措施的性能和作用、岗位的安全操作规程、规章制度等；第三，本岗位安全技能训练；第四，作业场地具体地点、环境保护、清洁卫生、防火安全知识；第五，容易发生事故或有毒有害危险区域；第六，个人安全防护用品用具的穿戴和保管使用方法。 教育方法：一般采用“以老带新”或“师徒包教包学”，“订立包教合同”使新工人按规定掌握生产技术知识，熟悉作业环境，掌握安全操作技能
	复工安全教育	职工因某种原因休假，休假期间可能因各种因素造成情绪上的波动、身体的疲乏、思想麻痹、精力分散，复工返岗后容易因意志失控或情绪不稳定而产生不安全行为，要针对休假的类别进行复工教育
特种作业安全技术教育	特种作业，是指对操作者本人，尤其对他人及周围设施的安全有重大危害的作业，如电气、锅炉、起重、压力容器、焊接、爆破、厂内机动车、卷扬、登高架设等。对于特种作业人员的培训教育必须经过专门的培训和教育，经过地方劳动部门培训教育考核合格后，获得安全操作许可证者方可上岗作业。对特种作业人员的复训，一般两年一次，复审不合格者必须重新参加培训考试，否则一律不安排其上岗从事特种作业	

2. 技术管理制度

安全技术包括限控技术、防护技术、保险技术、排险救助技术（应急措施）。

（1）工程技术部门、安环部门应根据有关规定，结合工程的实际情况，编制《环境健康安全计划》，按规定程序审批，并对全体施工人员交底。

（2）编制各种施工技术措施时，必须有环境健康安全的控制措施。重点和危险的施工部位、工序应编制专门的安全技术方案，并加强对施工人员的安全技术交底。

3. 检查制度

依据施工特点，具体的检查内容包括查思想、查制度、查措施、查安全教育培训、查现场、查隐患等（表 7.5）。

表 7.5　检查内容

查思想	检查各级领导和全体职工，是否以党和国家安全生产方针、政策、法规、规章制度为依据，领导是否把安全生产纳入工作议事日程，是否认真贯彻落实安全生产责任制度。各个职能部门是否执行各项制度，是否真正做到了齐抓共管。工人是否认真执行了各项管理制度和安全操作规程，是否有违章和违反劳动纪律现象发生
查制度	检查各施工队安全生产规章制度是否健全，是否按项目部要求建立健全了安全组织机构，各级人员安全生产职责，特种作业人员管理制度，违章、违纪及安全奖惩制度，安全检查及隐患整改制度，班组、个人防护用品保管制度，是否制订了各种安全技术操作规程
查措施	检查各施工队是否编制安全技术措施、计划和施工方案；措施和计划是否有针对性；是否认真执行了安全技术交底；是否有隐瞒事故的行为；对生产过程中发生的障碍、未遂事故是否及时报告并采取了防范措施
查安全教育培训	对新入场的工人是否做好安全教育和岗位培训；从事特种作业的人员是否持证上岗；现场各类宣传标志、警示牌是否按规定放置到有效、醒目区域等
查现场、查隐患	从施工现场开始，检查车辆运输道路情况；检查各种保险装置；检查所用各种起重设施的制动装置、信号、通信设施的可靠灵敏度；检查个人安全防护用品的使用情况；检查各种可能发生事故的各类事故隐患。在检查过程中对于查出的各类事故隐患逐项做好文字记录，能当场解决处理的，立即处理；当场解决不了的，现场做好警示标志，然后立刻形成检查纪要或发隐患整改通知，限定处理时间，落实到单位和负责人进行处理

4. 奖惩制度

安全生产奖惩制度所遵循的原则是“以责论处”和重奖重罚，制定的制度合理、合法。在奖惩时要分级管理，实行一级管一级，下级对上级负责。

（1）对于认真履行安全生产责任，遵守安全操作规程、规章制度，对能在避免生产过程中发生事故的有功集体和个人，奖励方式可分为表扬、记功、发奖金、增加工资。

（2）对于忽视安全生产、不认真履行安全工作职责，工作失职、渎职或严重违反规章制度、盲目施工、野蛮施工、违章指挥、违章作业、违反劳动纪律造成事故的集体和个人都将给予惩罚，处罚办法可分为：行政处罚包括警告、记过、记大过、降级、撤职，留用察看、开除、下岗、解除劳动合同。

通过落实安全奖惩制度来不断增加安全监察的约束力，安全工作一票否决，从根本上重视安全工作。

5. 层层签订安全生产责任书制度

采用安全生产责任书来督促各施工队加强安全管理，控制班组生产事故的发生、未遂和其他事故，是一项成熟有效的方法。项目部安全生产第一责任人同下属各施工队负责安全工作责任人，按考核内容要求，签订安全生产责任书，明确责、权、利的关系。各施工队安全责任人再同下属各作业班组签订安全责任书。这样层层落实责任，形成一个横向到边、纵向到底的安全网络，使各级领导直至每个作业职工都充分感受到承担的责任和义务，能有效地克服只求生产进度、忽视安全工作的倾向，使全体职工进一步认识到，安全生产就是最大的经济效益。

7.5.4 安全生产实施细则

五号库项目安全生产实施细则认真贯彻落实党和国家的安全生产方针和政策，在细则制订过程中，项目部始终秉承业主方的安全管理理念，施工现场严格遵守安全生产实施细则，从而实现“四全”管理，将施工过程中各方面的事故隐患降到最低（表 7.6）。

表 7.6 安全生产实施细则

消防保证措施	制定“防火安全管理办法”，成立义务消防队，明确划分防火区域、重点防火部位和防火安全责任，并落实到人
	加强防火工作：仓库、木工棚、材料库、生活区等临时设施四周设置消防水龙头，并配备适当数量的灭火器，掌握正确的灭火方法，清除施工中的易燃物
	规定明火作业申报程序和审批权限，动用明火、电焊等作业要报批，并设专人监护。地处林场森林，明火作业应选在安全地点，并应做到人走火灭
	现场道路保持畅通，消防栓要设明显标记，附近不准堆物，消防工具不得随意挪用
	定（随）时检查施工中安全、消防情况，发现隐患及时整改，杜绝安全事故。收集整理安全资料，并整理归档
合理使用“三宝”	进入工地现场所有人员必须戴好安全帽，并按要求系好帽带
	进入井下必须配带劳保用品，携带胶鞋、手电筒等
	高处作业必须使用安全带
	从事电、气焊等作业人员要使用面罩或护目镜。特种人员应持证上岗，并使用相应劳动保护用品
“四口”及临边安全防护措施	通道口要保持畅通无阻，在通道两侧设防护棚，防止坠物伤人
	预留洞口（或斜、溜井口），在大洞口四周设两道防护栏杆，中间挂安全网，小洞口采取钢筋网临时密封处理
	塌方区顶面等临边未封堵前，应采用临时防护措施
	在贯通爆破时，应设立双向警戒，相隔 15 m 时停止一头作业

续表

爆破器材运输管理	爆破器材必须采用专用爆破器材运输车运输，由领料员或库管员监督运输，炸药与雷管不得混运
	经公安部门认可后建立临时储存点，区域内设立监控摄像，监控摄像装置由专人负责监管
	爆破器材必须按当天使用量领取，运入现场后存放于临时储存保险柜内并加双锁，由库管员与爆破员双控
	建立严密的台账制度，每天核对账物平衡情况，发现问题及时核查或申报公安部门协助处理
机械设备安全使用管理	所有机械设备均应专人操作，实行定人、定机、持证上岗制度，严禁无证违章操作，非机电人员不准动用机电设备
	机械工应定期对机械设备进行检查、维修和保养，检查机械设备、工具和安全装置状况，发现问题及时解决，使之始终保持完好状态
	空压机、装载机、混凝土机械及运输车辆等机电设备及电线、电缆应随时检查，有老化、破损的电线、电缆应及时更换
	电线架设高度室外最低不得小于 4 m，室内距地面不低于 2.5 m。生活照明线路架设和灯具安装统一由电工操作，对照明和插座分线严禁乱拉线安装，不得在照明线路上使用大功率电器。井下照明使用低压变压器线路照明
	现场必须使用安全配电箱，垂直运输机械必须设断电保护装置
	电焊、氧割等设备应严格按有关操作规程操作
安全用电措施	掌握安全用电基本知识和所用设备的性能；用电符合《施工现场临时用电安全技术规范》（JGJ46—2005）
	现场用电采用三相五线制，TN-S 系统各机电设备均需接地保护。移动照明用电采用三线制，电线按标准要求分色
	配电箱、开关箱应按要求设置在干燥、通风和不易被撞击的地方，如必须在室外，还需采取防雨措施，施工用电线路应设触电保护装置
	电线架设高度室外最低不得小于 4 m，室内距地面不低于 2.5 m。生活照明线路架设和灯具安装统一由电工操作，对照明和插座分线严禁乱拉线安装，不得在照明线路上使用大功率电器。井下照明使用低压变压器线路照明
	现场必须使用安全配电箱，垂直运输机械必须设断电保护装置
	电焊、氧割等设备应严格按有关操作规程操作

7.6　文明施工管理

7.6.1　文明施工管理体系

文明施工是企业整体实力和综合管理水平的反映，德兴项目部为树立良好企业形象和社会信誉，要求施工单位务必做好现场的文明施工管理工作。

对此，五号库项目施工现场建立健全文明施工管理体系，成立以项目经理为首的文明施工领导小组，小组成员明确分工，各司其职，各尽其责，并配备专（兼）职管理人员，监督检查文明施工工作（图 7.10）。

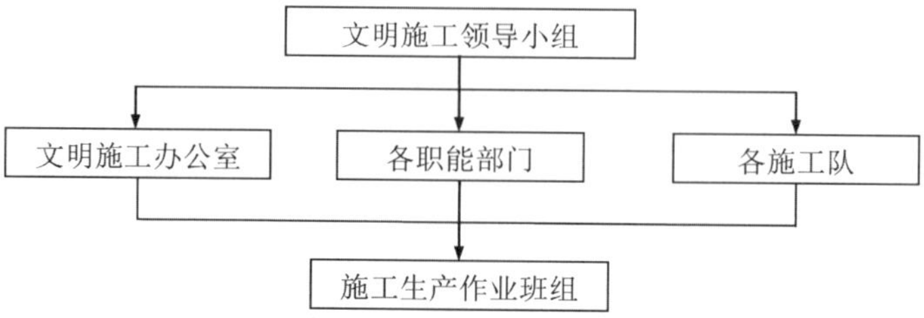

图 7.10　文明施工管理体系

7.6.2　文明施工管理制度

依照有关文明施工管理的规定，项目部结合业主方要求，制定了具体的考核办法，落实文明施工管理制度。

（1）把检查项目分解到人，实行分片包干制度，规定职责范围；

（2）定期检查考核，把场容管理与职工收益有机地结合。场容管理活动有专用记录簿，记载计划、议事、考核、问题等，由专人负责管理。

7.6.3　施工现场文明施工措施

根据国家、有关部委、江西省和德兴市有关文明施工的规定，为创建良好的施工环境和施工秩序，促进安全生产，保证工程质量，提高施工管理水平，在业主方的监督下，项目部积极响应文明施工的号召，做好文明施工。

1. 技术管理

单位工程施工前编制的施工组织设计，要有明确的施工平面图，规定大宗原材料、成品、半成品及设备的存放位置，周转材料的临时堆放位置；规定消防器材的配备；规定垃圾、杂物临时堆放点。

2. 工地出入管理

施工现场采取“封闭式”管理，施工现场入口处，设置门卫，严禁非施工人员进入施工现场；进入施工现场的人员应戴安全帽，衣着整洁，禁止穿拖鞋、高跟鞋、短裤、背心进入施工现场，应佩戴好工作牌上岗；车辆进入施工现场，必须清洁干净，现场要有管理，禁止乱停乱放；材料、机械设备出入施工现场，要有专用出入施工场地证明单等。

3. 施工现场管理

（1）服从业主、监理对现场文明施工的管理，严格按照审批的施工总平面图进行各种临建设施的布置，并划分文明施工责任区，分片负责，明确责任人。

（2）经常对职工加强思想教育，提高职工的社会公德及社会秩序观念，加强治安管理。遵守政府的各项法令和规章制度，特别是交通、安全、卫生、消防、文物保护及环境保护等方面的法令和规章制度，使每一名员工都了解自身行为与企业形象的关系，并使之贯彻于每一项工作中。

（3）制定文明施工工地规则，建立健全各项规章制度并严格执行。有关安全管理职责、制度、规定等应公示。

（4）成立现场管理监督小组，设立专职施工总平面管理员，业务上与招标单位的施工总平面管理人员对接，并接受指导，服从招标单位统一管理。项目经理部每周检查现场文明施工情况，对场容、场貌、现场管理、现场标识、消防进行综合考评，奖优罚劣。单位工程负责人对主管的工号每天于班前进行安排，下午下班前进行检查，督促施工人员整改不合格项目。

（5）工程技术部、安全环保站经常检查总平面及施工区域安全文明设施是否按要求设置，对未达到要求的必须重新设置。综合部定期组织文明施工大检查，并积极开展创文明班组竞赛活动，以促进现场文明规范化和制度化。

4. 现场围护

在施工现场周围采用钢管脚手架搭设栏杆维护，上刷红白油漆标志。模板、脚手架的搭设按施工方案进行，做到横平竖直、整齐划一。上部结构施工期间，应进行全封闭作业。

5. 现场标志

严格按单位工程施工组织设计进行平面布置，在明显位置挂尺寸统一、外形美观的工程概况标牌、施工进度标牌、现场文明施工制度标牌、防火安全保卫标牌和施工平面布置图。标牌要求做到醒目、平整、垂直。

6. 物料管理

（1）水泥具有时效性，应在库内保管，短期露天存放应具备盖垫措施，做到防雨、防潮，对水泥品种、规格分别堆放，破袋落地的水泥灰要及时装袋，保持库内整洁、干燥，并坚持先进先出。

（2）钢筋、型材存放应按品种规格、长短分别堆放，下垫上盖，挂牌标记。

（3）半成品要分类，按品种、规格、型号堆放，要挂牌标记，建明细台账，专人负责管理。

（4）砖、砂、石灰按进度计划进厂，堆放位置合理、整齐。

（5）钢管、模板等周转材料按规格、型号、长短堆放整齐，不准用模板垫路。

7. 用电管理

严格按照施工总平面布置图的要求统一接线，单位工程施工组织设计中，要有临时用电设计，绘制电源进线，配电箱位置、线路走向图。严禁任意拉线、接线，对用电线路定期检查。

8. 道路管理

采取一切合理的手段，防止与现场连接或通往现场的道路和桥梁受到损坏。尤其应当选定运输线路、选择和使用运输工具、限制和分配运载重量。在施工、完工及保修过程中，所必需的一切操作均不应占用公用道路或私人道路。

9. 现场排水

现场采用有组织排水，施工场地应根据具体情况修筑临时排水沟，配备必要的排水机具，并与招标单位修建的排水主管网接通，保证场地无积水。排水沟、沉淀池应定期清理。

10. 环境卫生管理

遵守国家有关现场的法律规定，以创造一个良好的工作环境为目标，采取切实可行的措施，控制施工现场的各种粉尘、废气、废水、固态废弃物及噪声、振动对现场的污染和危害。

近邻环境保护附加规则：明确制度，不对公众设施及私人财产造成损坏或破坏，不非法使用公用道路或私人道路；不对周围、近邻环境造成环境和噪声污染危害。

11. 安全保卫管理

施工现场设有专职保卫员，负责全场安全保卫工作。门卫人员负责出入登记，夜间有巡逻人员值班；对现场职工有详细的身份证登记和管理措施；对违章、违纪人员有妥善的处理记录。

12. 成品保护

制订成品保护作业指导书，对已完成的不需交叉施工的工程，进行封闭、隔离，防止物品丢失、损坏，对易损坏的分项制定严格保护措施。

7.7　小　结

五号库是四号尾矿库的接替工程，能否在四号库库容饱和前竣工并投入使用，关系到德兴铜矿未来的生产运营。通过分析五号库项目建设的难点和重点，充分考虑项目建设时间的紧迫性和建设质量的高要求性等特点，德兴项目部自始至终对五号库工程施工过程中的进度、投资和质量安全管理给予高度重视，以全面的计划安排、科学的管理流程和细致的管控措施，保证每项工作能够有序稳步地推进，确保五号库工程能够优质按时地投入使用。

1. 重视动态管理思想

五号库项目建设区土地面积广、森林茂密，涉及较多村庄的土地、房屋征迁问题，还有如经济林、农作物、坟地以及通信、电力等设施问题。由于部分房屋无法及时拆除，因此施工过程中时常会有阻工事件发生，导致工程进度推进缓慢，与原施工进度计划脱节严重。为此，德兴项目部充分重视动态管理的思想，积极发挥主观能动性，根据建设区实际征迁情况，适当调整施工先后顺序，对具备施工条件的区域优先施工，尽可能避免重要时间节点的滞后。德兴项目部就征地拆迁问题与德兴市政府及两大权属单位随时保持联系，通过及时掌握建设地征地拆迁的最新进展，从整体上考虑施工进度计划与征地拆迁进度计划的相互适应性，急需施工的地方最先征迁，完成征迁的区域最先施工，以保证五号库项目的整体施工进度（图7.11）。

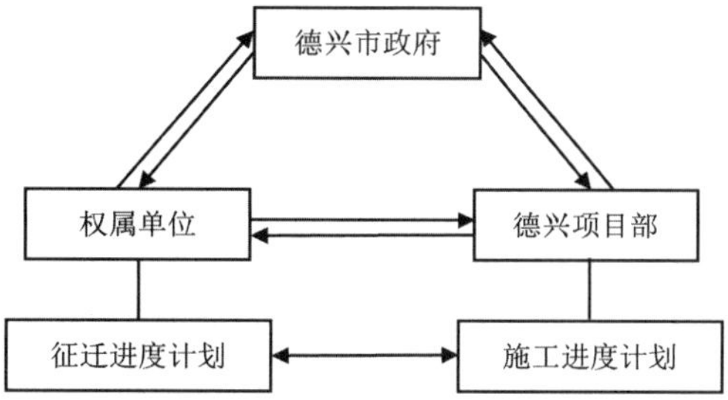

图 7.11　进度沟通与协调方式

2. 完善的进度计划系统

在施工进度计划的管理上，采用四级管理，在满足项目总进度纲要里程碑事件进度目标不变的前提下，分级制定详细的总进度计划管理、阶段性进度计划管理、月进度计划管理和周进度计划管理，并以周计划作为实施性计划，在确保周计划按时完成的前提下，保证月计划，完成阶段性计划，直至总进度计划的实现（图 7.12）。

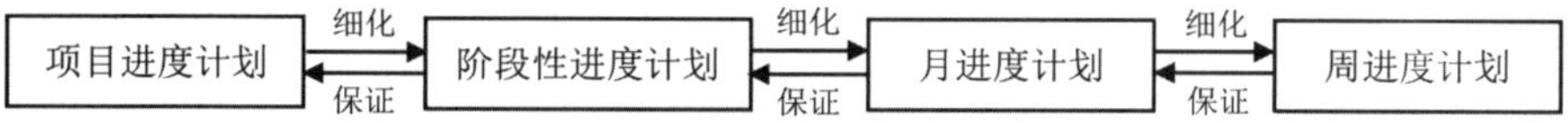

图 7.12　四级进度计划管理系统

3. 详尽的工期保证及补救措施

德兴项目部号召施工单位，为五号库项目施工进度制定详尽的工期保证措施和补救措施，两项措施分别从主动控制和被动控制两方面确保了施工进度计划的实现。项目部领导重视进度管理的事前控制工作，通过收集各类可靠信息，对可能发生的进度偏差，运用组织、管理、经济、技术等手段，确保项目进度计划不发生偏离。

例如在雨季施工的问题上，项目部通过调整施工作业时间，为五号库项目按时完工争取了宝贵的时间。德兴经理部采取非常有力的措施，无论是业主方、施工单位还是监理部门，都树立了“信心比黄金”更重要的信念，提出了“雨天想着晴天事，晴天抢抓雨天活，大雨小干，小雨大干，晴天当成两天用”的观点。主要管理人员人手一份天气预报表，拿在手上，放在心里，把极端天气的影响化解到最小，把握住每一分可用的时间以保证进度目标的实现。

4. 建立健全质量管理体系

为健全五号库项目质量管理体系，德兴项目部要求施工单位成立专职质量管理机构，并配备专职检查人员，班组有不脱产的质量管理员。“同时，各级各部门都按各自分工，明确相应的质量职责，形成一个横向到边、纵向到底的完整的质量管理组织系统。”[2]

在完善质量管理组织系统的过程中，项目部按照客观要求，分类归纳各级各部门在质量管理上所做的工作，将管理办法定成规章制度，“同时，把管理业务处理过程所经过的各个环节、各管理岗位、先后工作步骤等，制定成管理程序，实现质量管理业务标准化和流程程序化。”[2]

对于五号库项目而言，德兴项目部建立起一个高效的质量信息反馈系统是十分必要的，项目部通过收集企业外部信息，严格选择勘察设计单位、施工单位、材料和设备供应商等，确保采购到优质的工程服务。对企业内部而言，特别是在施工管理过程中，项目部通过收集现场各类材料及构配件检测、工序控制、质量检测的数据，及时传递质量信息并进行分析，对发现的任何问题及时督促施工单位整改，确保项目建设质量。

5. 质量管理遵循 PDCA 循环

PDCA 循环包括四个阶段，即计划（P）、实施（D）、检查（C）和处理（A）(图 7.13）。运用 PDCA 管理，德兴项目部要求施工单位分析施工过程中可能出现的质量问题，制定详细的质量管理制度，并依据制定的质量控制措施，组织各方力量在施工过程中贯彻执行，根据阶段性检查的结果，探索质量管理中存在的问题并进行总结，以防止类似问题的再次发生。

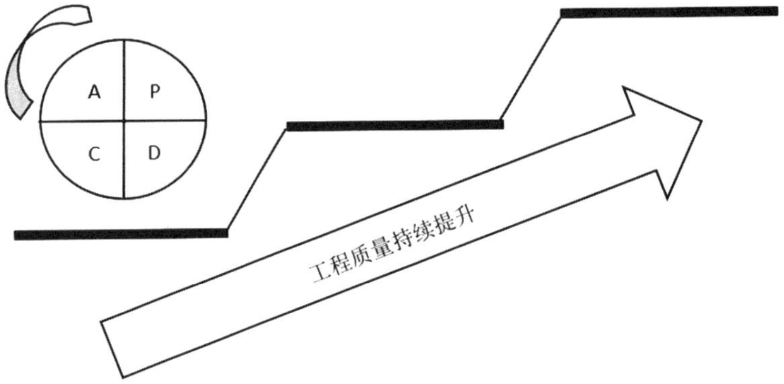

图 7.13 质量管理的 PDCA 循环

“项目部质量管理活动的全部过程就是反复按照 PDCA 循环不停地、周而复始地运转，每完成一次循环，解决一定质量问题，质量水平就提高一步，管理循环不停地运转，质量水平也就随之不断提高，最终实现优质工程的目标。”[2]

同时，德兴项目部在会上强调质量检查和质量控制的重要性，作为质量管理的重要环节，消耗着大量的人力、物力和财力资源，因此，质量控制环节的投入资源不是越多越好，而应使投入和取得的控制效果达到合理的状态，这就要求在控制活动中应降低各种资源的消耗，提高控制效果，实行有选择的控制，精心选择合理的质量控制时点和方式。

五号库项目对项目建设质量提出了极高的要求，但由于项目工期紧张，资金有限，不可能在质量控制环节无限制地投入资源。因此，在施工管理过程中，德兴项目部善于抓住活动过程中的关键点和重点进行局部的、重点的控制，重视过程质量检验，通过质量自检和互检、工序交接检查等具体形式，以较小的额外资源消耗保证不同阶段的工程建设质量处于有效控制范围。

6. 良好的安全和环保意识

尾矿库项目作为一个具有高势能的人造泥石流危险源，在安全环保的管控上来不得半点马虎与纰漏。在五号库建设过程中，德兴项目部始终坚持“安全第一、环保优先、质量先行”的原则，依法依规抓项目。为实现安全、环保目标全过程的管控，项目部要求施工单位在施工现场的每一个子项建设，都必须做到“先安全后施工、不安全不施工”，将安全生产工作贯穿工程建设领域的全方位和全过程。在项目推进的关键时期，德兴项目部抽调了专职的安全管理人员，坚持24小时现场监管，通过加大安全检查和考核力度，强化施工现场安全监管，落实安全防护措施，实现项目管理安全的全过程管控。

针对现场施工队伍人员复杂，素质参差不齐，安全管理难度大这一普遍现象，施工单位依据德兴项目部制定的“安全工作始终坚持从零开始”这一根本原则，注重源头防范，杜绝事故苗头。通过加强委托在外施工队伍的安全管理，严格审查相关安全资质，特别是加强务工人员安全教育培训力度等一系列安全措施，做到小事不放过，大事不发生，以天保周，以周保月，确保建设过程中没有重大安全事故的发生。

7. 高水准企业管理水平

五号库项目多处于原始森林中，场地平整涉及林木砍伐，施工环境恶劣，同时，五号库项目施工难度也非同一般。例如在隧洞掘进过程中，由于地理条件的限制，必须进行长距离隧洞独头掘进，工序活动条件的质量难以得到控制，场地布置和现场管理难度较大，施工技术复杂性和客观条件复杂性都对业主方的现场综合管控能力提出了较高的要求。

在如此有限的工序活动条件下，施工单位在德兴项目部的引导和监督下，通过科学地组织施工现场活动，按规范化、标准化施工程序，始终以较高的要求，保持有序的现场施工环境和秩序。在保证工序活动效果的质量不受影响的同时，充分重视施工现场的场容管理工作。从物料、设备、消防、废材等方面开展文明施工管理活动，并制定了相应的文明施工管理标准。

五号库项目良好的现场文明施工管理是企业综合管理能力和素质的重要体现，健全的管理标准是企业结合国家规范、行业标准和施工现场管理经验长期总结形成的，展现出德兴铜矿应有的企业形象。这在改善施工现场环境的同时，也间接提高了施工活动的完成质量，降低了发生安全生产事故的可能，激励员工以更加饱满的精神投入工作。

第 8 章　德兴铜矿五号尾矿库项目的运营策划

8.1　运营管理方案策划

8.1.1　安全生产管理机构

德兴铜矿及下属二级生产单位均成立了安全生产委员会，德兴铜矿设置了专职安全生产管理机构安全防尘部，下属二级单位成立了安全环保科。二级生产单位及车间设置安全员，生产工段和班组设置了兼职安全员。

目前在用的二号和四号尾矿库的尾矿设施除四号尾矿库大山选矿厂尾矿回水系统归大山选矿厂管理外，其余都归德兴铜矿精尾综合厂管理。五号库工程投入运行后，其回水系统归大山选矿厂管理，其余的尾矿设施归精尾综合厂管理，上述两个二级厂，结合四号尾矿库生产工段的设置情况，设置五号库的生产工段（图 8.1）。

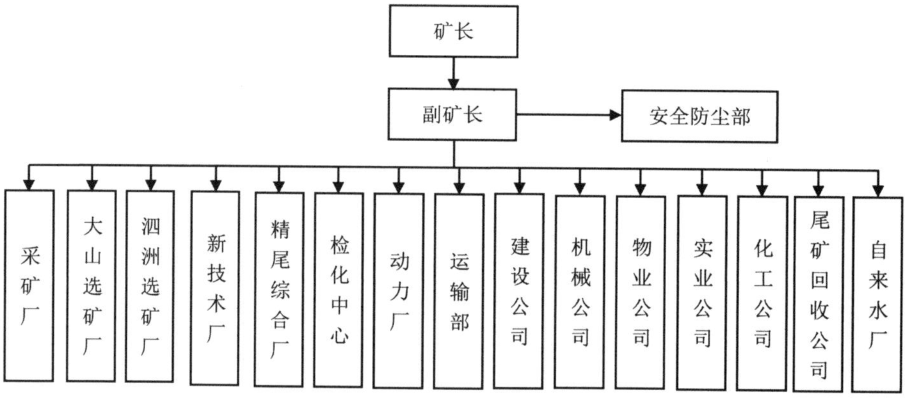

图 8.1　安全生产组织管理机构

德兴铜矿已制定一套系统的安全生产制度，并汇编成册、定期修订，包括各级人员、各部门的安全生产责任制、矿山安全管理规定、安全生产检查制度、尾矿库管理等各项安全管理规章制度。根据矿山各生产环节的工艺、设备、环境条例，德兴铜矿制定了各工种安全技术操作规程，对关键任务、关键设备还编制了作业指导书。

矿山主要负责人是矿山安全生产的第一责任人，对安全生产工作全面负责，必须接受政府安全生产管理部门组织的企业安全生产管理知识培训，具有领导安全生产和处理矿山事故的能力，并取得合格证书，持证上岗。

矿山设有安全防尘部，作为安全生产管理机构，设有不少于 3 名专职安全生产管理人员，专门负责企业的安全生产和职业卫生监督管理。各车间配有一定数量的兼职安全生产管理人员，负责各车间安全生产和劳动卫生管理工作，外包工程安全生产依法管理和监督，确保每班有专职安全检查人员。

8.1.2　培训与工作制度

五号库为尾矿处置设施的续建项目，矿山现有完整、齐全的职工培训计划。尾矿库是矿山重大的危险源，尾矿库的安全生产对矿山的安全至关重要。对于生产一线职工，德兴铜矿重视安全生产及操作规程的培训，职工熟练掌握各种设备的操作流程以及不同岗位、不同工种的安全知识，避免生产事故的发生，确保生产的高效稳定；对于管理人员，培训重点放在提高其管理水平，以保证其能够顺利处理生产管理中出现的问题，保障尾矿库的安全运行。

根据生产需要，尾矿设施各工段主要生产岗位采用连续工作制，年工作日为 330 天，即全年除了设备必要的检修天数外，其余时间均进行生产，节假日也不休息。每天 3 班，每班工作 8 小时。管理及技术、服务人员采用间断工作制，年工作 250 天，每天一班，每班 8 小时。

8.1.3　劳动定员

五号库运营阶段劳动定员的编制包括本次设计需要的岗位人员，并考虑轮休人员。本项目一期工程设计需要新增劳动定员为 103 人，二期工程增加定员 8 人，三期工程各增加定员 16 人，四期工程增加定员 8 人，项目总计劳动定员为 135 人（表 8.1）。

表 8.1　劳动定员综合

序　号	岗位名称	作业班次			合　计	轮休人员 / 人	在册人员 / 人
		1	2	3			
一	一期工程	—	—	—	—	—	—
1	下游坝	—	—	—	—	—	—
1.1	尾矿分级站	2	2	2	6	2	8
1.2	渗水回收泵站	1	1	1	3	1	4
1.3	尾矿坝	4	4	4	12	4	16
1.4	管理及技术人员	—	3	—	3	—	3
1.5	司机	—	4	—	4	—	4
	小　计	7	14	7	28	7	35

续 表

序　号	岗位名称	作业班次			合　计	轮休人员 / 人	在册人员 / 人
		1	2	3			
2	上游坝	—	—	—	—	—	—
2.1	尾矿分级站	2	2	2	6	2	8
2.2	渗水回收泵站	1	1	1	3	1	4
2.3	尾矿坝	4	4	4	12	4	16
2.4	管理及技术人员	—	3	—	3	—	3
2.5	司机	—	4	—	4	—	4
	小计	7	14	7	28	7	35
3	回水泵站	—	—	—	—	—	—
3.1	浮船泵站	2	2	2	6	2	8
3.2	1# 回水泵站	1	1	1	3	1	4
3.3	2# 回水泵站	1	1	1	3	1	4
3.4	3# 回水泵站	1	1	1	3	1	4
3.5	4# 回水泵站	1	1	1	3	1	4
3.6	管理及技术人员	—	3	—	3	—	3
	小计	5	8	5	18	5	23
4	巡检、维修人员	—	6	—	6	—	6
	一期工程合计	20	43	20	83	20	103
二	二期工程	—	—	—	—	—	—
	下游泗洲选矿厂尾矿分级站	2	2	2	6	2	8
三	三期工程	—	—	—	—	—	—
	下游大山尾矿泵站	2	2	2	6	2	8
	上游大山尾矿泵站	2	2	2	6	2	8
	三期工程新增合计	4	4	4	12	4	16
四	四期工程	—	—	—	—	—	—
	下游泗洲尾矿泵站	2	2	2	6	2	8
	项目总计	28	51	28	107	28	135

8.1.4　运营及维护费用

德兴铜矿在尾矿库安全设施方面投资费用合计 69 933 万元，占项目建设总投资的比例为 21.6%，占工程费用的 53.5%（表 8.2）。在生产过程中，对安全设施的维护、更新，安全生产教育、培训及劳动保护等方面，德兴铜矿每年根据安全生产和管理变化的要求，投入相应的费用，使安全管理工作和措施落到实处。

表 8.2　安全设施分项投资

序　号	工程、设备费用名称	投资费用 / 万元	投资说明
1	尾矿坝	24 255	初期坝、截渗坝、排渗垫层、拦砂坝、坝区截洪沟
2	排洪设施	21 784	库区和上游排洪设施
3	库区道路	19 723	
4	管理站	224	上、下游尾矿库管理站
5	库区照明	247	
6	监控、报警及通信设施	1 887	尾矿库安全监测、安防、通信等
7	其他	1 813	安全生产教育及培训、安全卫生保健设施、矿山救护设施
	合　计	69 933	

8.1.5　任务组成

尾矿库建设是一项系统工程，从项目全生命周期的角度考虑，尾矿库运营管理阶段也是关键的一部分。项目团队的运营管理水平将直接影响尾矿库的生产安全，并且尾矿设施的运行成本也较高，有些矿山尾矿设施运行成本占选矿厂生产成本的 30% 以上。因此，为更好地开展五号库的运营管理工作，德兴铜矿分析了该阶段的主要工作，从在线监测、矿方管理和专项方案三个方面，对五号库运营管理进行了全面的规划，保证五号库工程能够安全有序地投入使用（图 8.2）。

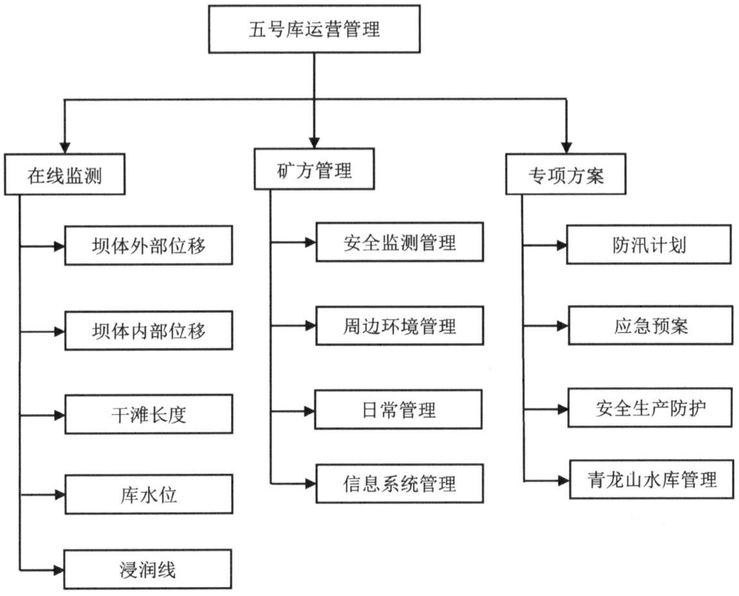

图 8.2　五号库运营管理的主要工作

8.2 环境监测方案策划

8.2.1 污染源监测

德兴铜矿已建有一套完善的环境管理及监测机构，现有环境管理及监测机构可以满足五号库工程的需要，该工程污染源重点监测内容为尾矿库排洪水（表 8.3）。

表 8.3 污染源重点监测内容

序　号	污染源名称	监测点位置	监测项目	监测频率
1	尾矿库排洪水	排洪出口	流量，pH，SS，Cu，Pb，Zn，Cd，As，Hg，Cr^{6+}，COD	1 次 / 月

8.2.2 环境质量监测

五号库投产后，将定期对厂区周围环境的空气质量状况、尾矿库附近地表水，以及地下水水质状况等进行监测，以掌握项目运行后对周围环境质量的影响情况（表 8.4）。

表 8.4 环境质量监测内容

监测项目	监测点位	监测项目	监测方式	监测频率
环境空气	杜村、小浮溪、石墩头	TSP，PM_{10}		4 次 / 年
地表水	浮溪口生活水源取水口、乐安河曹门村桥、乐安河镇桥附近、浮溪口附近浮溪断面	pH，SS，COD，Mo，Cu，Pb，Zn，Cd，As，Hg，Cr^{6+}	委托检测	1 次 / 月
地下水	浮溪口、石墩头、墩上、杜村附近地下水水质监测井	pH，浊度，总硬度，高猛酸价指数，氨氮，氰化物，硫酸盐，Cu，Pb，Zn，As，Hg，Cr，Cd，Ba，Ni 等		3 次 / 年
底泥	浮溪口生活水源取水口、乐安河曹门村桥、	Cu，Pb，Zn，As，Hg，Cr，Cd，Mo		1 次 / 年
噪声	场界外 1 m	厂界噪声		2 次 / 年
生态（施工及运营期）	尾矿库附近土壤	Cu，Pb，Zn，As，Hg，Cr，Cd，Mo		1 次 / 年
生态（服务期满后）	尾矿库附近土壤	Cu，Pb，Zn，As，Hg，Cr，Cd，Mo		1 次 /2 年
环境风险	尾矿坝	尾矿坝坝情巡检		2 次 / 日

8.3　安全监测方案策划

8.3.1　主要监测内容

目前，我国尾矿库数量多、分布广，许多尾矿库已运行了多年，库容量在逐渐减小，抵制自然灾害的能力不断下降，安全隐患日益增多。尾矿库的安全关系到其影响区域内人民生命财产及环境的安全，故尾矿库的安全监测意义重大。

根据《尾矿库安全监测技术规范》（AQ2030—2010）要求，尾矿库上应安装在线监测系统。目前在国内，因在线监测系统运用到中线法尾矿堆积坝的工程经验不够丰富，出于数据检查、验证、在线系统调试等相关需要，五号库项目设置了人工监测和在线监测两套监测系统，其中，人工监测内容含尾矿坝外部位移、浸润线、库水位，在线监测内容含尾矿坝外部位移、孔隙水压力、干滩、库水位、降水量等。在尾矿坝、库水位标尺等处设置 IP 监控摄像机，通过企业信息网络将视频信号送至尾矿库管理站。

8.3.2　在线监测系统

1. 监测内容

采用目前已投入应用且成熟可靠的技术，通过对尾矿库进行自动化的安全检测，分析坝体的结构健康状态，及时发现不正常现象并提出警示，评估结构的可靠性，为尾矿库的管理与维护等提供数据依据，尾矿库在线监测的主要内容如下：

（1）尾矿库上、下游坝坝体浸润线监测，将浸润线检测点的渗流压力监测及尾矿库水量监测二者相结合；

（2）尾矿库上、下游滩顶高程及干滩长度的监测，沿坝顶方向布置测点，结合电信专业视频监控系统进行综合监测；

（3）尾矿库上、下游坝坝体表面位移监测，对坝坡进行多点位置在线监测；

（4）尾矿库上、下游库水位监测，包括泄洪口附近水位；

（5）尾矿库的导渗渠回水流量监测、渗水回收泵站流量检测与回水泵站流量监测；

（6）气象参数监测，主要监测降雨量。

2. 监测点布置

（1）表面位移监测。该项监测配置人工监测和在线监测两套系统。在中线法筑坝方式下，随着坝体的不断升高，坝坡常年变动，因此表面位移的监测需待尾矿坝堆筑完毕后布置。根据规范要求，在最终拦砂坝和最终堆积坝坝顶各布置一排，其间每 30 ～ 60 m 高差布设一排，坝长方向间距约 200 m。经统计，上游坝沿坝轴线方向布置 4 排，共设基点 8 个，测点 16 个，下游坝沿坝轴线方向布置 5 排，共设基点 10 个，测点 22 个（图 8.3，图 8.4）。

（2）浸润线监测。该项监测配置人工监测系统，待尾矿坝堆筑完毕后布置。结合布置浸润线的测点，与坝体上表面位移。根据规范要求，布置断面不少于 3 个，每个断面上涉及最终坝顶、拦砂坝前缘等部位设置 1 个，其间每 20 ~ 40 m 高差布设 1 个。经统计，上游堆积坝平行于坝轴线布置 8 排，共设测点 30 个；下游堆积坝平行于坝轴线布置 15 排，共设测点 70 个（图 8.3，图 8.4）。

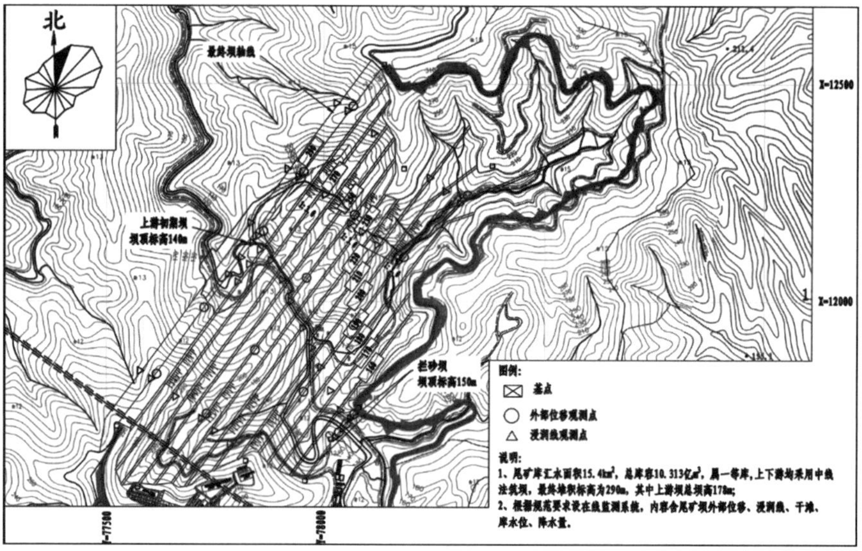

图 8.3　上游观测设施布置

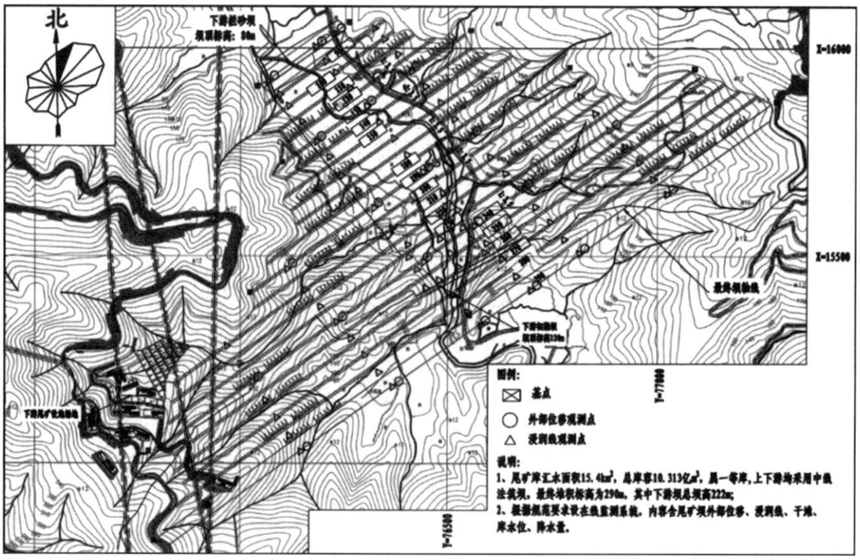

图 8.4　下游观测设施布置

（3）孔隙水压力监测。该项监测配置在线监测系统，测点在尾矿坝堆筑过程中不断加入并投入使用，以实时监测尾矿坝内部孔隙水压力，通过分析推导浸润线埋深情况。测点的平面布置与上述第二项内容（浸润线监测）一致，需与平面图上每个点位控制的垂线上每间隔 10 m 布置一个测点（图 8.3，图 8.4）。

3. 监测系统结构

尾矿库安全运行在线监测系统由监测点传感器、数据传输网络、监测管理站三层构成。通过互联网将监测管理站内信息送至大山选矿厂，由大山选矿厂送至全矿信息管理系统，为高效、科学、优化的现代化管理创造条件，三层结构具体内容如下：

（1）监测点传感器。含用于检测浸润线的渗压计、明渠流量计、库水位、干滩高程物位计、降雨量计等。

（2）数据传输网络。含数据采集模块、电缆集线箱、调制解调仪、光纤分线盒、无线信号收发装置等。本项目所用各种检测装置信号均可接入，例如光纤光栅式、振旋式、全站仪、GPS、4 ～ 20 mA 输出制仪表。

（3）监测管理站。包括数据采集设备、数据库服务器、监控站、Web 服务器、视频监控终端等。监测管理软件对采集到的实时数据和历史数据进行自动计算、智能分析，分析坝体的结构健康状态，评估结构的可靠性，对异常参数进行报警，为尾矿库的管理与维护等提供依据。

4. 监测系统功能

（1）数据自动采集：利用传感器技术、信号传输技术，从宏观、微观相结合的全方位角度，来监测影响尾矿库及坝体安全的各种关键技术指标，保证数据的实时性及有效性。

（2）现场网络通信及远程通信：实现数据传输。

（3）数据存储及处理分析、综合预警功能：记录历史、现有的数据，分析未来的走势。针对尾矿库工程运行中的各项指标集中分析，提供历史数据查询及多个安全指标数据对比的功能，依托智能的软件系统，建立分析预警模型。与短消息平台相互结合，当发生异常时，及时自动发布短消息到矿方管理人员，以便辅助企业及政府决策，提升尾矿库安全保障水平，尽快启动相应的预案，有效防范和遏制重特大事故发生。

（4）防雷及抗干扰功能。

（5）数据备份、掉电保护、自诊断、故障显示等功能。

8.3.3　运营管理系统

为满足五号库工程生产管理和对内对外通信联络的需要，德兴铜矿遵循技术先进、合理、实用性强的原则，为五号库运营阶段的数据收集、加工、传输和存储设计了一套完整的信息管理系统，通过加强信息利用的时效性、准确性和共享性原则，确保五号库项目能够在运营维护阶段全方位实现安全、有序的生产管理（图 8.5）。

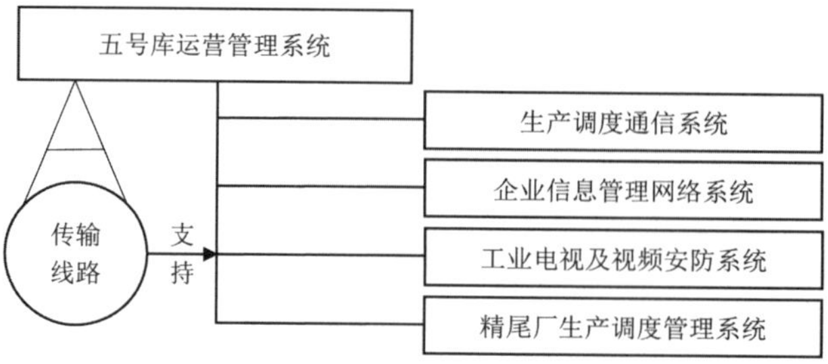

图 8.5　五号库运营管理系统

1. 生产调度通信系统

五号库工程各类泵站、尾矿工业场地管理站与铜矿相关部门的通信联络以安全可靠为原则，五号库工程生产调度通信系统能独立运行，为便于生产管理也可接入铜矿电话通信系统。

管理站、各类泵站均设置数据交换设备，各泵站设 IP 网络工业通信终端话机，其信号通过以太网络 TCP/IP 协议进行传输通信。管理站设置 IP 网络通信调度服务器、IP 网络寻呼话站及 IP 网络无线对讲基站，精尾厂生产调度中心设置 IP 网络寻呼话站，为德兴铜矿尾矿库管理的最高管理机关。采用光纤以太网传输至精尾厂的生产调度中心，通过固定电话接口器接入德兴铜矿已有电话通信系统。

五号库工作人员配备四信道无线对讲机，便于检修巡检，管理站设置 IP 网络无线对讲基站，并外接 10 dBi 全向天线，可覆盖半径 14 km 区域，各无线对讲机间可互相对讲通信，也可与各泵站 IP 网络工业通信终端进行通信，有无线通信设备能更可靠地保障生产及人员安全。为线路巡视人员配置人员卫星跟踪器，保障人员安全。为五号库工段配置一套卫星电话，保障极端天气、地质灾害发生时通信畅通。

2. 企业信息管理网络系统

在五号库管理站及各类泵站设置网络数据交换设备，并接入德兴铜矿信息管理网络系统。基于此平台，可形成企业的智能化信息管理系统，数据、视频、语音、图像和报表均可在此网络内综合、传输和管理。各网络终端计算机可通过铜矿网络与互联网连接，实现企业内部与外部的信息传递，提高工作效率。

管理站机房设千兆汇聚层网络交换机，各泵站设百兆接入层网络交换机，以千兆单模光纤连接，各 IP 网络终端按超五类布线标准实施。骨干网络以光纤或网桥进行传输。

该网络各节点的数据交换设备为生产调度通信、工业电视及视频安防监控、生产仪表自控数据等共用，划分网段以安全区隔传输通道。

3. 工业电视及视频安防系统

电视监控系统可以给企业领导及生产管理人员提供直观真实的安全生产情况，实现实时调度、指挥生产，提高安全生产保障的力度及效率，是企业管理的有力工具。

于上、下游尾矿坝，库水位标尺，各分级泵站等处设置 IP 监控摄像机，接入临近网络交换机，通过企业信息网络将视频信号送至尾矿工业场地管理站和精尾厂生产调度管理系统，并以 NVR 集中存储不少于 15 天。该 IP 监控系统为智能监控系统，其智能平台软件具有检索快速、画面分析等功能，在不明物体闯入、逆行、翻越、停留时间过长时，均能在管理站发出报警。两个管理站设置监控工作站，实时显示监控画面。于无照明区域的监控点配备辅助照明灯，改善夜间监控效果。

4. 精尾厂生产调度管理系统

该系统便于精尾厂对尾矿库的集中管理，在铜矿精尾厂设立生产调度中心，并设置生产调度管理系统，涵盖了大屏幕拼接电视墙、视频拼接服务器、网络交换机、光传输、存储服务器等设备，在此综合各相关工段、部门的语音、视频和数据。

生产调度中心设置 LCD 大屏幕拼接电视墙，两侧各 6 块 LCD 工业显示器。电视墙控制器具备多路 RGB 输入和 DVI、HDMI 输出，可显示现场工业电视、视频安防监控画面、自控系统运行数据、尾矿库在线监测图文信息。顶部设 LED 单彩屏，滚动显示库区气象信息。各气象传感器设于五号库管理站，信号通过以太网传送至管理中心显示。

中心设置 IP 网络寻呼话站，可与现场各工段管理站、泵房实时语音通信。

5. 尾矿库通信线路

通过尾矿库的通信线路，将尾矿各级泵站与管理站、精尾厂、德兴铜矿紧密地联系在一起，以便根据需要传输语音、数据和视频图像，保证指挥调度、生产运营的畅通高效。

管理站至各泵站和监控点的通信线路主要采用架空线路敷设，有供电杆路时，光缆可同杆架设。局部不宜采用线路敷设的，可采用无线网桥方式进行传输。管理站至精尾厂线路采用通信光缆架空线路敷设，并按照规范做好线路的防雷接地。

8.4　日常管理方案策划

8.4.1　基本管理要求

鉴于尾矿库运营过程中存在一定风险，德兴铜矿要求在尾矿库的运行期间应按照《尾矿设施设计规范》《尾矿库安全监督管理规定》《尾矿库安全技术规程》制订严格的管理制度，采取完善的管理措施和事故环境风险防范措施。

（1）生产经营单位编制尾矿库年度、季度作业计划，严格按照作业计划生产运行，做好记录并长期保存。

（2）尾矿库必须建立健全管理和检查制度，当尾矿库内出现险情时，必须迅速处理。处理时要有可靠的安全措施，受到威胁的作业人员和设备要撤离到安全地点。

（3）尾矿库应选派经过培训并取得上岗资质证书的专业技术人员专门负责边坡管理工作，及时清除隐患。在暴雨季节应加强对尾矿库的检查，发现尾矿库有塌滑等征兆时应采取措施，撤出人员和设备，并向尾矿库负责人报告。

（4）禁止在尾矿库范围内进行影响尾矿库安全的作业活动，如取土、工程施工、放牧等。禁止在尾矿库范围内修建影响到尾矿库安全的临时和永久性设施。

（5）库区设值班室，配备值班人员，设专用固定电话、通信设施及照明设施等。

（6）尾矿库实行24小时值班制度，并有尾矿库运营记录，值班人员巡视尾矿库必须在安全警戒线以外，确保值班人员安全。在库区周围设置安全警示标志，人员活动频繁地段应设置围栏。

（7）建立尾矿库的安全管理机构，并配备专职安全管理人员。建立健全尾矿库安全规章制度，将安全生产责任落实到具体部门及负责人员。企业确保投入足够的用于安全生产的资金，做好企业安全教育和培训工作。

8.4.2 尾矿的堆坝及排放

尾矿堆坝与尾矿排放是尾矿库建设与使用过程中最重要的环节。尾矿排放的过程也是尾矿堆坝的过程，这一工作为连续性工作，持续时间长，期间受各种因素影响和干扰比较大，它又直接关系到尾矿库的安全，为此必须做到严格管理、精心作业，必须严格按照《尾矿库安全技术规程》（AQ 2006—2005）的要求进行管理，确保尾矿排放与尾矿堆坝的质量，确保尾矿坝的安全。

8.4.3 尾矿库水的控制与浸润线控制措施

尾矿库在运营的过程中应尽可能采用低水位运行，在汛期来临之前，应尽可能利用回水系统降低库内水位，把库内所存蓄的水尽可能回到选矿厂重复利用。尾矿库运营时期应保证尾矿库的浸润线低于控制浸润线。由于尾矿坝采用中线式尾矿筑坝法，坝区浸润线很低，对于此种坝型在生产过程中，浸润线控制较为容易，但也应该注意堆坝区两侧沟谷局部浸润线是否过高。一旦发现，应在沟谷处增加指状盲沟的设置。

8.4.4 尾矿库监测设备管理

（1）建立仪器、仪表档案。档案内容包括名称、生产厂家、出厂号码、规格、型号、附件名称及数量、合格证书、使用说明书、出厂率定资料、购置日期、单位使用编号、使用日期、使用人员、发生故障、损伤及维修等。

（2）仪器、仪表在运输和使用过程中，必须轻拿轻放，确保平稳放置，不受挤压、撞击或剧烈颠簸振动。使用时应严格依照厂家提供的使用说明和注意事项。

（3）除埋设在尾矿坝内部的仪器外，各项仪器、仪表均应放置在通风、干燥、平稳、牢固的地方，应注意防尘、防潮。

（4）各项仪器、仪表定期保养、率定、校正。用电仪表应定期通电检验。

（5）仪器、仪表使用后，应进行保养、维护。入水监测的仪具，必须擦净晾干，并涂上必要的防护油。

（6）监测中发现异常测量值时，在进行复测前，应检查仪器、仪表是否正常，使用方法是否得当。

（7）设置在现场的所有监测设备、设施，都应在适当位置明显标出编号，并应经常或定期进行检查、维护。如有破损，应及时修复。

（8）所有基点和监测点，都应有考证表，并绘制总体布置图。水准基点应定期校测。当附近发生地震时，应重新进行引测校核。表面基点和测点，都应有相应的保护罩；在工作基点处宜修建监测室。

（9）电传监测设备，应定期检查接线是否坚固，电触点是否灵敏，是否有断线、漏电现象，防雷设施是否正常，接地电阻是否合格，电缆是否有浸水、老化、损坏。及时修复改善，必要时更换新件。对传输电缆应作特殊保护。

（10）及时清除影响测量值的障碍物。量水堰应及时清洗堰板，并清除上、下游水槽内的水草、杂物；当测压管淤积厚度超过透水段长度的 1/3 时，应进行清淤。

（11）现场自动监测设施，应保持各种仪器设备正常运转的工作条件和环境。

（12）在工程除险加固或改扩建中对应保留的监测设备，在工程维修施工中对表面监测设备及设施，均应妥善加以保护，保证监测工作能够正常进行。

8.4.5　筑坝设备及人员管理

（1）生产企业针对尾矿坝堆筑制定详细的安全生产规章制度，进入堆坝现场的设备及人员必须遵守安全生产规章制度。

（2）所有机械设备进场后，必须由设备负责人会同安全员和使用机械的人员共同对该机械设备进行进场验收工作，经验收发现安全防护装置不齐全的或有其他故障的，应退回设备保障部门进行维修和安装。

（3）使用前要对设备使用人员进行必要的安全技术交底和教育工作，使用人员必须严格执行交底内容及最新操作规程操作。使用中应经常对设备进行维修保养。

（4）各种机械设备必须专人专机，凡属特种设备，其操作负责人要按规定每周对施工现场的所有机械设备进行检查，发现问题及隐患及时解决处理，确保机械设备完好，防止机械伤害事故的发生。

（5）进入施工区内，必须戴安全帽，机械操作工必须戴压发式防护帽。

（6）严禁操作前喝酒，禁止现场内打赤脚、穿拖鞋、高跟鞋、喇叭裤。

（7）非有关操作人员禁止从事该岗位的工作。

（8）未经企业负责人批准，不准任意拆除或移动安全设施及安全标志、安全警示牌。

（9）不准带小孩进入堆坝现场，不准在堆坝现场打闹。

（10）现场施工人员须戴防尘口罩。

8.5 专项管理方案策划

8.5.1 防汛管理

尾矿坝的险情常在汛期发生，而重大险情又多在暴雨时发生。汛期的尾矿库处于高水位工作状态，调洪库容有所减少，如遇到特大暴雨存在洪水漫顶的潜在威胁。同时，浸润线的位置处于高位，坝体饱和区扩大，可使坝体的稳定性降低。因此，做好汛期尾矿坝抢险工作对于确保尾矿库的安全运行至关重要。

首先，应根据气象预报和库情，制订各种抢险措施及确保下游安全的计划和预案，从思想、组织、物资、交通、联络、报警信号等各个方面做好抢险准备工作。其次，每年汛前应根据当前尾矿库的使用情况，做好尾矿库的排洪和调洪能力预测、制订预案。最后，应加强汛期巡检，及早发现险情，及时采取抢护措施。

尾矿坝多为散粒结构，如果洪水漫顶就会迅速冲出决口，造成溃坝事故。当排水设施已全部使用，水位仍然继续上升，根据水情预报可能出现险情时，应抢筑子坝，增加挡水高度。在堤坝不宽、土质较差的情况下，可用土袋抢筑子堤。当出现超过设计标准的特大洪水时，应在抢筑子堤的同时，报请上级批准，采取非常措施加强排洪，降低库水位。

8.5.2 应急管理

在尾矿库的生产运行过程中，难免会出现一些异常和事故，对这些问题，必要时首先应采取应急措施，分析事故原因，确定处理措施（表 8.5）。

为了抑制事故蔓延扩大，减少人员伤亡和财产损失，规范安全生产事故的应急管理和应急响应程序，明确职责，积极有效地实施应急救援工作，提高矿山防御重、特大事故的能力，及时消除、消减、控制事故（事件）所带来的人身伤亡、财产损失，维护广大职工群众的生命安全，矿山依据《中华人民共和国安全生产法》《中华人民共和国矿山安全法》《中华人民共和国突发事件应对法》等法律法规的要求，结合矿山生产实际，成立矿山应急管理机构，设立应急指挥中心和应急办公室，并按照“以人为本，安全第一；统一领导、层层负责；预防为主、平战结合；采集信息、科学决策”的工作原则，尽快制定矿山应急救援预案。预案体系包括综合预案、专项预案和现场处置方案。

表 8.5　五号库应急管理措施

迹　象	原　因	处理措施
坡脚隆起	坡脚基础变形	先降库水位，再设坡脚压重平台
坝坡渗水及沼泽化	浸润线过高	先降库水位，加长沉积滩，采取降低浸润线措施（如加强防排渗措施）
	尾矿颗粒分级效果差，尾矿固结性差	及时调整旋流器的运行参数，保证堆坝粗砂质量
坝坡或坝基冒砂	渗流失稳	先降库水位，在冒砂处铺反滤土工布，再压上粗砂、碎石、块石反滤层，设导渗沟，必要时加坝体排渗设施
坝坡隆起	边坡太陡	先降库水位，通过粗尾砂排放调整外坡坡度
坝坡向下游位移或沿坝轴向裂缝	基础强度不够	先降库水位，坝坡脚压重加固基础
	边坡剪切失稳	先降库水位，再降低浸润线或加固边坡
堆积坝塌陷	排水管毁坏或漏矿	先降库水位，加固或新建排水管，再填平塌陷部位
	排渗设施毁坏	先降库水位，再抛少量小石块，再抛碎石、砂，或开挖处理
洪水位过高	调洪库容小或泄水能力小	先降低控制水位，改造排洪设施，增大泄水能力或利用后期排洪设施截洪

应急救援指挥中心由一把手全面负责协调、指挥。设备部、公司办公室、安全环保等部门领导协助工作，并组织专家组对事故状态及时准确地做出判断，以便在发生事故后各部门可以各司其职、有条不紊地开展事故救援，最大限度地减少事故损失，恢复生产。

根据风险评估结果，江西铜业股份有限公司编制了《尾矿库抢险专项应急救援预案》《安全生产事故综合应急救援预案》《地质灾害防治专项应急救援预案》等各项专项应急预案。

在生产情况或外部条件发生较大的变化时，矿山还应根据实际情况修改或专门制定相应的应急救援预案。

根据制定的应急计划，单位平时安排人员培训和演练。各部门从业人员是应急救援的骨干力量，都负有事故应急救援的责任，担负着事故的应急救援及处理工作。每年公司组织定期或不定期的预案演练和相关知识的理论学习，使每名员工熟悉应急救援的程序、救援方法和措施，增强自我防范的意识。从实战角度出发，切实提高应急救援能力，应急组织机构定期组织综合性应急处置演练。每次演练应按应急救援的要求，制定详细的演练计划，确定演练的时间、地点、人员、设备、资金等。参加人员严格按照实战的标准进行，整个演练过程做到事前有计划，事后有总结、讲评、记录。演练地点应选择安全、可靠的地方，避免因演练时造成的意外。预案演练每年进行一次，相关知识的理论学习每年不少于 3 次。

8.5.3　劳动安全卫生管理

据国家安全生产监督管理局安监管协调字〔2004〕56 号文要求，尾矿库库容量

≥ 100 万 m^3，或坝体高度≥ 30 m，即构成重大危险源。五号库属于重大危险源。

按照相关规定，企业应及时到江西省安监局进行重大危险源备案，并按重大危险源要求进行相应的管理。定期对重大危险源安全状况进行检查，发现事故隐患应当立即采取措施予以排除。由生产经营单位主要负责人对本尾矿库的安全管理和检测、监控工作全面负责。

德兴铜矿从“安全第一、预防为主、综合治理”的指导思想出发，在有针对性地分析各安全影响因素基础上，提出治本为主、治标为辅的相应措施。

1. 总图布置

坝址选择在地形坡度满足工艺流程要求和工程地质、水文地质条件较好的地段。库区厂房和道路边坡按不同地质条件采取不同安全护坡方式，如块石、挡墙或喷浆、植草种树等，以防止边坡滑塌和雨水、泥沙冲刷边坡，道路设计等级及道路纵坡符合厂矿道路设计规范，以保证运输安全。

2. 尾矿安全措施

采用瑞典条分法中的总应力法对上游和下游尾矿坝进行稳定性分析，在正常运行、洪水运行、特殊运行三种工况下尾矿坝的抗滑稳定最小安全系数均满足规范的要求。

3. 电气安全措施

对于高低压配电设备，均要防止高电位侵入。从高压到低压，采用层层设防的办法，各自安装相应的浪涌保护器，保证设备安全。在 35 kV 及 10 kV 真空断路器柜内设置防操作过电压保护，按照供电负荷类别选择配电型、电动机型和电容型过电压保护装置。低压电源进线侧加装过电压吸收装置，在 35 kV 总降压变电所的 10 kV 母线电压互感器上加装消谐装置，以防护 10 kV 不接地系统在发生单相间歇接地产生谐振过电压。

4. 防机械伤害安全措施

（1）设备设施之间的安全距离满足《机械安全避免人体各部位挤压的最小距离》的要求，留有相应宽度和高度的安全过道，防止夹伤、挤伤、碰伤和撞伤。

（2）泵及各电机等设备的运转、传动部位设置可靠的安全防护装置，或设置防护栏杆，并加强养护。

（3）机械设备的外露运转部位（包括联轴器、皮带轮等）务必设置防护罩。防护罩应符合《机械安全防护装置固定式和活动式防护装置设计与制造一般要求》（GB 8176—1987）的有关要求。

5. 防震

根据以往情况，地震对矿区一带的影响均不明显。五号库所有建（构）筑物按 6 度地震烈度设防，设计基本地震加速度值为 0.05 g，地震分组为第一组。重要建（构）筑物设防地震烈度提高 1 度。建筑经抗震设防后，能够减轻建筑物的抗震破坏，避免人员伤亡，减少经济损失。

6. 高处坠落防范措施

对可能发生高处坠落的工作场所（如高差的操作平台、坑池和吊装），设置便于操作、巡检和维修作业的扶梯、工作平台、防护栏杆、安全盖板等安全措施，梯子、平台和易滑倒操作通道的地面设有防滑措施。高处作业场所和需经常登高检修的设备、设施，装设钢梯。高空或高处作业（2 m以上）必须系安全带，并将钩子栓在牢固地方。

7. 防雷

防雷减灾工作实行"预防为主，防治结合"的方针，坚持统一规划、统一部署、统一管理的原则，设计中对电器设施和建（构）筑物采取了必要的防雷措施。

（1）总降压变电所按二类防雷建筑物考虑。根据开关电器装置布置，设置独立避雷针。同时沿建筑物顶女儿墙设避雷带，避雷带应与钢结构或混凝土筑内钢筋相连接至室外接地极。

（2）对车间厂房按第三类建筑物防雷，设置避雷带防止直击雷。

（3）电气设备工作接地。

（4）35 kV总降压变电所及10 kV变电所工频接地电阻不大于4 Ω。

（5）车间变电所工频接地电阻不大于4 Ω。

（6）MCC站接地电阻不大于10 Ω。

（7）各变配电构筑物内的电器设备外壳、金属支持构架、电缆金属铠装外皮、电缆桥架、控制箱均应做可靠接地。

8. 车辆伤害

双车道的道路宽度应保证回车安全；急弯、陡坡、危险地段有警示标志；道口设警示牌。车辆通过道口之前，驾驶员应减速瞭望，确认安全后方可通过。

9. 火灾

（1）库区设有醒目的防火标志和防火注意事项，并配备干粉灭火器及其他灭火器材。

（2）柴油设备严禁出现漏油，出现漏油应及时处理。电线定期维护保养，出现老化现象及时更换。

（3）矿山成立兼职消防队，配备消防器材，并且定期进行演练。

10. 淹溺

对可能发生淹溺的工作场所（如回水浮船和截渗坝），设置防护栏杆，地面设有防滑措施等。栏杆使用坚固、耐久的材料，并能承受荷载规范规定的水平荷载，栏杆具有足够的高度。

11. 防尘

尾矿库内易产生大量粉尘，为改善劳动环境，设计采用洒水车洒水降尘。根据已经建成的其他项目调查，尾矿库在干旱多风季节，扬尘对周围环境空气质量的影响最为严重。为了减少扬尘，采用多支管放矿堆放尾矿，使排放点经常变动，遇有干滩露出，及时排放矿浆，始终保持滩面均匀、潮湿。

12. 防噪声

尾矿浓缩泵站、排渣及回水泵站等机械设备在生产运行过程中，会产生很大噪声。对这些高噪声设备，设置减振基础，噪声控制应满足《工业企业噪声控制设计规范》（GB/T 50087—2013）要求。此外，上述岗位的操作人员还须佩戴个人劳动保护用品（如耳塞等听力保护用品）。

8.5.4　青龙山水库管理

结合五号库工程实际情况，遵循精简统一的原则，为确保项目安全经济运行，该工程拟单独成立青龙山水库管理机构，定性为公益性事业单位（全额拨款），行政上由海口镇管理，业务上由德兴市水利局负责管理，确保工程安全完整，充分发挥工程应急供水及灌溉的能力和效益，开展美化周围环境的工作，不断提高管理水平。

青龙山水库工程的管理包括大坝、溢洪道、输水兼放空箱涵、供水、灌区配套建筑物等，为了给工程管理提供必要的条件，满足工程监测、经常性维护、运行调度、资料管理、交通、通信及办公自动化等需要，设置的主要管理设施包括管理用房、道路交通和档案资料室等。

为了做好管理站的管理工作，除设置管理机构和配备管理设施外，必须依据《中华人民共和国水法》《中华人民共和国防洪法》《江西省河道管理条例》等法律法规性文件，制订工程管理规程和条例，内部各机构应严格按照所制订的规程和条例进行运行管理。水源水质安全事关当地人民群众的生命健康，故应加强该流域水源的保护，防治污染，改善生态环境，结合实际，制定切实可行的水源保护措施：

（1）水资源保护行政主管部门对水源实行统一监督管理，县水行政主管部门应依法监测水质，审定水域纳污能力，提出限制污染物排放总量的意见。其他有关部门按照各自职责，协同水行政主管部门做好流域水源的保护管理工作。

（2）设立生活饮用水地表水源一级、二级保护区，流域生活饮用水地表水源一级保护区执行《地表水环境质量标准》（GKZBI—1999）II 类水质标准，一级保护区内禁止开展旅游活动、网箱养殖、石板材开采加工、畜牧业及机动船水上维修业等污染水源的活动。流域生活饮用水地表水源二级保护区执行《地表水环境质量标准》(GKZBI—1999) III 类水质标准。

（3）一、二级保护区由所在地人民政府设置明显的保护区标志和告示牌，设置的保护区标志和告示牌，任何单位、个人不得破坏、污损。流域内禁止销售和使用含磷的洗衣粉、洗涤剂、清洁剂等洗涤清洁用品。

（4）库区外涵养林和护坡护岸林，由当地人民政府设置警示标志，禁止砍伐。

（5）在库区流域范围内开发自然资源及进行其他建设，应按有关规定，严格执行环境影响评价制度。

（6）流域内禁止石板材生产、加工企业将废水、废渣排放至水域内。

（7）流域内使用化学农药、化肥的单位和个人，应加强对农药、化肥的管理，做到合理使用。禁止使用残留期长、剧毒性农药。存贮农药和处置过期失效农药的，不得污染水域和地下水域。

（8）破坏、污损水源保护区标志和告示牌的，由当地县级水行政主管部门责令其限期改正，恢复原状，不能恢复原状的，应赔偿损失，并可处以 500 元以上、1 000 元以下的罚款；

违反《中华人民共和国治安管理处罚条例》，由公安机关依法给予处罚。

(9) 违反《中华人民共和国水污染防治法》和《饮水水源保护区污染防治管理规定》的，按照《中华人民共和国水污染防治法》和《饮用水水源保护区污染防治管理规定》的有关规定处罚。

(10) 水源水质每天实行定点定时抽样化验，水源一级保护区实行巡检制。

8.6 小　结

尾矿库运营维护工作是项目建设全生命周期中最后的一个环节，其安全生产水平能否达标，直接关系到周边居民的人身和财产安全，影响建设地周围空气、水、土壤等各类生态环境。依据尾矿库防洪能力和尾矿坝体稳定性的安全程度，尾矿库安全度可以分为危库、险库、病库和正常库四类，而前三类都属于非正常库，存在着一定的运行风险，随时可能威胁到下游居民的生命安全。自 2000 年以来，我国发生的尾矿库事故呈现上升趋势，存在近 40% 的尾矿库未取得安全生产许可证，约 1/3 的尾矿库未经正规设计，安全等级普遍较低。五号库项目对生产企业提出了较高的运营管理要求，企业必须严格遵循尾矿库运营规范，建立安全生产标准，完善应急响应预案，保证尾矿库在运营使用过程中，能够始终处于一个安全稳定的状态，是该阶段工作计划的核心。

尾矿库安全生产虽是运营阶段的主要工作，但从建设项目全生命周期管理的角度来看，规划、设计、施工、验收的完成质量很大程度上已经决定了尾矿库运营阶段的安全生产水平，因此抓好项目建设期的安全规划、安全设计、安全施工和安全验收对后续工作有着重要的意义。德兴铜矿在五号库建设期间就充分认识到这一点，从项目全生命周期管理的角度出发，在项目建设过程中就已经为安全生产做好了充足的准备，这为尾矿库的运营管理工作奠定了良好的基础。

早在项目的可行性研究阶段，德兴铜矿就开展了工程安全专项评估工作，识别各种潜在危险因素对尾矿库及其周边可能产生的不利影响，并通过讨论分析，制定了合理的安全对策，将一切不利影响降到最低。安全预评估报告经专家组审议后，专家组原则上通过报告评审，并提出了一些意见和建议来修改完善报告内容，经专家组确认后，报江西省安监局备案；在初步设计阶段，中国恩菲又编写了安全设计专篇，从“安全第一、预防为主、综合治理”的指导思想出发，在有针对性地分析各安全影响因素的基础上，从优化设计的角度，提出了相应的安全防范措施，同时为保证安全设计的全面性和客观性，中国恩菲提交安全设计专篇供专家组审议，对专家组提出的修改意见，采纳或部分采纳的均纳入安全专篇中，对于未采纳的也给出了相应的解释，通过反复评审修改和确认，不断完善安全设计专篇的质量；在验收阶段，项目部又开展了项目验收安全评价，通过检查五号库项目安全设施、监测设备投入使用情况，检查安全生产管理措施到位情况及事故应急救援预案筹备情况，从整体上客观评价五号库项目是否具备投入生产使用的条件。

在五号库运营使用阶段，为深入贯彻落实党的安全生产方针和国家关于尾矿库安全生产的法律法规，德兴铜矿充分认识到当前尾矿库安全生产形势的严峻性，通过建立和健全矿山安全生产责任制、制定矿山安全生产规章制度和操作规程、组织并实施安全生产教育和培训计划，切实抓好尾矿库安全生产专项整治工作。同时，为有效遏制重特大事故的发生，包括坝体失稳和洪水漫顶等造成的溃坝事故，德兴铜矿除五号库日常运营维护管理计划外，又制定了矿山安全生产事故应急预案和防汛预案，全面保证尾矿库的安全生产运营。

德兴铜矿在五号库安全设施方面投入了大量的专项资金，特别是在尾矿库监测方面，设置了人工监测和在线监测两套监测系统，在线监测系统实时监测坝体位移、干滩长度、库水位、浸润线等参数，并通过企业信息网络将视频信号传送至尾矿库管理站，整理相关数据后形成报表系统，对尾矿库的安全状态进行实时监测、分析和预报，配合生产调度通信系统、信息管理网络系统、电视及视频安防系统和生产调度管理系统，形成了一整套信息化、自动化的安全监控和管理平台。五号库还建有完整的预报预警机制，当监测采集到的数据达到临界值时，就会迅速启动应急响应预案，并采取有效措施缓解险情，确保尾矿库设施及周边地区的安全。

创新篇

对新事物敏感是领导者、专家和任何一个管理工作者必不可少的重要优秀品质。

——〔苏〕亚历山大·尼古拉耶维奇·阿法纳西耶夫

第 1 章　德兴铜矿五号尾矿库项目建设难点与创新总体构思

在五号库项目建设过程中，面临诸多难点与挑战。主要集中在五号库项目征地拆迁安置和工程建设两个部分，五号库项目建设过程既是一个攻坚克难的过程，也是一个不断创新的过程。五号库建设者在创新理念引导下，积极开展技术创新、环保创新和管理创新三大创新，力求通过这三大领域的创新工作，科学合理地解决五号库建设的诸多难题。

1.1　工程建设难点

1.1.1　五号库建设技术难点

五号库建设施工面临着三个方面的复杂性挑战：技术复杂性、施工客观条件复杂性及施工进度安排的复杂性。

首先，五号库的施工场地多处于原始森林中，且涉及林地征用的问题，前期进场时需要进行测绘，并开展通路、通水、通电等提供施工场地条件的工作。这些工作本身的工作量就很庞大且较为困难，同时由于自然条件不利等因素也增加了施工的难度。此外，由于地理条件和征地拆迁情况的限制，五号库部分标段的子项目施工难度大大增加，技术复杂性也相应提高。如五号库项目上游至尾矿库下游排洪隧洞设计长度 5 991.7 m，系长隧洞施工。由于地理条件和征地拆迁情况的限制，需要进行较长距离的独头掘进，施工本身难度较大。采取堵头掘进的方法带来的通风、通电、运输问题也极为严峻，加之局部场地狭窄不利于平面布置与现场管理，施工异常困难。尾矿库的尾矿输送隧洞长 4 398.5m，掘进断面面积为 9.354 m^2 隧洞长且断面小，工点处于偏远的山沟内，施工作业点分散，施工战线较长，交通不便，适合挖洞的地点较少，工程全面铺开施工较为困难。也需要进行长距离独头掘进施工，通风、运输和供电面临较大挑战。

其次，五号库的施工时间非常紧迫，一方面，德兴铜矿的生产目标要求使五号库建设的进度目标具有战略性，一旦延期后果将十分严重；另一方面，由于项目建设受多种不利条件的限制，使进度管理面临复杂性。从生产情况看，随着资源需求量和采选规模的扩大，德兴铜矿已有的尾矿设施已不能满足矿山全部服务期的需要。2010 年年底矿山保有可采矿石量为 16.17 亿 t，产出尾矿总量为 15.62 亿 t，需有效库容为 12.02 亿 m^3。矿山所服役的尾矿库至

2010年年底剩余库容为3.375亿m^3。采选规模按13万t/d考虑，剩余库容仅能供矿山使用10.5年，也就是到2020年，剩余库容将达到极限状态。从排放情况看，由于矿山的采选规模大，根据五号库的建设方案，假设五号库一建成就把矿山产出的尾矿全部排入其中，尾矿库后期坝第一年升高35 m。尾矿库的上升速度过快，会影响尾矿库的稳定性且提升筑坝难度。为了保证尾矿库安全、平稳地运行，必须预留足够新老尾矿库的衔接时间。根据尾矿处置规划及五号库的库容情况，新老尾矿库的衔接时间至少要保证5年的时间。这需要预留0.8亿m^3库容。从矿山尾矿处置系统整体安全、稳定运行考虑，当五号库建成后，四号尾矿库应当作为事故库使用，应预留0.5亿m^3。考虑到以上问题，五号尾矿建设的进度目标必须要按时完成。

最后，五号库建设还涉及大量的征地拆迁安置工作。如果征地拆迁安置工作进展不顺利，对工程项目建设的进度造成严重影响，后续工作就必须赶工，而赶工过程中由于受工况条件的限制，在施工技术上和施工组织上将会面临更为严峻的挑战。

1.1.2 五号库建设环保难点

在矿山建设中，尾矿库是重要的危险源和污染源。尾矿库的排洪系统发生事故，会造成洪水漫顶，坝体发生裂缝、渗漏和周边山体发生滑坡。坝体位移过大、浸润线过高、干滩长度达不到要求等因素都会致使尾矿库发生溃坝。尾矿坝一旦发生溃坝，尾矿沿山谷往下游倾泄，不仅会造成人们生命财产的损失，同时对自然、生态环境也会造成严重破坏，处理不当会带来灾难性的危害。按《选矿厂尾矿设计设施规范》（ZBJ1—1990）的规定，五号库属于构成重大危险源的尾矿库。堆存的尾矿和尾矿水都是重要的污染物，不妥善处理会对水、大气等环境造成影响。

鉴于五号库的危险性和特殊性，风险管理具有控制层面复杂、影响范围广、控制难度大等特点。为了避免相关的事故和危害，在五号库项目建设的设计、施工以及运营的全过程中，需要勘察、设计、施工、监理、采购等各方主体的统筹协调和紧密合作，对质量、安全、环保进行严格把控。同时，需要从尾矿库的稳定、防洪、防渗等维度进行综合的考量。设计阶段就要进行严格的计算，确保各种运行状态稳定安全系数、尾矿库系数符合设计规范。对施工质量和运行管理的具体技术参数要求，在设计文件中必须有明确的规定，以便施工和生产部门严格按设计要求进行管理。在施工过程需要采取全面细致的质量安全管理和相应的环保措施，保证尾矿库的安全运营、闭库之后进行科学合理复垦措施。

1.1.3 五号库建设管理难点

五号库工程涉及内外部利益相关主体众多，在建设管理过程中造成沟通协调复杂状况。

首先，五号库建设规模庞大，建设工期紧，涉及主体多。涉及三大主体——政府方、参建单位和权属单位。政府方包括市委、市政府领导，房管局、林业局、水利局、物价局等政府机构，参建单位包括业主、四家施工单位、设计方、监理方、设备供货方等。权属单位包括大茅山集团铁罗山实业公司。组织构成复杂、属性多元化，成员的正式和非正式关系交织。组织的复杂性使得业主方、政府方、参建单位、权属单位的沟通流程复杂、协调任务繁重。参建单位需要进行实时动态的沟通协调，来保障项目建设工作的有序推进。五号库工程建设分为四个标段，分别由四家施工单位承包。不同标段专业工程的施工相互间需要密切配合。如：四标段库区内道路需要为其他标段的建设做基础；上、下游尾矿设施场地的布置，须根据尾矿输送的要求将不同建（构）筑物设计在不同的标高上。各尾矿设施是根据矿山生产进度分期建设的，不同标高的场地之间存在衔接关系，后期伴有爆破工程的场地土方施工，势必会影响前期已建成的建（构）筑物；此外，参与征地拆迁工作的各单位需要和参建单位进行及时的沟通协调，征地拆迁工作需要紧密配合各标段的开工需要，施工方、业主、权属单位以及地方政府需要进行局部分工，整体协同来推进各项工作。

其次，五号库的拆迁安置工作具有工作难度大、实施困难、工作过程阻碍大等特点，五号库项目原计划进行一次性征地拆迁工作，将建筑红线内需要的土地一次性征收完毕，但是现实情况较为复杂，诸多制约使得征地拆迁工作推进慢、推进难，无法一次性完成，只能实施边征地拆迁安置边施工的策略。在工程项目的建设过程中，征拆户不配合征地拆迁工作的现象经常发生。为保障征拆户的权利和生产生活，征地拆安置工作未到位时，工程不能顺利开工，已开工的项目只能停工，严重影响了项目进度。例如，一标段的坝体施工工程，施工场地在征地拆迁的核心地区，征地拆迁工作推进阻碍大，施工方进场之后工程也无法进行，只能在现场停工等待。再如征拆户虽已签订征地补偿，但是树木未砍伐，施工进场时需要三通一平，此时也无法顺利推进。总之，在五号库项目中，征地拆迁的进度对工程施工的进度影响极大。除了征地拆迁工作进度本身对工程的制约，还有因为征地拆迁工作引发的一系列事件，会干扰工程的正常施工。一些当地历史遗留性问题未能很好得到解决，如杜村和铁罗山实业公司界址线纠纷导致的林地旱地权属纠纷，铁罗山实业公司职工房屋所有权纠纷等问题，以及当地部分村民组织阻碍工程建设、在施工现场闹事等，对工程建设的进度、投资等方面都造成了不利影响。

概括而言，征地拆迁工作的复杂性主要表现在以下方面：

1. 工作复杂性

五号库项目系统庞大，所需征地拆迁安置范围大、情况复杂；牵涉主体多、纠纷多、历史遗留问题多；征地拆迁涉及工作多。

五号库项目征地包括尾矿库库区征地以及道路和其他征地，总征地面积为 12.074 km^2，合 1 207.4 hm^2，包括林地和耕地，用于尾矿库建设和库区道路及其他建设。根据库址的选择和坝址的选择，上游坝由于地形的限制，只能建在小浮溪上游约 1 200 m 的位置上，下游坝选址使其拦砂坝离杜村比较近，需考虑杜村的横坑村小组、铁罗山实业公司以及杜村小浮溪村小组的搬迁问题。其中，铁罗山实业公司包括两个林厂（东坑林场、小浮溪林场），三个工厂（木制品厂、化纤器材厂、纸箱厂）及其附属的学校、卫生院、公司食堂、公司招待所、影剧院、办公大楼。共计户数 256 户，人口 523 人，房屋 79 栋（砖墙结构），建筑用地为 110 亩，一条自建公路（3 km 水泥路面）。横坑村涉及征地拆迁户数 96 户，人口 247 人，房屋 55 栋，田地 65.09 亩、旱地 98.87 亩、林地 3 036.9 亩；小浮溪村涉及征地拆迁户数 96 户，人口 278 人，房屋 66 栋，田地 50 亩，旱地 130 亩，林地 4 100.8 亩。

拆迁安置过程中，除安置房的建设和拆迁户的安置，还要考虑公墓区的迁移、建设和安置工作。此外，还涉及房屋所有权、林权归属、界址划分等方面的纠纷。工作覆盖土地征用、房屋及设施的拆迁、安置小区建设、村民搬迁、安置小区物业管理、公墓区建设以及购买、公墓区搬迁，工作内容复杂繁重。为统筹推进征地、拆迁、安置三类工作，需要政府各部门、海口镇大茅山铁罗山实业公司两个权属单位以及业主方德兴铜矿进行协调配合。

2. **对象复杂性**

在五号库项目的征地拆迁中，征地拆迁对象存在较大的抵触情绪，导致其不配合甚至阻碍征地拆迁工作，给征地拆迁安置工作造成较大困难。首先，对征拆户而言，土地是其赖以生存的生产资料，土地征收会使征拆户丧失依靠土地而获得的相关权益，并影响到征拆户的切实利益，故征地拆迁对象抵触情绪较大。其次，安置房建设在德兴市，城市生活的物业费、交通费、水电费等生活成本相比农村生活昂贵，并且安置房跟村民自建房相比面积小，相当一部分征拆户因以上原因而忽视了城市生活教育资源、医疗资源的便利性而产生抵触情绪。部分征拆户存有不合理征地拆迁补偿预期，对补偿的要求比较高，“拆迁暴富”的观念造成其心理失衡。此外，搬迁安置使当地村民、居民被动离开世代祖辈生活的故土，且工程建设会破坏其家乡，对故土的依恋和归属感的缺失导致其产生抵触情绪。最后，征拆户搬迁安置会导致其失去熟悉的生活环境，打破原有的社会关系和社会结构，出现不适应情况，也会产生抵触情绪。

3. **利益复杂性**

在业主方层面，需要合理控制征地拆迁安置的费用，对项目投资进行有效控制和管理。对征地拆迁对象而言，他们的预期比较高，要在保障自己经济不损失的情况下将征地拆迁的获益最大化。从政府方来说，首先需要严格遵守征地拆迁所涉及法律法规——《土地管理法》《森林保护法》《水土保持法》《矿产资源法》及省级和地方政府颁布的行政法规和条例，符合当地市场情况，再者要保证当地征地拆迁补偿的一致性，以及所有征拆户补偿的公平性，还要保证业主方和征地拆迁对象的利益分配的平衡。三方利益相关者之间以及征拆户内部利益分配关系复杂，如果没有科学合理的制约与平衡，会激化矛盾冲突。

如果出现拆迁对象思想不通，不认可征地拆迁补偿利益分配，或将本地征地拆迁补偿和其他省市进行比较，会提出不合理的补偿要求。一方面，政府工作人员对他们不能特殊化、专门化，否则影响业主方的利益并对其他征拆户不公平。同时由于他们诉求难解决，造成工作难推进，征地拆迁工作更加困难。另一方面，有些征拆户家庭成员之间的利益分配难以达到共识，以及为了获得更多的份额，可能出现排挤他人份额、损害他人利益的问题，进而诱发矛盾冲突，也会影响征地拆迁工作的开展。

1.2　项目创新的基本原则

五号库的实践过程是不断创新的过程，创新过程紧扣工程建设的难点与关键，在最大化解决建设困难的基础上，进一步优化建设方案，最大程度地探索提升项目绩效的方法。在广泛调研的基础上，逐步形成了以应对建设难点和关键点为突破口，以采用先进项目管理和治理理论以及现代科学技术为依托的创新理念，并将创新理念全方位融入项目的征地拆迁安置、规划、设计、施工以及运营管理全生命周期，形成了五号库在建设技术创新、工程管理创新、绿色环保创新三维领域的创新成果。在保证五号库项目建设目标顺利实现的同时，为我国乃至世界其他尾矿库的建设提供参考和借鉴。

1.2.1　创新过程贯穿项目周期

在五号库建设过程中，创新一以贯之，落实在整个项目生命周期中，追求在项目建设中坚持创新，在创新中实现项目目标。创新与建设并举，以创新促进项目建设，以建设驱动项目创新。

在五号库的规划和设计阶段，力求广泛分析和研究国内外尾矿库建设的理论与实践，充分借鉴吸收国内外尾矿库的先进思想、设计理念，并论证吸纳其他工程领域的先进技术和施工作业方法，结合我国现实情况与五号库的建设背景，形成五号库工程特有的创新规划与设计方案。在征地拆迁安置中，地方政府依据全国征地拆迁安置工作整体部署，结合当地文化、背景，将管理学、心理学、社会学等学科理论融合，着力开展系统顶层设计，制定落地实施方案。基层权属单位从德兴市其他项目的征地拆迁安置工作中汲取经验，并结合当地基层工作特点，将创新思维融入工作实践，形成一套灵活机动管理机制和方法，突破征地拆迁安置工作难题。

1.2.2　创新理念紧扣工程实际

脱离工程实际的创新，是无源之水，无本之木。五号库的各方面工作创新，始终以应对项目建设难点、项目中出现的问题为出发点，在工程实际中开展创新实践。通过对项目特殊性、复杂性、不确定性等的充分研究和讨论，用所形成特色的创新理念指导工程建设。从工程建设关键技术、工程组织管理方法、项目绿色环保举措多个维度出发，在解决工程实践问题中进一步提升项目绩效，发挥项目价值。

在应对五号库项目的难点过程中，工程建设开展项目创新活动，使创新工作目标明确，操作性强，并且在切实解决实际问题的同时，又能为行业带来价值。例如，针对五号库工程参与主体多、内外部环境复杂、沟通协调问题多等特点形成创新的组织结构，通过高效沟通协调、局部分工总体协同，解决了征地拆迁过程中征拆户不配合、群体性事件的矛盾与冲突，对项目建设起到了正向的促进作用。

1.2.3 创新思想引领建设发展

五号库力求通过先进的创新思想使整个项目兼具经济性、环保性、功能性，同时又有前瞻性和示范性。

五号库的创新成果不仅着眼于为项目本身带来价值，更追求在创新理论和创新实践中形成创新思想，丰富我国尾矿库建设与运营体系工作方法，为我国矿山行业的基础设施建设提供了很好的样本，有力地促进了整个工程建设领域的理念更新和实践进步，从而使得创新具有传承性、延续性和可推广性。例如，五号库建设中采用中线式尾矿筑坝法，首先借鉴了德兴铜矿四号库的先进经验，并以此为基础进一步创新和优化，形成国内尾矿库中线筑坝的典型案例，树立了中线法筑坝用于尾矿库建设的行业标杆，对于国内外尾矿库中线法筑坝技术的推广具有重要的借鉴意义。

第 2 章　德兴铜矿五号尾矿库项目技术创新

2.1　中线式尾矿筑坝法

尾矿坝是指尾矿库外围隔挡尾矿和水的构筑物，常包括尾矿库初期坝和堆积坝的总体。其中，初期坝是在基础建设过程中用来支撑后期尾矿堆存体的坝体，而堆积坝是生产过程中在初期坝坝顶以上用尾矿充填堆筑而成的坝体。

初期坝，按照类型可划分为不透水初期坝和透水初期坝。不透水初期坝是指用透水性较小的材料筑成的初期坝。因其透水性远小于库内尾矿的透水性，不利于库内沉积尾矿的排水固结。当尾矿堆高后，浸润线往往从初期坝坝顶以上的尾矿堆积坝坝坡溢出，造成坝面沼泽化，不利于后期坝坝体的稳定。这种坝型适用于挡水式尾矿坝或尾矿堆坝高度较低的尾矿坝。透水初期坝是用透水性较好的材料筑成的初期坝，因其透水性大于库内沉积尾矿，有利于后期坝的排水固结，并可降低坝体浸润线，提高坝体的稳定性，是比较合理的初期坝坝型。[1]

堆积坝实质上是尾矿沉积体，此类由水力充填沉积的砂性土边坡稳定性能较差，大、中型尾矿堆积坝的最终高度往往比初期坝高得多，是尾矿坝的主体部分。堆积坝一旦失稳，后果十分严重。因此，一直以来尾矿库设计和生产单位都十分重视堆积坝的安全与稳定，这也是安全生产管理和安全监督管理工作的重点之一。尾矿堆积坝的主要堆积方法是湿式堆法和干式堆法，此外还有尾矿膏体堆存、袋式尾矿堆存和尾矿固结堆放等技术。在我国的尾矿库大多采用湿式堆法。尾矿库的筑坝工艺常规上分为上游式筑坝法、中线式筑坝法和下游式筑坝法。在我国，上游式筑坝技术应用最为广泛。[2] 德兴铜矿四号库是我国首次采用中线法筑坝的尾矿库，它的成功建设和生产管理为中线法技术的应用提供了理论和实践的借鉴。还有部分尾矿库采用中线法进行扩容加高。[3] 下游式筑坝技术应用相对较少。此外，还有高浓度堆积法、水库式堆坝法及模袋堆坝法等筑坝工艺。[1,4]

2.1.1　筑坝方式

1. 上游式尾矿筑坝法

上游式尾矿筑坝法是我国尾矿库中最为普遍采用的筑坝方法。据统计，我国有色金属矿山的尾矿库中有 85% 以上采用上游式筑坝法。[5] 其工艺较为简单，将尾矿排放在初期坝上游方向，并逐步向上堆积。在一般情况下，于初期坝的上游布设一排泄砂的尾管，沉积尾砂，用尾矿库内的较粗颗粒的尾砂堆筑起 1 ～ 3 m 的子坝，并在子坝上分别布设放矿支管、分散放矿，等到充填的尾砂与子坝高度齐平时，形成新的尾矿干滩，再堆子坝，将放矿管移至新的子坝上继续放矿，如此反复，一层一层往上堆筑。当库内的尾矿粒度比较细时，一般采用水力旋流器分离出粗粒和细粒，分级堆坝，或用池填法、渠槽法等方法筑坝。

上游式尾矿筑坝法的优点是筑坝工艺相对简单，易操作。尾矿之后的运行管理较为方便，建设运营成本低。但上游式尾矿筑坝法存在一定的缺陷，首先，筑坝之后形成的坝体渗透性能差，易形成复杂的坝体结构，使得浸润线上升，从而引起坝体产生渗透破坏。上游式尾矿水力冲填时，常采用尾矿浆分散放矿方法，造成尾矿沉积滩体的分层，出现结构复杂的矿泥夹层。该夹层使沉积体的渗流情况变得复杂化，坝体浸润线升高，结构力学强度降低，细粒夹层多。特别是在发生地震时，容易因高频振动而引起液化，使坝体的稳定性降低。再者，坝体易落到软弱的矿泥地基，影响整体稳定性。上游式尾矿水力冲填时，尾矿浆在尾矿沉积滩面上流动并进行水力分选，在不同的沉积面上沉积不同粒级的尾矿 —— 粗、中、细粒级及矿泥构成类似滤水体的沉积体结构，尾矿堆得越高，尾矿沉积坡向上游推进得越远，势必会出现粗粒级尾矿的沉积层落到软弱的矿泥下卧层上的现象，从而影响尾矿高堆坝的整体稳定性。此外，上游式尾矿筑坝法还面临堆积体的浸润线难以得到准确控制的问题。确保上游式尾矿筑坝稳定性的重要措施是坝体排渗，由于上游式尾矿筑坝结构的复杂性，很难选择与其相适应的排渗结构，坝体浸润线高度往往达不到设计的规定值，坝体稳定性难以保证。[6]在修子坝或移动矿管时，上游法筑坝应在坝前均匀分散地放矿，因此须注意不得任意从库后或库侧放矿。粗颗粒尾矿沉积于坝前，细颗粒排至库内，在沉积滩范围内不允许有大面积矿泥沉积；沉积滩顶应均匀平整；严禁尾矿浆沿子坝内坡趾横向流动冲刷坝体；放矿矿浆不得冲刷坝坡（图 2.1）。[7]

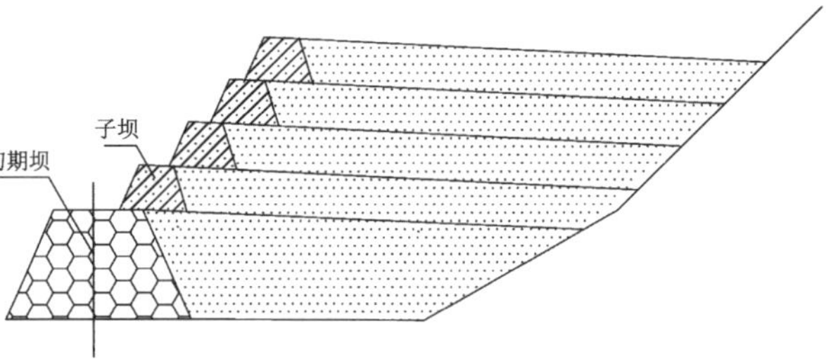

图 2.1 上游式尾矿筑坝法

2. 下游式尾矿筑坝法

下游式尾矿筑坝法是通过水力旋流器分出浓度高的粗粒尾矿进行堆坝，在初期坝的下游方向移动和不断抬升，而不是在松软的细粒尾砂沉积物上。相比其他筑坝方式，下游式尾矿筑坝法基础较好，尾矿的排放和堆积均易于控制，还适于大型尾矿坝加高和后期坝扩大。特别要注意的是尾砂中粗颗粒（$d > 0.074$ mm）的含量不宜小于 70%，否则必须进行筑坝模拟试验。下游式尾矿筑坝法可以分层碾压，在需要的时候进行排渗布置，使得控制渗流比较容易，将饱和的尾矿限制在一定范围，坝体稳定性较强，容易满足抗震和其他要求。

下游式尾矿筑坝法有一些显著优点，比如下游面粗粒尾砂充填可按作业规定分层压实筑坝，下游面底部排水系统可控制降低坝内浸润线位置。下游式堆积坝缺点是需要大量的粗粒尾矿筑坝，特别是在使用初期，存在粗粒尾矿量不足的问题，需补充其他材料或高筑初期坝。此外，下游法筑坝需要一套旋流器分级设施及推土机等机械来配合。由于存在产生粉尘的问题，不利于维护管理，下游式堆坝工艺在国内应用较少，缺乏相关建设和管理的经验(图 2.2)。[8]

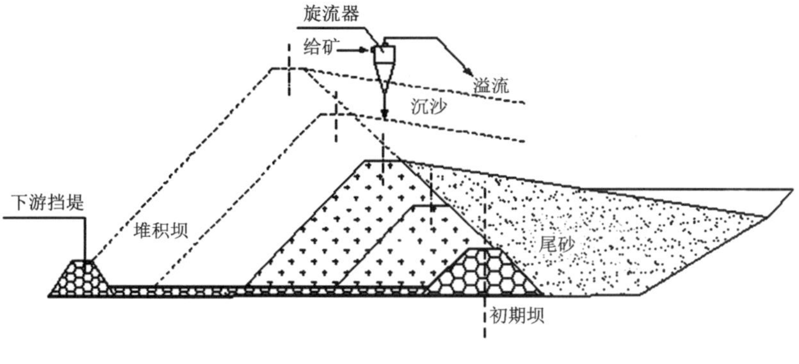

图 2.2　下游式尾矿筑坝法 [1]

3. **水库式尾矿筑坝法**

水库式尾矿筑坝法不修筑尾矿筑坝，采用非尾矿材料比如废石等来填筑大坝。这种尾矿库修筑方式类似于普通水库，选择山谷的合适位置进行拦挡坝修筑，形成用于堆存的水库形式。坝前水位的变化相对较小，尾矿是逐步堆积形成的。水库式尾矿库库容较小，其拦挡坝一般用当地土石料或废石建成，投资费用相对较高。私营或者小型矿山多采用此方法。水库式尾矿堆积方法的优点是后期运行成本比较低。适用于一些特殊情况，比如尾矿粒度过细，不能用于堆筑尾矿坝时，在坝前排放尾矿不经济或困难大时。其缺点是砂浆水对环境会造成一定的影响，且初期建设投资比较大（图 2.3）。[9，10]

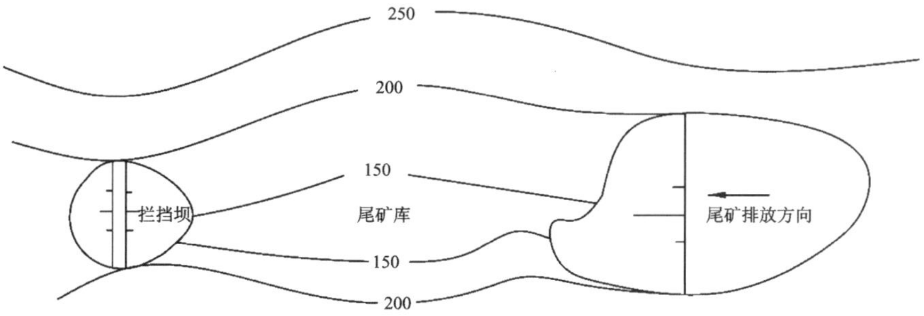

图 2.3　水库式尾矿筑坝法

1　图参考自《中线法尾矿坝筑坝工艺及渗流、稳定分析》。

4. 模袋筑坝法

模袋筑坝法是采用高强度、透水性土工材料制作大面积连续模袋，通过向模袋内充灌尾砂并经压力排水形成固结充填体，利用充填体连续交错堆筑子坝的一种筑坝方法。其在水利堤防工程防护中应用多，应用范围比较广，效果显著。在尾矿筑坝方面应用相对较少，尚处于起步阶段。其需要铺放模袋、造浆及冲灌、挤水固结、交错堆坝等流程。其优点是整体性强，坝体的稳定性高，其干滩长度增加，浸润线低。模袋筑坝法适用于尾矿库的尾矿是细粒的情况，能够提升细粒尾矿库堆坝的上升速度，解决细粒尾砂固结速度慢、渗透性差的问题。模袋筑坝法施工工艺简单，操作灵活，场地适应性强（图 2.4）。[2, 11, 12]

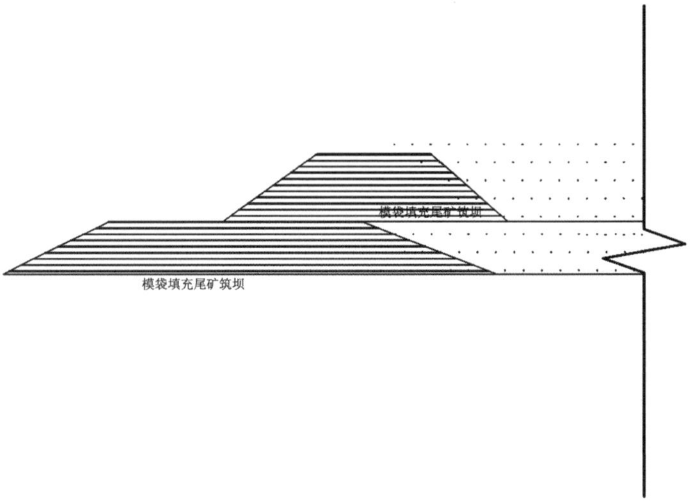

图 2.4　模袋筑坝法

5. 高浓度尾矿筑坝法

高浓度尾矿筑坝法兴起于国外，在国内应用较少。它是将尾矿浆料浓度提高至 50%以上，并用砂泵运送至尾矿堆积场的一定位置。高浓度尾矿一般为浆状或膏状，在排放口容易形成锥形堆积体，矿浆的物理性质决定了坝体的坡度。为了排放尾矿，需要修筑一些坡道，随着堆积体的增高，逐步抬高坡度。为了收集尾矿的离析水及携带的少量细粒矿泥，在堆积区下游一定部位应建立尾矿水沉积池，沉积后的澄清水可以回收利用。[13] 国外一些矿山采用该工艺，其沉积体坡度为 6% 左右，形成的尾矿堆场与干渣堆场相类似。为了便于收集尾矿的离析水及少量的细粒状矿泥，在堆积区域下游需建设用于沉积尾矿水的沉积池，沉积池沉积后的清水可以进行重复利用。在平地或丘陵地区通常采用此类筑坝方式。该方法的优点是成本低，基础建设投资和运营费用较少。尾矿坝体较为稳定，由地震作用力引起液化的敏感性降低 50% 左右，此外不需要流排水系统，废弃和复用过程简单。其缺点是筑坝的技术难度较大，操作过程比较复杂，管道的磨损比较大。[2, 10, 14]

2.1.2　中线式尾矿筑坝法

中线式尾矿筑坝法是将尾矿坝的轴线固定在一定位置上，以此坝轴线为准采用垂直向上堆筑沉砂坝体的工艺。中线法筑坝利用采矿分级设备——水力旋流器，将尾矿浆分级为粗粒级的沉砂和细粒级的溢流尾矿。这两种不同形式的尾矿砂分别向坝外和坝内堆积，形成组合坝体。在合理的结构下分别充分发挥粗粒级的沉砂和细粒级的溢流尾矿的力学性能，形成了尾矿库的空间，发挥了分级尾矿自身的力学性质（图 2.5）。[15]

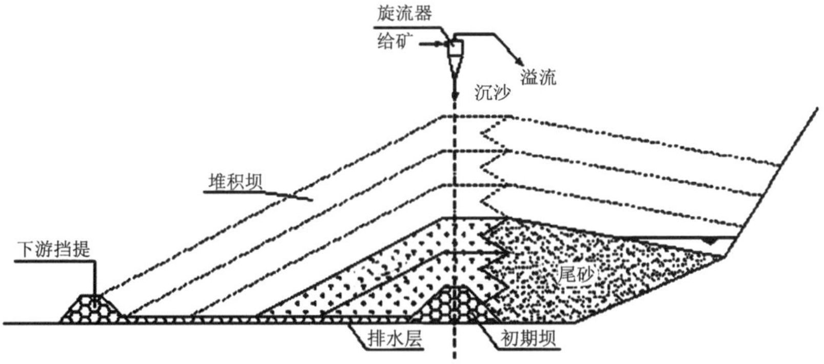

图 2.5　中线式尾矿筑坝法[2]

1. 中线法筑坝的优点

（1）坝体安全性高、稳定性强。分级之后的粗粒级沉砂尾矿堆积体中不含有矿泥夹层，堆积体渗透性强，坝体浸润线低；抗剪切强度高，边坡稳定安全系数大。沉砂尾矿的堆体处于非饱和的自然状态，几乎不存在尾矿坝振动液化的可能性，保证了坝体安全稳定性。

（2）坝体抗洪强度高，库区的调洪能力增大。经分级溢流的细粒级尾矿，在滩面上自然分级，可提高滩面坡度。

（3）在地震区尾矿筑高坝较为安全、稳定、可靠，根据《尾矿设施设计规范》（GB 50863—2013）规范要求，当抗震烈度为 8 ～ 9 度时宜采用上游式或中线式筑坝方式。

（4）库容较大，中线法是以筑坝中线固定，沿坝体垂直逐渐升高。在相同标高下，中线法筑坝较上游法筑坝应增加 30% 以上的库容。

（5）适宜老尾矿库扩容，上游法的老库区扩容适合采用中线法筑坝的加高工艺，针对上游式尾矿库可以进行适当的改造，新建初级坝，延长老尾矿库的使用年限，节省土地资源，节约建设投资。

（6）后期堆积坝体上升速度较快，筑坝相对节省材料，不仅有下游法筑坝的优点，而且筑坝成本比下游法筑坝低。[10，16]

2　图参考自《中线法尾矿坝筑坝工艺及渗流、稳定分析》。

2. 中线法筑坝的缺点

（1）下游坝坡面一直处于临时状态，导致坝面的水土流失较为严重，使得泥石流发生概率增加。

（2）尾矿库的生产运营成本比较高。中线法筑坝需要利用水力旋流器对产生的尾矿进行分级。在此基础上，运营过程中增加了沉砂拦渣坝、尾矿输送加压泵站、尾矿旋流分级站，坝体底部排渗褥垫及盲沟，以及废石筑坝设备设施（挖掘机、转载机、运输车辆）、相关配套供电设备、土建设施等。相应的运营设施费用会提升。

（3）尾矿库选址受地形条件制约相对较大，尾矿坝的稳定性受尾砂中的粗颗粒含量和尾矿库所处地形的影响。若尾矿库选址地形条件不适宜，坝体长、山形陡峭，相应地就需粗粒尾砂及外来砂石料。因此，中线法筑坝对地址的选择要求高，应用范围相对较小。当筑坝长度短、位置有锁口、粗粒尾矿筑坝体积小、选矿厂入选粒级粗、分级后粗砂产率较高（≥21%）时，则较适宜采用中线法筑坝。

（4）对尾矿粒级要求较高，需要监测和补充外来砂料。根据2013年《尾矿设施设计规范》规定，中线法筑坝分级底流粗粒尾矿（$d \geqslant 74\ \mu m$）颗粒不宜少于75%，$d \leqslant 20\ \mu m$ 颗粒含量不宜大于10%。当尾矿分级后用于筑坝的粗粒尾矿不能满足以上要求时，应进行相关的尾矿筑坝试验研究，确定是否满足坝体安全稳定性要求。一般要求在坝体沉积的粗粒尾矿产率≥21%，确保设计的外坡比参数达标。如果入库尾矿太细，导致筑坝粗粒尾矿产率减少，坝体上升速度低于坝内干滩上升速度，坝体外坡比参数未达到设计要求时，会带来坝体安全隐患。需要补充外来砂石料，增加坝体稳定性，达到设计的外坡比要求。

（5）旋流分级设备是中线法筑坝的关键设备，设计前需要进行旋流分级试验研究，确定相关参数。如尾矿浓度及沉砂浓度（65%～70%）的确定，旋流器分级恒定压力的确定，旋流器开启数量要求，分级设备的操作管理，最佳分级状况的控制条件及操作参数，直接影响粗粒尾矿分级效率，影响筑坝的安全性及生产成本。

2.1.3 中线法筑坝应用现状

在国外，中线法筑坝工艺较为成熟，应用较为广泛。在国内，中线法筑坝工艺在我国的应用从20世纪80年代起步。目前，我国有些尾矿库采用了中线法筑坝工艺，还有一些尾矿库采用中线法加高工艺，对现有生产的上游式尾矿库进行适当地设计改造，从而有效地扩大库容（表2.1）。[2，17] 德兴铜矿四号尾矿库首次采用中线法筑坝技术，在建设和生产运营上都取得了成功，为我国中线法筑坝技术积累了经验，为五号库建设的中线法筑坝技术应用奠定了基础。

中线法筑坝技术国内应用实例如下：

1. 德兴铜矿四号尾矿库

德兴铜矿四号尾矿库是我国首例采用中线法筑坝工艺的尾矿库，其位于大山选矿厂下游

表 2.1　中线法筑坝项目

实　例	投入使用年份	设计总库容 / m^3	有效库容 / m^3	扩建库容 / m^3	备　注
德兴铜矿四号尾矿库	1991 年 2 月	8.35 亿	7.7 亿	—	
大红山铜（铁）矿龙都尾矿库	1997 年 7 月一期投入使用	1.2 亿	—	7 515 万	初期采用上游法堆坝，标高达到 600 m ～ 640 m 采用中线法堆坝，标高 640 m 以上时又采用上游法筑坝
华联锌铟公司铜街大沟尾矿库	2007 年底	—	2 909 万	3 548 万	改用中线法筑坝工艺
峨口铁矿第一尾矿库	1978 年	—	9 147 万	6 975 万	初期采用上游法筑坝，标高达到 1 516 m 时采用中线法堆坝
羊拉铜矿尾矿库	2007 年 11 月	0.81 万	—	—	
普朗铜矿尾矿库	2017 年初	2.52 亿	—	—	
河北近北庄铁矿西沟尾矿库	1986 年	1 220 万	—	460 万	采用中线法扩容

注：“—”表示数据缺失或无该项数据。

的西源沟内，于 1991 年 2 月建成使用，1991 年 6 月 27 号正式投入生产，承担德兴铜矿一、二、三期选矿厂尾矿堆存技术。设计总库容为 8.35 亿 m^3，有效库容为 7.7 亿 m^3，最终坝顶标高为 280 m，坝高为 208 m，设计外坡比为 1:3，汇水面积为 14.3 km^2，是我国除五号库之外最大的尾矿库，也是世界上屈指可数的特大型尾矿库。共使用 2 段旋流器进行分级，一段分级站为固定式，使用 2 组旋流器；二段旋流器布置于坝面，使用 35 台移动式旋流器。尾矿坝分期堆筑，每期升高 10 m 左右，大坝升高采用进占法。2005 年，该尾矿库安全现状评价结论为 A 类尾矿库，是亚洲最大、安全生产运行最好的中线法筑坝尾矿库。[18, 19]

2. 羊拉铜矿尾矿库

羊拉铜矿尾矿库是国内第二家采用中线法筑坝技术的尾矿库，其位于云南省迪庆藏族自治州德钦县羊拉乡甲功村，于 2006 年 12 月开工建设，2008 年 1 月投入使用。尾矿库设计总库容为 830 万 m^3，设计最终堆坝标高为 2 580 m，库底标高为 2 430 m，总坝高为 150 m，坝外坡比为 1:3，汇水面积为 21.9 km^2。尾矿库初期坝等级为四级，中后期为二级，尾矿库坝体外无渗透水，浸润线低，安全生产运行状况良好。[16]

3. 大红山铜(铁)矿龙都尾矿库

大红山铜(铁)矿龙都尾矿库位于玉溪市新平县的嘎洒镇，设计总库容为 1.2 亿 m^3，库区汇水面积为 28.33 km^2。于 1997 年 7 月投入使用，原设计方案采用分期筑坝，逐期加高。初期坝为透水堆石坝，坝高为 30 m，坝顶标高为 550 m，初期采用上游法筑坝至 600 m 标高；标高在 600 ～ 640 m 时，采用中线法筑坝；在 640 m 以上又改用上游法筑坝，最后达到设计坝顶标高 730 m。实际建设过程中，中线法筑坝标高调整至 620 ~ 700 m，以上用上游法堆坝至 730 m，新增库容 7 515 万 m^3。[20，21]

4. **华联锌铟公司铜街大沟尾矿库**

华联锌铟公司铜街大沟尾矿库位于都龙镇东侧的铜街大沟内，于 2007 年底建成投入使用。原设计初期坝顶标高为 1 015 m，后期坝采用上游法尾矿堆筑，坝坡比为 1∶4，尾矿最终堆筑标高为 1 080 m，有效库容为 98 万 m^3。后因原设计库容无法满足排放尾矿要求，结合具体情况采用废石与尾矿混合中线法筑坝技术进行尾矿库的扩容，在原有尾矿库上，利用采矿废石分期堆筑坝体，堆积标高为 1 140 m，最大坝高为 160 m，扩建库容 3 548 万 m^3，有效库容为 2 909万m^3。[17]

5. **峨口铁矿第一尾矿库**

峨口铁矿第一尾矿库位于五台山牛圈沟内中游段，是一条 V 形沟谷，于 1978 年投入使用，原设计用上游法筑坝，设计筑坝最终标高为 200 m，有效库容为 2 172 万 m^3，汇水面积为 13.5 km^2。1997 年开始改用中线法筑坝加高，设计筑坝最终标高为 260 m，有效库容为 9 147万m^3，延长尾矿库服务年限达 35 年，减少基建投资 1.95 亿元。[3]

6. **普朗铜矿尾矿库**

普朗铜矿尾矿库位于云南省迪庆藏族自治州香格里拉县城北。于 2017 年年初计划投产使用，最终堆积坝高 3 480 m，总坝高 180 m，设计库容 2.52 亿 m^3，外坡比为 1∶3.5。尾矿库采用中线法筑坝，由初期坝、排渗设施、拦砂坝、截渗坝和后期坝组成。

7. **河北近北庄铁矿西沟尾矿库**

北庄铁矿西沟尾矿库位于张家口市赤城县田家夭乡近北庄村，于 1986 年建成并投入使用。设计库容为 444 万 m^3，设计最终标高为 1 214 m，采用上游法筑坝，当时选矿规模为 40 万t/a，年产尾矿为 24.55 万 m^3，1994 年选矿厂扩建，选矿规模增加为 60 万 t/a，年产尾矿 24.55 万 m^3，对尾矿库进行了加高增容，设计总库容为 760 万 m^3，设计最终堆积标高为 1 230 m，仍采用上游法筑坝。2001 年，近北庄选矿厂再次扩建改造，选矿规模为 110万t/a，年产尾矿 58.06 万 m^3。2005 年初，尾矿堆积标高为 1 214 m，尾矿库剩余库容为 300.45万 t，剩余服务年限为 4.4 a。2006 年经过讨论论证采用中线法对尾矿库进行扩容，扩容后汇水面积为 1.1 km^2，总库容为 1 220 万m^3，于 2008 年 4 月正式投入使用。[22]

8. **潘洛铁矿洛阳北矿尾矿库**

福建省潘洛铁矿洛阳北矿尾矿库于 1993 年因山体滑坡，遭受严重破坏。为解决北矿尾矿库因破坏而缺乏长久尾矿库的问题，使用中线法筑坝工艺建造了新的尾矿库替代潘洛铁矿尾矿排放。于 2005 年建成试运行，初期坝坝高为 18 m，坝顶标高为 283 m，可容纳该铁矿半年的尾矿量。[23]

9. **杨家坝铁矿米箭沟尾矿库**

米箭沟尾矿库位于秦岭南坡西段的中低山区米箭沟内，尾矿库原设计最终尾矿堆积标高为 830 m，尾矿堆积高度为 100 m，总库容为 620 万 m^3，有效库容为 460 万 m^3。该库于

1986 年建成投产，于 2002 年采用中线法筑坝工艺加高扩容设计，尾矿堆积标高最终可达到 860 m 时，有效库容为 580 万 m^3。[24]

2.1.4　五号库中线法筑坝实践

五号库采用中线法筑坝工艺，在德兴铜矿四号尾矿库建设和生产中首次采用，在国内应用比较少。五号库项目结合建设和生产的需求，以四号库为基础，继承中线法筑坝技术，形成的从建设到投产的完整的成熟技术体系，无论是在我国尾矿库建设中，还是在中线法筑坝技术的理论与实践中，都有巨大的创新价值和实践意义。

1. 工程概况

五号库位于四号尾矿库东侧相邻的铁罗山沟内，汇水面积为 15.407 km^2，尾矿库库区及附属设施的占地面积为 13.41 km^2，总坝高为 224 m，总库容为 10.313 亿 m^3。建成之后是亚洲最大的尾矿库。尾矿库两岸山脊线标高大多都在 310 ～ 610m，尾矿库走向为南—北走向。库区内控制岩性为千枚岩，岩性比较单一。

五号库工程最终的堆积标高为 290 m，此时尾矿坝的最大坝高为 222 m，尾矿库的总库容为 10.04 亿 m^3。根据《选矿厂尾矿设施设计规范》（ZBJ1—1990），对尾矿库等别的规定如表 2.2 所示。对照此表，该尾矿库为二等库。库容加上矿山正服役尾矿库的剩余库容，可满足堆存矿山生产期内产出全部尾矿的需要。

表 2.2　尾矿库等别

等　别	全库容 V / 10 000m^3	坝高 H / m
一	二等库具备提高等级条件者	
二	$V \geqslant 10\,000$	$H \geqslant 100$
三	$1000 \leqslant V<10\,000$	$60 \leqslant H<100$
四	$100 \leqslant V<1\,000$	$30 \leqslant H<60$
五	$V<100$	$H<30$

2. 五号库筑坝方案论证

借鉴国内外先进技术及德兴铜矿的成熟经验，结合五号库的选址方案，以确保按照技术上可行、经济上合理、尽可能少占农田、减少拆迁安置并考虑矿山长远发展等为基本原则，确定五号库筑坝方案。在方案制定过程中，重点考虑了五号库的建设容量与目前探明资源，生产运营需要，矿山尾矿的排放计划等因素。同时，在严格按照国家及有色金属行业的有关安全、环保法规，合理地采用高标准以及相关技术标准的前提下，深入分析和比较了两种筑坝方案，即上游法筑坝方案和中线法筑坝方案。

上游法筑坝的优点是筑坝工艺简单，易于管理，运营费用较低等，在国内得以普遍采用。

但该坝型受排矿方式的影响，往往含细粒夹层较多，渗透性能较差，浸润线位置较高，故坝体稳定性较差。由于排在坝前的尾砂分级、固结需要时间，因此要求尾矿坝的上升速度不能过快。从实践经验上看，虽然尾矿坝的运营费用较低，但是浸润线位置较高，后期常需要投入降低坝体浸润线的措施，甚至需要经常性或者多次采取降水、排渗等措施，人力、物力、资金耗费量也较多。

对于中线法筑坝尾矿，由于其使用旋流器分级后的底流粗尾砂，坝体尾矿颗粒粗，分布均匀，抗剪强度高，渗透性能较好，浸润线位置较低，故坝体稳定性较好，但增加了分级设施及费用，通常适用于比较狭窄的坝址。该筑坝法在国际上得到广泛使用，在国内也逐渐增多。德兴铜矿正在使用的四号尾矿库采用中线法筑坝，取得了良好的效果。四号尾矿库运行期间也积累了丰富的筑坝及运行管理经验。

因五号库的坝体较高、库容大，上、下游都有村庄，这对尾矿库稳定性、安全性都提出了较高的要求。初期坝址处的地形、地质条件十分理想，因此考虑中线法筑坝方案。经过核算筑坝的粗砂用量及尾矿的粗砂产率，可以满足本尾矿库使用中线法堆坝的要求，结合项目的环保和安全等各方面要求，五号库工程最终确定采用中线法筑坝方案。

3. 五号库筑坝设计参数

五号库筑坝设计参数主要内容如表 2.3 所示。

以上各参数及资料是尾矿库设计必不可少的。随着生产工艺的改进，若上述参数有变化，会及时将新的参数提供给设计部门，以便对原设计做必要的修改和完善。一个完善的设计不仅需要这些主要参数的明确数据，而且需要有详细确切的论证。

4. 堆存尾矿以及储存情况

五号库的尾矿砂来自德兴铜矿泗洲选矿厂和大山选矿厂，尾矿的产率、尾矿产量、设计浓度、实测浓度、尾矿细度等相关指标如表 2.4 所示。

确定筑坝方案之后对尾矿库面积、库容及砂量进行平衡计算，上、下游坝初期坝和后期坝的情况如表 2.5、表 2.6 和图 2.6 所示。

5. 五号库尾矿坝及设施

五号库尾矿坝由上、下游坝组成，是由两个坝体组成的尾矿库。上、下游尾矿坝均由初期坝、排渗设施、拦砂坝、截渗坝和后期坝组成，坝外均设渗水回收设施。

尾矿坝的最终坝顶标高为 290 m，尾矿库从下游拦砂坝坝址至上游拦砂坝坝址约为 4.6 km。下游坝建在杜村的上游，初期坝坝基标高为 66.35 m，坝顶标高为 120 m，坝高为 50.8 m，采用不透水土石坝，总坝高为 224 m，下游最终拦砂坝距杜村约为 650 m。上游坝建在小浮溪村的下游，初期坝坝基标高为 112 m，坝顶标高为 140 m，坝高为 28 m，同样采用不透水土石坝，总坝高为 170 m，上游最终拦砂坝距小浮溪村约为 650 m。

表 2.3　筑坝设计主要参数

设计基础资料的主要参数	矿日产量、设计服务年限内的尾矿总量
	尾矿颗粒分析及其加权平均粒径
	尾矿浆的流量及其浓度
	尾矿沉积滩的坡度
	尾矿浆的最小澄清距离
	尾矿库内平均堆积干密度
	尾矿库地区的地震设防烈度及气象资料
	尾矿库址工程水文地质条件
设计成品的主要参数	总库容及总坝高
	各运行期尾矿库的等别（设计规范规定同一个尾矿库在运行期间，库容由小到大，坝高由矮到高，库的等别也可随之变化，这样可大大节省基建投资）
	各运行期的防洪标准
	初期坝坝型、坝高和上、下游坝坡
	后期坝坝型、坝高和下游坝坡及堆坝逐年上升速度
	坝体稳定安全系数
	子坝堆筑方式
	浸润线控制深度
	尾矿库汇水面积
	各运行所需调洪深度及所需排洪流量
	设计洪水位时的最小安全超高和最小安全滩长（这里不是指设计规范中的最小安全超高和最小安全滩长）
	排洪构筑物的型式及尺寸

表 2.4　选矿厂尾矿指标表

选矿厂项目		泗洲选矿厂	大山选矿厂				合　计
选矿厂规模	万t/d	3.8			旋流车间	合计	13
			6.95	2.25	—	9.2	
尾矿产率	%	96.76	—	—	—	96.56	—
尾矿产量	t/d	36 769	63 940	20 700	4 189	88 829	125 598
设计浓度	%	30.61	33.69	33.69	36.58	33.82	—
实测浓度	%	20 ～ 22	29 ～ 30				—
尾矿细度	%	61.93	65.79				—
比重	—	2.67	2.56				—

注：“—”表示数据缺失或无该项数据。

表 2.5 尾矿库库容表

上游坝筑坝阶段	下游坝筑坝阶段	库内				总有效库容 / 万 m^3	总库容 / 万 m^3
		面积 / m^2	库容 / 万 m^3	库容利用系数	有效库容 / 万 m^3		
初期坝		0	0	—	0	0	0
		7 466.78	0.50	0.4	0.20	0.20	0.50
		222 441.7	90.72	0.4	36.29	36.29	90.72
		400 505.4	397.86	0.4	159.14	159.14	397.86
		641 902.6	914.34	0.4	365.74	365.74	914.34
		900 214.3	1 681.77	0.4	672.71	672.71	1 681.77
	初期坝	1 247 764	2 751.04	0.4	1 100.42	1 251.05	2 788.31
后期坝		1 521 826	4 133.57	0.4	1 653.43	1 870.79	4 246.94
		1 859 999	5 821.66	0.45	2 619.75	2 967.27	6 039.01
		2 252 723	7 874.89	0.45	3 543.70	4 058.79	8 222.41
		2 846 462	10 418.70	0.5	5 209.35	5 956.77	10 933.79
	后期坝	3 491 836	13 582.36	0.5	6 791.18	7 810.81	14 329.78
		4 025 504	17 337.87	0.6	10 402.72	11 744.27	18 357.50
		4 493 061	21 595.01	0.6	12 957.01	14 646.60	22 936.56
		5 017 786	26 348.02	0.65	17 126.21	19 291.79	28 037.61
		5 518 907	31 614.38	0.65	20 549.34	23 259.53	33 779.96
		5 951 606	37 348.27	0.7	26 143.79	29 465.63	40 058.46
		6 504 337	43 574.20	0.7	30 501.94	34 493.03	46 896.03
		7 037 681	50 343.46	0.75	37 757.59	42 510.65	54 334.55
		7 536 215	57 628.98	0.75	43 221.74	48 870.69	62 382.04
		7 974 730	65 383.42	0.8	52 306.74	58 943.54	71 032.38
		8 461 218	73 600.20	0.8	58 880.16	66 622.57	80 237.00
		8 933 033	82 296.26	0.85	69 951.82	78 900.20	90 038.67
		9 391 144	91 457.39	0.9	82 311.65	91 260.03	100 405.80

表 2.6　尾矿库砂量表

上游坝筑坝阶段	下游坝筑坝阶段	下游坝粗砂产率核算		上游坝粗砂产率核算		平均粗砂产率核算	
		下游有效库容 / 万 m^3	所需粗砂产率 / %	上游有效库容 / 万 m^3	所需粗砂产率 / %	总粗砂量 / 万 m^3	所需粗砂产率 / %
初期坝		—	—	—	—	—	—
		—	—	—	—	—	—
		—	—	—	—	—	—
		—	—	—	—	—	—
		—	—	—	—	—	—
		—	—	—	—	—	—
	初期坝	1 100.42	14.9	—	—	37.27	14.9
后期坝		1 653.43	14.4	—	—	113.37	14.4
		2 619.75	14.5	—	—	217.36	14.5
		3 543.70	15.6	—	—	347.53	15.7
		4 654.13	15.8	555.22	13.7	515.09	15.5
	后期坝	5 708.69	16.5	1 082.49	14.3	747.42	16.1
		8 116.38	14.8	2 286.34	11.9	1 019.63	14.2
		9 819.24	14.8	3 137.77	12.9	1 341.55	14.3
		12 598.71	14.4	4 527.50	12.5	1 689.59	13.9
		14 880.80	14.9	5 668.55	13.2	2 165.58	14.4
		18 610.43	14.4	7 533.36	13	2 710.19	14.0
		21 515.86	14.6	8 986.08	13.6	3 321.83	14.3
		26 352.96	14.1	11 404.63	13.3	3 991.09	13.9
		29 995.72	14.6	13 226.01	13.8	4 753.06	14.3
		36 052.39	14.2	16 254.35	13.5	5 648.95	14.0
		40 434.67	14.5	18 445.49	14.2	6 636.80	14.4
		47 815.78	14.1	22 136.04	14.1	7 742.41	14.1
		56 055.67	—	26 255.98	—	8 948.38	—

注："—"表示数据缺失或无该项数据。

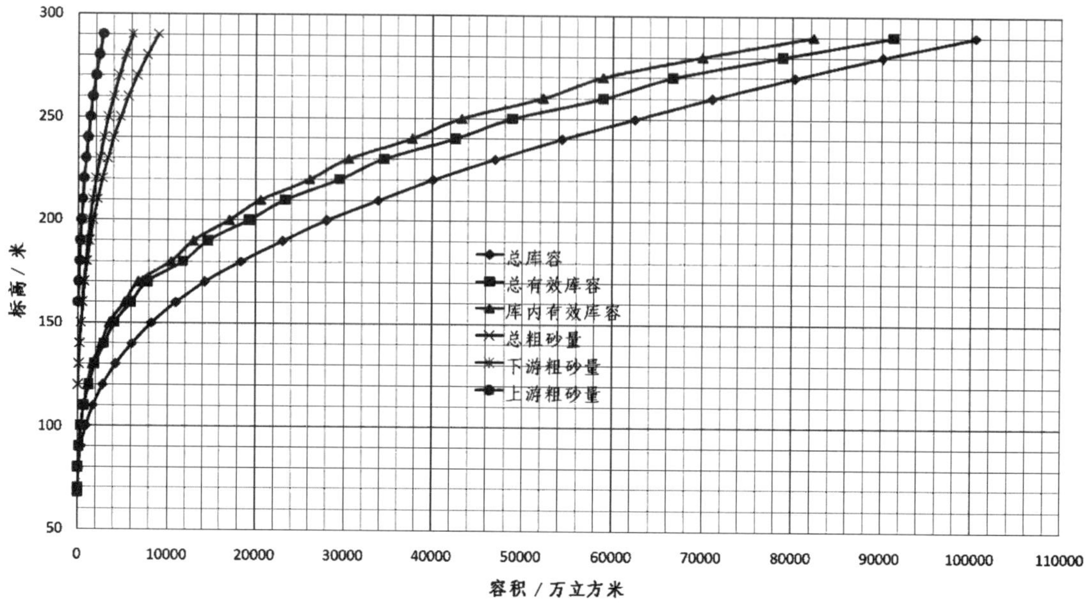

图 2.6 尾矿库库容及粗砂用量

尾矿库工程投入运行后即开始尾矿筑坝，后期坝均采用经两段旋流器，分级后的底流粗尾矿中线法堆筑。上游尾矿堆积坝外坡比为 1:3，下游尾矿堆积坝外坡比为 1:3.5，上游坝尾矿筑坝粗砂量为 6 436.23 万 m^3，下游坝尾矿筑坝粗砂量为 2 418.64 万 m^3，筑坝总量占尾矿排入量的 13.6%。一段分级旋流器设在分级站内，二段分级的旋流器均匀布置在坝顶，分出的粗尾砂排往下游筑坝，溢流细尾砂排往库内。旋流器随着坝顶的升高逐渐上移。

（1）初期坝。

下游初期坝设于铁罗山沟出口的杜村上游约 1 250 m 处，坝址处地形相对狭窄，下卧岩层为千枚岩区。初期坝的高度按容纳排矿初期的尾矿量、回水澄清距离、排洪安全、初期堆坝工作条件等因素确定。初期坝坝基标高为 68 m，坝顶标高确定为 120 m，坝高为 52 m，坝轴线长为 310 m，可形成总库容 2 788.31 万 m^3，有效库容 1 251.05 万 m^3，可满足投产初期 0.8 年的尾矿堆存需要。

考虑到尾矿库建成后初期尽可能地早回水，初期坝采用不透水坝，筑坝材料采用土石混合料，坝体内、外边坡坡比均为 1:2，坝顶宽度为 10 m。在防渗上，上游坝坡采用膨润土防水毯防渗。

上游初期坝设于小浮溪下游约 1 000 m 地形相对狭窄处。下卧岩层为千枚岩区。考虑到尾矿库建成后初期上游不排矿，只起到拦水坝的作用，初期坝采用不透水坝，筑坝材料为土石混合料。坝基标高为 125 m，坝顶标高为 160 m，坝高为 35 m，坝轴线长为 150 m。坝体内、外边坡坡比均为 1:2，坝顶宽度为 10 m，上游坝坡同样采用膨润土防水毯防渗。

由于初期坝与拦砂坝之间为逆坡，为了保证坝体排水的顺畅，需要将排渗垫层在从初期坝到拦砂坝之间设置成正向坡。经过设计论证，如果全部用级配良好的碎石回填，工程量大且投资高，总体效益较低，故在初期坝与拦砂坝之间采用土石料回填成由初期坝向拦砂坝的正向坡，坡度为1%。

（2）拦砂坝。

下游拦砂坝设在距初期坝下游640 m处，坝型为碾压堆石坝，坝顶标高为80 m，坝高为14 m，轴线长为250 m，顶宽为5 m，上、下游坡比均为1∶2，下游设干砌石护坡。为了防止暴雨期冲刷下游坝坡面的尾砂污染下游，在尾矿库工程使用的中前期，介于初期坝和下游拦砂坝中间修建了2条拦砂坝，中间拦砂坝长为200 m，高为10 m，为碾压式堆石坝。

上游拦砂坝设在距初期坝上游490 m处，坝型为碾压堆石坝，坝顶标高为140 m，坝高为18 m，轴线长为195 m，顶宽为5 m，上、下游坡比为1∶2，下游设干砌石护坡。为了防止暴雨期冲刷上游坝坡面，在尾矿库使用的中前期，同样介于初期坝和下游拦砂坝中间修建2条拦砂坝，中间两条拦砂坝长为190 m，高为10 m，也为碾压式堆石坝（表2.7）。

表2.7　上、下游初期坝和拦砂坝参数

名　称	坝基标高/m	坝顶标高/m	坝高/m	坝轴线长/m	坝顶宽/m	105 m以上边坡坡比	105～90 m边坡坡比	90 m以下边坡坡比	外边坡坡比	主要构成
下游初期坝	68	120	52	310	10	1∶2	1∶2.5	1∶3	1∶2	土石混合料坝，黏土斜墙防渗
下游拦砂坝	64	80	14	250	5	1∶2	1∶2	1∶2	1∶2	碾压式堆石坝，干砌石护坡
上游初期坝	125	160	35	150	10	1∶2	1∶2	1∶2	1∶2	土石混合料坝，黏土心墙防渗
上游拦砂坝	122	140	18	195	5	1∶2	1∶2	1∶2	1∶2	碾压式堆石坝，干砌石护坡

（3）后期坝。

后期坝是尾矿坝的主体，采用中线法堆坝。但考虑到地形影响，下游坝的后期坝在堆筑的前期坝轴线随着坝体升高，逐渐向上游移动并逆时针旋转。当坝高达到250 m左右，坝轴线不再向上游移动和旋转，在之后的堆坝过程中，完全按照中线法堆坝。下游尾矿坝的后期堆坝方法不是完全意义上的中线法堆坝，但从初期坝址处的地形看，虽然坝轴线先稍向上游移动，但对坝的整体稳定影响不大，总体上仍可以看作中线法堆坝，下游坝坡比为1∶3.5。上游坝的后期坝由于右侧山脊线在坝轴线上较矮，在坝顶标高升高到180 m左右，坝轴线在右坝肩向上游有一个转弯，转角约为41°。

堆坝所需粗砂产率为14%～16.5%。结合四号库的实践经验，尾矿采用两段旋流器，分级出的底流才可以满足筑坝对尾砂粒度的要求（筑坝所需粗尾砂粒度要求小于0.074 mm，

15%）。根据四号库多年堆坝和实际运行的数据，尾矿经过两段分级后，粗砂产率可以达到21%，通过对现有数据的分析，德兴铜矿的尾砂呈现变粗的趋势，那么粗砂产率可以进一步提高，粗砂可以满足堆坝的需要，同时考虑事故等对粗砂产率的影响，尾矿分级粗砂产率按20%进行控制。

一段分级旋流器设在分级站内，二段分级的旋流器均匀布置在坝顶，分级出的粗尾砂排往下游筑坝，溢流细尾砂排往库内（图 2.7），旋流器随着坝顶的升高逐渐上移。

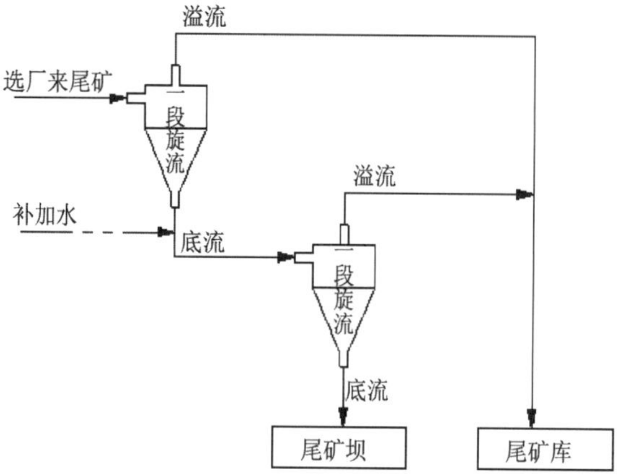

图 2.7 尾矿筑坝工艺流程

（4）排渗设施。

尾矿库是具有高势能的泥石流危险源，坝体内的浸润线若长期处于过高状态，会导致出现坝面、坝前沼泽化、管涌或流土等现象，为尽快排出粗砂内含有的水分，降低坝体浸润线，需要对尾矿坝进行排渗设计。

排渗设施按照坝体类型分为初期坝排渗和堆积坝排渗。初期不透水坝排渗，一般设有反滤层、排渗斜墙、底部褥垫或导水管及排渗棱体。堆积坝排渗设施有水平排渗、垂直排渗及垂直水平联合自流排渗等形式。水平排渗设施是在坝基范围内或在不同高程沉积滩面上、堆积子坝顶、马道上预埋水平盲管及滤管、碎石盲沟及导水管、滤管盲沟结合形式、双向槽孔管等渗体，将渗水引至集水总管，自流排出坝外。垂直排渗设施则是在不同高程沉积滩面上、截积子坝顶、马道上补设机械抽水管井、虹吸井、轻型井点、碎石盲井、袋装砂井或塑料插板等进行排水。垂直水平联合自流排渗由水平排渗和垂直排渗联合组成水平管 - 砂袋井、辐射井、双向槽孔管、水平滤管与塑料插板结合等形式联合排渗。

五号库的排渗设施中，下游初期坝与下游拦砂坝以及上游初期坝与上游拦砂坝之间铺设排渗垫层，垫层采取合理级配的新鲜卵砾石或碎石，厚为 3 m，平均宽为 190 m，长为 500 m。

（5）下游截渗坝及渗水回收泵站。

拦砂坝下游设截渗坝一座，采用混凝土重力坝，坝高为 5 m，坝顶长为 295 m，坝顶宽为 2 m；坝下采用帷幕灌浆，帷幕灌浆长度为 300 m，宽度为 4 m，灌浆孔 2 排，孔距为 1.5 m，梅花形布置，共设灌浆孔 600 个，帷幕深度达到新鲜岩层。同理，拦砂坝上游设截渗坝一座，采用混凝土重力坝，坝高为 5 m，坝顶长为 85 m，坝顶宽为 2 m；坝下采用帷幕灌浆，帷幕灌浆长度为 90 m，宽度为 4 m，灌浆孔 2 排，孔距为 1.5 m，梅花形布置，共设灌浆孔 180 个，截渗坝兼为上游水库的拦水坝。

截渗坝下设渗水回收泵站，渗水打到上、下游大山尾矿分级站作为尾矿一段分级后底流的稀释用水。渗水回收泵站尺寸为 10.5 m × 24 m × 6 m，配 MD280-43 × 6 水泵（H=228 m，Q=335 m^3/h，电机功率 300 kW）3 台，采用二用一备的形式。

在下游拦砂坝和截渗坝之间，依次设沉砂池和渗水回收池，沉砂池尺寸为 150 m × 60 m × 3m；渗水回收池尺寸为 150 m × 60 m × 3m。在沉砂池与渗水回收池之间通过明渠相连。同样，在上游拦砂坝和截渗坝之间，依次设沉砂池和渗水回收池。沉砂池尺寸为 80 m × 70 m × 3m；渗水回收池寸尺为 80 m × 70 m × 3m。沉砂池与渗水回收池之间通过明渠相连。

6. 中线法筑坝工艺流程

上、下游尾矿坝后期坝的筑坝工艺均采用中线法筑坝，尾矿采用二段分级，二段分级的底流排往下游筑坝，溢流排往库内，具体流程如图 2.8 所示。在尾矿库运行前期，分级及排放都依靠高差形成的静压力完成。

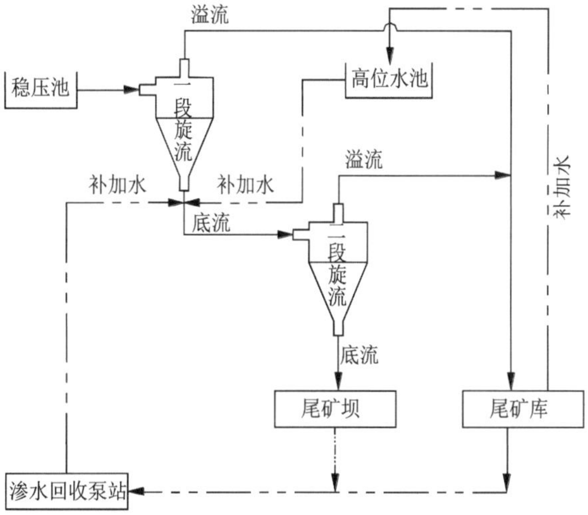

图 2.8　尾矿分级及排放流程

在尾矿库项目使用的初期只在下游排矿，五号库建成的初期排入的尾矿量为 63 940 t/d（大山选矿厂 6.95 万 t/d 部分尾矿）。根据上述尾矿量，尾矿库下游坝大约需要 3 年的时间，坝顶标高能达到 160 m，当坝顶标高达到 160 m 后，尾矿采用上、下游同时筑坝。

尾矿上、下游排放的比例关系与上、下游坝上升速度的平衡：从尾矿库的地形条件看，以距上、下游坝轴线相等距离为分界点，上、下游坝控制的排放面积及容积的比例在 1∶2 左右，上、下游坝筑坝所需粗砂量的比例同样为 1∶2（表 2.8）。

表 2.8　上、下游坝粗砂量

下游坝				上游坝			
筑坝阶段	坝顶标高 / m	坝高 / m	粗砂量 / 万 m^3	筑坝阶段	坝顶标高 / m	坝高 / m	粗砂量 / 万 m^3
初期坝	68	0	—	—	—	—	—
	70	2	—	—	—	—	—
	80	12	—	—	—	—	—
	90	22	—	—	—	—	—
	100	32	—	—	—	—	—
	110	42	—	—	—	—	—
	120	52	37.27	初期坝	125	0	—
后期坝	130	62	113.37		130	5	—
	140	72	217.36		140	15	—
	150	82	347.53		150	25	—
	160	92	511.64		160	35	3.45
	170	102	682.17	后期坝	170	45	65.25
	180	112	878.75		180	55	140.88
	190	122	1 100.93		190	65	240.62
	200	132	1 328.05		200	75	361.55
	210	142	1 661.99		210	85	503.59
	220	152	2 036.07		220	95	674.12
	230	162	2 443.22		230	105	878.62
	240	172	2 884.72		240	115	1 106.37
	250	182	3 387.61		250	125	1 365.44
	260	192	3 999.19		260	135	1 649.76
	270	202	4 656.21		270	145	1 980.59
	280	212	5 363.74		280	155	2 378.68
	290	222	6 117.86		290	165	2 830.52

注：“—”表示数据缺失或无该项数据。

（1）尾矿分级排放筑坝。

尾矿库基建期建设完成之后，主要先为五号库工程使用初期大山选矿厂 6.9 万 t/d（尾矿量为 63 940 t/d）部分尾矿堆排放。下游坝一段分级设在下游大山尾矿分级站内，下游大山尾矿分级站标高为 237 m，旋流器按 63 940.0 t/d 处理量选用，内设 5 组旋流器组，每组装配

6台 Φ660 旋流器。正常工况下，每组的 6 台旋流器中，5 台工作，1 台备用，共 25 台旋流器工作。旋流器单台处理矿浆流量为 378 m^3/h。旋流器的工作压力为 0.125 MPa，由稳压池与分级站之间形成的高差静压给矿。一段分级的溢流自流输送到坝顶分散放矿，筑坝时在岸边集中放矿。底流加水稀释到 40% 的浓度后，自流到坝顶进行二段分级。坝顶设 Φ660 型水力旋流器 20 台，直径为 660 mm，工作压力为 0.125 MPa，每台处理量为 378 m^3/h。二段旋流器分级后的底流用来筑坝，溢流排往库内。上游坝一段分级设在上游大山尾矿分级站内，旋流器按 40 500 t/d 处理量选用，内设 4 组旋流器组，每组装配 6 台 Φ660 旋流器。正常工况下，每组的 6 台旋流器中，5 台工作，1 台备用，共 20 台旋流器工作。旋流器单台处理矿浆流量为 378 m^3/h。旋流器的工作压力为 0.125 MPa，由稳压池与分级站之间形成的高差静压给矿，上游大山尾矿分级站标高为 230 m。

为泗洲选矿厂排放时，一段分级设在下游泗洲尾矿分级站内，内设 3 组旋流器组，每组装配 6 台 Φ660 旋流器。正常工况下，每组的 6 台旋流器中，5 台工作，1 台备用，共 15 台旋流器工作。旋流器单台处理矿浆流量为 378 m^3/h。旋流器的工作压力为 0.125 MPa，由稳压池与分级站之间形成的高差静压给矿。一段分级的溢流自流输送到坝顶分散放矿，筑坝时在岸边集中放矿。底流加水稀释到 40% 的浓度后，与下游大山尾矿分级站的底流会合到一起后，自流到坝顶进行二段分级。

当尾矿坝升高到一定高度后，下、上游大山尾矿分级站分级后的尾矿无法自流到坝顶，分级站出来的底流和溢流需要用泵加压输送到坝顶进行二段分级和排放。一段分级的产砂率按 0.42 计算，泵站内泵的配置按输送溢流和底流分别设计。在分级站不分级尾矿的情况下，全尾矿由溢流泵打到库内集中排放，则溢流泵的输送能力要兼顾溢流和全尾矿两种情况。考虑到下、上游尾矿输送的不均衡性，波动系数按 1.3 考虑。

当下游坝达到 200 m、上游坝达到 195 m 后，上、下游大山尾矿分级站的底流尾矿无法通过高差输送到坝顶进行二段分级，需要加压输送到坝顶，在分级站的附近设大山尾矿泵站，标高为 233 m，坝顶最终标高为 290 m。

（2）坝体砌筑方法。

大坝升高采用进占法。升高坝顶时，二段分级旋流器架设于尾矿坝坝轴线两端，以粗砂堆积成的坝体作为基础，分别向另一端分段进占。坝顶施工一般安排在汛期过后，坝顶合拢应在第二年的汛期前完成。坝顶堆坝施工采用推土机配合，分几次移动旋流器进行。

堆积坝施工程序为先加高坝顶然后再加厚坝体。按照四号库经验，每期堆积坝升高的高度一般控制在 10 m 左右为宜。如一次性升太高，会造成堆坝施工周期长，影响坝体边坡稳定；上升高度太小，则坝顶加高工作过于频繁，生产管理不便。

坝顶加高工作完成以后，再将二段旋流器沿坝轴线下游侧均匀布置，通过交叉开启旋流器，将堆坝内的粗砂分区排放。粗砂输送至边远地区采用轻质管材导流，二段溢流尾砂从坝前排进库内。

2.2　圆形隧道衬砌全断面针梁式钢模台车支护工法

2.2.1　工程概况

五号库设计主体工程有上、下游坝，排洪系统等，其中二标段分为三个子单位工程，由下游排洪系统、库内 1# / 2# 排洪系统组成。其中，上游至下游排洪隧洞断面为圆形断面，净断面直径为 3.5 m，隧洞全长约为 5 800 m。为保证隧洞混凝土结构的施工质量，隧洞永久衬砌采用针梁式圆形模板台车整体浇筑。

针对圆形隧道断面的支护，传统的做法是先支护圆形隧道上部 2/3 部分巷道，当隧道掘进完工及上部 2/3 部分巷道支护完成后，再清理下部 1/3 部分巷道的废碴和支护下部 1/3 的巷道，即采取两步支护方法进行圆形隧道的衬砌。传统方式既费工时，又进度缓慢，并且施工缝质量难以保证。

由于本工程对质量控制要求高，且服务年限长，根据混凝土衬砌的体型特点和相关要求，采用圆形全断面针梁式钢模台车（以下简称台车）衬砌全断面一次成型，取得了良好效果，混凝土浇筑质量、施工进度、施工安全都得到了较好控制。

2.2.2　工法创新点

此工法是将公路、铁路施工中模板台车支护工法应用在矿山排洪隧洞上，设计圆形隧道全断面针梁式钢模台车进行衬砌，为尾矿库排洪隧洞的衬砌提供保障。此工法有如下特点：

（1）整体性好，圆形隧道衬砌全断面一次成型。

（2）机械化程度高，支模、托模、移模工序机械化。

2.2.3　隧道衬砌模板台车

隧道衬砌模板台车是指一种由钢材制造的，具有一定形状、强度和刚度并用于隧道混凝土衬砌作业以达到所需要求的表面形状和尺寸的隧道施工机械。在我国铁路、公路建设及水电站的建设应用中较为广泛，采用钢模衬砌台车施工，既可以满足隧道混凝土的衬砌高质量和高效率的要求，同时避免了隧道施工中的干扰，减少了人力物力，降低了职工的劳动强度，提高了隧道施工的机械化程度。

1. 模板台车国内外应用现状

国外从 20 世纪 50 年代开始研制使用模板台车，一般大型水电隧洞，铁路、公路隧道和城市地铁多采用模板台车。日本、意大利、美国、英国等均大量使用。20 世纪 80 年代以来，除少部分小型隧洞外，不同的洞形（圆形、马蹄形、方圆形）、不同的断面尺寸基本上都使用模板台车，混凝土浇筑实现了机械化作业。

国外大型隧洞混凝土衬砌多采用模板台车，浇筑速度较快。如曼格拉工程，隧洞直径为 9.15 m，每个工作面配两套长 9 m 的模板台车，平均月进尺为 118.3 m，最高周进尺达 73.2 m，最高月进尺为 170.4 m。原苏联英古里电站引水隧洞，内径为 9.5 m（分二层开挖），顶拱混凝土月进尺为 60 m，边墙混凝土月进尺为 120 m；边顶拱一次浇筑时月进尺为 120 m；底部反拱混凝土浇筑月进尺达 300 m。英古里电站引水隧道工程采用模板台车，底部反拱混凝土浇筑月完成 300 m。[25]

在我国，1953 年首次使用模板台车进行隧道混凝土衬砌施工，这是从手工衬砌到机械化施工的飞跃。1983 年，我国从日本引进模板台车用于衡广复线上的大瑶山隧道进行大断面衬砌施工，该台车为穿行式，长 8 m，重 100 t。在鲁布革水电站中首次应用全断面针梁式模板台车，进行鲁布革尾水洞的混凝土衬砌。1985 年，广东完成了我国第一台模板台车设计制造。之后隧道衬砌的模板台车在公路、铁路领域应用越来越广泛。北京地铁隧道在复八线施工中研制了新型穿行式分体模板台车，不仅整体性好，浇筑的混凝土质量成型效果也较为完美。模板台车广泛应用于水利隧道、铁路隧道、公路隧道等暗挖隧道，后在明挖隧道中也有应用。[26]

2. 模板台车的分类

按模板台车的使用场合可分为：

（1）单线铁路隧道衬砌模板台车；

（2）双线铁路隧道衬砌模板台车；

（3）公路隧道衬砌模板台车；

（4）大型水电站引水洞圆形断面衬砌模板台车；

（5）水电站通风洞小型断面衬砌模板台车。

按模板台车的结构形式可分为：

（1）边拱轨行式衬砌模板台车；

（2）针梁式底部衬砌模板台车（拖模）；

（3）针梁式全断面衬砌模板台车；

（4）穿心式全断面衬砌模板台车；

（5）滑臂式小型断面衬砌模板台车。

按行走方式可分为：

（1）自行式和外牵引式；

（2）液压传动式和机械传动式。[27]

3. 模板台车设计要求

首先是对钢模板的外形尺寸的要求，其必须达到隧道断面的标准和要求，当隧道断面处的最大断面半径不超过 3 m 时，要求钢模板的形状误差应小于 10 mm；当隧道断面处的最大断面半径大于 3 m 时，钢模板的形状误差应小于 20 mm。同时，必须确保隧道中心线与钢模板中心重合，组装的初始误差不得超过 50 mm，否则无法通过钢模板的水平移动调整到位。

另外，其顶模必须能进行一定的调整，从而保证当台车的主台架在无法将纵向调整到位时，可以通过顶面的调整来满足隧道的纵向坡度要求。

其次是对钢模板的动作的要求，其应当能够有效地完成锁定定位、支模、脱模等工作。近年来设计的钢模板台车的模板支模和脱模基本上都是采用液压驱动，而锁定是通过机械装置来完成的。同时，整体模板应留设灌注窗和作业窗以满足施工的需要。另外，钢模板台车各个部件的设计应当能够满足运输的条件。

再次，钢模板台车的主台架内净空应当能够保证其他施工机械顺利通过，并保证能够满足其他机械在拖拉行驶过程中的要求，以及台车自身通过岔道时的通行能力能够满足要求。

最后，要注意的是门架行走轮的轴距和整体模板的长度应满足隧道转弯半径以及其他配套机械的施工组织需要，通常模板的长度在 6 ~ 12 m，而门架轴距应当小于整个模板长度的 1 m 左右。另外，在高瓦斯隧道的施工中，钢模板台车的电气系统应当按照防爆规范进行设计和制作，并达到 II 级防爆等级从而保证其使用安全。[28]

2.2.4 圆形隧道衬砌全断面针梁式钢模台车工艺

1. 台车构造

台车是为圆形排洪隧洞的整体衬砌而专门设计，台车衬砌隧洞为全圆断面，底、边、顶一次性成型。该模板台车通过安装在台车上卷扬机钢丝绳的拉动，使钢模和针梁架通过安装在接触位置的轨道轮作相对运动，台车便可向前移动。

2. 主要部件

台车主要由模板总成、针梁架总成、模板梁框架总成、液压支腿、液压系统、抗浮架、卷扬系统、电气系统等组成，台车的总重量约为 35 t。细部结构如图 2.9 所示。

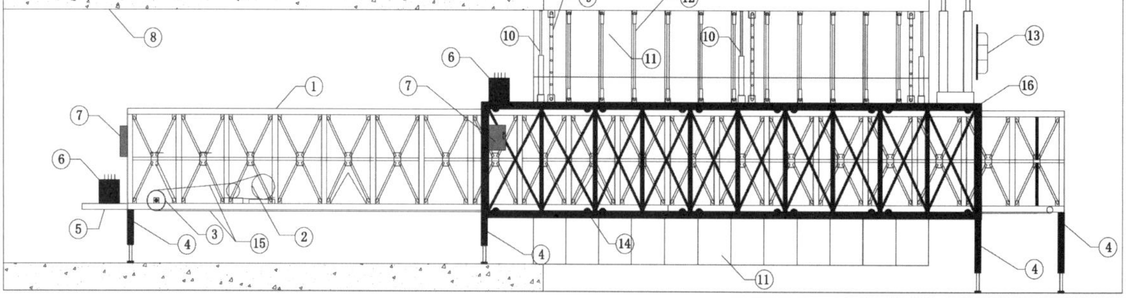

①针梁总成；②卷扬机；③导向轮；④液压支腿；⑤操作台；⑥液压系统；⑦电气装置；⑧已衬砌段；⑨限位链条；⑩模板液压油顶；⑪ 模板总成；⑫ 法兰式丝杆；⑬抗浮架；⑭ 轨道轮；⑮ 钢丝绳；⑯ 梁框总成

图 2.9 细部结构图

（1）模板总成。

模板总成由顶模板、左边模板、右边模板、底模板等组成。左右模板均采用折页式铰接模板。顶模板约为 1 m 宽，与右边模板通过折页铰接。底模板与模板梁框架总成焊接成整体。

圆筒形的钢模板长为 12 m，板厚为 6 mm，分成 2 个节段进行加工制作，每段长为 6 m，拼装采用高强螺栓连接，两节段模板规格统一。模板在液压油缸控制下，可以绕铰点转动，实现立模、拆模。模板左右边各设有 8 个 200 mm × 300 mm 方形工作窗口，顶部设有 3 个混凝土进料口和一个 400 mm × 400 mm 的方形工作窗口，左右模板共设有 12 个附着式振动器，顶拱模板收缩液压油缸共计 6 个，侧模双耳螺旋千斤顶共计 6 个，法兰式丝杆共计 44 个，呈扇形布置。

（2）针梁架总成。

针梁架总成由导梁、导向轨道等组成。针梁架导梁为桁架结构，断面尺寸为 1.6 m × 1.6 m，共分成 4 节，每节长为 6.75 m，总长为 27 m，节与节以高强度螺栓连接。

（3）模板梁框架总成。

模板梁框架总成是由整体框架、轨道轮等组成的箱梁，套在针梁架总成外部，框架下部通过高强螺栓与底模板连接成不可调节整体，在与边模板折页铰接处收缩，通过液压系统伸展立模。所有支撑模板的液压系统和连接杆均固定连接在模板梁框架总成上部，并按受力要求布置。在模板梁框架总成上部和下部均安装有轨道轮，通过与针梁架总成接触位置的轨道前后移动。立模时，定好位后利用槽钢插入预先设置的栓孔，把针梁架与模板梁框架总成固定，防止前后移动。

（4）液压支腿。

针梁架总成两端左右方分别设有 2 个液压支腿，共计 4 个。模板梁框架总成两端左右方分别设有 2 个液压支腿，共计 4 个。两处加起共有 8 个液压支脚。液压支腿通过安装在针梁架总成上的液压系统进行控制，控制手柄分别安装在支腿附近，通过液压油管与液压系统连接。支撑在已衬砌段的支腿为与衬砌断面同弧度的弧形支腿，前进方向的支腿为箱型支腿。

（5）抗浮架。

隧洞为全断面一次衬砌成型，在浇筑圆形断面下部混凝土过程中，会产生较大的上浮力，因此应设置抗浮架，以保证浇筑下部混凝土过程中模板位置不向上移动。抗浮架设置在未衬砌的隧道顶部。因立模时模板与已衬砌段有 100 mm 以上的接茬，模板与已衬砌段接触可起到抗浮作用，可不设置抗浮架；混凝土浇筑为左右均匀浇筑，水平方向设置千斤顶定位。抗浮架固定在模板梁框架总成上方，通过液压系统控制。

（6）液压系统。

液压系统由两套液压油泵机组（设有顶模油缸 9 个，支腿油缸 4 个，横移油缸 2 个，液压马达 2 个）及控制元件等组成。台车操纵分为两部分，即模板操作和液压支腿操作，分别控制顶模板的收拢、打开和液压支腿的收放。

（7）卷扬移动系统。

卷扬机反向安装在已衬砌段方向、针梁架内部。利用导向滑轮绕过针梁架下方，固定在未衬砌段方向顶端、底部的针梁架或模板梁框架总成上，通过变换挂钩位置，起移动模板台车的作用。电气设备包括液压电机、卷扬电机和照明线路。

3. 工艺流程

圆形隧道衬砌全断面针梁式钢模台车工艺流程如下：

圆形模板安装→模板梁框架总成→针梁架总成→液压系统安装→卷扬移动系统安装→混凝土浇灌→模板梁框架移动→针梁架支撑→圆形模板托模→圆形模板移动→圆形模板支撑→混凝土浇灌。

4. 工作原理

（1）钢模工作原理。

钢模上安装了三组液压油顶，可完成立模、拆模工作。在顶模和边模的对应位置上安装液压千斤顶，油缸伸出，钢模上设置铁链条作为限位装置。定位后，旋紧液压千斤顶，这样保证衬砌尺寸的准确性。再把法兰式丝杆旋紧至模板预定位置，减轻液压油顶的载荷。脱模时，先脱顶模，再脱左右边模，最后针梁架随支腿竖向油缸向上顶升而上升，使整个台车上升，底模与混凝土脱离。

（2）行走原理。

当需要移动针梁架时，挂钩直接固定在模板梁框架总成顶端底部，针梁架两端的液压支腿收缩，模板梁框架总成两端的液压支腿受力，卷扬机启动时针梁架向前移动。当需要移动模板时，挂钩钢丝绳绕过安装在针梁架未衬砌段方向顶端、底部增加的滑轮，再固定在模板梁框架总成上，针梁架两端的液压支腿受力，模板梁框架总成两端的液压支腿收缩，卷扬机启动时，钢丝绳反向拉模板梁框架总成，模板与模板梁框架总成一起向前移动。

（3）定位原理。

滑枕竖向油缸上、下运动台车可作纵向调整，安装在滑枕上的横移油缸可使台车横向调整。

（4）纵向、横向稳定原理。

解决纵向稳定问题，下有底座竖向油缸支撑，上有抗浮架固定，使针梁架和钢模紧密地结合在一起，增加了整个台车的稳定性。横向稳定装置是两对可定位的千斤顶，安装在前后模板梁框架总成上，当台车调整后，旋紧千斤顶，支撑针梁架，保证台车横向稳定。

5. 衬砌工艺

（1）钢筋绑扎。

钢筋的绑扎应超前 2 个仓位，钢筋应与围岩内伸出的锚杆头及架立筋牢固连接，以固定钢筋网，防止钢筋网变形、错位。绑扎钢筋前应测量定位准确，以免影响钢模台车就位。钢筋绑扎应符合设计要求和验收规范等。仓与仓之间预留针梁架承重支腿下落范围（左右宽约为 420 mm，前后宽约为 120 mm）。

（2）混凝土入仓及振捣。

严格按设计配合比拌制混凝土，混凝土坍落度、初凝时间、终凝时间满足泵送混凝土施工要求，混凝土的和易性良好。

混凝土每仓浇筑长度为 12 m，台车底模板中间预留有工作窗口，首先从底部中间下料，采用附着式振动器振捣密实。当混凝土下料达到模板的底部高程时，开启两边的侧模工作窗口，从两侧均匀下料，使左右模板外的混凝土上升速度和混凝土面的高度保持一致，并加强振捣，保证混凝土面平顺光滑。边墙采用分层平铺方式浇筑，每层浇筑厚度控制在 300 ~ 400 mm，以每半小时浇筑一层的速度控制；浇筑过程中台车前后同一侧混凝土面高差不大于 600 mm，左右两侧混凝土面高差不大于 500 mm；顶模板沿中线位置留 3 个进料口及封孔器，顶拱及腰线以上的混凝土由此泵送入仓。混凝土输送管口下落高度应小于 2 100 mm。

（3）设备与材料。

根据实际情况，选择主要机具设备（表 2.9）。

表 2.9　主要机具设备

序　号	名　称	规格、型号	单　位	数　量	备　注
1	汽车吊	25 T	台	2	井架组装用
2	直流电焊机	ZX7-500	台	1	焊 Q345B 材料用
3	交流电焊机	BX-500	台	4	焊 Q235B 材料用
4	烘干箱	ZYH	台	1	焊条烘干用
5	保温桶	TRB-2.5	个	5	—
6	螺旋千斤顶	50 t	个	4	—
7	螺旋千斤顶	32 T	个	2	—
8	螺旋千斤顶	20 T	个	2	—
9	环链手链葫芦	30 T	个	2	—
10	环链手链葫芦	20 T	个	2	—
11	环链手链葫芦	5 t，10 t	个	各 2	—
12	磁力线锤	—	个	4	—
13	割炬	J01-30	把	4	—
14	角向磨光机	—	台	8	—
15	超声波探伤仪	—	台	1	—
16	吊具	T 吊索、卸扣等	套	2	200 起重机配套
17	扭剪型电动扳手	SM-24E	把	1	高强度螺栓用

注：“—”表示数据缺失或无该项数据。

根据实际情况，选择主要测量设备（表 2.10）。

表 2.10 主要测量设备

序 号	名 称	规格、型号	单 位	数 量	备 注
1	水平仪	S2	台	2	—
2	全站仪	—	台	2	—
3	角尺	—	把	2	—
4	钢卷尺	50 m	个	2	—
5	钢板尺	1 000 mm	个	4	—
6	钢板尺	500 mm	个	4	—
7	漆膜测厚仪	—	台	1	—

注："—"表示数据缺失或无该项数据。

主要材料是由针梁架总成和模板梁框架总成的框架结构的型钢组成，由 [20a 和 L70 × 7 及 30 方钢（作为行走轨道）加工成框架结构，材料用量由设计的圆形巷道大小和支撑结构的稳定性确定。支撑的液压系统由液压支腿、抗浮架和液压系统油缸组成。

2.2.5 质量控制措施

针梁架和模板梁框架均为钢框架结构，由型钢焊接而成。焊缝质量、针梁架及模板梁框架的稳定是工法运用的安全保证，在质量控制措施中钢结构焊缝施工质量措施和梁架的稳定措施是本工法的关键。

1. 钢结构焊缝施工质量保证措施

依据设计要求，对接焊缝等级一般为二级焊缝要求，由第三方检测机构进行探伤试验，出具探伤检测报告，方为合格。同时，需要做到以下几点：

（1）技术人员对井架施工图纸每一个焊缝符号代表的意义进行详细交底。

（2）对采购的 J422、J506 焊条，必须经专人验收合格后才允许使用。严禁使用药皮脱落或焊芯生锈的焊条。

（3）由于下雨、流水或其他原因造成焊接接头潮湿的，必须用火焰将焊缝两侧 100 mm 范围内（包括反面）以及接头间隙间水分烘干。由于潮湿引起的坡口或坡口周围生锈的，要在焊接前用砂轮机打磨除锈。

（4）焊条烘焙要求：酸性药皮焊条（J422）烘焙温度为 120℃～150℃，恒温时间 1 小时；碱性药皮焊条（J506）烘焙温度 350℃，恒温时间 1 小时。潮湿天气下，碱性焊条使用要严格遵循每次只能取一根，其余的置于保温筒中。

（5）清理焊口：施焊前，检查坡口、组装间隙是否符合要求。根部间隙不满足要求时，需用磨光机打磨至足够宽度，避免出现根部缺陷。检查定位焊是否牢固。焊缝周围不得有油污、锈物。

（6）焊条角度：根据焊件厚度确定。两焊件厚度相等，焊条与焊条左右方向夹角均为

45°；两焊件厚度不等时，焊条与较厚焊件一侧的夹角应大于较薄一侧的夹角。焊条应与垂直面形成 60°～80° 角，使角弧略向上，吹向熔池中心。

(7) 焊接电流：平焊，根据焊件厚度、焊接层次、焊条型号、直径、焊工熟练程度等因素，选择适宜的焊接电流；立焊，焊接电源比平焊电流小 10%～15%；仰焊，宜采用小电流，短弧焊接。为保证打底焊透，宜选用小直径焊条。

(8) 清理焊道：焊接下一遍焊缝前，必须对上一道焊缝用小尖锤敲击，清除上一遍焊缝的药皮和飞溅物，并用钢丝刷或磨光机清理干净后才能进行下一遍焊接。若清除时，发现有影响焊接质量的缺陷，必须清除后再补焊。最后一遍焊缝要饱满，高度达到设计要求。

(9) 焊缝处理：对出现内部裂缝、表面气孔或质量不符合要求的焊缝，必须用碳弧气刨或磨光机清除，重新焊接。

2. 梁框架找正放点固定质量控制

首先在硐口附近整理一块平整的场地，要求进行场地硬化，圆形模板台车由生产厂家加工好，运输至场地上，用水准仪和全站仪进行找平和标出模板台车中心线，定位时将模板台车一端对准硐口，尽可能地保持模板台车中心线和硐口中心线一致。梁框架在场地内加工拼装成整体后，用两台吊车起吊，插入圆形模板台车中间空隙内，再用加强板由螺栓固定在模板台车的支撑钢架上，并焊接加固。

3. 梁框架的稳定措施

针梁架和模板梁框架的结构由其承受的重量确定，设计构件框架时，必须保证安全系数在 6 倍以上，梁框架的主梁为槽钢、支撑的副梁为角钢，具体型号由模板台车重量和其支撑的混凝土重量确定。

4. 安全保证措施

(1) 注意事项：

①高空作业人员必须检查身体，合格者方可上岗。高空作业人员必须系好安全带。安全带要经过试验，合格者方可使用。焊工高空作业必须使用铁链保险带。高空焊接，电源随用随给，用完后随时断电。

②禁止电线与钢丝绳磨擦，尤其注意电焊机火线与地线不得触及钢丝绳。氧气瓶与乙炔瓶相距要大于 10 m，距明火 10 m 以外。施工现场要有消防设施，要保持场地卫生清洁，无易燃、易爆物。

③各用电设备必须有其独立的控制开头与合格的接地线。

(2) 针梁架起吊：

①起吊前再次检查绑结点。

②试吊，使各部有一定的受力，但吊件不得移动，再检查有关部位及设施，无问题后再起吊。

③针梁架抬起 500 mm 时，停止起吊，观察各部分情况，无任何异常时，可开始起吊。

④针梁架一端插入梁框 2 m 后，吊车要可靠停车，再固定针梁架和梁框架，安装液压行

走系统。

⑤指挥信号要明确统一，有关人员必须十分清楚。

（3）起重吊装管理：

①起吊构件必须绑扎牢靠并固定好，起吊绳与构件接触部位必须加方木进行保护，通知有关人员避开起吊作业区域。

② 2 m 以上高处作业人员必须系符合要求的保险带，同时禁止上、下平行作业。

③起重绳套、机具每天必须由各专职人员检查一次，发现问题及时处理，检查和处理结果均要留有记录。

④起重机司机、起重工等要害工种的操作人员必须选派责任心强、工作认真、培训考试合格的有证人员担任。

（4）加强信号管理，使用信号应清晰、准确，防止误动作。

（5）起吊物在起吊至 100 mm 时，应停止起吊，待观察各部情况无任何异常后，方可继续起吊，同时起吊应平稳。

（6）遇有大雪、大雾、雷雨、六级以上大风等恶劣天气或夜间照明不足，使指挥人员看不清工作地点、操作人员看不清指挥信号时，不得进行起重作业。

（7）为快速、准确传递指挥人员的各项指令并及时反映执行情况，为使吊装指挥能随时了解各吊装要害环节监控人员反映的信息，以及各操作点的工作情况等，应设立声光信号传递系统、无线对讲机等。

（8）起重机具如吊耳、回转铰链等应经过验算，按加工工艺制作，并达到有关的质量标准，完成后经过超负荷试验，合格后才能使用。

（9）吊装前的试吊是一项重要的安全技术措施。试吊并妥善处理试吊中出现的问题。

（10）在起吊重物过程中，应有专人负责、统一指挥、分工明确、职责到人，并按施工方案及措施执行。

5. 环保措施

此工法着重在加工针梁架和吊装作业的过程中采取一系列环保措施。具体措施如下：

（1）成立现场施工环境保护小组，每周进行定期检查，发现问题及时制订整改措施，落实责任人。

（2）施工现场不准随意堆放材料和机械设备，保持道路畅通，操作地点保持整洁干净。

（3）施工现场的各种材料、工器具等应按指定位置存放，并分规格码放整齐、牢固，做到一头齐、一条线。

（4）施工现场内的各种材料，依据材料性能妥善保管，采取必要的防洒、防潮、防雨、防冻、防火、防损坏等措施。

（5）施工现场的施工垃圾及时分检，有使用价值的应回收利用，废料及时清理出现场。

（6）加工制作时，产生的废油、废布、污水等不得随地乱扔乱放，收集集中处理。

6. 效益分析

此工法适用于圆形的水工隧道和圆形的公路隧道的衬砌施工，实现了圆形隧道衬砌全断面一次成型，避免了圆形隧道多次衬砌产生施工缝，多次进行防水措施施工增加费用。工法使支模、托模、移模工序机械化，与常规支护施工方法相比，支护施工速度提升了 1 倍，人工成本降低了 2/3。在五号库上、下游坝及排洪系统的隧道支护施工过程中，每套模板支护施工速度达到每月 320 m 的施工进度。

第 3 章　德兴铜矿五号尾矿库项目绿色（环保）创新

3.1　尾矿库环境污染

3.1.1　尾矿库环境污染类型

尾矿库造成的污染情况较为复杂，从水环境到大气环境，形成固体废物以及风化污染。污染表现多方面，污染形式多样，有直接的污染也有间接的污染。随着时间的变化还会形成新的污染源，通过氧化、水解和风化等表生变化，原本无污染的组分转变为污染组分。

1. 水环境污染

尾矿废水对环境造成的污染主要源于地表水污染和地下水污染两个方面。尾矿废水中的有毒、有害物质在尾矿沉积过程中与尾矿中存在的某些物质发生相应的物理化学反应，进一步形成新的污染物。若发生突发事故，尾矿废水有极大概率会流向水源地或天然排泄区，易造成地表水大面积的长期污染，从而对尾矿库周围的居民生产、生活造成影响，对下游的水体造成严重威胁。[29] 尾矿废水的渗漏结合溶滤作用，严重影响地下水污染。尾矿砂经长期风化、侵蚀，通过大气降水形成的渗滤液，会淋溶出一部分污染物。通常污染物中含有浓度较高的金属盐类、酸根离子，大量有机物、硫化物及其他有害物质，这些污染物通过饱和带污染地下水。若尾矿中含有放射性元素，排出后会对周围环境（包括生物）造成放射性污染，甚至可以通过植物富集进入食物链，危害人类的身体健康。[30] 尾矿废水中污染物的迁移过程如图 3.1 所示。

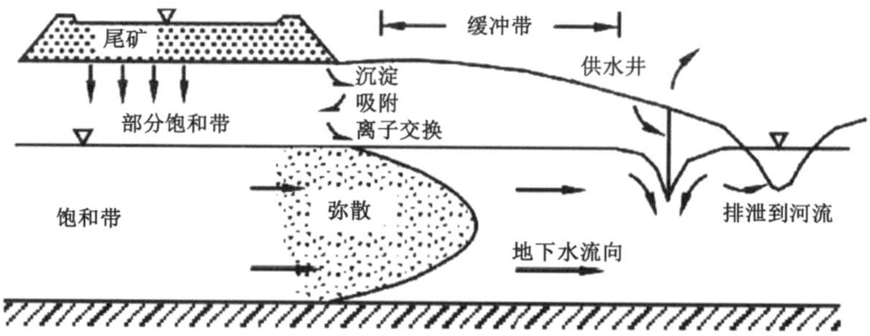

图 3.1　污染物的迁移过程

2. 大气环境污染

首先，尾矿库在建设过程中会进行大规模的土石方工程，产生大量的弃土。如果弃土粒径过小则会在大风天气造成扬尘，污染大气环境。其次，堆存过程中尾矿长期受到风吹日晒以及水侵蚀，其表面发生风化，长期处在干燥环境中并且无覆盖，在一定风速情况下会发生尾矿飞扬情况，形成粉尘，污染附近大气环境。当人体吸入过量粉尘时，可能导致尘肺病。如果尾矿粉尘含有害、有毒元素，影响更加严重。此外，尾矿废水中含有的毒害物质，经阳光暴晒，挥发出有毒、有害气体，也会导致人体中毒并进一步影响周围大气环境质量。[30]

3. 固体废物污染

尾矿库建设过程中会形成大量弃土、废石或其他因尾矿库建设残留下的固体废物（金属制品及塑料制品等）。废石及弃土在雨天会面临因雨水冲刷而流失的情况，若堆放量过大则会对下游的村庄及农田造成威胁。金属制品或塑料制品在长时间的暴晒下，经雨水侵蚀会渗出或滤出有毒、有害物质（金属离子、苯及其苯的化合物）。

上述物质渗入土壤会改变土壤成分，影响土壤中微生物的生物量、代谢活性、种类数量和多样性；阻碍植物根系发育，残存于植物体内，引发对其他生物的连锁反应；还可能进一步发生选择和适应性反应，使得污染环境中生长有大量耐受重金属污染的类群。[31] 固体废物污染中最为严重的是尾矿砂地表运移。尾矿输送管道若破裂和损坏，会导致尾矿浆泄漏。尾矿浆中有毒、有害物质会渗流到周围土壤中，破坏周围土壤环境及植物生长，污染尾矿库区周边环境。再者，尾矿库是具有高势能的人造泥石流危险源。尾矿库发生溃坝时，尾矿废水中含有的重金属离子及各类有毒、有害物质通过与土壤之间的物质转移，使得污染物迁移到土壤中，存在的污染物可能进一步发生扩散，破坏下游大面积的土地和农田，对土地回复利用及植被生长具有重大影响。[30]

4. 风化污染

尾矿库的风化污染主要来自尾矿库中的硫化物，暴晒或沉积等作用后，尾矿缝隙含氧量增高，在硫化物与氧气或细菌反应下，生成酸性液体，加速尾矿中某些物质的溶解，并且进一步加剧尾矿的风化和内部一系列化学反应，以及放射性元素和其他污染物迁移，造成矿区水系污染。处于潮湿季节时，会发生毛细作用，酸及有毒盐类会向上迁移至地表，影响植物根系的发育，进一步造成污染物的扩散。[30]

3.1.2　五号库环境污染分析

五号库环境污染分析与防控工作主要包括：第一，基于尾矿库会造成的水环境污染、大气环境污染、固体废物污染及风化污染的污染类型，五号库项目首先对环境污染源辨识，包括废水、废气、固体废弃物和噪声等；第二，基于建设期和运营期进行环境影响的评价和污染情况的预测，对项目所处环境现状进行分析、对环境质量进行评价；第三，从水环境、空气环境、生态环境、声环境进行全面系统性的设计。

根据五号库尾矿砂的性质，五号库不易形成风化污染。五号库工程施工过程采取严格控制措施，在环境影响的范围内尽量减少水环境污染、固体废物污染、大气污染。此外，五号库工程创新地开展了防渗系统和整体的水土系统设计，最大程度减少影响较大的水环境污染、固体废物污染以及对生态环境造成的影响。重视源头阻断、加强过程控制，从而实现五号库工程环境的可防可控。

3.2 尾矿库防渗系统

尾矿库作为一个重要的污染源，对环境造成的影响不可低估。对尾矿库的污染控制和管理，除了在运营过程中实施相应的管理手段之外，更需要从尾矿库的本身和源头出发，在尾矿库的设计和建设中以减少污染和环境保护为基本原则。其中，尾矿库的防渗系统设置、防渗措施的实施显得十分重要。防渗工作是尾矿库控制污染的最基本层面，是环境保护的重要保障。[32]

尾矿库防渗是复杂的系统工程，包括防渗系统的设计、施工以及防渗的管理和控制。防渗系统是和尾矿库坝体、库区结合的水力屏障系统，其主要作用是将尾矿库内的尾矿及矿浆水与外界隔离，防止尾矿水污染地下水、地表水及周围土壤，同时阻止场外地表水、地下水进入尾矿库体内，避免尾矿及矿浆水对环境的污染。防渗系统的设计和建设需要严格按照相关的环保法规体系执行。与尾矿库建设直接相关的环境保护法规和标准体系有《中华人民共和国环境保护法》《中华人民共和国固体废物污染环境防治法》《一般工业固体贮存、处置场污染环境防治法》《中国国家危险物名录》。[33]

3.2.1 尾矿性质鉴别

设计尾矿库的防渗系统，首先应按照国家鉴别标准和鉴别方法对尾矿进行鉴别。工业固体废物分为两大类，一类是危险废物，一类是一般工业固体。属于危险废物的尾矿应按专门的危险废物管理和处置规范处理。[34] 一般工业固体废物根据《一般工业固体废物贮存、处置场污染控制标准》进行进一步的划分：第I类一般工业固体废物和第II类一般工业固体废物。根据堆存尾矿性质的不同，可以将尾矿库划分为三类，其中，堆存第I类一般工业固体废物的尾矿库为I类库；堆存第II类一般工业固体废物的尾矿库为II类库；堆存危险废物的尾矿库为危险废物库。由于I类尾矿库存储的尾矿不含有有害物质或者含有对周边环境影响较小的有害物质，故没有环保防渗要求。II类尾矿库中堆存的尾矿对周边环境具有一定的危害，需要采取防渗措施，防止其对周边水体和土壤造成污染。储存危险废物的尾矿库，须按照相关规范要求进行特殊处理。

3.2.2　环保防渗标准及重点技术要求

1. 环保防渗标准

尾矿库设计规范要求："II 类库的环保防渗要求为库的底部和周边应具有一层可靠防渗系统，其防渗性能相当于一层饱和渗透系数不大于 1.0×10^{-7} cm/s、厚度不小于 1.5 m 的黏土层的防渗性能。防渗层的材料可采用黏土等天然材料或土工膜、复合土工膜等人工合成材料及钠基膨润土防水毯等复合防渗材料。防渗层的结构可采用单层压实天然黏土或改性黏土，也可采用土工膜与压实黏土或钠基膨润土防水毯等的组合结构。"

2. 防渗系统的技术要求

尾矿库的防渗系统设计应满足下列技术条件：隔离尾矿及尾矿水与周围地下水及土壤；具有一定的物理力学性能；具有抗化学腐蚀能力；具有抵抗环境变化的能力；具有有效的地下水导排系统；应设置固定防渗材料的锚固平台及锚固沟；能够覆盖尾矿库场底和四周边坡并形成完整的防渗隔离屏障；尾矿库场底基础及边坡应经过平整，并且不会因尾矿的堆载产生不均匀沉降而导致防渗膜的破坏。[35]

3.2.3　防渗系统的结构类型

尾矿库的防渗系统设计应根据尾矿库所在场地的基础岩土层渗透系数和地下水条件、库区边坡的岩性等因素综合确定，一般分为以下几种类型。

（1）天然黏土防渗结构层。要求尾矿库库区满足天然黏土层厚度不小于 1.5 m，并且黏土的饱和渗透系数 $K\leqslant1.0\times10^{-7}$ cm/s。大多数情况下，表层自然土层主要为粉质黏土、黏土含碎石土，属弱、中透水性土，其渗透系数 $K=1.0\times10^{-5}\sim1.0\times10^{-2}$ cm/s，不能达到规范要求的防渗指标 $K\leqslant1.0\times10^{-7}$ cm/s，因此天然黏土防渗结构层结构较少出现。[35]

（2）人工复合防渗结构层。采用 HDPE（高密度聚乙烯）土工膜作为防渗材料，有两种结构类型：a 型单层人工复合防渗结构层（HDPE 膜 + 一般黏土层）；b 型单层人工复合防渗结构层（HDPE 膜 + 膨润土垫）。在尾矿库建设实践中，通常库区存在黏土层，厚度能满足大于 1.5 m，但往往黏土层中含有大量粒径大于 36 mm 以上的锐状碎、块石，同时黏土渗透系数 $K>1.0\times10^{-7}$ cm/s，不满足规范中对天然黏土层防渗条件的要求，在这种情况下，就需要考虑选用人工复合防渗结构层。目前在国内外环保工程领域通常采用的环保工程防渗膜是 HDPE 膜，具有很强的隔离屏障能力，其防渗系数 $K\leqslant1.0\times10^{-13}$ cm/s。[34-36]

（3）双层人工复合防渗结构层。HDPE 膜 + 渗漏检测层 + HDPE 膜次防渗层。主、次防渗层均采用 HDPE 土工膜作为防渗材料。结构层次从上至下为主防渗层、检测层、次防渗层、保护层、基础层和地下水导排层。[34，35]

3.2.4 五号库防渗设施

北京矿冶研究总院在2008年对德兴铜矿尾矿砂样品进行了浸出毒性和腐蚀性鉴别实验分析。测试结果表明，德兴铜矿尾矿砂样品不属于危险废物，为第I类一般工业固体废物。

德兴铜矿的尾矿较为安全，不会带来严重的环境污染，但是在五号库设计中，仍十分重视防渗系统工程，防渗系统设计标准高，施工过程控制严格。其上、下游拦砂坝外侧均设置截渗坝，截渗坝下设置帷幕灌浆，并设渗水回收泵站把渗水打到尾矿分级站作为底流稀释用水。上、下游截渗系统包括防渗垫层、截渗坝、沉砂池、渗水回收池、渗水回收泵站及管理站。整个防渗系统的等级在亚洲乃至全球尾矿库中居于领先的地位，为尾矿库安全运营、绿色运营奠定了基础。

1. 初期坝防渗

初期坝体采用黏土斜墙的防渗形式。下游初期坝共需黏土15万m^3，上游坝坡共需黏土2.0万m^3。黏土斜墙做齿槽，齿槽深度进入强风化凝灰质千枚岩。防渗材料选用坝区（包括堆坝区）开挖出的粉质黏土、含碎石粉质黏土，其防渗性能满足要求，要求上述土料碾压后的压实度≥0.96。上游坝坡共需黏土2.0万m^3，黏土的渗透系数＜1×10^{-5} cm/s。

2. 上、下游截渗坝

上、下游分别设置截渗坝一座，采用混凝土重力坝，下游坝高为5 m、上游坝高为17 m，坝顶宽为1 m；下游坝顶长为295 m，上游坝顶长为85 m；混凝土用量分别为5 000 m^3和1 440 m^3。

坝下采用帷幕灌浆。帷幕灌浆长度为300 m和90 m，宽度为4 m，灌浆孔2排，孔距为1.5 m，梅花形布置，灌浆孔分别设置600个和180个，帷幕深度达到中风化凝灰质千枚岩。

3. 渗水回收泵站

截渗坝下设渗水回收泵站，渗水打到下游大山尾矿分级站，作为尾矿一段分级后底流的稀释用水。下游渗水回收泵站尺寸为10.5 m×24 m×6 m，配MD280-43×6水泵（H=228 m，Q=335 m^3/h，电机功率300 kW）4台，三用一备。配2台SZ-3J型真空泵，渗水回收管线设DN400钢管1条，长为1 800 m。

上游设浮船渗水回收泵站。浮船尺寸：长×宽=24 m×12.2 m，吃水深1 m，浮船上配D280-43×5水泵（H=190 m，Q=335m^3/h，电机功率315 kW）4台，三用一备。渗水回收管线设DN300钢管1条，长为600 m。浮船起始回水标高为120 m。

4. 沉砂池和渗水回收池

在下游拦砂坝和截渗坝之间，依次设置沉砂池和渗水回收池。下游沉砂池尺寸为175 m×170 m×3 m，挖方8.9万m^3，浆砌石量7 000 m^3；渗水回收池尺寸为175 m×170 m×3 m，挖方8.9万m^3，干砌石量7 000 m^3。

在上游拦砂坝和截渗坝之间，设置沉砂池和渗水回收池。渗水回收池的底标高为

118 m，为了渗水能够顺利从坝体内排出并加大渗水回收池的容积，对此区域进行了大范围的开挖，开挖边坡为 1:1，挖方 15 万 m^3（石料用于初期坝筑坝），浆砌石量 2 万 m^3。

沉砂池与渗水回收池之间通过明渠相连。为了方便沉砂池和渗水回收池内沉积的尾砂的清理，设置通到池底清淤道路并各配 1 台 SLQY-30 型两栖式清淤机。

3.3　水土保持与防治系统

尾矿库的建设和运营是矿山工程的重要一环，对当地的生态资源影响大，带来的生态问题多。如处置不当，会造成一定程度的生态退化现象。水土保持是生态恢复的重要内容之一，也是矿山工程环境保护的必要工作，关系着工程本身的安全可靠，同时也会影响到整个矿山产业链条合理化、资源利用规模化、技术装备领先化、基础设施共享化、环保处理集中化和运营管理规范化，以及为当地带来生态经济和生态社会效益。[37]

近年来，我国矿山产业发展高速，但是在水土保护方面存在一定问题，水土治理力度不够，主要表现在从水土防护与治理方面进行生态恢复和环境保护的意识有待进一步加强。因过度追求经济效益和发展速度而占用大量耕地，破坏地下水均衡系统造成井泉干枯，引发地面塌陷、山体开裂、崩塌和滑坡地质灾害等现象时有发生。对环境效益和发展质量重视程度不够，产生大量的废渣、废水、废气。此外，缺乏整体的建设规划和运营生产规划，在开采、生产、废物处置等流程和环节以及对水土流失的预防和治理方面，还需要加强整体性思维和可持续发展的布局。矿山产业造成的水土流失以及带来的生态破坏问题较为严重，目前矿山产业整体的水土治理生态保护的发展不均衡，企业在开发过程中应该严格按照国家环保法规体系，从自身出发提升整个行业水土保护水平、环境保护意识以及水土治理技术和经验。[38]

3.3.1　五号库项目水土流失概况

五号库项目占地面积大，特别是永久占地面积大，对地表的扰动性强并且破坏范围广，会造成区域内水土流失量的增加。五号库项目总征地面积 1 310.22 hm^2，均为永久占地，其中包括尾矿库库区、尾矿坝系、排洪系统、道路工程、尾矿输送及供电工程等，占地类型中，耕地为 47.48 hm^2，林地为 1 217.18 hm^2，建设用地为 7.33 hm^2，交通运输用地（公路用地）为 11.33 hm^2。

在工程建设期，尾矿库库区、道路工程区、尾矿输送系统区、输电工程区、取土场区、弃渣场区等的挖填施工用地遭受机械碾压、施工人员践踏等破坏，工程建设区内的耕地、林地中多年自然植被生长层土壤被挖损、剥离或压埋，损坏了一定数量的植被生物量，导致原地貌形态、土壤结构、地表植物都不同程度地受到改变和损坏，造成土壤肥力和蓄水能力的迅速降低或丧失。扰动破坏诱发水土流失，因而施工区及周边土地生产力有所下降。根据环境评估报告，在该工程建设过程中，占地区域内的地表植被将被全部铲除或压占，土地利用类型由原来的林地、草地和耕地变为工矿用地，该工程的建设扰动和破坏植被面积为 1 112.33 hm^2，造成长期性生物量损失为 43 223.02 t，占植被生物量的 16.20%。破坏的植被为人工林。占用耕地 113.71 hm^2，农作物损失 625.41 t/a。同时项目所在地属于江西省水土流失重点预防保护区和重点监督区。按开发建设项目所处水土流失防治区确定水土流失防治标准为一级。

3.3.2 五号库水土治理体系

在五号库项目的建设和运营过程中，依托整个矿产行业，以江西铜业、德兴铜矿开发建设经验为基础，针对本项目建设和生产需要，结合项目地生态环境、经济社会情况，五号库设计了一套完整的水土流失防治体系，以“预防为主、保护优先、因地制宜、因害设防、水土保持与生产建设相结合”为原则，根据恢复生态学原理，以满足系统功能、结构恢复和改善以及自我维持三方面为依据，在平衡开发与保护，兼顾铜矿产业的可持续发展的基础上，采取系统性、全周期、动态及时、综合治理的各项措施。

在五号库水土治理体系的设计过程中，首先，充分考虑矿产产业、水土治理的发展现状。结合德兴市委、市政府的水土治理背景，德兴市水土保持综合治理始于 20 世纪 80 年代初期，主要以小流域综合治理为主，如鼓励个人承包荒山造林。其次，充分借鉴企业之前的生态恢复经验和环保科技成果。德兴铜矿为治理矿区水土流失、保护生态环境，在采场、尾矿库、排土场的治理中与多个科研单位进行合作。在多年的生态恢复试验中得到了丰富的治理经验，各类实验成果作为五号库水土防治设计的基础。此外，结合五号库的自然、经济等环境和项目特色，形成针对五号库项目全面的水土治理体系和水土防治管理办法，具有全生命周期、区域化、动态性和综合性。一改传统矿山工程中水土流失问题的“处理”为“管理和治理”，保证在铜矿生产、实现经济效益的同时保护好当地生态环境，其创新性在尾矿库的水土治理，矿山行业的环境保护方面具有领先价值和意义。

1. 全生命周期水土防治

水土流失和生态破坏是动态的，往往发生在尾矿库的建设和生产运行过程中。为了做好水土保持和生态防治工作，需要结合尾矿库建设运营的全生命周期情况，进行全面的分析评价、预测、设计以及进行全面的跟踪和监测。工作内容必须贯穿尾矿库的可行性研究、规划设计、建设、运行使用和终止期各环节。

在项目可行性研究阶段，结合项目可行性研究对项目区自然环境概况、社会经济概况、水土流失与水土保持现状以及德兴铜矿 1#，2#，4# 尾矿库的特点，对五号库水土流失和生态破坏进行系统全面的预测，对项目建设主体工程、施工过程、施工组织、施工工艺中会造成的水土流失和生态破坏进行分析和评价，据此进行水土保持和生态恢复的设计，编制相应的水土保持方案，指导补充工程设计方案的不足，结合生态治理目标，对项目设计进一步优化。在工程建设期，以“三个同时”为原则进行施工，在水土保持工程进度和主体工程建设保持一致的基础上，进行各项施工工艺优化。同时，在项目的施工准备期开始至建设期满展开监测工作，掌握工程建设过程中水土流失规律、流失程度和动态变化情况，评价生态防治效果，实时控制、持续改善。在五号库投产运营之后、继续修复生态的同时，进行相应的闭库复垦实验。在五号库闭库之后，实施全面的复垦和生态恢复方案（图 3.2）。

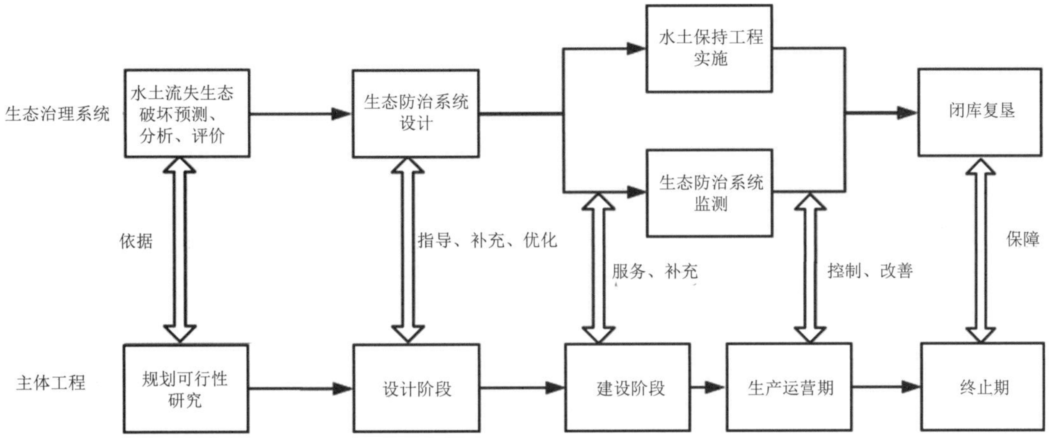

图 3.2　全生命周期水土防治过程

2. 区域化水土防治

项目组结合五号库建设的选址、设计方案、建设过程、投产运营方案以及相关规定和规范等，对水土保持工作进行系统性规划和设计。针对五号库建设，因地制宜进行水土保持预防治理的责任范围界定，并进一步进行区域化的目标、任务以及对策和措施的设计。

防治责任范围总面积为 1 338.33 hm^2，这是业主方因工程建设可能造成的水土流失范围，涵盖项目建设区和直接影响区。项目建设区包括业主方永久征地和管辖使用土地的范围。五号库建设区总面积为 1 310.22 hm^2，包括尾矿库库区、尾矿坝系、排洪系统、道路工程、尾矿输送以及输电线路等。直接影响区是项目建设区以外，因开发建设活动而可能造成的水土流失及其直接危害的区域。直接影响区不属于征地范围，具有不确定性。需要根据主体工程设计资料、单项工程施工工艺，并结合同类工程的实地调查来确定其范围。

在确定防治责任范围的基础上，五号库项目区进行了科学合理的水土保持区划，首先按照主体工程布局、建设内容、施工扰动特点、建设时序和水土流失特点等因素进行分区，结合水土流失防治分区的原则，以全国土壤侵蚀类型区划为基础，根据工程组成和施工工艺，分尾矿库库区、尾矿坝系工程区、尾矿输送系统区、道路工程区、输电工程区、取土场区、弃渣场区等 7 个防治分区。分区之后根据每个区域特点，进行水土方案的设计和实施，将防治任务区域化、细化，进行针对性水土防治工作（图 3.3）。

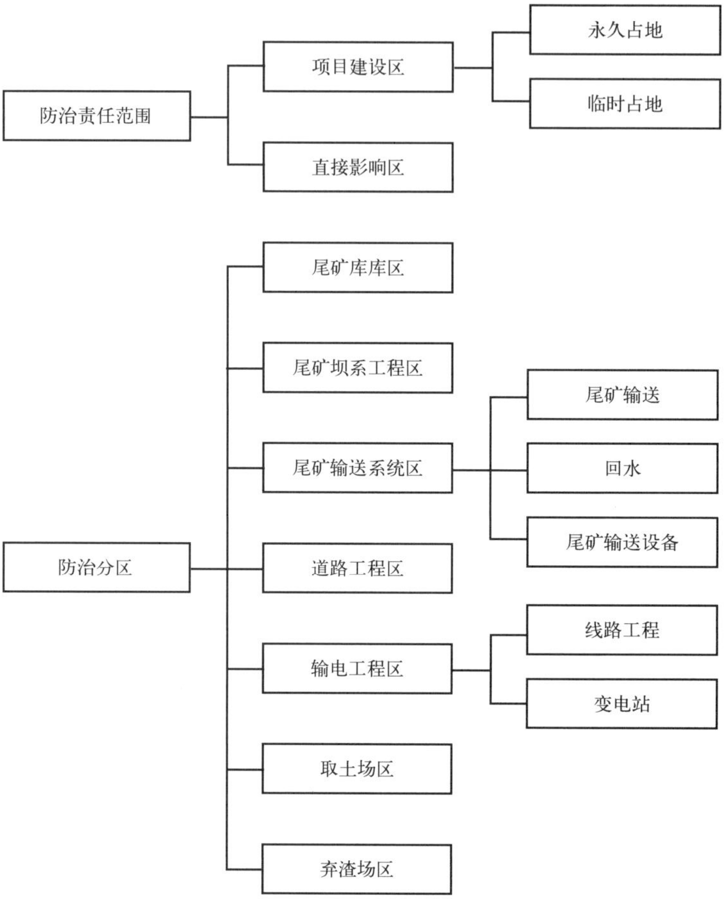

图 3.3　防治分区和防治范围

3. 综合水土防治

根据防治责任范围和水土流失防治分区，与主体工程相衔接，对不同的水土流失区域和重点工程进行对位治理，建立起工程措施、植物措施和临时防护措施三大措施相结合的水土流失综合防治措施体系。通过措施布局，在发挥工程措施控制性和速效性特点的同时，充分发挥植物措施的长效性和美化效果，有效防止工程建设产生的水土流失，恢复和改善工程建设区的生态环境。

本项目水土保持措施体系以尾矿库库区、尾矿坝系工程区、道路工程区、尾矿输送系统区及输电工程区作为水土流失重点预防、治理范围，对主体工程设计不足之处进行补充和完善。在尾矿库库区建立防护拦挡工程、排水系统，并在裸露面上采取植被恢复措施，使施工和生产运行中的开挖、输送、填筑产生的水土流失，在“点”上集中拦蓄；施工中形成的新生面（如开挖边坡、道路开挖边坡）采取截（排）水沟，植草护坡，修筑挡土墙，保护区域和坡脚稳定，使水土流失在“线”上得到有效控制，减少地表径流冲刷；对尾矿输送系统区、道路工程区、输电工程区，进行土地整治，即进行土地的平整、改造、修复，进行绿化、美化，形成“面”的防治；在施工建设过程中采取必需的临时防护措施。这样通过点、线、面不同类型的工程措施、植物措施和临时措施，形成综合防治体系，达到保护地表、防治水土流失、改善生态环境的目的（图 3.4）。

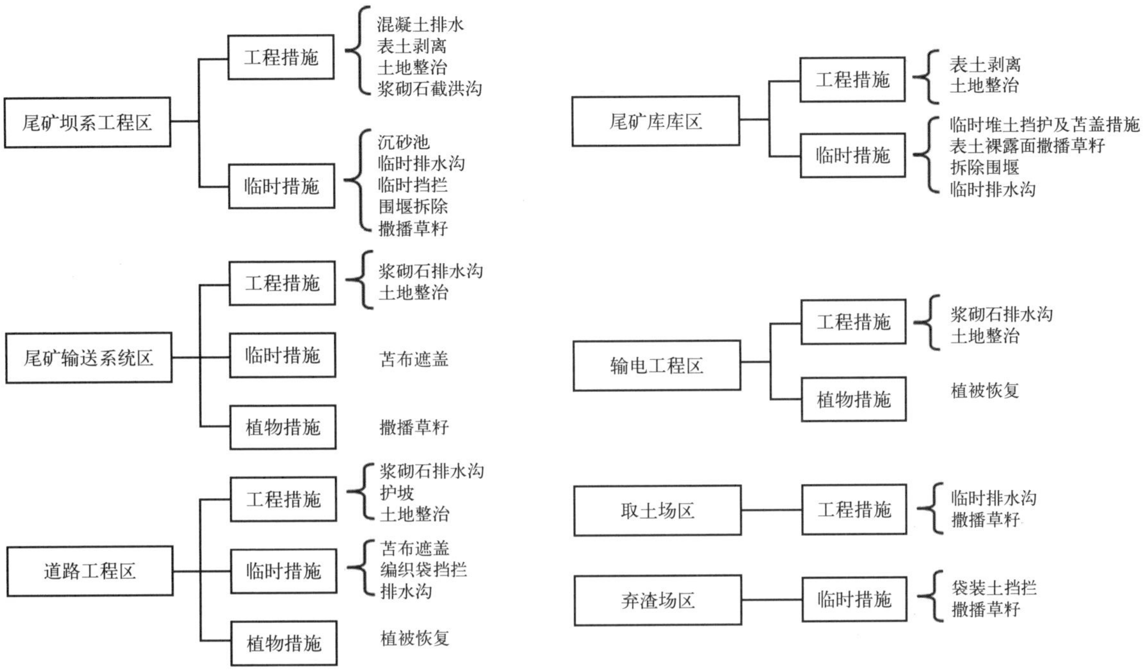

图 3.4　分区措施体系

（1）尾矿坝系工程区水土保持措施。尾矿坝系工程区主要有工程措施和临时措施。工程措施包括表土剥离。坝系工程施工前，需对施工扰动区域进行表土剥离，用于后期绿化用土，并在施工结束后对施工临时占地进行土地整治。临时措施包括临时堆土挡护及苫盖。坝系工程剥离的表土临时堆放时，将先开挖出的土方（堆放的堆料）装入编织袋，围在堆土（堆料）四周，对其进行坡脚拦挡，每层编织袋间相互叠压。在临时堆土裸露面撒播草籽，草籽选择抗逆性强的狗牙根。在上、下游筑坝时，需要建导流围堰工程，施工结束后，拆除围堰，弃土返回弃渣场区。在临时堆土（堆料）锥体四周设排水沟和沉砂池，排水沟和沉砂池相连，将坡面汇水汇流至沉砂池，澄清后再排入施工道路排水沟内。排水沟采用梯形断面形式，底宽为 0.4 m，深为 0.4 m，两侧边坡为 1∶1，排水沟开挖成梯形。沉沙池采用 3 m × 1.5 m × 1.8 m 结构，沉砂池要定期清淤。

（2）道路工程区水土保持措施。道路工程区主要有工程措施、植物措施和临时措施。就工程措施而言，在环坝公路及联络公路边上，靠山体一侧布设排水沟。环库公路采用路面排水形式，将雨水排至库区内排洪设施。在施工结束后，对施工临时用地及时进行土地整治。在环坝公路及联络公路部分地段，需开挖山体的，要在石质边坡段采用攀缘植物；土质边坡段植草护坡，选择攀援植物葛藤和喷播百喜草。在临时措施方面，在道路施工过程中，路基开挖产生来不及转运的临时堆土，布设临时排水沟，并用编织袋挡土墙进行临时防护，在雨季增加防护网覆盖，以防止因水蚀而导致水土流失。

（3）尾矿输送系统区水土保持措施。尾矿输送系统区的防治措施包括工程措施、植物措施和临时措施。工程措施包括在建筑物周边布设排水沟，并采用浆砌石结构形式。对尾矿回水各类输送管的施工扰动区域以及尾矿输送设施的施工区域，在施工结束后进行土地整治。施工结束后，对尾矿输送设施建（构）筑物四周可绿化区域及施工临时用地，撒播草籽进行迹地恢复。在临时措施方面，对管线施工开挖土方强化覆盖。为了防止雨季造成的水土流失，使用密目网进行防护。

（4）输电工程区水土保持措施。输电工程区防治措施包括工程措施及植物措施。在工程措施方面，在变电站等建筑物四周布设排水沟，采用浆砌石的结构形式。施工结束后，对施工临时用地及时进行土地整治。在植物措施方面，施工结束后，在变电站房四周可绿化区域及施工临时用地撒播百喜草草籽，进行迹地恢复。

（5）取土场区水土保持措施。取土场位于库区内，在坝系工程修筑完毕后将淹没。取土场的防治以临时防护为主。在取土过程中，在取土空地布设临时排水沟。施工结束后，对取土空地采用撒播草籽的形式进行绿化，草籽选用百喜草。

（6）弃渣场区水土保持措施。工程弃方主要堆置在库区淹没区的沟谷内，不布设永久防护措施。弃渣结束后，对渣体分层碾压，沿弃渣坡脚布设临时挡土墙。施工结束后，在渣面撒播百喜草草籽。

4. 动态监测水土防治

五号库项目从施工准备期开始至建设期结束为止，对水土保持情况进行监测。因水土变化是一个动态过程，需要及时掌握工程区水土流失规律、流失强度及程度，评价工程建设对水土流失的实际影响，以及水土保持方案的落实情况、项目区各项水土保持措施的实施效果，分析建设项目水土保持工程的水土流失防治效果。此外，还需要通过水土保持监测，及时发现工程建设中的相关问题，分析水土流失的控制状况，从而提出相应的对策和采取行之有效的措施，不断改进和完善。通过从项目建设到生产运营的监测，对水土流失和防治措施的落实和效果进行动态控制。

设置包括尾矿坝系工程区、道路工程区、尾矿输送系统区等在内的重点监测区，结合分区统一规划，选取预测新增水土流失量较大、水土流失危害较大的工程单元，具有代表性的项目和区域，根据工程总体布置情况和各水土流失防治区内的水土保持重点监测内容，分时段布设水土保持监测点。定位观测，共设 4 个监测点，即尾矿库防治区 2 个，道路工程区、尾矿输送系统区各 1 个（表 3.1）。

表 3.1　尾矿库监测方案

监测位置	监测内容	监测方法	监测时段	监测频次
尾矿库库区	水土流失背景值	实地调查	施工准备期	一次
	扰动、破坏地表面积	实地调查	施工期	每十天一次
	植被破坏数量	实地调查	施工期	每十天一次
	水土流失面积	实地调查	施工期	每月一至两次
	水土流失量	定位观测	施工期	雨季每月一次，大雨、暴雨加测
	弃土弃渣数量	实地调查	施工期	每十天一次
	水土流失危害	实地调查	施工期、运行初期	雨季每月一次，大雨、暴雨加测
	边防防护、截排水沟稳定性和完好程度	实地调查	运行初期	一至两次
	植被成活率、保存率、生长情况及覆盖率	实地调查	运行初期	一至两次
道路工程区	水土流失背景值	实地调查	施工准备期	一次
	扰动、破坏地表面积	实地调查	施工期	每十天一次
	水土流失面积	实地调查	施工期	每月一至两次
	水土流失量	定位观测	施工期	雨季每月一次，大雨、暴雨加测
	弃土弃渣数量	定位观测	施工期	每天一次
	水土流失危害	实地调查	施工期、运行初期	雨季每月一次，大雨、暴雨加测
	排水沟稳定性和完好程度	实地调查	运行初期	一次
尾矿输送系统区	水土流失量	定位观测	施工期	雨季每月一次，大雨、暴雨加测
	水土流失危害	实地调查	施工期、运行初期	雨季每月一次，大雨、暴雨加测
	植被成活率、保存率、生长情况及覆盖率	实地调查	运行初期	一次

监测内容全面且多维度，包括水土流失的主要影响因子、具体状况、防治效果、措施落实情况、重大事件等。

（1）项目建设区内水土流失主要影响因子参数的监测。主要包括：项目建设区造成的地形、地貌变化情况；降水量和强度；建设项目占地面积、扰动地表面积；项目挖方、填方数量及面积，弃土、弃渣量及堆放面积；项目区植被类型、林草覆盖度等的动态变化。

（2）水土流失状况监测。定期获取关于水土流失状况的数据，主要包括：水土流失防治责任范围内水土流失面积变化情况，水土流失量变化情况，水土流失程度变化情况，水土流失对工程建设、已有水土保持工程、周边地区造成的影响及其破坏趋势。

（3）水土流失防治效果监测。在定期或者暴雨后的防治措施进行全面调查的基础上，监测水土流失防治措施效果。主要包括：防治措施的数量和质量；植物措施成活率、保存率、生长情况及覆盖度；防护工程的稳定性、完好程度和运行情况；各项防治措施的拦渣保土效果。

（4）水土保持措施落实情况监测。水土保持措施落实情况是水土保持方案编制的意义所在。对照方案及后续设计，就水土保持防护措施是否到位，施工过程中是否有临时防护措施，对具体的落实情况进行监测。

（5）重大水土流失事件监测。主要包括对主体工程和周边环境造成重大影响的水土流失现象进行及时记录。具体做法是根据不同的监测区、监测单元、监测点的特性设置大致的监测时段，再进一步细化，科学合理设置监测频次。保证监测的及时性、有效性，监测数据的连续性、科学性，监测过程的动态性、完整性。依托分区、分时、多维度的全面综合监测体系，形成动态的监测过程，为五号库水土防治提供科学的数据基础和控制手段。

第 4 章　德兴铜矿五号尾矿库项目管理创新

五号库项目系江西省重点项目，投资规模大，复杂性高，不确定性因素多，产业关联性强，对德兴市乃至整个江西省的经济、社会、科技发展、环境保护、公众健康与安全等都具有重要影响。

根植于背景，结合建设需求，考虑项目特性，在五号库的项目管理中，从项目管理的顶层设计到各个阶段、各方主体的具体管理手段，到组织模式、运行机制、沟通体系等方面进行了一系列创新，提高项目管理的效率和效果，构建项目治理体系，提升项目治理能力，实现项目目标。

五号库项目涉及主体复杂、参与成员多，划分为政府方、参建单位及权属单位三大主体，其中，参建单位包括业主方、施工单位、勘察设计单位、监理单位等；政府方包括德兴市政府以及相关政府机构；权属单位包括海口镇政府和大茅山集团公司的铁罗山实业公司（图4.1）。

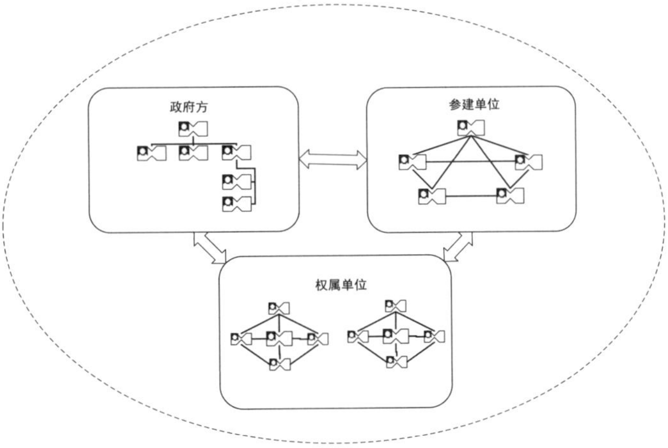

图 4.1　项目参与主体

在组织层面，三大主体根据明确的建设目标，形成精心设计的集成系统，同时又与外部如社会公众以及其他利益相关者保持密切联系。为了完成五号库项目建设运营的各项工作和任务，项目多方主体在既定的规则和程序下形成了具有多层次、复杂性结构和多元性功能组织结构，实现从项目规划、设计、征地拆迁、招投标、施工、竣工验收到投产运营整个生命周期的决策、实施、运营职能，充分体现了政府不同部门、政府与市场、行政与企业、制度与文化、专家与专家之间的智慧力量。整个项目管理体系完成了应对复杂性问题，有效管理各利益相关者的任务，体现了一套完整项目管理和项目治理的思路和方案。

4.1 "政府—市场"二元作用下的五号库特色组织模式

五号库项目属于江西省重点项目，对德兴市乃至江西省有着巨大的经济、社会影响力，其建设过程处于经济环境中，受到市场规律的影响，同时又归于政府管控和规制，因此，其根植于"政府—市场"这一二元情境，具有一定的特殊性。[39] 由于其组织模式受到制度环境主导影响，因此，实现市场和政府二元的协同是关键。五号库的建设也具有此特性，在五号库建设过程中，这两种因素既会各自带来影响，又会产生一定程度的相互作用，进一步形成复杂的作用关系。基于这样的相互关联，两者的主体需要有效的协调，使得双方的关切得以兼顾。

在重大工程项目管理中，基于"政府—市场"二元作用探讨和研究已经较为广泛和深入，我国工程管理领域的研究者和实践者将中国的国情和科学先进的管理理论相结合，探索出了全套的管理手段方法及组织实践模式。[40] 五号库的组织模式根植于情境，在运作机制、治理结构等方面，与一些典型重大工程项目组织模式具有相似之处。结合项目的特点以及项目管理的需要，五号库形成了自身特有的"政府—市场"二元特色组织模式。

4.1.1 明确"政府—市场"作用边界

嵌入我国的管理情境中，根植于"政府—市场"二元作用的背景下，需要明确政府作用（他组织指令）和市场作用（自组织调节），两者中谁为主导及相应的主导程度、两者的作用边界，在平衡二元关系之后，以二元作用不同的"作用力"为驱动（图 4.2）。[41]

就政府作用而言，从宏观、微观两个层面进行分析。在宏观层面，其作用体现在两个方面：一是提供有利于公平竞争的市场环境，以便更好地创造社会财富；二是弥补市场失灵，比如市场的滞后性、失衡性、局部性、分化性、盲目性、分散性和微观性，为其提供公共产品和公共服务，实现一系列宏观调控。而在微观层面，政府作用主要体现在创造制度环境、编制发展规划、建设基础设施、提供公共服务、加强社会治理等方面。尤其是在我国，政府在工程项目建设尤其是重大工程项目建设中的作用是不可取代的，并且能够提高项目绩效，推进工程的实施进度。[42]

从市场作用来说，完整的价格机制、供求机制、竞争机制和风险机制等形成统一有机体，在建筑市场资源配置中发挥有效的引导、调节和优化作用。但是在工程项目建设尤其是重大工程项目建设的各个层面，其具有复杂性特征。市场的垄断、信息不对称等现象会使得市场调节的效率降低。[42]

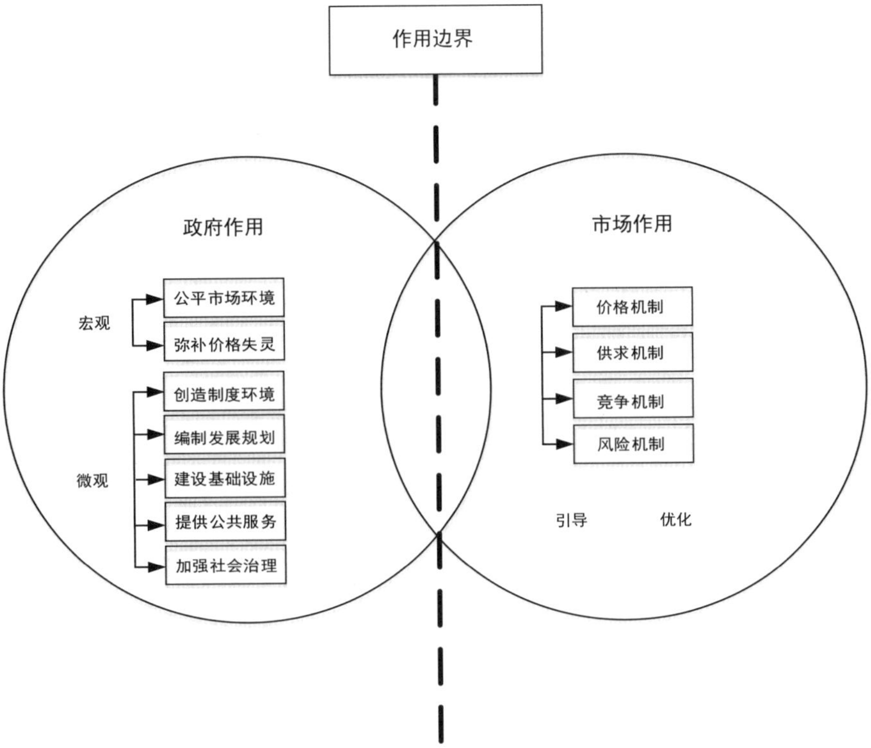

图 4.2　“政府—市场”二元作用

从政府作用上看，政府方对五号库项目负责，既包括项目本身的责任，又包括项目以外的非项目责任。政府方需要明确自身作用范围，引导项目建设，弥补市场失灵，同时避免过度干预。在明确作用关系下，开展有效的组织模式设计和组织管理。[42]

4.1.2　组织模式的选择

组织模式在项目管理中发挥着重要的作用，对项目绩效、项目创新等方面均会产生影响。目前在组织模式的决策上，工程实际中多依赖于经验，需要结合多方面因素加以分析和选择。

在五号库项目组织模式的选择中，从背景层面、环境层面、项目层面、组织层面入手进行全面的综合考量。在背景层面上，根植于“政府—市场”二元特色；在环境层面上，需要充分结合德兴市地方特性、五号库建设条件、当地市场情况以及干系人的地方社会关系、征地拆迁的具体情况；在项目层面上，需要考虑五号库的建设规模、质量、投资、工期、安全等目标以及五号库建设技术情况和五号库投产运营预期；在组织层面上，需要特别论证业主方、参建单位、政府方以及权属单位的关系，各方管理能力和管理手段，各方组织成员和架构，各方参与程度等问题。

一般重大工程有基建处、工程建设指挥部、代建中心等多种组织模式。按照政府角色进行分类，有纯政府主导型、“政府主导 + 企业参与型”、“政府主导 + 企业主体型”。[42] 五号库项目根植于二元情境，具有重大工程的一般特性，政府方、业主方以及其他参建单位并没有联合形成正式组织，而是各有各的组织，但是各方联系紧密。在治理结构、运行机制上体现出工程项目指挥部的特点。整个体系虽没有建立工程指挥部的实体，但在政府行政性、指令性的运作机制等方面体现了一定的工程指挥部特色，如：在征地拆迁工作中，政府方进行较为统一的领导、组织和实施；在建设过程中，业主方也充分发挥权威性和专业性进行统一的计划和协调。

政府方需要进行综合全面的管理与治理角色定位、工作职能分析及组织结构设计。政府方以综合协调领导小组的形式深度介入项目中，既实现从高的层面对项目总体实施规划部署、调动资源并提供保障，又将各项工作内容细化到项目的各个阶段，如征地拆迁安置、工程建设等，为项目管理提供有力、有效的补充和支持。

业主方将德兴铜矿项目部作为企业中专业化的建设部门，为五号库的建设提供支持和服务。在施工现场，成立专门的业主方的现场项目部，即“两块牌子、一套班子”。在业主主导下形成了参建单位间相互协作的网络，业主通过自身的现场项目部联系四个施工单位以及监理方的项目部，在整个项目建设的过程中对项目进行指导、监督和服务。

4.1.3 组织模式的特性

五号库项目通过科学决策，采取了创新适用的组织模式。该组织模式具有多元功能、复合性能以及复合结构，以应对项目生命周期内外部环境的复杂性和变化（图 4.3）。

从多元功能来说，其具备协同、协作、协调的三大功能。德兴市政府和德兴铜矿协同顶层设计、统筹规划、战略布局，从项目建设、项目生产运营到庞大的征地拆迁安置工作，各个参建主体形成紧密的协作网络，实现项目目标和提升项目绩效。此外，还具有基于项目外部利益相关者交流的协调功能，此功能在保证公众利益、维护社会稳定等方面至关重要。[43]

在复合性能方面，五号库的组织模式在项目的建设和征地拆迁工作中是不断适应和调整的，会结合项目进度、技术、利益相关者、制度等复杂的维度采取适应性策略。比如采取刚性的合同管理、施工管理，柔性的征地拆迁工作组，弹性的协调办公室和对外联络处等。[42]

在复合结构方面，五号库工程的组织模式中具有明显的多层次组织纵向垂直集成、跨组织跨部门横向水平集成的特点。合同关系、网络关系、行政指令等各类不同关系在组织的各个层次中渗透。比如在顶层决策层有线性层级结构，在管理层有职能式结构，在实施层有网络结构、职能结构等。纵横向交织出现混合形态，进一步发挥多层次功能和复合性能。[42]

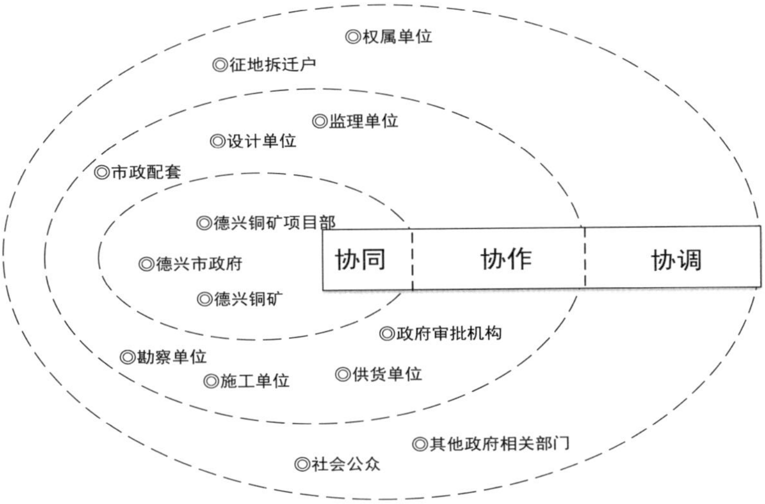

图 4.3　各参与方的关系[3]

4.2　政府方创新组织管理

4.2.1　政府方角色定位

政府是执掌国家公共权力的主体，是行使国家公共权力的代表。政府角色与政府的性质、地位、权力、功能、职能、任务等紧密相关，涉及政府的权力界限、功能范围、行为方式、机制政策等。

在五号库项目中，政府方结合宏观背景和项目特性进行角色定位。首先，项目运行基于“政府—市场”二元作用，应明确政府方宏观、微观两个层面的作用，以及其与市场的辩证关系。项目建设主要分为征地拆迁安置、项目建设、项目投产运营三大部分。政府方的工作主要是围绕项目建设从征地拆迁安置展开，政府作用集中体现在征地拆迁安置工作中，边界分明，高层进行顶层设计，政府的相关职能部门单位及其下级权属单位负责征地拆迁安置具体工作，并且负责由征地拆迁安置产生的社会问题治理。在项目建设、生产运营方面，主要由市场进行主导，政府不负责具体工作，只参与规划、决策、审批、监督。基于此，项目由市场和政府共同主导，政府方定位为行政协调服务型政府，在征地拆迁安置中发挥主要力量。

五号库项目的征地拆迁安置，地方政府、业主方以及征拆户的利益错综复杂，不仅涉及个人利益和集体利益间的矛盾，也涉及不同个体之间的利益冲突，其本质就是一个由多个复杂问题组成的有机整体。因此，政府在行政协调的角色中，进一步明确自己的定位和立场，作为社会公共事业的管理者，作为被拆迁人和业主方的桥梁，作为征地拆迁安置的管理者，

3　图参考自《重大工程组织模式与组织行为》。

政府需要结合行政服务特性，扮演好一个中间人的角色，协调各方的利益冲突，避免角色错位而对私有财产和公共利益带来损害。站在公平正义的立场，维护好社会的和谐与稳定。

4.2.2 多层次综合性协调服务政府组织

在政府方层面，德兴市委、市政府牵头设立五号库建设协调服务组织，领导小组设置组长、常务副组长、副组长。下设四个工作组：宣传维稳组、征地拆迁组、控违组、综合协调组。另有成员单位：市政府、市财政局、市纪委、监察局、发改委、房管局、林业局、规划局、环保局、水利局、物价局、安监局、矿管局、民政局、交通运输局、建设局、公路局、城管局、农业局、法制办、国土资源局、供电公司、移动公司。

在领导小组层面，领导小组由市委、市政府高层领导担任，加强五号库项目的行政管理力量，负责项目整体规划部署与顶层设计。领导小组的领导者立足全局，系统性布局，对五号库项目各方面、各层次、各要素进行统筹规划，通过集中配置有效资源高效快捷实现项目目标。

在工作组层面，针对五号库项目具体的工作内容任务，划分工作组，明确各个工作组的职能。四大工作组各司其职，进行紧密的配合（表 4.1）。宣传维稳组负责征地拆迁以及建设过程中的宣传和维护稳定工作，包括征地拆迁的通知下达、征地拆迁相关政策的普及、征地拆迁和工程建设信息的发布等，以及项目征地拆迁和建设过程中出现的社会矛盾调解。征地拆迁组工作贯穿整个征地拆迁过程，内容覆盖征地、拆迁、安置全过程，涉及从征地拆迁管理实施办法的确定、征地拆迁工作的具体实施、征地拆迁矛盾纠纷的解决，到安置房和公墓的建设迁移等内容。控违组则针对项目所在地村民非法抢搭、抢建等违章建设活动进行依法控制和管理。通过有效的巡查安排、合理的鉴定方法、有力的控制手段、紧密的相互配合，推动征地拆迁安置工作的顺利进行。综合协调组作为整个政府方协调沟通系统的中枢，联系内外、沟通上下，保障组织内从领导小组层次到各个工作组以及成员单位工作中需要的协调服务顺利进行，优化办事流程，建立有效的信息沟通和反馈机制。对外则以征地拆迁安置和工程建设目标为导向，向业主方以及其他参建单位、权属单位、征拆户以及其他社会利益相关者提供沟通协调服务。

表 4.1 五号库建设协调领导小组工作组职能划分

宣传维稳组	负责五号库项目建设的宣传、征地拆迁前的调查摸底、征地区域内群众基本情况、群众对项目实施的意见和建议、维稳动态分析及稳控等工作
征地拆迁组	负责五号库项目范围内房屋、建筑物、构筑物的拆迁，土地征用以及征迁补偿等工作
控违组	负责对拆迁区域内违章建筑、违反土地承包合同在征地区域内恶意种植其他非农作物的行为进行清理，并动态巡查，有效遏制以上行为的发生
综合协调组	负责领导小组的日常工作，工作人员的后期保障，项目建设的相关档案管理工作，用地各项手续的报批工作，上传下达及各工作组之间的协调工作

政府方充分发挥政治联合体的协调机制，通过建立协调服务组织，形成了从上到下责权明确、分工清晰、高效配合的协调服务体系，做到任务分配合理化、指令关系明确化和信息沟通高效化，以该组织为载体，为五号库输入人力资源和行政管理力量。在组织设计中，组织结构适应整体的管理体系，工作分工明确清晰，工作流程具有层次性。领导团队有力，职能部门清晰，成员单位也能充分发挥作用。同时，该组织在整个五号库项目系统中起到了至关重要的作用，充分发挥政府方职能，履行政府方的权利和义务。

4.3　业主方创新组织管理

4.3.1　创新型业主定位

在五号库的项目管理中，业主方以“服务型”业主进行自我定位，摆脱传统“甲方”角色，将业主方主观能动性发挥到极致，主动将先进的管理思想、创新的管理理念渗透到各个参建单位中，通过创新的业主管理角色定位，形成以业主为核心的项目管理模式。

在业主方组织结构设计方面，为更好地将德兴铜矿生产和建设结合，使尾矿库建设促进企业发展，业主项目部项目经理由德兴铜矿矿长兼任。铜矿通过在其他项目管理中累积经验，已形成成熟的管理制度、先进的管理理念。在五号库项目中业主方形成主导，通过业主方固定、非临时性的项目部，有效带动四个施工方的临时项目部、设计方、监理方、材料供应方同向运行，形成现场施工有机高效的系统。

在技术方面，项目部配备精锐的技术工程师，其有优秀的专业素养和丰富的技术知识，严格管理监督各专业工程的施工技术、施工工艺以及特殊技术。一方面，按照施工方的专业性要求，做好自身的施工管理工作；另一方面，以“服务型”业主的角色为施工提供服务，进行监督和控制。

在管理方面，在做好业主方的项目规划、投资控制、进度管理、施工管理、质量安全管理的基础上，将科学的管理理念、管理思维渗透到施工方、设计方和监理方中。在项目整个施工过程中，业主方结合五号库项目特征，针对项目不可预测因素多，涉及林地征用、拆迁安置等问题以及施工点多、范围广，施工现场管理难度大等挑战性问题，深化“不断优化劳动力组织，优化作业时间，优化施工方法，加强各方沟通协调”的管理思维，提出动态优化方案，提升各方的沟通和协调效率，确保现场施工管理全过程的延续性和可控性。

4.3.2　专业化现场管理

在五号库项目的建设中，业主方十分重视现场管理，在施工一线设立现场项目部。此项目部不同于传统项目管理中的临时性组织，不仅是业主方派出的现场代表与各参建单位一同组成项目管理组织，而是德兴铜矿负责基础建设的单位——（德兴）项目经理部，为了五号库建设而将整体单位办公现场化，通过组织安排（德兴）项目经理部在施工现场进行工作。

（德兴）项目经理部成立于2001年，负责江铜集团德兴铜矿的重点工程建设，完成了德兴铜矿富家坞矿区露天开采技术改造工程、德兴铜矿扩大采选生产规模技术改造工程、东乡铸造项目、银山九区改扩建工程、硫酸项目一期工程、余干钢球项目、江铜（德兴）硫铁矿循环经济项目（一期）工程等，其项目管理专业性强、经验丰富，并且对企业的生产和建设关系、产业发展把握精准。作为一个业主方建设部门，其组织结构稳定，管理基础扎实，管理理念传承性好。

在人力资源方面，现场项目部配备包括高层领导、中层干部、专业技术人员以及协调沟通人员、后勤保障人员在内的一套从上至下完备的现场管理团队。在工作安排方面，项目经理部本部工作和现场项目部值班相结合，保证一周七天，一天二十四小时现场项目部都有相关管理人员值守。在管理手段方面，业主方在一线主动监督、主动控制、主动优化，形成了高效的施工管理体系。通过在现场对施工过程直接控制以及与施工单位实时沟通，形成迅速的问题发现、反馈和应对机制。通过业主方极致的“一线化”“现场化”管理，实现项目的费用控制、进度控制、质量控制，并保障安全管理及时、动态和高效。

4.4 高效沟通协调管理机制

沟通是组织与组织之间、成员与成员之间的信息传递和交流的过程。沟通在项目管理团队中起着桥梁作用。协调是正确处理组织内外各种关系，为组织内部正常运转创造良好的条件和环境，促进组织目标的实现而进行的信息交流，并用交流的信息正确解决组织内矛盾的过程。沟通协调中，沟通是前提，只有保证了信息传递的正确性和信息传递的及时性，才能依据信息去协调工作；协调是沟通的目的，通过沟通能使事情的矛盾充分暴露出来，只有知道矛盾的关键点才能运用正确的手段去协调解决问题。两者是相辅相成、紧密联系的。在多方参与的主体、团队中具有不同背景的成员之间进行合理科学的沟通协调，形成以项目目标为导向的联系体，对项目实施过程中的合作、资源分配优化等起着至关重要的作用，也很大程度上决定了项目管理的效率。

4.4.1 五号库沟通协调分析

五号库项目涉及政府方、企业业主方（德兴铜矿）、施工单位、设计方、监理方、权属单位以及社会利益相关者多且复杂。科学创新的沟通协调管理，作为一种柔性管理手段在五号库项目中发挥着巨大的作用。五号库项目呈现了全面的沟通体系。正式沟通和非正式沟通相互结合，既具有权威性，又能保证沟通速度。组织内部上行和下行沟通并用，充分保证信息、知识的传递和可达性。组织间平行沟通、单向沟通与双向沟通方式共存，确保多方主体、复杂项目干系人之间联系的需求，其对抗和合作等诉求的及时解决。

五号库项目的协调沟通任务主要包括两个层面，一是征地拆迁工作的协调沟通；二是工程建设的协调沟通。由于征地拆迁过程和工程建设过程同时进行，因此，两方面协调沟通工作也交织并行。征地拆迁的协调沟通任务既涉及与地方权属单位的工作推进协调，包括征地拆迁工作的进展，工作疑难点的探讨，地方权属单位做具体征地拆迁工作需要的支持配合，制度标准规则的落实等方面，又涉及与征拆户的配合协调，包括对群众的政策解释、知识普及，对群众诉求及不满意见的调解，以及对不配合群众的引导。工程建设的协调沟通是围绕项目建设决策、实施以及运营整个过程的沟通协调工作。首先，包括前期各类手续办理和审批。五号库项目土地使用体量大，审批过程复杂，手续多，需要与国家、省、市、所在地政府等多个层面进行协调。其次，涉及在施工过程中就项目范围、项目进度、投资、质量等各方面的参建主体之间的协调。最后，还要考虑运营的协调和沟通工作。五号库项目的建设为德兴铜矿的生产服务，通过协调和沟通工作优化建设和生产之间的关系，解决建设和生产之间的冲突。

4.4.2　五号库沟通协调策略

在参建单位层次，以业主方为主导，带动施工方、设计方、监理方等项目干系部门形成紧密的沟通协调机制。首先，根据工程进度计划设置定期的会议，如经理办公会、工程例会、监理例会。通过保证各方最大程度的交流、沟通，来进一步协调处理和解决工程建设过程中各参与方的冲突和矛盾。遇到临时性问题或施工处于特殊时期时会及时安排不定期会议，如临时碰头会、晨间例会等。通过沟通及时解决问题，推进项目工作。此外，业主也通过强化现场化管理进行动态的、实时的口头沟通，协调参建单位之间、参建单位与征拆户之间的冲突，优化工作流程。

在政府方和业主方层次，主要是进行高位推进，通过双方高层领导的互动，加大沟通协调力度。定期召开地方政府和德兴铜矿双方现场协调推进会，通过推进会，在双方的高层中形成良性互动机制，层层传递与落实，使得共同协调工作从上至下，层次清晰，通过各个层面的互动和上下层级之间的沟通协调与反馈，及时发现和解决问题，充分体现"有协调、有交流、有落实、有检查、有反馈"，在促进项目难点工作推进方面效果明显。通过这种正式协调的沟通手段，更好地发挥行政力量和权威性，促进项目实施并提升项目绩效。

业主的项目部设立对外联络部，政府方领导小组中设置综合协调办公室。两者作为业主方和政府方联系内外的窗口，紧密配合，两大联络部门之间形成有效的沟通协调关系。同时与权属单位积极沟通联系，进一步联系征拆户了解拆迁工作动态。通过平行沟通和多向沟通，有效协调建设中的工程施工问题、征地拆迁难题以及两者之间的矛盾冲突，使得征地拆迁工作有条不紊地展开，满足了项目各个阶段开工的需要，有效推动了项目建设。在参建单位层次、政府方和业主方层次，以及各个组织间、组织内部都形成了有效、高效的沟通网络、协调机制，进一步促进项目管理。

4.5 征地拆迁安置创新管理

征地拆迁安置是城市化和工程建设中的一大难题。五号库项目中的征地拆迁安置工作也是如此，不仅局限于项目建设本身的纠纷和矛盾，还牵涉政府职能、公众权利、社会稳定等一系列问题。

面对诸多的问题和困难，只有依靠科学的管理方法和创新的管理手段，制定可行的征地拆迁策略，才能使得征地拆迁工作顺利实施，取得了显著成效，从而保证五号库项目的建设顺利进行。

4.5.1 工作内容

五号库项目的征地拆迁安置工作主要由如下几部分构成：①征收土地。涉及林地、水田、旱地以及青苗等地表附着物。②拆迁房屋。涉及房屋征收、房屋及附着物拆迁，公用设施以及建筑的拆迁。③安置住户。包括安置小区的建设以及征拆户的搬迁以及安置小区物业管理。④公墓搬迁。五号库征地拆迁安置工作还进行了公墓区的建设、搬迁以及安置（图 4.4）。

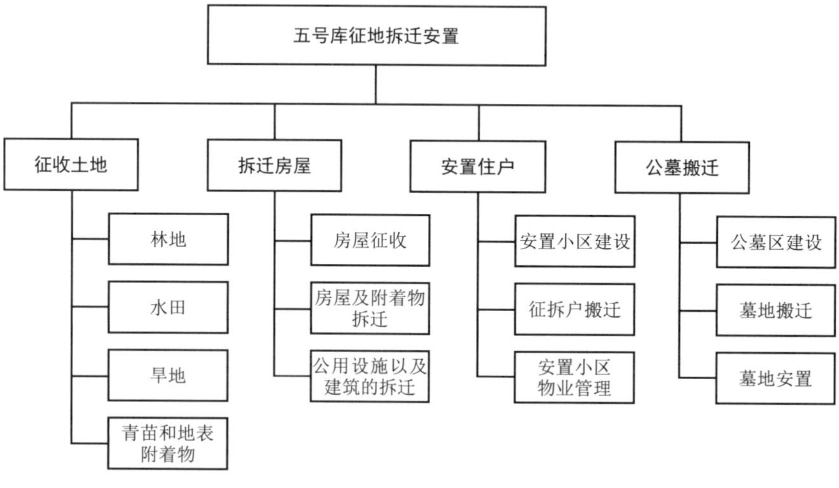

图 4.4 五号库征地拆迁安置工作内容

除了征地拆迁安置工作本身，还有一系列因为征地拆迁安置工作而衍生出来的工作，比如：解决铁罗山和海口镇界址纠纷、海口镇电费等历史遗留性问题；处理征拆户利用拆迁契机进行的违建、抢建现象问题；海口镇在征地拆迁期间大量外来人口迁入，群众阻工等社会稳定性问题（图 4.5）。

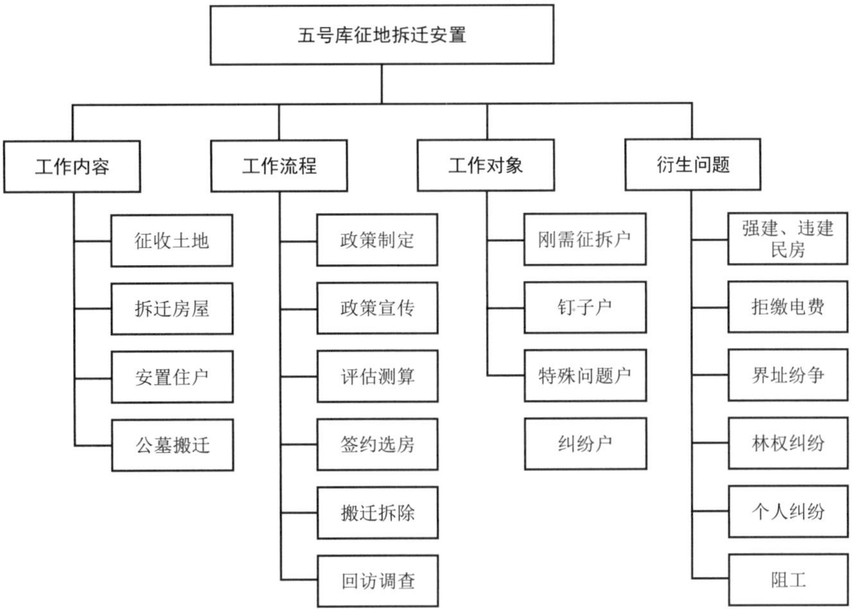

图 4.5　五号库征地拆迁安置多维度工作分解

4.5.2　管理策略

1. 控制过程，把握关键环节

在征地拆迁安置工作中，对工作过程须把握好几个关键节点。这些关键节点可破解困局，有力地推进整个征地拆迁安置工作的顺利进行。

在征地拆迁安置工作前期，大茅山铁罗山实业公司和海口镇进行了缜密而周全的摸底工作，对每一户的家庭成员、社会关系、收入水平等方面信息进行详细的收集，对征拆户搬迁意向、态度等进行了初步了解，对征拆户安置房型的诉求和需要进行全面掌握。资料详实充分，为之后形成工作计划、定制专门工作方案打基础。

在征地拆迁安置工作之初，从市委、市政度层面至地方权属单位、村委会层面均开展一系列政策宣传与解读工作：召开村民会议，各级工作人员开展全面家访，组织群众代表座谈了解民意等多种方式相结合。一方面，解决群众问题，消除群众疑虑，促进群众理解；另一方面，收集群众问题，掌握群众诉求。为深化实施方案、设计补充意见，并进一步推进工作做好铺垫。

在征地拆迁安置工作正式开展时期，主要分为组织评估测算、签约选房、搬迁拆除三项流程。不少村民的抗拒情绪大，私下达成一致意见且组织较严密。第一个配合工作的征拆户往往会面临较大的压力，故成功破解“第一户”就是工作顺利推进的关键。一线工作人员结合前期的摸底调查和现实情况论证，选择破解对象。随后集中工作力量，一鼓作气，增加入户的频率和时间，白天夜晚，周六周日，风雨无阻，积极采取各类有效方式。通过科学合理的工作方法和认真不懈的工作精神，打动群众，打破僵局，把握住了关键环节，再由点带面，由易到难逐步推进。

在征地拆迁安置工作进展的中后期，前期设置的激励机制和奖励办法都基本被原先的征拆户享有，所剩均是未配合工作的征拆户，多为问题多、态度坚定、诉求高的少数村民。这一时期为征地拆迁安置进度控制的另一大困难期。通过权属机构、工作人员和业主方的协调，先对影响项目进度的村民做工作，抓住主要矛盾。进一步掌握他们的情况，加强工作密度，同时针对他们的社会关系、性格特点、家庭成分状况，进行弹性的协调工作，逐个加以解决。

2. 人文关怀，重视心理管理

在开展征地拆迁安置工作的过程中，德兴市委、市政府对综合协调服务小组的工作整体统筹，在全局方案部署时突出“以人为本”，将“情”放在重要位置，从征拆户的立场出发，站在群众的角度思考问题，以群众的思维和心理思考作为推进工作的切入点。从征拆户心理出发，设置一定的激励机制和奖励办法，如先搬迁享受先选房、赠送储物间等。始终强调将征拆户的利益放在首位，坚持公平、公正、公开的原则。在依法征地拆迁的基础上强化“阳光征地拆迁”“关怀征地拆迁”。比如：全面、全局、多方面、多层次展开政策的制定和政策宣传工作；妥善安排群众信访活动，积极处理群众反映的问题，甚至主动组织抗拒征地拆迁工作的代表到上级政府提问题、反映情况，提出诉求；做好征拆户的搬迁后保障，设立农业发展基金，为群众后续发展和乡村振兴谋出路。在征地拆迁工作中扮演有情的“中间人”角色。

地方权属单位海口镇政府和铁罗山实业公司的一线工作人员在具体的工作实施过程中，坚持工作人员入村入户，深入了解、全方位理解每一户群众的具体情况。对弱势群体、困难户特别关怀和照顾，对个性户、难点户采取特殊的方法和化解手段。抓住征拆户的心理，从每个家庭、每个村民的具体情况、真实诉求出发，进行引导和关怀，比如对家有老人的征拆户以医疗条件方面的优势进行劝说，对家有子女的征拆户以教育便利进行引导。做工作的过程要和征拆户做朋友，采用多种方式，如：照顾征拆户患病家属，帮助年老或腿脚不便征拆户搬家，在防汛期积极主动帮助征拆户保护财产安全。对从事经营活动的征拆户，工作人员还会采取关照征拆户经营等方式拉近距离，用真心感化征拆户，赢得征拆户的理解和信任。搬迁工作之后，海口镇和铁罗山实业公司对自己的搬迁户进行回访、慰问等工作，召开交流会对安置费、过渡费、危房改造、物业管理等后续问题进一步加以妥善解决，全过程、全方位消除疑虑，平复情绪，将真情、真心、真意渗透征拆户的生活。

德兴铜矿作为业主方，也发挥自身的主动性，在征地拆迁安置的工作中，给予征拆迁群体关怀和理解。首先，在资金的配合和支持方面，业主方征地拆迁安置的资金支持保证及时到位；其次，项目建设中需要的劳务人员等，业主方也会考虑有资质和能力的征拆户，解决其就业；再次，施工过程中因征地拆迁安置牵涉的纠纷，业主方也以群众为基本立足点，通过自己的对外协调部门进行积极做好沟通协调工作，并且严格控制拆迁过程；最后，业主方还通过一些活动充分给予征拆户人文关怀，如在搬迁前为征拆户拍照，让他们和拆迁前旧居进行合影留念。

3. 加强领导，集中管理力量

征地拆迁工作虽然主要涉及铁罗山实业公司和海口镇，但是牵动德兴市上上下下方方面面的力量资源。市委、市政府领导和德兴铜矿高层多次召开会议，高位推进征地拆迁安置工作，重视征地拆迁安置工作的顶层设计和战略部署，高层领导“上访”“下访”相结合，不仅仅组织安排上访群众，还主动下一线了解群众意见，解答群众疑惑。

组建专门的综合协调服务小组，将征地拆迁安置涉及的监察局、发展改革委、房管局、林业局、规划局、环保局、水利局、物价局、安监局、矿管局、民政局、交通运输局、建设局、公路局、城管局、农业局、法制办、国土资源局、供电公司、移动公司等以成员单位的形式进行整合，形成统一、强大的工作合力，便于集中调动资源，强化管理力量。

各级领导充分做到以身作则，做好带头和示范作用，从上到下思想高度统一。高层领导关注基层干部的思想动态、工作情况，关怀关心基层干部工作生活，充分调动基层干部的工作积极性。基层干部同样用自身的行动领先示范，带领引导一线的工作人员。在整个工作过程中，工作组织的各个层级都十分重视和强调领导力的作用。通过上层的带动、上层的关心、上层的带头，培养了下一层级的工作认同感和组织归属感，形成了争先有力、积极创优的工作氛围，并且层层传递，使得所有工作人员凝聚成一股力量。比如，两个权属单位的领导者、干部、单位职工如果自身也是征地拆迁对象，必须要做表率，尽早签约选房，再做自己亲戚朋友的工作，进一步带领其他征地拆迁对象。再如，两大权属单位工作组成员基本都是身兼两职，不仅日常坐班完成自己的本职工作，还要奔忙于征地拆迁一线，积极贡献和付出。

4. 强化团队，动态调整组织

在征地拆迁安置工作进行过程中，不断优化流程，强化工作团队配合工作，并进行动态组织调整。大茅山集团高度重视铁罗山实业公司的征地拆迁安置工作，集团公司的一把手亲自挂帅，整体部署、安排和调度。为铁罗山实业公司的工作提供最大资金和人员保障，并设置奖励工资等方面的激励机制，提升铁罗山征地拆迁工作中职工的积极性。海口镇集结全镇精锐力量，调动有征地拆迁工作经验的村干部，具有较高威望和丰富群众基础的老党员、老干部作为先头部队。

两大权属单位均采取设置工作队，分配征拆户到工作队的形式按户逐一做工作。每个工作队的组成经过商讨，由基层干部和有群众基础的同志合理搭配，根据工作需要及时调整。任务分配也根据进展情况机动改变，每一工作队不限于做本工作队的群众工作，各个工作队之间充分合作协调，每周定期开展工作例会汇报进展、调整方案、优化流程、改变形式，机动灵活处理各类问题。

5. 工作分解，划分矛盾主次

在进行具体的征地拆迁工作时，将工作任务进行不同维度的分解。从工作内容分解，包括土地征用、房屋征收、安置房建设、公墓区建设、搬迁及拆除等项目。各子项目下又包括一些具体的子工作。从工作的流程进行分解，包括政策制定、政策宣传、测算评估、签约选房、搬迁拆除、回访调查等层面。在具体实施过程中，按照工作对象分解，包括有刚性需求征拆户、难点户、特殊问题户、弱势群体户、有家庭纠纷征拆户，或搬迁意向强的征拆户和搬迁态度消极的征拆户。此外，征地拆迁过程还存在一系列衍生问题需要同时解决和分解：海口镇的征拆户抢建、违规建的民房，海口镇的征拆户不配合缴电费，海口镇和铁罗山存在界址纠纷和林权纠纷，征拆因为家庭利益分配无法解决而不配合征地拆迁的纠纷，以及征拆户阻碍工程进展等。

通过全方面的工作分解，将征地拆迁安置工作细化成每一个节点，从而在具体实施过程中和五号库项目各个标段的施工进度紧密协调配合，以影响工程进度的子项目或子工作为主要矛盾，不管其属于乡镇层面、集团公司层面，还是动迁户、个人层面，都要优先处理与解决，以推动建设任务为导向，形成合力，推动征地拆迁工作顺利进行。

人文篇

每一个人可能的最大幸福是在全体人所实现的最大幸福中。

——〔法〕爱弥尔·左拉

第 1 章　德兴铜矿五号尾矿库项目人文管理的意义

1.1　人文管理的思想

1.1.1　人文的内涵

人文一词源于 19 世纪文艺复兴时期，当时特指教育领域研究古典作家和语言（拉丁语和希腊语），在此期间人们逐渐意识到人的重要性，并赋予了人文一词更加丰富的内涵，强调研究与人有关的一切知识，这也是人文一词在当今社会被人们广泛接受的含义。

1. 整体

人文强调完整的人，而不是人的某一方面。人是一种复杂的生物，必须承认人的多样性，包括人拥有情感、向往自由、有独特的性格和个性；人拥有多种可能的动机，是有理性的；人拥有学习的能力、社交的需求、与大自然亲近的本能；人渴望成长、并收获幸福；等等。人文的整体内涵否定了传统观念中以经济人的视角片面看待人的观点。树立了人文是融合心理学、社会学、政治学等的综合学科。

2. 尊严

人文提倡尊重、保护每一个人的尊严以及固有的权力。尊严是指人活着应当受到的尊敬和尊重，不论性别、种族、年龄、国籍等。尊严不同于社会地位，社会地位是被加于尊严之上的，社会地位可以失去，但尊严是人活着的体现。人文的尊严内涵否定了传统观念中将尊严和社会地位混为一谈，片面地将人创造的不同财富、社会价值带来的社会地位简单地与人的尊严画等号，强调了人与人之间生来平等的观念。

3. 发展

人文关注人的发展，并且这种发展的意愿是人与生俱来的、是永恒的，人渴望得到发展，实现自我价值。人的发展不仅是生理上的发展，也包括心理上、智力上的发展。人的发展是受外部环境影响的，并且这种影响是显著的，人是在学习他人的过程中成长的。人文的发展内涵否定了传统观念中将人的发展视为一种自我责任，而忽视了外部因素的决定性作用，提倡塑造良好环境和氛围对人的积极影响。

4. 个体

人文探究因不同思想、灵魂而形成的独特个体。尽管人与动物在某些方面是相同的，但人的思想是区分人与动物的关键因素，并且每个人的思想还是特有的，是不被其他人所共有的。个体的独特性不仅由基因遗传造成，也包括文化、社会影响等。人文的个体内涵否定了传统观念中将人的差异归因于“理性原则”，而提出人从出生起所做的一切决定影响了他的生平经历，形成了他的性格，塑造了他的思想，进而影响他的人生轨迹。

5. 集体

人文重视的不仅是个体的人还有集体中的人，包括作为集体人对话、参与、合作等的权力，人是群居动物，因此必须试着和谐相处，追求共同利益。人在集体中生活，并且会与集体中的其他人产生联系是必然趋势。人渴望拥有归属感，在集体中发挥价值。人文的集体内涵否定了传统观念中一个人足够强大到可以凭借个人力量脱离社会，完成所有的考验，揭示人的合作意愿和“1+1>2”的集体价值。

以上论述以人为中心讨论了人文包括的五种内涵。随着人类社会的不断发展，人文的内涵被不断丰富，开始关注包括人在内的一切自然生态系统。人类活动过程中不能脱离共同的地球家园，不可避免地与不同生物、物种共存，广义上的人文鼓励人们在维系好群体内部关系的同时，也要对地球抱有敬畏之心。人类在进化过程中被赋予了更高级的智慧，就要承担起相应的使命，寻求人与自然和谐相处、建设可持续发展的经济、环境和社会。[1]

1.1.2 人文管理思想的核心

1967 年，David E. Lilienthal 在《管理：一种人文艺术》一书中，首次将人文和管理两词联系在一起，并着重强调管理是艺术，而不是科学。人文管理不同于传统管理思想，把人仅仅视为一种追求企业利润最大化的工具，而是一种在人性复苏的前提下，以人为中心的管理，提出将组织行为与个体行为有机结合，通过满足不同人的不同需求，激发其积极性和创造性，以促进人的全面发展来促进企业的全面发展。

组织行为是组织中的个体、群体或组织本身从组织的角度出发，对内源性或外源性的刺激所作出的反应。组织行为强调整体行为，是全体组织成员共同活动的行为，但必须通过组织内部成员的个体行为来实现并反过来影响个体行为。因此，组织行为的研究重点归结于个体行为和群体行为的研究。从心理学上讲，个体行为又可以分为意志行为、潜意识行为和娱乐消遣行为。意志行为是具有明确目标、明确动机的行为。如何产生和为什么产生意志行为是个体行为理论研究的重点，而个体行为的研究又不得不追本溯源到一个更为关键的问题，即人是什么，有关人性模式的探讨可以帮助管理者更好地了解人。人是一个复杂的概念，从抽象意义上来说，每一个人都是一样的，从具象意义上来说，每一个人又是不一样的，甚至同一个人在不同时刻也是不一样的。因此，管理者只有弄清人是什么，才能明白人在什么样的环境下才会产生这样的行为，而人文管理的核心就是在了解人的基础上，为不同的人营造不同的环境，使其产生相同的意志行为。通过规范个体行为，定向形成具有明确目的性的组织行为，从人本角度寻求个人和企业价值同步最大化（图 1.1）。人文管理没有标准的方式方法，在不同情景下具有不同的管理模式，这是由个体的多样性和复杂性共同决定的，符合权变理论思想。

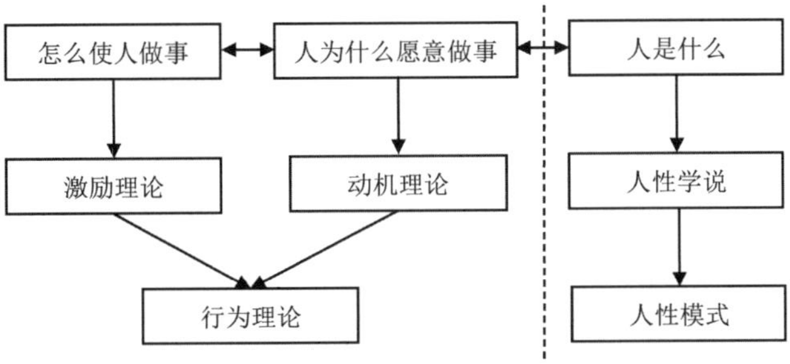

图 1.1　人文管理的相关理论

1.1.3　人文管理思想的发展

20 世纪 20 年代以后，随着社会分工越来越细，科学之间的联系越来越紧密，人们开始考虑如何运用各种科学知识来研究人的行为，在人文管理这一概念被正式提出以前，就已经有大量学者将研究重心转移到对人的管理上，从而为提出系统的人文管理理论奠定了基础。

1. 马斯洛需求层次理论

1943 年马斯洛以人的需求为出发点，从动机上研究激励机制，提出著名的马斯洛五层次论。他将人的需求分成五个层次（图 1.2），其中，生理、安全层次属于低级（物质）需求，生理需求包括对衣食住行等需要，安全需求包括对稳定的工作环境等的需要，主要从外部使人满足；社交、尊重、自我实现层次属于高级（精神）需求，社交需求包括对友情、爱情等的需要，尊重需求包括对获得他人赏识等的需要，自我实现的需求包括对发掘自身潜能等的需要，主要从内部使人满足。

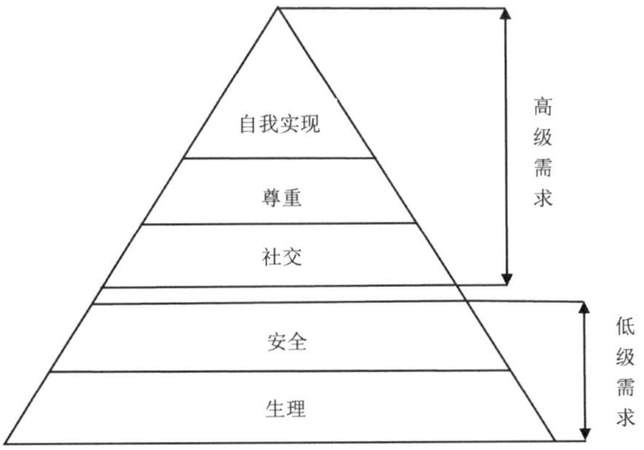

图 1.2　马斯洛五层次需求结构

马斯洛认为五个层次需求之间存在递进关系，即只有当较低层次的需求被满足后，才会产生较高层次的需求，并且只有未满足的需求才能影响人的行为，具备激励功能。在多种需求同时存在时，只有起主导作用的需求影响人的行为，而主导需求是指尚未被满足需求中的最低需求层次。[2]

2. 人性假设理论

1957 年麦格雷戈在《企业的人性方面》一书中首次提出关于人性的 X-Y 理论，X-Y 理论试图回答“人是什么”，从而基于对人性的不同假说提出了两种不同的管理方式。

X 理论提出：①人生性以自我为中心，漠视组织的要求，因此必须采取强制措施，迫使他们实现组织目标。②人生性宁愿接受领导的支配，不愿主动承担责任。③人生性缺乏进取心，安于现状，没有雄心壮志，把安全看得高于一切。④人生性易受欺骗、易受煽动。X 理论认为人是经济人，从而管理者需要采取强迫性的控制和指挥，并以金钱奖励或以惩罚相威胁等方法，迫使他们为实现组织目标而努力。

麦格雷戈认为 X 理论是建立在错误的人性假设基础之上的，为此提出用 Y 理论来取代 X 理论。

Y 理论提出：①人本性不厌恶工作，如果给予适当机会，人们喜欢工作，并渴望发挥其才能。②多数人愿意对工作负责，寻求发挥能力的机会。③对人的限制和惩罚不是使人去为组织目标而努力的唯一办法。④激励在需要的各个层次上都起作用。⑤想象力和创造力是人类所广泛具有的，而且是无限可开发的。Y 理论认为人是社会人，从而管理者可以把他们看作组织的宝贵财富，能够鼓励他们参与决策，向他们提供承担责任和挑战性工作的机会，扩大他们的工作范围，便于组织分权和授权，倡导他们对自己的工作进行评价，通过激励和诱导，使他们自觉努力地工作来实现组织的目标。[2]

除上述理论外，20 世纪中期还涌现出大量关于行为学的研究理论，包括赫茨伯格提出的双因素理论，维克多·弗罗姆提出的期望理论等，故人文管理最初的方法是以激励和动机理论为中心的。到了 20 世纪 80 年代，有研究者开始提出组织文化的概念，从文化对人行为表现的影响力和约束力的角度探索人文管理（图 1.3）。[3]

组织文化由物质层面、制度层面和精神层面三个层面构成，抽象成为全体成员普遍认可和遵守的具有组织特色的价值观、信念、仪式、符号、处事方式的总和（表 1.1）。[2]

如今，人文管理的思想还在不断地丰富与发展，有最新研究理论提出将企业视为一个真实的社会，组织成员内部实现高度自治，以回归本质的方式实现人与人之间的真善美，从而进一步体现人文管理的价值，但与此同时也对人文管理提出了更大的挑战。[3]

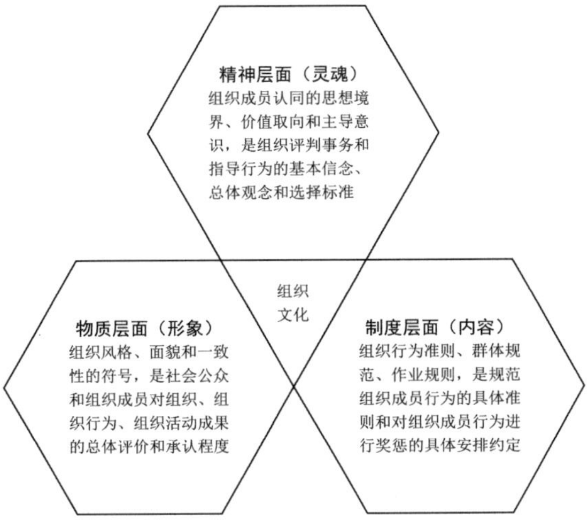

图 1.3　组织文化的构成

表 1.1　组织文化的作用

功　能	解　释
凝聚	使全体成员对组织产生归属感和认同感，向着组织共同的目标前进
改造	适应时代发展变化，不断取其精华、去其糟粕，是不断升华的过程
调节	以无形的方式影响着组织内成员的行为，并逐渐向个人价值观内化和渗透
完善	组织发展带动组织文化发展，并反过来作用于组织本身迈向新高度
延续	一代又一代人长期耐心倡导、精心培育而不断积淀下来的宝贵财富
激励	健康的组织文化弱化了物质奖惩措施，并在精神层面催人自发奋进
辐射	不断散发积极正能量，并成为强大的辐射源，对社会产生持续影响

1.2　人文管理的重要性

1.2.1　人文管理顺应时代潮流

“十八大以来，习近平总书记在很多场合深刻阐述了中华优秀传统文化的价值与意义，认为中华文化积淀着中华民族最深沉的精神追求，是中华民族生生不息、发展壮大的丰厚滋养。”[4]

1. 习近平在全国科技创新大会上所作的重要讲话

2016 年 5 月 30 日，习近平在全国科技创新大会、两院院士大会、中国科协第九次全国代表大会上，发表题为“为建设世界科技强国而奋斗”的讲话，“让人文与科技接轨，让科技闪耀人文之光”。习近平多次讲话都体现出他深刻而独到的人文科技观。

习近平的人文科技观，强调与民本思想的交相辉映。“穷理以致其知，反躬以践其实”，在提及加强科技供给时，引用了朱熹“致知格物”的思想，表明了科学研究的落脚点，即服务经济社会发展，服务广大人民群众。习近平又引用“功以才成，业由才广”这句出自《三国志》的名言，表达出“一切科技创新活动都是人做出来的”，能否“功成”“业广”，关键还看人才队伍建设。

习近平的人文科技观，强调科技和人文两手抓。习近平指出，“一个国家的发展水平，既取决于自然科学发展水平，也取决于哲学社会科学发展水平”，将自然科学与哲学社会科学比肩提出，犹如为奋勇向前的国家添置了一双腾飞的羽翼。“一个没有发达的自然科学的国家不可能走在世界前列，一个没有繁荣的哲学社会科学的国家也不可能走在世界前列。”习近平认为，自然科学和哲学社会科学，两者都要抓，两者都要硬。

习近平的人文科技观，强调科技发展助力人类命运共同体。在 2014 年 6 月国际工程科技大会上，习近平就已经发表了“给科技人才注入人文因素”的论述。南京信息工程大学公共管理学院院长史军认为，“当前中国应该加强科技人才在人文学科方面的培养”。他同时表示，科技人才如果没有人文学科的基础，工程科学就很难有创新和突破。加强人文学科的培养有助于形成工程科技人才的人道主义关怀，让他们建造出来的世界更加适宜人类生存。[5]

2.《习近平谈治国理政》中的重要论述

《习近平谈治国理政》一书，是当代中国马克思主义的杰作，也是体现中华文化的范本，放射出灿烂的人文之光。书中的人文思想、人文情怀和人文理念，继承和弘扬了中华优秀传统文化，增强了中华民族的文化自信。

习近平指出，精神的力量是无穷的，道德的力量也是无穷的。中华文化源远流长，蕴含着丰富的精神和道德资源，孕育了中华民族的宝贵人文品格。这种品格，主要体现为中华文化具有包容和忍耐（“文明是包容的，人类文明因包容才有交流互鉴的动力”）、崇尚亲和友善（“在 5000 多年的文明发展中，中华民族一直追求和传承着和平、和睦、和谐的坚定理念。以和为贵，与人为善，己所不欲、勿施于人等理念在中国代代相传”）、博采众长和与时俱进（“中国人民的价值观和精神世界，是始终深深根植于中国优秀传统文化沃土之中的，同时又是随着历史和时代前进而不断与日俱新、与时俱进的”）的特征。

习近平指出，“一个民族最深沉的精神追求，一定要在其薪火相传的民族精神中来进行基因测序”，民族精神反映一个民族的精神状态，包括责任感、凝聚力和自信心等。民族精神还体现在每个国民的素质中，包括个人的修养和行为等，最终体现为人格的力量。中华民族精神深刻体现了中华文化人文精神。习近平把“严以修身”作为干部改进作风的重要要求，并涵盖了加强党性修养、坚定理想信念、提升道德境界、追求高尚情操等内容；习近平提倡继续发扬中国传统价值观，并列举了如“民惟邦本”“天人合一”“和而不同”“天行健，君子以自强不息”等独特的中国智慧，这些价值观不论过去还是现在，都有鲜明的民族特色，都有永不褪色的时代价值。

习近平还指出：“中华传统美德是中华文化精髓，蕴含着丰富的思想道德资源。”包括：

①“天下为公”的责任意识。习近平谆谆教导各级干部要牢记责任重于泰山，要有“如履薄冰，如临深渊”的自觉，要有“治大国若烹小鲜”的态度。②“和而不同”的处世哲学。君子以“和”为准则，在听取各种不同声音的基础上独立思考和判断。不同于“争”，“和”是在相互影响中使事物得到发展。③“民惟邦本”的仁政思想。孟子认为，“民为贵，社稷次之，君为轻”，强调的也是爱民思想。荀子说“天之生民，非为君也。天之立君，以为民也”，主张君主必须重视民意。这些论述形成了中国社会爱民、重民、利民的政治思想传统，充满了人文主义精神。④“天人合一”的思想理念。“生态兴则文明兴，生态衰则文明衰”，人与自然和谐发展，是中华文化人文思想的重要理念。今天我们推动发展，一定要从客观实际出发，尊重和顺应客观规律，一定要注意维护和涵养生态。⑤“和谐共生”的发展观点。中国人在 2000 多年前就认识到了“物之不齐，物之情也”的道理。对待不同文明，我们不能只满足于欣赏它们产生的精美物件，更应该去领略其中包含的人文思想。要尊重文明多样性，推动不同文明交流对话、和平共处。[6]

3. 习近平在新冠肺炎疫情防控工作上所作的重要指示

2020 年 2 月以来，习近平就关心爱护参与疫情防控工作的医务人员专门作出重要指示，强调医务人员是战胜疫情的中坚力量，务必高度重视对他们的保护、关心、爱护，从各个方面提供支持保障，使他们始终保持强大战斗力、昂扬斗志、旺盛精力，持续健康投入战胜疫情。

习近平强调，指挥调度、后勤保障要科学到位，对医务人员舒缓压力、生活保障、必要休整、精神鼓励务必及时加强落实，一定要保证在湖北（武汉）医疗队伍安全有序、统筹协调、有力有效、及时迅速开展工作。

新冠肺炎疫情发生以来，广大医务人员夜以继日、连续奋战，有医务人员不幸被病毒感染，有的甚至献出了宝贵的生命，体现了医者仁心的崇高精神。习近平多次主持召开会议、发表重要讲话、做出重要指示，给全国特别是湖北和武汉奋战在疫情防控一线的医务人员送去党中央的关怀。他在北京调研指导疫情防控工作时亲切慰问广大医务人员，并就帮助他们解决实际困难和问题做出部署、提出要求。[7]

1.2.2　人文管理创造无形价值

人文是一个内涵极为丰富的词，与人的价值、人的尊严、人的个性、人的生存、人的理想等密切相关。人文管理是企业中最为核心且先进的思想。从以人为本的角度出发，考虑人与企业的共同发展，颠覆了传统观念中企业以收益最大化为核心目标的管理思想。强调人在企业是有意识的、有情感的、自由的、独立的人。提出将人的管理和培养一并纳入企业未来发展规范的范畴中来，形成一种不断延续的、企业与成员相互依存的核心价值观。

1. 有利于推动企业发展

企业持续发展和水平的提高，更加要求内外因素的协调统一。进入 21 世纪社会发展新时期，社会发展的资源配置模式也在不断变化和演变，新时期知识经济的发展对投资、管理等方式产生了深远的影响。企业产业结构等方面的变化，将促使企业实施人性化、科学化的管理。在这种新的发展理念的背景下，企业需要引入新的管理方法，旨在提高其业务质量，适应新时期经济社会发展的新要求。企业原有的管理模式通常表现为制度化、层次化，为了更好地适应知识经济和生态经济的发展要求，人文管理理念强调以人为主题，促进人的全面发展，改变过去忽视人性的发展模式，从而实现人、企业、社会的协调统一，通过建立文化软实力，促进企业全面发展。

2. 有利于提高工作热情

人文管理注重人性的色彩，通过考虑不同人的不同需求，可以实现不同层次管理工作的和谐有序，最终实现人的全面发展。这种新的管理模式强调人性的挖掘，把人作为企业发展和管理的重要目标，重申人的价值和作用，并逐步考虑到人的主观能动作用是社会和企业发展的根本动力。在满足不同层次不同人需要的同时，实现了人的全面发展。这种全新的管理理念对人的长远发展起着重要作用。在社会发展的新时期，人文精神已成为人们精神生活最重要的方面，而企业人文管理对人的价值养成有着重要作用。因此，人文管理是顺应时代发展的必然趋势，在以人为本的管理模式中，有利于激发人们对工作的热情和动力。人们渴望在工作过程中被认可，实现自我价值，同时也能促进企业经济更好更快地发展。

3. 有利于建设精神内核

在社会和企业发展的新时期，许多企业通过创新的这种管理体制，在日益激烈的竞争市场上立于不败之地，并更能满足社会发展的新需要。在这种管理策略下，从经济人到社会人，企业完成了有关人性理论的认识，促进了管理策略的新发展。企业通过实行人文管理，在发展过程中，不断推行以独立自主为核心的管理理念。同时企业领导高度注重人文关怀下的人文主义管理，利于促进尊重人、爱护人等企业理念的形成，实现了对人性的认知，不断掌握人的性格、思想和价值观的发展，使企业在发展过程中逐步实现自身价值，始终能够保持丰富的文化内涵。在探索人性的过程中建设更加合理的管理机制，以不断完善适合企业发展的人文管理模式。[8]

第 2 章 德兴铜矿五号尾矿库项目人文管理的故事

2.1 德兴铜矿与施工单位

未来之库——写在五号库蓄水之际

曾黄林 德铜传媒

当 2014 年参加工作的（德兴）项目经理部技术员陈古月，首次登上铁罗山山顶时，他直呼“天意”！

放眼望去，四号尾矿库碧波荡漾、浮光跃金。而一山之隔，两座山脊夹着的一条峡谷呈“V”字形向远方延伸，越往前越平缓，五号尾库就将坐落在这里。

小陈所谓的天意，早在 40 年前，就被中国恩菲（原北京有色冶金设计研究总院）的专家们和矿山的建设者们看在眼里、谋划在远景里。

“地段优、空间大、好管理。”1980 年，双方的总图设计师们走遍了德铜方圆几十公里的矿区，最终把大山厂“前三万”系统选址在与这个大峡谷直线距离只有数百米之处——他们要为矿山今后产能跨越式发展，酝酿尾矿堆存的“备胎计划”。

“C 位！”2010 年“备胎”启动之时，参与现场勘察、方案细化的项目经理部副经理杨义兴，不断被 30 年前布局之精妙、之长远，深深折服。

据杨义兴介绍，除了浑然天成的地势地貌，大山选矿厂浮选车间 285.5 m 的标高，和五号尾矿库最终 290 m 的标高相得益彰，意味着产生的尾矿可绝大部分自流入尾矿库。不然，10.313亿 m^3 的尾矿，仅通过电力输送，成本是何等巨大!

实际上，“备胎”在 2010 年转正，是情非得已。

当时，德铜 13 万 t/d 改扩建项目建成投产，加之选矿边界品位从 3‰降为 2.5‰，产生的尾矿数量骤增，四号尾矿库将不负重荷，使用年限将大为缩短。

“为保证企业生产的需要，应适时启动铁罗山尾矿库（即五号尾矿库）的建设，作为四号尾矿库的接替。”国家发展和改革委员会在《关于德兴铜矿扩建项目核准的批复》中，明确提出了建设五号尾矿库，并于 2010 年 5 月，批复同意工程立项。

于是，一场事关矿山未来的大棋局，在铁罗山的两山一谷间悄然摆开。

德兴铜矿成立专门工作筹备组。认真做好可研报告、安全预评估报告、环评报告、环境影响报告、水土保持方案……及时办理一系列相关手续，并积极呈报有关部门审查。

征地拆迁，当然是横亘在工程推进中最难啃的“硬骨头”。13.10 km^2 的农田、山林必须完成征地；涉及的两个林场及附属设施、三个村民小组，必须拆迁；313 户 1 200 余人，必须安置；征地拆迁补偿、安置房建设，包括公墓搬迁等工作，必须到位。另外，库区下游5个村民小组的生活、灌溉用水，必须解决。

“为的就是抢占先手、赢得先机。”（德兴）项目经理部常务副经理田信普，谈起长达6年的前期筹备工作，这样定义。

30 年前就参与了四号尾矿库建设的高级工程师全汉卿，深谙“先手棋”“一步先，步步先”的道理。作为项目设计团队的一员，他们的当务之急，就是要把蓝图“私人订制”成一个最为科学、合理，最具可操作性的方案。

设计库容，是第一步。

以当年的生产规模计算，保有可采矿石量 16.17 亿 t、产出尾矿总量 15.62 亿 t、四号尾矿库的剩余库容……综合一系列的影响因素和折算出的一串串精准数据——10.313 亿 m^3！一个可满足德兴铜矿生产期内全部尾矿堆存需要的数字最终被确定。

经过大量现场实地的调查、测绘、勘察，充分考虑库容、坝高、增容潜力、征地面积，以及工程地质、水文地质条件后，下游坝坝体被他们巧妙地设计在“沙漏状”的山体之间；一条数百米的隧洞横穿山体，连接斜槽，尾矿顺流而下，山势落差被他们巧妙利用……

工艺，当然要选最合适的。

“放眼当今世界，像这样施工技术复杂、施工难度高、工程规模庞大的尾矿库，没有几座！”该项目的总设计师郑学鑫，也有压力。

值得庆幸的是，四号尾矿库的成功案例近在眼前，多项技术领跑世界。

中线法堆坝工艺为德铜首创，具有坝轴线垂直上升，粗、细尾矿分级排放等特点，坝体的安全、稳定性大大优于传统堆坝工艺，尤其为减轻主汛期排洪压力而采用的全球少有的两套排洪系统互为备用的设计，被继承下来。

“人字形”子坝防冲刷、截洪沟设计、植被护坡、水位在线监测及洪水预警系统等技术被沿用并加以改进，比如覆盖面更广、智能化程度更高的外坡在线监测系统，“防护方案”更为先进、科学。

基于五号尾矿库两道坝体的特点，决定了上、下游必须同时筑坝。“先下游排矿，当两坝坝顶标高相同时，再上、下游同时排矿。”他们这样设计。

实际上，与坝址方案同步推进的，还有取水方案、道路布局、隧洞走向、配套设施布点……最终，一个个最佳方案相继确定，可研设计书多达 400 多页。

队伍的选择，当然要敲定。

五号尾矿库名虽为库，实际上是一项集库、坝、洞、路、电等为一体的庞大系统工程。

让专业的人做专业的事，才靠谱。

和选择国内最好的设计单位一样，在施工队伍的选择上，具备资质、施工经验丰富、设备先进、队伍强大的十五冶、二十三冶、中鼎国际分别中标，成为五号尾矿库的施工单位。

目标，就是建最好的库。

顶层设计之后，就是一锤接着一锤敲。

阳春三月，距下游坝 1 500 m 的杜村，千亩农田油菜花开得正浓，一栋栋民居点缀在花海之中。

五号尾矿库设计库容相当于 70 个西湖，下游坝最终坝高达 224 m，比三峡大坝还要高出 40 m，相当于 70 层楼的高度。尾矿库一旦失事，矿山的生产事小，下游安全事大。

“关乎德铜未来，要全力打造精品工程、样板工程。”每次深入五号尾矿库现场，矿党委书记李建国都要特别强调。

初期防洪标准为 500 年一遇，中期 1 000 年一遇，后期 5 000 年一遇 —— 站在对社会高度负责和未来发展的高度考量，德铜别无选择。

5 000 年一遇的标准，该如何实现？

斜槽漏沙问题，是世界性难题。2018 年 5 月中旬的一天，项目进行到横坑区域斜槽与隧洞的对接环节。它是五号尾矿库三条斜槽之一，未来将深埋在几百米深的尾砂之下，一旦漏沙，就会“下河”，补救难比登天。

五号尾矿库建设全面铺开后，一个个难题接踵而至。

“要勇于直面挑战、敢于打破常规、善于创新求变。”时任德兴铜矿矿长管勇敏，在每次的项目推进会上反复强调。

技术员对斜槽连接部位的施工准备了好几个方案。

“对斜槽与平向连接部位进行加强，衬砌拱墙外先刷沥青，再铺膨润土防水毯，最后回填黏土。”负责这片区域的技术员江溢涛严格把控工艺的每个环节，确保质量。

而在此之前，项目经理部工程部副部长朱伟强负责的下游基础坝碾压堆筑，要求同样严格。坝高 54 m、每层 0.8 m，“静压两遍，强压八遍”，这个经过无数次实验得出的最佳碾压工艺，施工时一遍都不能少。

工艺之外，技术也得是最先进的。

专项研发的斜槽模板台车上马，可实现斜槽断面的无缝对接；一次成型的圆形衬砌工艺，用于横穿库底长达 5 800 m 的排洪隧洞，在节约施工成本的同时，大大提高了隧洞施工质量和效率；由德铜实业公司自主研发的，耐酸碱、耐磨、耐冲击、不易结钙的特大口径超高分子聚乙烯管，也成功运用到了五号尾矿库建设当中……

“决定成败，细节是关键。”项目经理部力争每一个细节都做到精益求精。

最终 290 m 的标高，建立在目前 50 余米基础坝的坚固之上，工程监管人员如履薄冰。施工之初，他们发现基础坝内侧存在轻微地表冒水现象。为消除隐患，项目部果断修改原设计，在左坝脚增设一道黏土斜墙，地下部分深入岩石层 3 m，形成一道地下屏障，使基础坝形成一个独立的干滩，以此保障基础坝的正常施工。

而坝体的外侧千米开外，一面长为 263 m，宽为 1 m，平均深为 35 m 的地下连续墙，连同墙体及左右贯穿 358 个孔，最深注浆深度达 60 多米，平均深度 20 多米，共同形成一道巨大而密实帷幕墙，为实现“一个有害金属离子都跑不出库去”的目标，再设一道防线——这是环保底线，他们不敢稍有差池。

为了坝体更坚固，在当地符合要求黏土供应不足的情况下，他们宁愿从周边乡镇高价购买，也不自降标准；筑坝到第 11 层堆筑的时候，石料中混杂了泥土，造成碾压后孔隙率略大，他们三次返工；由于乐安河排洪隧洞临近地面，受降雨影响地质松软，即使延误工期，他们也采用边掘进、边衬砌的办法，每次 1.5 m 慢慢向前挺进……

朱伟强说，四年来，精益求精的工作态度贯穿始终。从开工到蓄水，数以千计的建设者，用坚守和匠心勾勒出未来之库的画卷。

显然，建设如此宏伟的五号尾矿库，并非德铜一家之力。

“能够为这样一个超级工程做点贡献，我一点牺牲，不算什么。”上一年 10 月，已经与 38 户村民一道乔迁新居的揭世宏，赶在闭库蓄水之前，又回到曾经生活了 40 多年的地方，他有不舍，也有自豪。

而此前，国家发改委，省发改委、国资委等各级领导高度关注，高位推进，多次深入现场视察指导项目推进，为五号尾矿项目建设提振了信心，增强了动力。

为加快推进五号尾矿库项目建设，公司党委、行政每年把五号尾矿库项目建设列为工作重点跟进项目，项目的联系领导每月至少一次到现场协调推进，切实发挥“高位联动”的作用。

“对工作上的事情要做到不回避，不推诿、不抱怨，全力以赴，协调解决……”以德兴市委常委、统战部长刘栋义为代表的地方政府工作人员雷厉风行，项目推进过程中遇到的问题，很快解决。

“安全之库、环保之库、智能之库，它将成为德兴市的地标……”见证了五号尾矿库从无到有、拔地而起的德兴市委书记刘瑞英，多次亲临建设现场，赞赏之语，一次盛过一次。

评　论　回顾五号库工程，从规划、设计、征地拆迁再到施工，每一步都是前所未有的挑战，但每一步都要走得收获满满，这是五号库建设贯彻始终的理念。德铜传媒的曾黄林以精练的语言、精湛的文笔，通观全局地讲述了五号库为何而建，如何而建，以及建成后的意义。他在文末提到要建成如此雄伟的工程，必然是多方共同努力的结果，但不可否认，德兴铜矿为五号库的“诞生”立下了汗马功劳。

见证五号库

田信普　（德兴）项目经理部党总支副书记、常务副经理

一晃近 9 个年头，我全程见证了江西铜业股份有限公司德兴铜矿五号尾矿库的成长。

最充分的前期准备

自 2012 年 6 月 18 日国家发展和改革委员会同意新建五号库，至 2014 年 7 月 31 日，江西省发展和改革委员会对五号库项目核准并批复，至此，五号库前期工作全面完成。这期间，我多次进京（北京）赴昌（南昌），经常在朋友圈晒出照片："我又登机了"，"到访"国家部委，"上访"省厅等，为完成五号库前期工作"上窜下跳"。

五号库前期工作内容丰富……

2012 年 10 月 9 日，完成五号库初步设计矿内审查；2013 年 3 月 8 日，完成五号库初步设计集团公司审查；2014 年 9 月 3 日，五号库初步设计通过江铜集团公司批复，总投资 323 864 万元。

2013 年 3 月 10 日，五号库水保方案通过水利部审查。

2013 年 4 月 9 日，五号库安全预评价通过江西省安监局审查；2015 年 11 月 27 日，《安全设施设计》获得国家安监总局许可意见书。

2014 年 3 月 8 日，五号库环评报告通过省环保厅技术审查。

还有压覆矿资产评估、土地复垦、探矿权收购、节能评估……

归纳一句话，五号库前期工作是江铜重点工程建设史上准备最充分的。

最难啃的征地拆迁

五号库征地总面积 19 653 亩（1 310.2 hm^2），为江西省历史上单宗项目征地面积之最。拆迁 308 户。自 2013 年 4 月 11 日，原德兴市市长谢冠森启动征地拆迁序幕之始，经刘瑞英、郭峰等三任市长，首任常务副组长王旻至刘栋义中间换了 6 任，历时 6 余年。征地拆迁工作难度之大，任务之重，时间之紧迫，直接影响工程开工建设。记得当时江铜集团主要领导来上饶、到德兴、见到地方主要领导第一件事谈的就是五号库的征地拆迁工作，希望地方多支持、多帮忙。企地之间高位推进、主动协调。在项目建设的关键紧张阶段，江铜集团主管工程的副总经理黄明金基本上一月一次来德兴参加推进会。我和德兴市委常委、统战部长刘栋义基本上每周相见。矿、地工作组成员天天在一起，工作一起干，"5+2""白 + 黑""晴 + 雨"模式是常态。大家同甘共苦，目标一致、苦口婆心，逐户逐家谈，拆掉一户是一户，迁走一家是一家。不历经风雨，怎见彩虹？阳光总在风雨后，2018 年 9 月 19 日，横坑村村民房屋的整体拆迁工作完成。2019 年 4 月 14 日，铁罗山最后一户拆走，标志着历时 6 年的拆迁任务圆满完成，为五号库全力推进、全面建设扫清障碍，铺平道路。

感谢德兴市！感谢海口镇！感谢大茅山公司！

最复杂的工程建设

五号库工程庞大，内容复杂，为最高等级的一级尾矿库。工程内容归纳为“二坝七洞一路一电一库”。“二坝”分别是上、下游基础坝。“七洞”分别是上、下游尾矿输送隧洞，尾矿回水隧洞，四条防洪隧洞，尤其是上、下游隧洞，既兼防洪，又兼为下游村民生产供水，仅此一项增加投资 7 000 余万元。“一路”为上、下游联络道，弯弯曲曲共计全长 38.9 km。“一电”为新建 3.5 kV 变电站和库区输送配电高压线路。“一库”为下游生产供水水库（青龙山水库）。

五号库为江西省重点工程，主要工程内容分为三个标段，在江西省公共资源交易中心公开招标。一标（上、下游尾矿基础坝及其附属设施）中标单位为中国十五冶；二标（排洪隧洞）中标单位为五矿二十三冶；三标（尾矿输送、回水隧洞）一波三折，经三次招标，中标单位为中鼎国际。

2016 年 1 月 6 日，五号库正式开工建设，因征地拆迁进展不顺，工程施工开开停停，三天打鱼“一周”晒网，进度迟缓，推进十分困难。2017 年 10 月 8 日，（德兴）项目经理部现场建设指挥部挂牌施工现场，工程逐步依序进入正常轨道。为强化管理，推进施工，（德兴）项目经理部采取双休日值班、工程例会月改周，施工现场“白 + 黑”，加班加点。天公不作美，老天不帮忙，2018 年，江西地区雨季来得早，又漫长，进入 11 月份本该是施工黄金季节，可“烂”冬来临，又进入绵长雨季。自 2018 年 11 月到 2019 年 4 月底，月平均晴天不到一周，尤其是 2月份只有一天天晴，还是大年初一，施工单位都在放假。怎么办？“与天斗”，建设单位提出“小雨大干，晴天当两天干，大雨不歇干内业”，功夫不负有心人，建设单位、施工单位、监理单位、检测单位、设计单位、工勘单位等拧成一股绳，团结协作，战天斗地，谱写一曲可歌可泣的战歌。2018 年 10 月 31 日，上游基础坝的坝体封顶；12 月 18 日，下游基础坝封顶，“双封顶”标志着五号库工程取得阶段性成果。

2019 年，收获“三步走”目标的实现。6 月 30 日，达到蓄水条件；7 月 3 日，成功举办蓄水启动仪式；8 月 8 日，“矿庆”日正式蓄水；9 月 20 日，排尾试生产成功；11 月 27 日试生产达产；12 月 30 日，五号库一期工程主体工程完成。被誉为“超级工程”“世纪工程”的五号库在江西省委、省政府，上饶、德兴市委、市政府，江铜集团、德兴铜矿的支持下，经（德兴）项目经理部及施工、监理、检测、设计、工勘等单位的共同努力，圆满完成了五号库一期工程基建任务。

最深刻的体会

全程参与五号库建设，是我一生中的大幸。眺望魁梧雄壮的超级世纪工程，我自豪，我骄傲，百感交集，思绪万千。

斗争精神。五号库建设就是一篇斗争的记录。“与天斗”。天不帮忙，施工时该晴不晴，阴雨连绵，天像破了一个洞一样，雨下得没完没了，2/3 的施工时间都是阴雨。特别是 2019 年 7 月 13 日暴雨横流，工程损毁千疮百孔、惨不忍睹。到了试生产，想下雨却没雨，从 2019 年 7 月下旬至 2020 年元月近半年天旱，库内蓄水无源，浮船升不起来，干着急。2020 年春节后，罕见的新型冠状肺炎疫情横行，道路中断，分区隔离，施工人员、物资进不来，回水池加固抢险受阻，人心焦虑。“与地斗”。经集约后征地 19 653 亩，加上因工程需要的临时征地、横坑红线外和铁罗坞夹角的补偿地，实际远超 20 000 余亩。地要征上来，地表要“三清”—— 林木清、房屋（地下墓穴）清、人员清，每一项都困难重重。没有战天斗地的精神，想完成任务是不可想象的。

高位推进。自五号库启动之际，就得到江铜集团党政的高度重视、高位推动，不断加强与省、市各级政府沟通协调，在土地报批、林（土）地征收、砍伐、房屋拆迁、安置房建设等诸多环节通力协作、密切配合、攻坚克难，项目建设才得以顺利推进。

齐心协力。完成项目建设任务，就要同心同德、齐心协力，就要关口前移，管理人员每天 8 点 30 分从矿区出发，准时去现场。攻坚时期领导干部带头实行周末值班。决战阶段，项目部全员放弃双休日，坚守岗位。对重点部位的监管监控，实施党员安全质量监督岗，齐心协力才能战胜不可能战胜的困难与挑战。

最高标准。五号库安全等级为一等库，防洪按 5 000 年一遇标准；库内防渗是史上最严的环保要求；中线法堆坝是世界最先进的工艺技术……

我见证了您的成长，感谢五号库建设的全体建设者，向他们致以崇高的敬礼。

评　论　五号库工程始终围绕“安全、质量、控概、工期”八字方针，其成功建设是德兴铜矿的骄傲，也是德兴市的骄傲。

在常务副经理田信普的带领下，德兴项目部被打造成为内部职责清晰、管理层次分明、队伍精干高效的高质量项目管理团队，培育出一批勤恳工作、踏实能干的优秀人才。五号库项目管理工作中，田部长始终按照“建设管理专业化、施工管理标准化、日常管理精细化、项目管理信息化、建设理念人本化”的要求，积极发挥管理、技术、人才优势，规范施工作业，强化质量安全管理，从严、从紧、从细抓好项目每一个环节，采取多项有力的措施，在管理中摸索经验，在探讨与争论中改进作风，在经验教训中完善管理，有效地保障了项目的安全、环保、质量与进度管理工作，为江铜走“发展矿山、巩固冶炼、精深加工、相关多元”道路，跻身世界 500 强打下了坚实的基础。

田信普在上文中除强调了五号库作为世纪工程在工程项目管理上的难度外，还特别提到了前期准备和征地拆迁这两项工作，它们都为项目部在实施期能够顺利推进五号库建设提供了必要的保障，而这两项关键性工作主要由德兴项目部对外联络部门负责，甘有才作为对外联络部部长，也记录下了五号库漫漫建设长路上令他难忘的点点滴滴。

八年征迁路　梦圆五号库

甘有才　历任江西铜业股份有限公司（德兴）项目经理部对外联络部部长、
德兴铜矿五号尾矿库建设项目协调服务小组征地拆迁办主任
现任德兴铜矿协理员

自 2011 年初可行性研究的起航至 2019 年底的投入试生产，回顾八年多来的江西铜业股份有限公司德兴铜矿五号尾矿库工程项目建设历程，特别是 1 310.218 8 hm^2（约合 19 653.282 亩）建设用地报批和征地拆迁工作过程中的种种艰辛曲折，依然历历在目，似如昨日，令人感慨万千、终身难忘。

主动迎“战”勇担当

在国家大力倡导生态文明建设的大背景下，工程项目建设最难做的工作莫过于征地拆迁，它被称为“为天下第一难”的工作，而在拆迁之前的建设用地报批审查则是重中之重，直接影响整个项目建设的正常开展。

时间紧、任务重且权属单位及地类繁杂。它只是五号尾矿库工程项目建设用地报批中面临问题和困难的冰山一角，面积超大（21 800 亩）、用地规划指标难以解决（符合报批规划的只有 6 000 余亩，也就是说用地规划指标缺少 15 000 余亩）则是报批中的两座“大山”。

面对上述难题，在江铜集团、德兴铜矿及项目经理部的高位推动和省市国土及林业部门的大力支持下，我们主动迎“战”，先后九进北京协调用地指标及规划；组织二十余次设计、计划、工程、国土、林业等相关部门参加的建设用地报批方案协商会。最后经过项目部门的积极努力和相关部门的通力协作，就建设用地报批初步提出了三个方案：

方案一，也是当时主要报批意向方案，即为保障工程项目建设的需要，采取化整为零分期报批的方案。但是此方案因不符合《中华人民共和国土地管理法》及相关条例规定而首先被否。

方案二，按能否符合规划面积和能解决用地指标数来确定先期报批方案。依据此方案报批的优势是报批难度小，容易在短期内拿到批复文件，自身压力也会小很多。但依据我们前期做的大量考察咨询工作不难发现，如果按此方案报批可以先解决 6 千余亩建设用地，剩余 1.5万余亩土地期建设用地的报批存在不可预判性，将给五号尾矿库工程项目带来非常大的困难和不确定因素。现场的土地房屋征收工作因周期过长，增加许多不可想象的麻烦，伴随而来的征地成本则更加难以控制。

方案三，按五号尾矿库工程项目设计要求用地数，作适当优化采取一次性报批。三个方案中此方案无论是对土地房屋的征收拆迁，还是对工程建设的推进，以及对整个项目的成本概算控制，都是最优的。

但方案三也是报批难度最高，压力最大的。对于我们职能部门来说简直就是一个不可能完成的“天方夜谭”任务，无异于万斤重担在肩，怎么办？既然历史将这一重任交给了我们，那我们只能竭尽全力，以高度负责的态度迎战。于是，我们从专业角度进行综合分析和调研后，主动担当并提出建议，最终采用方案三进行了报批。

事实证明：梦想一定要有，万一就实现了呢。

敢为人先解难题

1 310.218 8 hm^2，是经过多方探讨研究和优化后最终确定五号尾矿库工程项目建设用地面积，并将以一次性上报审批的方案进行报批。方案确定了，本应立即启动相关报批工作，却因无法找到解决用地规划和指标的方法而停滞不前。

90 天国家政策法规的深入学习，90 天的潜心钻研，皇天不负有心人，最终我们在有关土地整理、生态恢复和废弃矿山治理相关政策学习和工作实践研究中，找到了解决问题的“土方子”。即利用德兴铜矿现有的一些存量土地（如停止使用和即将闭库的尾矿库、排土场以及尾矿库淹没线以上相当时间无使用计划的闲置土地）进行整合打包，然后用来置换新的建设用地报批指标。

有了这个敢为人先的想法，更要有大胆尝试的实际行动。为此我们兵分两路：一路人马用了近三个月时间把德兴铜矿所有存量土地进行了全面清理，然后选择与五号尾矿库项目建设用地缺少规划指标的 1.5 万余亩的尾矿库淹没线以上相近面积的土地，形成了置换图纸和相关文字材料。另一路人马则是马不停蹄地“进局子”“上厅堂”“跑部委”，将“无中生有”的思路逐渐变为“真材实料”，将“大胆天方”变为“梦想蓝图”。我们拿着五号尾矿库项目建设用地报批资料和整理形成的拟置换材料，“去德兴、赶上饶、奔南昌、跑部进京”。经过三十多个来回的“奔波”，三年努力终不负，于 2013 年 6 月 21 日拿到国土资源部“关于江西铜业股份有限公司德兴铜矿（铁罗山）五号尾矿库建设用地预审批复”文件；并于 2015 年 5 月 23 日拿到国土资源部“关于江西铜业股份有限公司德兴铜矿（铁罗山）五号尾矿库建设用地批复”文件。

为此五号尾矿库工程项目建设就有了土地、房屋征收和拆迁的“尚方宝剑”了。

征迁八载终圆梦

在拿到国土资源部预审批复文件后，德兴市委、市政府随即启动建设用地及范围内 308 户房屋的征收和拆迁建工作。对外联络部作为负责土地及房屋征收和拆迁建工作的职能部门，在完成建设用地报批的同时，还承担着与地方政府相关部门的对接联络和协调任务。

八年征迁工作中矿地一家，情似兄弟，胸怀敬畏和感恩之心；心往一处想，劲往一处使；无数个“5+2”“白 + 黑”“晴 + 雨”“日行两万五”；大家团结协作，苦口婆心，急工程建设之所急，想征地拆迁户之所想；顾及彼此，誓死拿下征地拆迁这场硬仗。

八年漫漫征迁路，三千个日日夜夜，风风雨雨，坑坑坎坎。

2019年年底终于梦圆，德兴铜矿五号尾矿库项目一期工程圆满完成。

在人生的工作旅程中，能为之付出前无古人超越的艰辛和收获，我无愧于心，无悔于人生。

在人生的工作旅程中，让我有幸遇上且能与五号尾矿库这个世纪超级工程共筑同心梦，终生无悔无憾。

在人生的工作旅程中，因为有了五号尾矿库，我自豪，我骄傲！

评　论　甘有才更为细致地讲述了五号库在前期准备工作中遇到的艰难险阻。面积超大、用地规划指标难以解决，使得五号库的建设用地报批工作困难重重，他详细列举了当初制定的三大报批备选方案，并重点比较了方案二和方案三：方案二短期报批工作简单，从一个部门的角度考虑，实施起来较为容易，但随之而来的问题是，后期不确定因素多，会给五号库的建设带来很大的麻烦。而方案三则是提出了一次性报批，如此大面积的用地批复在全国都是鲜有耳闻的，但考虑到该方案更有利于五号库项目整体工作的推进，可以有效控制工程项目风险，从全局出发，他们必须迎难而上，承担起这项前无古人的历史重担。

方案是定下来了，对外联络部全体上下“竭尽全力，以高度负责的态度迎战”，抱着坚定的决心做好这项工作。但摆在他们面前的最大问题仍是如何才能将方案落地，将“梦想”变为现实。一次性申报21 800亩建设用地，意味着必须尽快找到解决用地规划和指标的方法，超额的15 000亩怎么办，甘有才带领团队潜心学习国家政策法规，在合法合规的前提下，运用合理的办法寻找突破口，经查阅大量相关资料，最终通过置换新指标的方式来解决一次性大面积用地申报的问题。为验证方案可行性，并尽快做好该项工作，甘有才更是想尽办法节省文件批复的等待时间，特别是每次进京，都做好充足的准备工作，决不无功而返，这样经过三四年的来来回回忙碌奔波，他们最终攻克五号库建设用地预审批复文件这一大难关。

忙完这件事情，对外联络部的工作并没有就此结束，面对他们的，是五号库工程中又一座难以逾越的大山——300多户库区居民的征地拆迁工作。对外联络部代表德兴项目部积极联络德兴市委、市政府及有关职能部门、地方权属责任单位。在德兴铜矿五号尾矿库建设协调服务领导小组的统一部署下，安排五号库涉及海口镇和大茅山集团公司两大权属单位的征地拆迁工作。为进一步加强“企业—政府”协同治理五号库征地拆迁工作的力度，更好地配合项目推进工作，对外联络部的成员们除对接联络和协调任务外，还必须坚持深入一线，与政府单位的基层工作者们日夜奋战在一起。在长达八年的时间里，他们在五号库征地拆迁工作中可以说是贯穿始终。没有矿地携手起早摸黑、齐心协力的付出，就不可能有今天的五号库。

五号库工程管理先进、技术先进，充分体现了一流的企业水准，这与江铜集团在数十年工程实践过程中形成的企业文化是分不开的。德兴铜矿不仅工程做得好，在日常管理工作中也十分重视企业内部的党政建设工作，通过加强党的建设，发挥好“两学一做”

学习教育活动取得的重要成果，严格落实中央“八项规定”及廉洁自律各项规定精神，进一步加强党风廉政建设和反腐倡廉力度，建立健全监督约束机制，规范从业行为，做到廉洁自律、廉洁从业，打造廉洁工程，力求以企业发展促进党政建设，以党政建设带动企业发展。

“党的十八大以来，以习近平为核心的党中央直面党自身存在的问题，坚持全面从严治党，创新性地回应了时代的关切，创新性地把马克思主义基本原理与中国反腐倡廉的实践需要相结合，创新性地发展了党建理论，以新思想、新理论、新举措推动实现了反腐败斗争压倒性态势的形成。”[9] 德兴铜矿组织党员深入学习领会习近平总书记党风廉政建设思想，通过建立地矿联动机制，与德兴市人民检察院建立五号库共同预防职务犯罪联系协调制度，广泛开展警示教育和廉政谈话，加强对重要环节的监督，健全和完善各项规章制度，强化预防措施，实现“工程优质、干部优秀”。

用清白筑起工程领域“廉洁墙”

陈古月　（德兴）项目经理部

工程建设领域自古以来就充满就各种诱惑，令不少党员干部竞折腰。可以说，工程领域更是风口浪尖上的一面镜子，参加工作这 4 年，是我在风口上接受考验的 4 年，在浪尖上接受磨练的 4 年，也是在风口浪尖中成长的 4 年。

我叫陈古月，来自（德兴）项目经理部，工作在五号尾矿库项目施工现场，所以，我今天演讲的题目是：用清白筑起工程领域“廉洁墙”。

干干净净做事，清清白白做人，这句最为简单明了的古言家训，是一个国家、一个家庭、一个企业，乃至我们自己健康成长的精神基础。记得我第一次来到项目经理部上班，翻开电话本，首先映入眼帘的就是打造“安全、廉洁、高效、优质”的江铜标杆项目部，在这八个字中，唯独“廉洁”二字对我来说既遥远又陌生，但就是这简单的“廉洁”两个字，随着我参与项目建设的增多，接触事情的面广，我才深深体会到，“廉洁”这 22 个笔画简单的两个字，既是醒目的“提示牌”，更是铭记在项目经理部每个员工心中的“防火墙”。无论大会小会，“廉洁”二字都始终贯穿其中。无论工棚还是工地，廉洁警示处处可见，上至领导，下至员工，每一天，每一时，每一刻，廉洁自律的“弦”都绷得紧紧的。记得有几次正常工程安全质量巡察，临近午餐时间，施工单位总是十分“热心”拉我和师傅去用餐，都被师傅当场婉拒。私底下我问他这样做是不是太不近人情了，他并没有说原因，只是说了一句：古月，你刚来没多久，对这个工作的性质还不了解，多看看。后来的工作中，师傅把施工单位申报的签证单交予我去审核，在对工程量的核对过程中，才发现数据和实际发生量出入较大，工程质量得不到保障，随即通知了施工单位进行整改。然而第二天我便收到各种邀请，原来醉翁之意不在酒！这每一个邀请的背后都是贪腐的陷阱，是裹着人情的糖衣炮弹。

我作为一名现场施工管理人员，也深深明白廉洁从业的重要性。党的十八大反腐以来，工程建设领域是腐败案件的重灾区和高发区，比如：被基建项目绊倒的高校校长夏金荣受贿案，倒在贪欲高速路上的河北省交通厅原副厅长张全受贿案等，都是工程建设领域腐败的典型案例。赔了事业，进了牢门，害了家庭，他们走到这一步，往往就是一步之差，一步之遥，一念之偏，但人生没有后悔药。我们应当深深引以为戒。尤其是作为现场施工管理人员，一次签证的漏签，一次建筑材料的把关不严，一包烟、一餐饭就对施工单位一些小问题忽略不计，往往就会造成国有资产的严重流失，造成重大的安全与环保隐患，造成百年甚至千年大计的重点工程成为“豆腐渣”工程。正所谓“千里之堤，溃于蚁穴”，作为有责任心、有使命感、有进取心的德铜员工，在这个物欲横流充满诱惑的社会里，我们更应该保持一颗清白做人、干净做事的心，要甘于清贫，甘于平淡，甘于奉献，才能不迷失方向，才能不犯错误，才能经受住各种考验，抵御住各种诱惑。

党的十八大以来这五年，是我党全面依法治国举措最集中、最有力的五年，是成就最丰硕、最显著的五年，是经验最丰富、最系统的五年。这也是充满正能量的五年，能在这样充满正能量的阳光下工作，我还有什么理由不努力，还有什么理由不爱岗，还有什么理由不清白做人干净做事?

在此，我想与大家分享于谦的《石灰吟》：“千锤万凿出深山，烈火焚烧若等闲；粉骨碎身全不怕，要留清白在人间。”要留清白在人间！

我庄重地承诺，我将高扬廉洁从业的旗帜，从我做起，从现在做起，从点滴小事做起，在五号尾矿库这一伟大工程中找准自己的坐标，用清白去打造廉洁从业的铜墙铁壁。

评 论 廉洁从业一直是企业自身管理、文化建设的重要方面，对于德兴项目部全体员工，不论领导还是基层人员，都是不可逾越的一道红线。项目部作为江铜项目建设管理单位，凡事处在风口浪尖，责任重大。项目部一直以来认真贯彻落实党风廉政建设和反腐倡廉各项规定，认真落实“一岗双责”责任，狠抓党风廉政建设，高举廉洁从业的旗帜，不断加强自身主观世界的改造，廉洁奉公，勤俭办事，落实目标责任，注重工作实效。

江铜集团数十年积淀下来的企业文化是企业灵魂所在，独特的感召力让一代又一代的青年为有幸成为江铜人而感到自豪。他们在这里受到了磨砺，也收获了成长。“团队合作精神、安全环保意识、开拓创新理念”既是座右铭，镌刻在每一个江铜人的心中，又如明灯，成为他们不懈的追求目标。十佳青年江溢涛就是这样一个不怕吃苦、勇于担当的有志青年，他将自己的青春岁月永远印刻在了江铜这片热土上。

敢“较真劲”的矿山基建守护者

江溢涛　（德兴）项目经理部

我其貌不扬，不善修饰，每次从工地回来，若不是鼻梁上的眼镜和身上的江铜蓝工作服，一身尘土的我活脱脱就是一个“农民工”青年。我叫江溢涛，是一名来自（德兴）项目经理部的普通工程技术管理人员。

我爱笑、爱吃，所以我是身上不缺肉感的青年；我爱家、爱矿、爱岗，因为我是一个富有爱心的青年；我爱学习、爱生活、爱创新，因为我是一个有朝气的青年。

我来自农村，一个地道的农村娃儿，曾经希望靠着知识改变我的命运，也曾经满怀大都市的梦想，在繁华的都市里让自己父母有一份骄傲，给自己带来一份尊严。所以，父母给我取名江溢涛，要我从小懂得滴水之恩当以涌泉相报，懂得感恩。我名字注定“生命中不缺水”，但命运却是如此纠结，当我考上大学，选择了土木工程专业时，当我背着行囊，来到德兴铜矿这片热土时，就注定我与水无缘，注定了我将在土与木的立方里，在安全质量与工程进度的选择中，在集体利益与各种诱惑的抉择里，演绎自己的青春。

应该说，我也是幸运的，10 年的基建生涯，有幸赶上德兴铜矿基本建设的大浪潮。10年中，历经了富家坞矿区露天开采项目、德兴铜矿扩大采选项目、余干锻造钢球项目、江铜 60万 t/a 硫酸项目及亚洲最大尾矿库“五号尾矿库”等国家与省重点工程的建设，每一个项目都是一个舞台、一个熔炉，在这一个个舞台上，让我可以如饥似渴地学习，尽情挥洒自己的才华，成就青春的梦想，足以让我的青春不留遗憾！

正是在德铜这块热土上，踏着老一辈基建者的足迹，跑现场、钻隧洞、上高架，在他们的谆谆教导中，我从青涩的学子，成长为独当一面的工程管理者，也懂得了人生价值的所在。这 10 年，虽然我没有经历同龄人在城市里的都市生活，在施工现场经常是“雨天一身泥，晴天一身灰”，工期紧张时“白 + 黑”和“5+2”，住工棚、吃快餐，孩子近在咫尺却无法尽父亲之责，但我无怨无悔，这样的青春经历与烙印，让我学会了吃苦，体味到了人生的艰辛，感受到了安全质量重于生命的真谛，更见证了德兴铜矿一步步走向辉煌的历程，试问又有几个人能有我这样精彩的青春岁月呢！？

当然，我在施工队伍眼中，也是出了名的“抠”，敢较真劲，不留情面，喜欢刨根问底，其实我对同事、家人不抠，但面对重点工程的安全质量与环保，即使成为来自多方的“受气包和出气筒”，我也必须用“责任就是生命”的青春诺言，来守护着工程建设安全环保与质量这条底线与“红线”。江铜公司和德兴铜矿颁发给我的“先进劳动者”等一系列荣誉就是对我最好的褒奖。

这就是我，一个朴实的矿山青年，一个爱家却难以顾家的青年，一个立志于矿山、扎根于矿山、成长于矿山的青年！

我将在矿山这片热土上，续写着我的青春与梦想!

评 论 在五号库八年建设过程中，有太多太多像江溢涛这样有理想有抱负、不怕苦不怕累、敢流血敢牺牲的卓越青年。他们在父母眼中，是一家人所有的希望；在妻儿眼中，却是“不称职”的丈夫和爸爸；在同事眼中，是好学上进的模范人物；在施工单位眼中，却是敢较真劲的“眼中钉”。他们用常年奔波于现场换来的黝黑皮肤和40多岁人才有的青年“秃顶”，在项目现场诠释着自己青春岁月里本不属于自己的青春容颜，但他们却无怨无悔，将人生最美好的青春年华奉献给了德兴铜矿。

五号库除前期准备和征地拆迁工作外，工程施工管理工作也十分重要。尾矿库作为具有高势能的“人造泥石流”，工程质量事关周边居民人生、财产安全，容不得半点马虎。这不仅要求业主方加强监管力度，更需要施工单位能够严于律己，积极响应业主的号召。在业主方德兴铜矿的带领下，五号库施工单位的现场工作井然有序地开展着。

德铜筑坝创精品　文化建设奏凯歌

——中国十五冶企业文化建设在德兴铜矿五号尾矿库项目的实践

王宏林　中国十五冶金建设集团有限公司

两坝横截铁罗山，从此山坳变“西湖”。德兴铜矿五号尾矿库项目作为中国十五冶继参与建设大山村选矿厂后，在德兴铜矿参与建设的又一标志性工程。从我们 2015 年 3 月进入小浮溪现场踏勘，到 2019 年 12 月一期坝体主体工程建成，历时 5 年。这是一个具有划时代意义的世纪工程，中国十五冶人践行初心使命，攻坚克难，战天斗地，不仅奉献了一部值得世代称道的精品杰作，也谱写了一曲以“合作、创新、融合、共赢”为最强音的企业文化建设凯歌。

合作打造新亮点

德兴铜矿五号尾矿库属于“超级工程”，体量大、周期长、专业多、领域广、要求高、标准严。项目管理也是一个系统工程，作为参建方，始终与业主和相关各方密切合作，保持融洽的合作关系，想在一起、干在一起，保证了工程建设的顺利推进。建立沟通合作机制，及时落实业主工程例会、监理例会、临时碰头会等安排的工作，保持与业主、监理、检测等单位的联络，做到“有协调、有交流、有落实、有检查、有反馈”。及时向业主汇报工程进展和计划、实施中的重难点，请求协调解决相关问题。主动与地方主管部门以及镇、村、居民加强沟通，争取他们的理解与支持，为项目推进创造和谐的氛围。

诚信合作就要体现在对工程质量的高度自律和严格把关上。秉承“质量就是生命、产品代表人品”的质量理念，将业主的事情当成自己的事情对待，认真落实质量“三检制”制度，做好自检、互检、专检工作，确保工程建设按防洪 5 000 年一遇标准建设。上、下游初期坝是后期坝的基础坝，初期坝的坚固与否关系世纪工程的结构安全和使用功能，不能有任何疏忽。“差之毫厘”就会“谬以千里”。在筑坝施工中，以工序质量控制工程质量，对填筑成坝体的中微料、中强料、黏土层按照筑坝工艺技术规范取样、送检，来不得半点马虎。当看到初期坝黏土芯墙土料原料不符合要求时，技术人员看在眼里，急在心里，钻到铁罗山密不透风的深山密林中，采用“洛阳铲”一铲一铲进行黏土探查，终于解决了合格土源问题。

创新引领新突破

一标段分为上、下游尾矿坝体及分级排放系统、回水系统、生产及配套系统三个系统，建筑面积达 15 km^2，纵向直线距离最大长达 12 km，上、下游联络道路弯弯曲曲近 40 km，“施工范围广、交通组织难、质量要求高、安全风险大、雨季施工多”，是项目管理的重点、难点、痛点。“难点就是创新点”，唯有创新，才能应对挑战！创新管理，做到“管就管住，理就理顺”。

选优、配强项目管理团队，项目领导班子中有 3 人持有注册一级建造师或注册一级造价工程师资格证书，保证了项目的管理能力。编制和动态调整《项目实施规划》。《项目实施规划》先后于 2016 年 5 月和 2018 年 1 月结合项目实际发生的变化做出重大调整和修订，每次修订都反复论证、测算，定稿多达 100 余页，从管理流程上理顺了项目实施步骤。针对项目现场点多、面广、战线长、爆破作业量大、石料运输距离长、道路环境条件差、高边坡作业多、安全生产风险大、文明施工组织难度大等特点，项目部精心编制并严格落实“深孔爆破”“高边坡支护”等危险重大工程安全专项施工方案和石料运输交通安全专项方案，加密巡检频率、实施奖罚制度、坚决遏制“三违”，实现了项目零事故目标。

创新技术，做到“技术领航，以智取胜”。2018 年 4 月，正值雨季，连续多日的阴雨天气导致下游初期坝齿槽开挖施工异常艰难，黏土芯墙无法施工。而初期坝黏土斜墙的下游筑坝高度已到了 6 m，如还不及时实施黏土芯墙填筑工序，会导致正在施工的下游侧筑坝工作面填筑至 10 m 时就被迫停止，造成边坡失稳。面对工期压力和天气状况，项目技术团队提出“水位线以下采用中微料填筑，黏土作业区混凝土配盖负重，采用固结灌浆和帷幕注浆结合，代替水位线下齿槽黏土斜墙”的方案。由于该方案雨季也可以组织施工，能满足整体筑坝进度要求，有效解决了水位线下齿槽和黏土斜墙施工遭遇雨季的矛盾，为形成整体筑坝、连续筑坝施工提供了保障。下游地下连续墙开始施工，长为 263 m，宽为 1 m，平均深为 35 m，施工难度大，技术要求高，按提供的地质条件，施工机械起初选用成槽机，入岩后采用冲击钻施工，直至入岩深处。然而在实际施工中，作业场地处于峡谷老河道，地质条件变化大，一个槽段的成槽要 7 天左右。技术人员经过分析现场，查看相关资料，提出增设一台旋挖钻机施工于强风化层及中风化层，优化施工机械配置，达到了 3 天成槽混凝土浇筑的目标。

融合铸就新伟力

党建与生产经营融合。发挥好党建引领作用，载体是关键。工程建设初期，为加速建设步伐，针对征地拆迁这一直接影响工程进度的核心任务，公司指导项目党支部开展“创先争优项目化”活动，由协调能力较强的党员项目副经理担当责任人，主动扛起责任，开启破冰之旅。2019 年年初，为保障“6·30”蓄水目标的顺利实现，积极推行“行动支部”工作法，以“发挥先锋堡垒作用，誓保“6·30”节点目标实现”作为行动主题，对关键线路上的关键点制定节点目标和行动清单，明确行动方向，细化行动措施。历时近三个月，上游初期坝填筑至 140 m 设计高程，完成土石量 35 万 m^3、黏土 2 万 m^3、清基 2 万 m^3 的填筑任务……同时，广泛开展劳动竞赛、合理化建议活动等群众生产活动和文化娱乐、员工慰问、困难员工帮扶等人文关怀活动，在项目部营造“以人为本，健康向上”文化氛围。2019 年度，中国十五冶德兴铜矿项目经理部党支部荣获中国有色集团“红旗型党支部”称号。

中国十五冶的企业文化与江铜文化、德兴铜矿文化互相融合，相得益彰。在项目推进过程中，我们耳濡目染了江铜文化、德兴铜矿文化，如沐春风。江铜“用未来思考今天”的理念，江铜德兴项目部“一个顶俩”“我不做谁做”的工作作风，给了我们很多的启迪和激励，为中国十五冶的企业文化建设提供了新的丰厚滋养。

5年来，在企业文化的引领、感召下，项目管理团队始终保持旺盛的战斗激情。2018年清明节，项目经理刘国初安排好工作后请假两天去湖南给岳父扫墓，这也是多年未完成的愿望。然而，离开项目部的途中，电话一直不断，他决定半路折返，他此时暗下一个决心：工程不完决不休假。2018年、2019年连续两年主动放弃年休假，长期驻扎现场。他多年的肾结石病经常复发，发了就忍忍，忍不住了就晚上去医院，第二天照常出现在工地上。项目副经理郑磊在协调工作中，一直战斗在最前线，甚至遭到村民的蛮横阻扰，但他以大局为重，忍辱负重，谅解对方，缓和矛盾，为项目实施的推进争取时间。团支部书记袁帅家在湖北黄石，父母为他安排了多次相亲的机会，但因为工作忙，只好一次次放弃。

共赢开创新局面

实现项目进度总目标，让蓝图早日变成现实，让投资早一天收益，是业主的追求，也必然是参建方的追求。只要能够推进项目实施，再大的困难也要全力以赴，再大的代价也值得付出。2015—2017年，虽然征地拆迁不顺，但我们在思想上不退缩、人员上不撤减、组织上不放松，制定"对外协调为主，措施工程先行"的策略，紧密配合开展林地征收、林木砍伐、居民搬迁工作，见缝插针"边拆、边谈、边建"，坚韧不拔完成上、下游采石场剥离及导流涵洞、临时道路等措施工程。2017年11月，具备筑坝条件后，火力全开，采取"5+2""白+黑""晴+雨"工作模式，掀起大干高潮。筑坝高峰期，每天填筑石料达600车，工程进度快速推进，先后于2018年10月31日、2018年12月18日分别实现上、下游初期坝封顶。2019年春节临近，因雨季工效低、当地村民阻工，施工边坡的作业人员执意离场。为了保证春节前上、下游坝干砌石块护坡完工，公司果断决定，按双倍支付工资的条件从四川西昌冕宁调来彝族工人班组（他们不过春节）来开展突击，实现了业主确定的节点目标。当业主把"尾矿进得来，回水回得去"的目标锁定在2019年6月30日后，我们感到这是一场输不起的"战役"。从公司机关部室到项目部，全面动员，合力决战，调集大量人力、物力、机械设备投入长达13 km的回水管线上。"小雨大干，大雨小干"，停人不停机，24小时连轴转，终于保证了6月30号蓄水目标实现，7月3日成功举行蓄水仪式。再接再厉、乘势而上，先后实现9月20日排矿试生产，11月27日试生产达产目标，至12月30日，五号尾矿库一期主体工程建设圆满画上句号。

评　论　五年建设漫漫长路，在以"合作、创新、融合、共赢"为最强音的企业文化的引领下，中国十五冶项目部的成员们众志成城，经受住了一段又一段的磨砺。项目部不断完善自我，发展自我，化被动为主动，与业主方逐步形成利益共同体，双方的企业文化也在交融中产生了新的火花，丰富了各自的内涵，而五号库项目也在原本以控制、约束为主导的契约治理中融入了更多以合作、信任为导向的新元素，极大地调动了参建单位的工作积极性，丰富企业项目管理能力。

这种项目管理能力使得五号库项目管理更加收放自如，当项目环境稳定时，可以按部就班，体现出的是管理的高效性；当项目环境易变时，则尝试寻求突破，体现出的是管理的灵活性。在五号库项目施工和征地拆迁同时进行的过程中，这种跨组织和企业的项目管理能力显得尤为重要。五号库项目基于合作、信任的治理机制促成多方联动，在最为关键的时期形成“指哪儿打哪儿”的施工模式，使得五号库项目在面临不确定、不稳定因素之际，能够打破常规，探索出路，应对风险；同时，也确保了在日常施工活动中，施工单位能够遵循严格的进度管控流程等，经受多方检验，达到业主要求。

携手共建德兴铜矿五号尾矿库宏伟世纪工程

郑 磊 中国十五冶金建设集团有限公司

由中国十五冶金建设集团有限公司承建的德兴五号尾矿库项目一标段工程，主要内容包括上、下游坝初期坝及建（构）筑物、尾矿库内防渗系统、尾矿库回水系统、综合管网（不含电力管网）等以及配套设施；主要特点是建设占地面积广、工程量大、工艺复杂、土石方工程较多；面临的困难是征地拆迁、林木砍伐、施工现场交通复杂等，且多为露天作业，受天气影响较大。作为十五冶德兴项目经理部生产经理，我从开工建设到竣工排矿，全程服务于工程建设，为建成这座亚洲最大的尾矿库工程付出了艰辛的努力。

与业主目标一致，共建世纪工程

项目建设前期我主要协调征地拆迁、林木砍伐等工作，进入正轨后转入项目施工管理。与业主保持密切合作，制定统一目标，正确处理内外部各种关系，解决各方面的矛盾，为项目实施创造良好的条件和环境，使各项工作得以顺利有效地开展，促成既定目标的实现。

围绕服务好业主需求开展工作，始终强调“客户至上、超越需求”的服务理念。进度上按照业主的总体要求，分别在2018年完成下游初期坝“三步走”目标（即2018年年底五号尾矿库主体基本建成，2019年一季度进入全面收尾，二季度投入试运行），其他附属及综合管网工程在2019年完成“6·30”库区蓄水、“9·30”尾矿排放、“12·30”全面竣工等目标。实施过程中细化各个节点倒排工期计划，合理组织生产、调配资源，攻克一道道难关，啃下一块块硬骨头。安全、质量上秉承“质量就是生命、产品代表人品”和“安全为天、防患为先”的企业理念，将业主的事当成自己的事情对待，认真落实安全、质量“三检制”制度，做好自检、互检、专检工作，确保工程建设按防洪5 000年一遇标准建设。

沟通在施工过程中至关重要，建立畅通的沟通机制，保持与业主、监理、检测等单位的联络是工程顺利开展的保障条件，按时参加业主生产调度会，汇报工程进展和计划、实施中的重难点，协调相关问题。

积极履行工程承包合同，提升项目履约能力，本着为建设单位负责的原则，对各指定供应商的施工作业和材料供应严格把关，杜绝不合格项目。对于工程施工过程中出现的问题，第一时间向建设单位和监理工程师递交书面报告，避免影响工程进度和施工质量。对于建设单位下达的文件进行及时传达执行或回复，不拖延马虎了事。

与地方协调共进，为项目顺利实施开创有利条件

五号尾矿库项目为江西省重点工程，坐落在德兴市海口镇杜村铁罗山内，在上、下游直线距离4 km之间，修筑两条初期坝及配套的附属设施工程，形成亚洲最大、库容为10.3亿m^3的尾矿库项目。项目伊始，库区内还有横坑村和铁罗山林场的村（居）民，共308户。大

量林木未征收砍伐，受此影响，前期施工推进缓慢。2018 年开始，在业主和公司的大力支持下，主动与地方主管部门加强沟通，借助江铜集团与地方政府“高位推进”之机，积极参与“项目协调推进会”，分轻重缓急逐步推进项目建设需用地征收，理顺工作思路，使项目有了突破性的进展。

使用现代化通信工具提升现场问题处置能力。以“德兴市五号库微信工作群”为媒介，及时反映现场出现的问题和困难，得到了海口镇（杜村）和铁罗山实业公司两家权属单位的大力支持，到 2018 年年底基本完成下游坝区域内林木砍伐，为主体工程施工创造前提条件。

用实际行动帮助当地百姓，做力所能及之事。五号库下游是自然村杜村，有大量的农田，德兴地区每年 4—7 月是雨季，横穿上、下游的浮溪河，在初期坝导流隧洞口容易产生淤积。每当雨季来临之际，项目部组织机械设备对河道进行疏通清理，暴雨季节派专人巡检排查隐患，重点部位安排专人 24 小时值守，保证河水畅通，确保下游农田不被损毁；在下游排渗垫层处增设水处理设施，防止因施工对河水造成污染；帮助当地村民修筑灌溉水渠等措施，取得当地村民的理解，为项目推进取得积极的效应。

与下游合作伙伴共同努力，朝着目标奋力前进

初期坝的设计为不透水坝，像一块“夹心饼干”似的，两边用块石料、中间用黏土夹心墙堆筑碾压而成。下游初期坝工程主要由四家作业队联合施工，分别是爆破、采掘运输、筑坝及黏土碎石作业队。由于各自考虑利益角度不同，各家的人员、设备配备不匹配，为筑坝增添大量难度。在生产管理中投入了大量精力组织和协调四家作业队的协同作战，主要协调采石场石料爆破满足采掘运输需求，运输的石料上坝后能及时消化，寻找黏土采场等问题。不放松施工质量，项目部组织现场技术员和压路机司机分别记录碾压遍数，随时核对“两静八动”碾压情况，避免欠压或过压现象。同时，测量人员与作业班组一起早出晚归，时刻将筑坝界线控制在施工范围内，有效地提高现场施工质量管控能力。定期检查中微、中强区分界线，严格控制上坝石料分区堆放，用 GPS 控制刷坡边线，确保坝坡面平整，超粒径石块不得上坝等。在各合作伙伴的共同努力下，我们冒雨施工齿槽注浆，维修道路，加班加点与时间赛跑。看着初期坝逐步升高，到坝顶最后一层填筑完成，基本上能按照总施工节点计划完成筑坝任务。当初期坝工程投入运行、排矿生产时，心中油然升起“高楼拔地起，高山出平湖”的自豪感。

加强各合作伙伴作业安全监管，是保证项目顺利实施的必须要求，对于露天大型土石方工程，最头疼的就是雨季施工，而在建设过程中大部分时间处于雨季中。如何保证施工质量和施工安全是头等大事。项目部加强安全现场监管和培训教育。加强现场巡视，定期开展安全大检查，发现隐患及时排查整改；建立安全管理台账等，始终将“安全无小事，安全大于天”贯穿整个施工过程中。

德兴五号尾矿库的建成投产，标志着江西铜业集团又一标志性工程落地。“过程是痛苦的，结局是圆满的”，回顾整个建设过程，我们扎根深山老林，与原生态森林、河流为伴，

在方圆数十公里的场域，冲锋陷阵；在无数个雨天，见缝插针；在洪涝灾害面前，战天斗地。一路负重，一路坚韧，充满艰辛和磨难。在整个建设过程中十五冶与江铜建立了稳定、和谐、可靠、互信的合作关系。这是地方大力支持的成果，也是各作业人员付出辛勤劳动的智慧结晶。

评 论 五号库工程施工协调沟通合作十分关键，对上需要与业主协调，秉持“客户至上、超越需求”的服务理念，及时掌握、履行并实现业主对工程目标的要求；对外需要与地方政府沟通，及时做好施工场地建设准备工作，尽其所能维护好村民的生产生活环境，保持良好的关系；对内则需要与不同的劳务专业分包合作，加强承包商与作业队之间默契配合的程度以及不同作业队之间协同作战的能力，与作业班组一同早出晚归，充分履行监管义务。

五号库世纪工程建设时间紧、任务重、压力大，既要按时完成各项任务指标，又要确保工程质量不打半点折扣，这不仅需要在组织管理、协调沟通上多下功夫，也要在技术方案上寻求突破，特别是对于施工条件困难、工期紧、影响大的项目而言，优化施工技术方案显得更为重要，通过先进技术保障工程质量安全，确保建设目标的实现。

五号库沿用德兴铜矿四号尾矿库建设项目中成熟的中线法堆坝技术，在增大库容量的同时，又能确保坝体稳定性。在坝体施工方面，为解决露天施工受连日阴雨天气的不利影响，中国十五冶项目部技术团队经技术研究和反复论证，在征求业主、设计和监理等多方意见后，确定了以固结、帷幕灌浆技术对齿槽区进行固结硬化的施工方案，通过技术创新寻求规避风险因素的可能。过程中充分发挥人的主观能动作用和团队协作意识，在很大程度上为五号库主体工程建设争取了工期，从而使项目部出色地完成坝体施工任务。

固结、帷幕灌浆技术在五号尾矿库坝基施工中的应用

朱一鸣　中国十五冶金建设集团有限公司

2018 年四、五号尾矿库下游初期坝在进行黏土斜墙施工时，正值雨季，连续多日的阴雨天气导致坝基齿槽开挖施工异常艰难，严重影响黏土斜墙施工进度。为了驱走这条横亘在眼前的“拦路虎”，项目部技术团队开展技术攻关，与设计、业主、监理商讨后，最终决定采用固结灌浆、帷幕灌浆替代原设计齿槽黏土防渗结构，通过打孔灌入水泥浆（部分添加膨润土、水玻璃等外加剂）的方法对原设计齿槽区域进行固结硬化，从而达到降低固结区域渗透性，满足坝基结构安全与防渗要求的目的。

施工准备

在正式施工前，要做好现场准备和技术准备。灌浆施工前，对灌浆部位进行相应处理。为保证灌浆质量，在灌浆区域上方填筑一层黏土。厚度根据现场情况控制，一般不小于 1 m，防止灌入浆液向上涌出。在黏土上方浇筑一层混凝土压重，以避免灌浆区域的抬动。

固结灌浆是在渗水较为严重的砂砾层区域进行，为防止钻孔时孔体塌陷，产生清孔困难，我们采用了下设花管的方式灌浆。帷幕灌浆综合各个方式的优缺点，根据工程的特点及设备条件，采用了导管跟进从下至上循环式灌浆方式。

经先导孔简易压水试验，砂砾石层基本不起压，中风化岩层约 0.50 MPa，选定注浆压力不超过 0.50 MPa。试验孔灌浆时，在盖重下 0 ～ 2m 段灌浆压力达到 0.20 MPa 时，盖重有抬动现象。最终灌浆压力取值范围为 0.20 MPa ～ 0.50 MPa，瞬时灌浆压力不大于 0.5 MPa。

固结灌浆施工

固结灌浆通过注入水泥浆，将原本松散砂砾层与水泥浆混合在一起，形成固结在一起的砂砾层，使砂砾层不再松散，为下一步钻孔进行帷幕灌浆做准备。

1. 钻孔。待盖重混凝土底板强度达到 50% 以上时，进行钻孔。采用潜孔钻钻进，孔径 Φ110 mm。遇上砂层难以成孔时，灌浆管采用机械或人工锤击打入，直到岩层表面。

2. 沉管。沉管时宜在灌浆管周围堆放细砂，让其跟管下沉，保持管壁与地层接触紧密。灌浆管采用厚壁无缝钢管，直径为 90 mm，下部应设花管，末端带锥尖，花管段长 4 ～ 5 m，出浆孔呈梅花形排列，环距 20 ～ 30 cm，每环 2 ～ 3 孔。孔径 Φ10 mm。

3. 灌浆。灌浆采用沉管灌浆法。为了减少砂砾层固结灌浆的扩散范围，固结灌浆采用水泥、水玻璃双液浆，在灌浆管上部连接进浆管路和阀门装置，进行纯压式灌浆。固结灌浆孔设置排数，根据现场情况确定。在一般砂砾石覆盖层的灌浆时，孔距及排距均不应不大于 3.0 m。灌浆顺序为先下游，再上游，最后中间，每排顺序为“跳一灌一”。若灌浆效果不理想，可进行加密钻孔注浆，直到达到设计要求为止。沉管灌浆压力应以灌浆孔口处进浆管路上的压

力表读数为准，灌浆压力采用 0.2 MPa ～ 0.4 MPa，保证灌浆时不抬动盖重混凝土，或采用浆液自流方式灌注。在试验确定的灌浆压力下，注入率不大于 2 L/min，延续灌注 10 min 即可结束。

为防止浆液在水中流失，并满足双液浆在孔口混合后能渗透至砂砾层的时间要求，浆液凝胶时间控制在 5 min，通过调整水玻璃的浓度以及水泥浆与水玻璃的配比现场试验确定。灌浆压力与地质构造、钻孔深度、灌浆黏度、灌浆速度和灌浆量等因素有关，灌浆过程中压力是变化的。灌浆压力宜通过现场试验确定，即通过试验性灌浆，绘制出灌浆量与灌浆压力的关系曲线，灌浆量突然增加时的压力即为允许灌浆压力。根据类似工程实践经验，本次灌浆压力暂定为 0.2 MPa ～ 0.4 MPa，最终通过试验确定。

帷幕灌浆施工

1. 安装抬动观测孔。安装抬动观测孔是为了观测混凝土覆盖层在灌浆压力下的抬动。安装方法为：抬动钻孔深度不小于 4.0 m，孔径 Φ75 mm，钻孔结束后下入直径 Φ12 mm 的螺纹钢筋，高出地面约 5 cm，用水泥砂浆胶结孔底部 50 cm 钢筋和孔壁，并下入 Φ50 mm 外管一根，高出地面约 3 cm，矮于螺纹钢筋约 2 cm，抬动观测时千分表正立于钢筋之上，表座固定在孔边混凝土上，支架相连，观测时设定表值中间数值为初始值进行抬动观测。

2. 施工流程：测放孔位→灌浆孔分序→ 1 序钻孔→卡塞器及射浆管安装→裂隙冲洗→压水试验→制浆→分段灌浆→封孔→ 2 序钻孔→卡塞器及射浆管安装→裂隙冲洗→压水试验→制浆→分段灌浆→封孔→检查孔分段钻孔→分段注水试验及灌浆→封孔。

3. 特殊情况处理。在灌浆过程遇到过冒浆、漏浆等特殊情况，我们根据具体情况采用低压、浓浆、限流、限量或间歇灌浆等方法进行处理。

（1）低压：针对灌浆前压水结果，岩层透水率大的孔段，起始灌浆时采用的灌浆压力不大于压水压力，当注入率减小时（注入率＜ 30 L/min)，适当提高灌浆压力，逐级升压至设计压力进行灌浆。

（2）浓浆：灌浆孔段的岩层透水率大、起始灌浆注入量大（注入率＞ 30 L/min）的孔段，灌浆时按浆液变换原则，自开灌水灰比（3∶1）越级变换至最浓级别（0.5∶1）浆液进行灌注。

（3）限流：当灌浆孔段的浆液注入量大时，在能利用回浆压力控制进浆量的情况下，控制注入流量进行灌浆，注入流量为 40 L/min 左右。

（4）限量：灌浆孔段注入量大，采用低压、浓浆、限流措施进行灌浆，而当灌浆孔段吸浆量无明显减小时，即采用间歇方式进行灌浆。

（5）间歇：当灌浆孔段的浆液注入量大，采用低压、浓浆、限流、限量措施进行灌浆，而当灌浆孔段吸浆量无明显减小时，采用间歇灌浆，间歇时间不大于 30 min。

（6）待凝：当采用低压、浓浆、限流、限量、间歇措施进行灌浆而灌浆孔段吸浆量无明显减小，且已进行三次间歇灌浆时，该孔段即可采用待凝措施，待凝时间不少于 8 小时。

在下游初期坝固结灌浆、帷幕灌浆整个施工过程中，业主、现场监理全程跟踪监督，严格按照专项施工方案施工，工程进展顺利。2018 年 7 月 15 日，下游初期坝齿槽区域灌浆施工结束，经检测合格，完成了业主设定的进度目标。

评　论　除坝体施工外，五号库长距离隧洞掘进工程又是一大施工难点。工人们长时间地下作业对施工环境的光照条件、作业面大小、空气质量等都有很高的要求，同时，隧洞工程完成质量的好坏又直接影响着五号库的安全生产。五矿二十三冶作为五号库排洪隧洞的施工方，项目部高度重视工程施工质量安全，不仅包括尾矿库在生产使用时的安全，也包括在隧洞掘进过程中作业者的人身安全。为尽可能减少施工过程中出现塌方，提供给工人们安全可靠的作业环境，也为了五号库能够顺利投入使用，项目部成立以项目经理王瑞甲为组长的技术攻关小组，在查阅大量工程技术资料，并经过团队多次的技术研讨和论证后，独创了排水斜槽结构混凝土整体浇筑成型的“实用新型专利”，专利申请号为 202020013865.2。

尾矿库排水斜槽结构混凝土整体浇筑的应用

李亚军　五矿二十三冶建设集团有限公司

排水斜槽是尾矿库工程中最重要的安全设施之一，其质量好坏直接影响到尾矿库的安全运行。德兴铜矿五号尾矿库排水斜槽为双格钢筋混凝土结构，单格净宽为 1 m，深为 1.5 m，顶部设活动盖板，斜槽每 10 m 设一伸缩缝，斜槽中间隔墙宽为 0.5 m。为了保证尾矿库斜槽长期安全稳定地运行，业主、设计、监理等单位对斜槽质量要求非常高。作为施工单位，项目部高度重视，成立了 QC 小组，制定了斜槽底板与侧墙、隔墙同时浇筑成整体的质量目标，并确保钢筋混凝土等主控项目及一般项目质量符合规范要求。

为实现排水斜槽底板与侧墙、隔墙同时浇筑成整体，项目部成立以项目经理王瑞甲为组长的技术攻关小组，研制用于斜槽施工的钢模板台车，经过项目部技术攻关小组多次组织讨论会议，最终达成一致意见。模板台车由模板系统、支撑系统和动力系统等三部分组成，其中模板系统的左侧模板、右侧模板分别设置，模板台车须满足模具整体快速移位、精准定位及对混凝土浇筑面持续稳定施压的基本要求。左侧模板由左侧排水斜槽模板与隔墙模板相连，右侧模板为单独右侧排水斜槽模板，模板采用 $\delta5$ 钢板制作，模板背面采用 -80×8 扁钢纵横交错焊接以防止钢模板变形。模板槽中间位置通过钢质合页形成可收放的活动模板，以确保快速支模与拆模。支撑系统由台车底座与悬挂衍架组成，分别采用 I36 级 I14 工字钢焊接而成。主要作用为钢模台车整体移位与定位，模板系统悬吊与升降支撑，动力系统附着与均衡加载。动力系统由设置在悬挂衍架前后横梁上的 10 t 电动葫芦和多台液压千斤顶组成。电动葫芦用于悬吊模板，千斤顶用于对模板施加预压应力。

最终，项目部按照预订目标加工制作了 2 套排水斜槽混凝土施工钢模板台车，同时用于 2 条排水斜槽施工。经项目部精心组织，严格管理，按目标施工完成排水斜槽，实现了排水斜槽底板与隔墙、侧墙一次性浇筑完成，确保了斜槽结构的整体性。同时各项质量控制结果均符合规范要求。

采用模板台车施工排水斜槽，在安全性上有很大的优势，避免了危险性较大的脚手架搭设和拆除，模板与材料的多次倒运，有效避免了狭窄空间人员的交叉作业，显著提高了作业环境的本质安全性。采用钢模板台车施工，拆模、移模、支模可在 6 小时内完成，每个循环施工时间仅占传统施工工艺时间的 1/3 左右，且施工成本可降低一半以上，同时大大降低了劳动强度。

通过本工程排水斜槽施工，本项目部积极总结施工中的经验，根据此次研制的模板台车进行了局部优化，并申报“实用新型专利”，专利申请号为 202020013865.2。这不仅为今后类似工程积累了经验，为企业树立了良好工程形象，也为德兴铜矿五号尾矿库安全运行提供了坚实保障。

2.2　五号库建设协调服务领导小组

五号库这样的大型工程项目，包括大面积的征地拆迁，涉及较多的群众利益，并且用地性质的改变会对当地的经济社会发展产生巨大的影响，这些因素都不是单独一家企业能够权衡的，需要德兴市政府部门的支持、监督、指导，规范五号库项目的建设。工程实践经验表明，地方政府在重大工程监理方面可以发挥积极作用。

在项目推进过程中，特别是项目准备阶段，地方政府的主导角色尤为重要。例如征地拆迁必须由权属单位来做主要工作，各类报批工作又必须由国土资源局、林业局等部门经手，施工现场的通信需求又需要移动、电信、电力公司的支持。据统计，在五号库项目建设过程中，涉及的单位部门数多达十几个。如果所有的联络工作都由德兴铜矿来完成，一是沟通对象太多和协调信息量太大，造成企业管理任务过于繁杂；二是企业角色也不适合承担起协调政府部门的工作，因此需要成立一个独立于企业的领导团队，完成建设过程中全部的协调工作，以保证德兴铜矿能够依时推进项目建设。

2011 年 12 月，德兴市人民政府成立德兴铜矿五号尾矿库建设协调服务领导小组，并下设协调办公室作为办事机构执行领导小组的部署安排，德兴铜矿对外联络部提出的有关建设需要，由领导小组协商决议，制订相应方案后，统一向各部门下达指令、配合五号库的建设工作，德兴铜矿则可以将重心放到设计管理、施工管理等工作上。

五号库组织结构设计符合重大工程建设的客观要求，通过成立具有临时性、集成性和动态性的协调领导小组，加快企业和政府双方的办事效率。临时性强调领导小组只为五号库建设而存在，具有明确的目标和目的，成员都是从各单位部门抽调而来，具有双重身份和一定的权威性，可以代表单位部门参与领导小组主持的相关工作。集成性强调组织的精简高效运转，领导小组从决策、协调、实施的垂直集成和跨多部门的水平集成两个方面保证了指挥协调工作的顺利进行。动态性强调变化，是指随工程阶段、外部环境合理调整领导小组成员。

五号库项目自立项以来，领导小组共经历过四次集中的成员调整，由项目之初仅涉及国土、房管、林业、水利、物价、财政等几个核心部门逐步扩展成为涉及安监、交通运输、民政等众多部门的综合领导小组，这是由五号库项目建设的重要性和复杂性共同决定的。国土资源局和房管局出台的土地房屋征收方案以合理、合法、合规的拟定原则和公开、公平、公正的补偿原则为五号库征地拆迁工作的开展奠定了基石；物价局则进一步保障了征收方案的可行性，对于补偿过程中存在争议的地方提供价格评估服务，有据可依，以理服人；林业局为确保五号库建设用地的需要，全力争取用足砍伐指标，及早完成林木砍伐和移植工作；水利局则完成了五号库内青龙山水库的建设，为居民的生产用水提供了保障；财政局确保了征地拆迁补偿款的拨付，及时为拆迁户兑现补偿承诺；移动、电信、电力公司则深入五号库库区，为建设地的供电、网络传输、对外联络提供强有力的保障。海口镇政府和大茅山集团作为五号库征地拆迁工作的一线指挥所，在八年建设过程中，工作组成员们付出了无数的汗水，留下了一个又一个感人肺腑的故事，许多基层工作者都抱着舍小家为大家的工作信念，凌晨时分还能看到他们在岗位上忙碌的身影。自 2015 年 4 月后，领导小组在德兴市委常委刘栋义部长的带领下积极开展项目建设各项工作。

使命为舵　实干为桨

——扬好德兴铜矿五号尾矿库项目会战巨轮之帆

刘栋义　德兴市委常委、统战部长

德兴铜矿五号尾矿库建设项目是国务院江西省重点项目，总投资 30 多亿元，需要征地2万余亩，搬迁 1 000 余人，征迁工作涉及海口镇、大茅山集团公司两地。当我受命接过指挥棒时，大部分项目未开工建设，一半以上的征迁任务无法启动，作为第三任接任领导，我深感责任重大、使命艰巨，丝毫不敢懈怠，全力部署推进。

用人攻心，引导至上，确保人往一处想

一是提高认识。德兴铜矿建矿于 1958 年，是亚洲最大的露天铜矿，也是中国第一、世界第二。德兴铜矿生产效益会直接影响江铜集团的生存发展，同时也影响到当地政府的财源，以及社会经济的发展。五号尾矿库若不能按时建成并投入使用，德兴铜矿限产严重会被迫停产停业。为此我不断引导参与其中的党员干部充分认识到此项目的深远意义，把能够参与和经历这个大项目建设当成一种光荣的历史使命和责任，有幸参与应感到无比荣幸。

二是理顺脉络。五号尾矿库项目建设，涉及国土资源局、林业局、房管局、物价局、海口镇、大茅山集团公司等 20 几个部门和单位，靠散兵游勇、单枪匹马是不行的，需要拧成一股绳，齐心协力攻之。加强项目综合协调办公室管理，发挥上下协调作用，形成以海口镇、大茅山集团公司为项目建设主体，各相关部门积极配合推进的机制。明确职责分工，变串联工作为并联工作，齐头并进，防范推诿扯皮、“等靠要”思想，克服畏难情绪，将责任层层落实，压力层层传导，鼓励干部撸起袖子干。

三是人尽其才。因该项目建设时间跨度长，参与项目建设的干部队伍也不断调整，市综合协调办、海口镇、大茅山集团公司等单位负责人均存在多次调整，在我挂点期间，坚持换思想不换人、不换思想就换人的原则，制定合理激励机制，力求将每一个人的能力发挥出来，在打造过硬干部队伍、激发原有干部热情的同时，也注重注入新鲜血液，带动干部队伍在拼搏实干中成长。海口镇、大茅山集团、项目协调办 4 年换了 3 次主要领导。

破局攻略，释疑解惑，确保劲往一处使

一是靠前指挥。项目建设每到一个阶段，总会遇到一些困难和问题，有些是对政策曲解，有些是存在纠纷，有些是胡搅蛮缠；有些是个性的，有些是共性的。在办公室解决困难和问题就显得很被动，效率也不是很高，于是我要求各地要前移阵地，靠前指挥。一方面，项目推进到哪里，征迁工作办公室就设在哪里，一直将办公室设在五号库项目建设腹地；另一方面，群众诉求到哪里，干部就要跟到哪里，及时协调解决。我带头做到经常深入腹地与五号库亲密接触，现场办公；也时常接访，经常到百姓家中访问群众，掌握第一手动态。

二是直面矛盾。群众诉求与当前政策不相符，往往需要我们不断地宣讲政策。在杜村八百亩纠纷山调解、处理横坑户口突增问题、横坑外嫁女要房子问题、横坑村民见面省委巡视组问题、公墓区建设问题、袜子厂厂房评估征收问题、杜村村民长期用电不缴电费等问题上，我直面问题，不回避、不让步，摆事实、讲道理，以抓铁有痕的韧性一抓到底，及时妥善处理好这些问题，确保项目平稳推进。

三是动真碰硬。办法总比困难多，遇到死局敢突破。2018 年 7 月，横坑村整村搬迁工作陷入难以拆除第一栋房子的被动局面，我到海口镇一线督战，排除万难，双管齐下，一边请阻扰工程的人员的七大姑、八大姨亲属帮助做思想工作，一边政策攻人心，终于化解了矛盾。一个星期之内拆除了2/3，一个月全面清理完毕。为整体工作大会战全胜奠定了坚实的基础。同时，坚决拆除了五号库安置小区内的违章建筑，确保安置小区按时建成。

把舵循法，底线思维，确保政策执行无偏差

一是坚持标准。明确征迁工作自始至终都是围绕《德兴铜矿五号尾矿库建设征收补偿方案》《德兴铜矿五号尾矿库建设土地征收补偿方案》这两个文件精神进行，在这两个文件之外的事以五号库项目协调会研究决定为标准。在标准的问题上，确保了不折不扣执行到位。

二是依法依规。征收补偿工作始终坚决做到一把尺子量到底，用铁的纪律把准法律法规底线，时刻提醒干部不要踩红线、跨高压线。在指导横坑房屋征收工作时，要求测量要标准，置换要标准，吃透房屋征收补偿方案政策，做到应测尽测，应换尽换。督促每项补偿做到公开、公平、公正，依照规定程序发放。

三是真知真行。五号库项目建设时间跨度长，历史问题多，矛盾纠纷杂，涉及群众广，每个问题都不容忽视。这就要求五号库项目干部队伍做到真知真行，彻底吃透《德兴铜矿五号尾矿库建设征收补偿方案》《德兴铜矿五号尾矿库建设土地征收补偿方案》两个文件精神，灵活理解和运用文件精神。认真贯彻市委、市政府决策部署，执行五号库项目协调会决定，切实将各项工作落到实处。同时加强廉政建设，督促干部队伍坚守廉洁自律底线，警钟长鸣，洁身自爱，发扬开拓创新、艰苦奋斗、无私奉献、敢于斗争的大茅山精神。

五号库项目已投入使用，目前仍有一些末尾问题亟待解决，我将继续不辜负市委对我的信任，不忘初心，牢记使命，以实干为德兴经济发展书写浓墨重彩的一章。

评　论　自刘栋义接过领导小组的指挥棒之后，五号库项目能够取得卓越的进展，离不开市委、市政府及其有关部门和权属单位所有成员的辛勤付出，离不开协调办公室的亲力亲为，离不开市政府部门和权属单位的大力配合。五号库八年建设过程中，领导的高位推动和靠前指挥起到了关键的作用，展现了他们勇于承担责任、团结下属的优秀领导品质，呈现出一名共产党员应有的模范形象。不论是领导小组还是基层领导，都面临着大量的沟通与协调工作，并且这些问题往往是来自“四面八方”的，如此烦琐复杂的工作需要领导者始终保持清醒的头脑，果断地做好决策和方案。在工作进行到最为艰难的时刻，他们深入一线了解情况，尽最大可能在物质上和精神上保障前线工作者的需要，与前线工作人员同进退、共患难，带去物质上的能量和精神上的食粮。领导坚持投身工作岗位为所有工作人员树立了榜样，潜移默化地提升了基层工作者的觉悟，调动了所有人工作的积极性，进而形成了一种良性的领导机制。真正做到以德服人，而不是以位制人。这在巩固领导力的同时也有利于培养成员对核心价值观的认同感，能够使所有人自发地拧成一股绳，向着共同的目标，为尽早高质量地完成工作贡献力量。

五号库协调领导小组在运作过程中能够形成独特的项目文化是难能可贵的，主要是因为：领导小组是一个临时性组织，而成员又来自不同的单位部门，不可避免地会从自身的利益出发考虑问题，要形成高度的凝聚力较为困难；同时领导小组又是一个动态调整的组织，人员变动相对频繁，需要在短时间内建立起强有力的归属感也是一大挑战。相比于企业文化是在长期经营的过程中形成的，五号库领导小组由于工程建设的紧迫性，需尽快建立起核心价值观并培养成员认同感，这就需要通过自上而下施加领导影响力来大力推动。

不辱政府使命　担负总协调之责

——德兴铜矿五号尾矿库建设综合协调办工作记实

夏樟成　德兴市自然资源局党组成员、副局长

2012 年 6 月，国家发展和改革委员会同意德铜矿新建五号尾矿库建设，总投资 323 864 万元，用地面积 19 653 亩，拆迁 308 户，需整体搬迁一个林场、一个自然村，是一项艰巨又重大的工作。市委、市政府十分重视此项工作，2011 年 12 月成立德兴铜矿五号尾矿库建设协调服务领导小组。以副市长王旻为组长，公安局政委谭正波、国土资源局局长徐学珍为副组长，其他相关单位主要负责人为成员。领导小组下设四个工作组：宣传维稳组、征地拆迁组、控违组、综合协调组。

综合协调组设在国土资源局，组长由局长徐学珍担任，成员在国土资源局、林业局、房管局、安监局、环保局各抽调一名专职人员组成。主要负责领导小组的日常工作、后勤保障、用地报批等各项手续工作，项目建设相关档案管理工作，上传下达及各工作组之间的协调工作。

由于人事调整和工作推进，2014 年 1 月，市政府调整德兴铜矿五号尾矿库建设协调服务领导小组。组长由市委常委、常务副市长王华欣担任。常务副组长由市政府副市长张著权担任。副组长还有市公安局政委徐建军，市政府办公室主任宋晓军，海口镇党委书记齐文胜，市国土资源局局长汪钦。综合协调组组长由汪钦担任，副组长由高春雨担任，国土资源局副局长潘忠明具体负责协调办的各项日常工作。

为了加快推进五号尾矿建设征迁工作，由于人事变动，2015 年 4 月，市委、市政府再次调整德兴铜矿五号尾矿库建设协调服务领导小组，组长由市委副书记、市长刘瑞英担任。常务副组长由市委常委、副市长刘栋义担任。副组长还有市公安局政委徐建军，市政府办公室主任宋晓军，海口镇党委书记齐文胜，市国土资源局局长汪钦。

综合协调组办公室主任仍由汪钦兼任。此项工作征地拆迁工作量大，时间跨度长，宣传维稳组、征地拆迁组、控违组所担负具体工作都划到有业务的职能部门去履行。综合协调组担负起各部门的工作总协调，负责传达市委、市政府领导指示的督促、后勤保障工作。综合协调组改为综合协调办公室，主任由国土资源局局长汪钦担任，副主任由国土资源局副局长潘忠明担任。

2016 年 1 月，由于国土资源局人事调整变动，五号尾矿库建设项目综合协调办主任由国土资源局局长汪长生兼任，副主任由国土资源局规划师黄建担任，负责协调办的日常工作。

2017 年，市长刘瑞英担任市委书记，郭峰任市长，五号库领导小组组长由郭峰担任（常务副组长继续由市委常委、统战部长刘栋义担任），五号尾矿库建设项目综合协调办公室主任由时任国土资源局局长余小明兼任。

2017 年 4 月，由于黄建的岗位调整调离，局党组决定调派我为五号库综合协调办副主任，具体负责日常工作。我当时任国土资源局纪检组长，已是五号库建设协调办副主任的第三名接任者，又正是大部分项目开工建设之时，深感责任重大。当我踏进工程项目工地时，看到各工程项目正全面启动。由于四号尾矿库容满负荷了，江铜集团、省政府在督促时，要求此项目必须在 3年内（2019 年年底）完工。德兴市委、市政府领导高度重视，经常召开工作调度会，现场指导。当时大茅山集团公司铁罗山林场的房屋征迁工作只完成一半，而剩下的这一半都是铁罗山林场的常住户。海口杜村的征地只有 1/3，横坑自然村的征地、搬迁工作还没有启动。征地、搬迁工作不到位，就影响工程施工的推进。我带着协调办的工作人员来到大茅山集团公司铁罗山林场和海口镇杜村村委会，和他们一起研究对策，破解难题，为领导出谋划策，当好参谋。

一是施工安全问题。2017 年，工程建设项目重点下游坝开始砌坝，所需的石料要从铁罗山林场上游的山上弃土场放炮运输过去，而运输道路要经过林场，山上放炮、飞石对仍住在林场的二十几户住户人员安全带来隐患。二是运输道路施工问题。开通上游坝道路施工困难重重。施工路段林木没有砍伐到位，造成施工受阻。面对这些难题，我们协调办既是市政府对各项目工作的总协调、总调度，又要充当一线的调解员。这些工程项目主要都在铁罗山林场的区域内。我们协调办工作人员也把工作地点设在工地现场，什么“5+2”“白 + 黑”“晴 + 雨”，对于我们都是常态化。有一次弃土场爆破，炸药全部埋放好了，而一些林场住户上山阻碍放炮，林场干部做了 2 个多小时工作，都不回家。我们协调办一行人从市里赶去做工作也不见效，眼看天慢慢黑下来，如果今晚不爆破，会带来很大的安全隐患，施工队伍也很着急。我果断下令，上山阻碍人员被我的发怒震慑，全部撤回，从而避免一场安全隐患。搬迁工作是重点，住户不搬，对安全、施工都有很大影响，市政府领导下令限时搬迁，而所在住户都是老、弱、病、残人员。我们分析原因，与铁罗山干部提出换位思考帮他们解决困难，安排好过渡房，考虑搬迁过程的人手、车辆等一系列问题，打消他们相互观望的思想，把握政策，确保能按照市政府要求的时间节点全部搬迁。

2018 年工程项目前移，向横坑村推进。横坑村是五号库建设中心，很多项目施工都在村庄周围，所以必须尽快将土地征收到位，住户全部搬出。但横坑村村民思想还没有统一，工作很难推动。海口镇政府领导、分管领导十分焦虑。我作为协调办负责人，既是市委、市政府领导工作指示的督促者，也是协调者，面对海口镇杜村横坑村组征迁工作的难题，有责任与海口镇政府班子一同来破解这难题。通过与被拆迁户细致交流、谈心，了解存在的各种因素，我们理出了破解思路，一是发挥村级组织力量，把村干部、老党员、人大代表等有威望的群众代表的积极性调动起来；二是加强工作队伍，把乡镇所有本地领导，各站、所负责人分到村分片、包干、包户做工作；三是调动市直相关职能部门人员下去协助配合工作。在市委、市政府及有关部门的大力关心支持下，开始对横坑村居住房屋、临时建筑、经济林、果树苗木、蜂桶、农具等进行测量登记、公示，发放补偿款。房屋拆迁工作按照市政府要求时间节点全部拆除到位，人员全部撤离搬走。历时 5 年的艰难征迁工作，现用了 6 个月的时间，基本完成土地征收和房屋拆除搬迁工作，为工程施工铺平了道路。当我们取得了如此成绩后，再回想当时的艰辛付出，也是值得的。

2019年6月30日，要达到蓄水条件，必须做好“三清”工作，即人清、房屋清、林木清。虽然征迁工作全部完工，但还有库内、房屋没有拆除到位，林木没有砍伐外运到位。人员走动较大，为了安全起见，确保在规定的时间节点能启动蓄水闭库。我们立即发公告，上户宣传，并现场巡访，对存在的问题逐一落实，要求按时间清场到位，顺利闭库蓄水，交付使用。

当看到威武雄壮的大坝，从选矿厂喷灌过来的尾砂流入库区，深感欣慰。为了这一天我们付出了多少辛劳，我为能参加这项雄伟工程服务感到骄傲、自豪。

评　论　五号库综合协调办公室在建设过程中的责任和意义重大。显然在众多工作中，协调工作是最为烦琐且困难的，每每需要与形形色色的部门和人员打交道，不仅承担起了联系德兴市政府各单位部门的重任，监督并督促他们做好份内工作，也为德兴铜矿的对外联络提供必要保障，竭尽所能为工程建设创造最佳条件。这对一个本就人员不多的综合协调办公室来说实属不易，历届办公室主任花费了大量的精力和心血，才能取得今天的成绩。

五号库协调工作主要包括对内协调和对外协调。协调工作最大的问题就是协调对象的不配合、不作为，这在对外协调工作中尤为突出。而五号库对外协调工作最主要的协调对象就是拆迁户们，协调办同海口镇和大茅山集团的工作人员一起，赶赴一线，磨破嘴皮，日复一日，毫无怨言。同时，相比于海口镇和大茅山集团，五号库综合协调办公室更大的价值则是体现在对内协调上，通过明确各单位部门的权力、职责和义务，尽快形成相应的项目治理机制，并随工程的推进，不断演化调整，使其与五号库项目各阶段相适应，从而避免各方互相推脱责任，确保组织内和组织间工作的成效。

五号库是江西省重点工程项目，作为四号库的接替工程具有划时代的意义，关系到企业形象和德兴市未来的经济发展，若不能按时完工，造成的后果将是十分严重的，因此必须保证项目的交付时间和完成质量。“既然历史选择了我们，那就由我们来站好这一班岗”，是全体成员一致认同的思想。人人都是骨干，人人都要奉献力量，要为五号库建设留一辈子名。在这一核心思想的引领下，许多工作人员自愿放弃假期，将个人的得失抛在脑后，只为高效、高质量地完成每一阶段的工作。

2.3　海口镇政府与大茅山集团公司

征地拆迁工作一直是五号库建设过程中最为棘手、最为突出的问题，征地面积广、人口基数大、纠纷争议多、补偿协调难，始终是工程进度推进的最大阻碍，海口镇政府和大茅山集团公司也一度成为没有硝烟的前线指挥所。

江铜集团德兴铜矿于 2016 年 7 月致德兴市人民政府的《关于德兴铜矿五号尾矿库不能按时建成带来的问题的报告》中指出，根据《德兴铜矿五号尾矿库初步设计书》原本的计划，五号库应在 2016 年年底建成并投入使用，而今却因为征地等问题，导致下游坝仍未实现开工，工程建设进度已严重滞后，德兴铜矿如若被迫减产，将给江铜集团及德兴市财政收入带来巨大的影响，故恳请市政府加快征地、拆迁和协调工作，确保五号库项目能及时全面开工。

对此，德兴市政府领导高度重视这一问题，于 2016 年 9 月 28 日下达命令要求五号库下游坝工程必须全面开工，而此时征地拆迁工作却仍面临着诸多的问题。早在 2012 年，政府的征地拆迁工作就已陆续启动，但迫于征地面积大以及村民强烈的抵触心理，导致这项工作一拖再拖，四年时间里几乎没有取得关键性进展。

面对如此困难，所有一线工作者不畏艰难，抱着“历史选择了我们，我们就要把工作做好”的必胜决心，并始终坚持“5+2”“白 + 黑”“晴 + 雨”不间断的工作模式，每天几乎都是凌晨才结束工作，废寝忘食，第二天一早又是奔波在一线，跑破脚皮，磨破嘴皮，饿坏肚皮，才逐渐打开缺口，攻坚克难，直至解决所有问题。

铁罗山记忆

黄 伟 大茅山集团公司党委书记、董事长

父亲与铁罗山

1957 年冬，省委、省政府决定开发大茅山，创办大茅山综合垦殖场。德兴县委、县政府为支持和配合，由时任副县长王德牛带队，抽调了 3 名县政府工作人员，组成工作组。我的父亲黄茂芬，江西定南人，1955 年毕业于赣州林业学校，分配至德兴县政府农林水科任干事。王德牛征求我父亲的意见。父亲毫不犹豫地回答："领导到哪里，我就去哪里。"受王副县长指派，父亲只身一人，背上干粮，翻山越岭，四处选点。最后，根据父亲选点情况分析，同志们一致决定，就在山高林密、人迹罕至的皮夹沟中落脚，取名为大茅山综合垦殖场铁罗山分场。王德牛任场长，父亲任生产科干事。

场区创办后，没有公路怎么办？第二个任务，开通公路。父亲与另一名同志一道，一个从铁罗山往花桥方向，一个从花桥往铁罗山方向，用双脚在崇山峻岭中，设计出道路。

一个分场的模子规划好了，还缺职工。时逢浙江出现灾荒，大批流民外出讨生活。抓住这个机会，分场动员一批劳动力落下来。"同志，不要再四处讨饭了，这里有山有林，有房有田，留下来吧，娶个老婆过日子，不比你现在这样子强？""同意了，来，登记吧。叫什么名字？""我没有名字，大家叫我小狗。""你爸爸姓啥？""姓李。""那你就叫李小狗吧。"就这样，近两千余名职工招齐了。也从此，铁罗山分场开始了 60 年的农垦创业。而我的父亲，扎根铁罗山 20 余年，献了青春，献子孙。

欢乐的童年

铁罗山两边皆高山密林。一条公路从分场中间蜿蜒穿过，一条常年不息的河水绕山而流，清澈见底。我们从上游将河水引入一小沟，沟中的清水在场部中间依公路而流，孩子们在水中捉鱼虾，女人们在石台上洗菜捶衣。

场部外是一垄一垄的菜地和开荒出来的水田，还有那学校，坐落在山边，旗杆上的那一抹红非常耀眼。

现在看起来落寞清冷的地方啊，竟是我童年欢乐的源泉，记忆深处的家乡。

"六一"儿童节，幼儿园老师把我们扮成"小花朵"。分场的领导和职工们都来了，坐满了整个礼堂。轮到我们上场了，看着台下黑压压的一大片，我们被吓着了，乱作一团，有的小朋友甚至哇哇大哭起来。在大人们善意的笑声中，领导给我们每个小朋友发了纪念品——一匹骑在弧形轨道上的塑料马。用手一压，马儿就前后摇摆起来。这匹橘黄色的马儿，在那物质稀缺的年代中，是多么珍贵的礼物！马脚断了，就用白胶布缠上；马儿裂成了两半，就再用纱布扎上。这匹马儿，伴随了我整个童年。

小时候，最喜欢的是暑假，小伙伴们最爱去的是小河里。中午，我们顶着火辣辣的太阳，光着脚丫，带着 8 号铁丝做的抽鱼利器，麻溜地窜进河中。河中的小鱼可真多，成群结队，我们冲上前去，一顿猛抽，就能收获二三十条，用柳条串上，得胜而归。我也是其中的高手，手持毛巾，看准红桃酥鱼儿，前后抖响毛巾，不一会儿，鱼儿就慌不择路钻入石缝，用手一夹就出来了。

整个暑假，捉鱼颇多，我养的那只猫，又肥又大，可能是小鱼儿吃多了吧！

水田，也是我们爱去的地方。我们把长长的缝衣针扎成排，打上手电或火把。在水田里，水稻正在抽穗，我们轻手轻脚走进去捉泥鳅、黄鳝。远远的山边水田，距离坟区很近，通常我们是不敢去的。有一次，我们壮着胆子靠近，那天的收获竟比平常多出不少。白天，也可以钓青蛙。用棉线捆上小青蛙腿，在水稻行间抖着，不一会，一只大青蛙扑上来，少年的我，敏捷地一提杆，就拎了上来。

玩够了，玩累了，也该回家了。在大人催促声中，洗好澡，爬上房前露天的竹床上一躺，看着满天的星星，在妈妈的摇扇中，沉沉地入睡。

最重要的还是学习。冬天的清晨，厨房里那昏暗的灯光下，锅中咕噜咕噜煮着红薯稀饭，腾腾的热气中，是外婆那忙碌的背影，还有那脚边蹲着的猫儿。睡眼蒙眬的我站在门口，叫一声外婆，外婆应了一声，忙不迭地叮咛我快去洗脸刷牙，一会就吃饭了。

提着火桶，小伙伴们又去上学了，一节课下来，火桶里煨着的红薯就发出阵阵香味。这就是我们的课间营养点心。

我家是晚上学习的集中地。冬夜里，外婆早早地铲好火盆，暗黄的灯光下笼着暖暖的炭火味，四方桌边坐着四个小朋友，安静地学习，写作业。也有不速之客来打扰，我的那只肥猫，冲我喵喵一叫，我坐直身子，它“嗖”的一声，就跳上我的膝盖，盘腿睡下，不一会，就发出阵阵呼噜声。

游子情深

1982 年，时任德兴县县长偶然来到铁罗山，对我父亲动情地说：“老黄啊，你是县政府派下来的。二十四年了，都回去了，你还在这里啊！”父亲局促地回答道：“我拖儿带女，又没有门路，回不去啊。我也喜欢这里，就不回去了。”“你不为自己着想，也要为孩子们想想啊，县里毕竟教育环境好些，将来工作也好些吧。这样，我来想想办法，你回县林业局吧。”

就这样，初中一年级，我和哥哥随父亲回到县城。我的母亲，工作了的姐姐，则继续留在铁罗山。

此后的我忙于学习工作，1992 年大学毕业后，先后在教育、宣传、文化、市委办、招商局、工信委等各单位工作，娶妻生子。一名少年转眼就是中年人了。父亲，一辈子与林业打交道的副高级工程师，也从林业局退休了。

而铁罗山，我的家乡，这份景，这份情，却像一壶老酒，时间越长，情怀越深。

早些年，和从铁罗山来家里做客的乡亲们，一起回忆铁罗山。后来，在工作中，尤其是八年在外招商引资过程中，时常会碰到乡亲，感觉格外亲切。再后来，为了久居家中的父亲母亲，我们会开车带着二老，到铁罗山转转。而铁罗山，在经历了 80 年代的辉煌，90 年代的衰退后，大多数人都搬去德兴铜矿大桥分场工作生活了。铁罗山的制刷厂、木工厂、学校、企业食堂等，也逐渐荒废了。父亲看望留下来的老职工，也是感慨不已。而后，为了不让父母触景生情，我们去得也就少了。

梦里乡愁

2011 年，省重点工程项目德兴铜矿五号尾矿库建设拉开了序幕。当时，我在市工信委当主任。市里希望我担任指挥部办公室主任，协调该工程项目。我怎么也不愿接手这份工作。我的家乡，我父亲一辈子创办的家乡，记忆中的家乡，在我手上，变成水库、库底。我怎么也接受不了这份情感上的失落。所以，我婉拒了。

2016 年年底，我被组织上安排到大茅山集团公司担任党委书记、董事长。而这时，历时五年的铁罗山五号库搬迁工作，已进入最为关键的时刻。省政府下达了最后的搬迁命令，时间紧迫，任务相对艰巨，我怎么也想不到，最后这份工作还需要由我完成。

当时近 2 万亩的山林，已经征了 1.5 万余亩，还有数千亩。300 余户的搬迁，已搬了 200 来户，还剩下百把户。这种情况下，无论是对被搬迁户，还是在库区建设方面，都有一种急躁的情绪在里面酝酿。

为了尽快完成这项任务，我对铁罗山实业公司的班子进行调整，选派了三批挂点干部，将最优秀、最能打仗的干部调到拆迁一线。我再三叮嘱他们，不能性急，要稳中求破，既要稳得住搬迁群众，又要在稳中打破搬迁困局。

我用三句话来激励自己，一是铁罗山的职工都是我们的父老乡亲；二是他们从浙江来后，为了支持国家建设，再次地背井离乡，他们都是有功之人，是可敬之人；三是有些不合理的诉求，我们做好政策解读工作，要真正做到拆迁无情人有情。

记得那是 2017 年的仲夏，夜里暴雨如注，我在总场调度抗洪抢险工作，而我最放心不下的是铁罗山。已经有部分的山体因工程需要剥离了山皮，一旦洪水来临出现垮塌，后果将不堪设想。我立即派出抢险小分队，劝留守的老人们暂时离开，到安全的地方暂避。老人问抢险队员："伟伟来了么？"队员们说："黄书记在总场指挥，我们是黄书记派来的，他嘱咐我们把您送到安全的地方。"老人家说："伟伟派来的，我相信，我锁上门，跟你们走。"

有一户老夫妻职工，认为拆迁过程中有不公平的地方。我到了她家中，她看着我说，"你是伟伟吧？""我是。"老阿姨眼里瞬间就泛起了泪花，紧紧握住我的手，用衣角擦着眼睛说："你来了，我跟你说说几件事情，我还记得。"

我更记得 85 岁的老人黄路根宁可死在当地房里，也不肯搬出，而他房屋所在地，正是弃土场的优先建设区域，时间很紧。我赶到现场，黄老说："你是黄茂芬的小儿子啊，我跟你爸爸是好朋友，让他们出去，我要跟你说说心里话。"

我还记得一位叫楼香花的阿姨，中秋节的头一天，到我父母亲家。我看她拎着礼物，当时就发了火，请她出去。阿姨拎着东西走出门口，突然对我说了句话："黄书记，不管你对我再凶，我都认为你是好的。"

2019年年中，经过不懈努力，我们全面地完成了拆迁任务。在整个拆迁任务过程中，没有一起聚众上访、闹访事件，平稳而圆满地完成了市委、市政府给我们下达的搬迁任务，为五号库的顺利合闸蓄水打下了基础。

乡亲们都搬进了城区。说实话，几十年平静如水的日子，老人家、绝大部分老职工不愿意背离山清水秀、蔬果自种的田园。习惯了田园生活，搬到市区里，住进楼房里，对他们来说，并不适应。故土难离，但是为了国家建设，他们服从大局，再一次地舍小家为大家。铁罗山的职工们，是我可敬可爱的父老乡亲！

待我再次登上山顶瞭望铁罗山，已经是一片水泽地。再见了，铁罗山，生我养我的故乡。父亲的脚印，红桃酥鱼儿，外婆暖暖的背影，父老乡亲信任的目光……那遥远的乡愁唯有在梦中追寻。

评 论 黄伟出生在铁罗山，成长在铁罗山，对铁罗山有着一份特殊的情感。从他对童年生活的描述中，每个人仿佛都能回想起自己天真无邪的童年时光。都说童年是一个人一生中珍藏在心底最幸福、最美好、最温馨的时光，从他的笔下，能够感受到他对回忆中的铁罗山那种刻骨铭心的眷恋。

光阴荏苒，造化弄人，铁罗山终究也会"老去"，黄伟为了在县城能有更好的人生发展，依依不舍地离开了这片陪伴他童年的老场，但这份情却从未随着时间的推移渐渐淡去，在工作之余也会回到铁罗山转转，寻觅儿时的足迹。然而，谁都没有想到，这些记忆终将成为"记忆"，2011年五号库工程作为四号库的接替工程，其建设意义不言而喻，作为超大规模的尾矿库工程，需要征用大量的土地，而铁罗山"未能幸免"，被划入约两万亩的用地征收范围，需要彻底搬迁。铁罗山分场是黄伟的父亲一手创办的，许多铁罗山的父老乡亲也与黄伟一家有着特殊的感情，如今儿子却要亲手为它画上句号，这是怎样的一种无助和心酸。由黄伟来主持铁罗山的征地拆迁安置工作对他来说是残酷的，但在集体和国家的利益面前，他又不得不"临危受命"，承担起这一份重任。在他的最后一部分描述中，一幕幕感人的场景历历在目，铁罗山邻里"不信别人，只信黄伟"，这在表现出他们对黄伟充分信任的同时，却也不断增添了黄伟对他们的不舍之情。为了德兴市的未来，只能目送着自己儿时的叔叔阿姨们又一次背井离乡。

如今五号库工程接近尾声，拆迁工作也已基本尘埃落定，铁罗山的父老乡亲们都已搬入新居，仿佛一切又都归于平静，唯有铁罗山的一切，只能永远留存在他们的记忆中了。未来五号库定将承载起他们的这份情愫，为德兴市的发展贡献应有的价值。

五号库工作小记

程乐生　大茅山集团工会主席兼铁罗山实业公司经理

五号库项目是省重点工程，时间紧、任务重，下游坝的建设迫在眉捷。建设采石场和弃土场是下游坝工程施工的前提，采石场选址在铁罗山居民区旁边，采石场需要对山体表层进行剥离，而建弃土场就必须采伐林木以及组织场内居民及时搬迁。因弃土场所在场的承租、转租涉及三个所有权人，承租户因山林补偿分配分歧而迟迟不肯采伐。我公司班子成员首先召集所有承租户到场，对其晓之以理、动之以情地做工作，再通过调动各种关系，联系承租户的亲戚和朋友，经过七八次持续沟通及亲友劝说，在不影响最基本利益的前提下，双方相互让步。后承租户因还有一定的山场经营年限，前承租户给予其适当的补偿，最后达成一致完成山场补偿协议，推进采伐林木，保证了弃土场按时间节点动工。弃土场选址内有一户职工对搬迁补偿的要求高，态度强硬坚决，是较为典型的钉子户。我公司班子成员白天晚上不间断地做工作，一共不下一百五六十次，市政府、市协调办、征收办、集团公司也做了无数次工作，但都没有达成一致的意愿。当时本人备感困惑，这么好的拆迁条件，为什么拆迁户还不满意。最后我公司站在当事人的角度思考问题，寻找平衡点，找当事人的儿女劝说做工作，保证房屋、山场、菜地补偿到位，并帮助当事人找过渡安置房，管理人员帮忙叫来搬家车，并让其边搬、边选房。通过一系列切实的关心和体恤，当事人深受感动，最后满意地签订了协议，保证弃土场工程项目按时间节点顺利开工。

在采石的过程中，爆破的影响比较大，没有搬迁的居民房屋瓦片被震裂、震落，引起居民不满，20 多户居民阻工、拦路。经市协调办和铁罗山实业公司工作队对每户一对一细致地做工作、沟通调解，最后剩下 3 户拒签协议，特别是居民童文妹，其患有肾衰竭，情绪激动躺在运石的路上。公司以及十五冶工作人员与其发生了小摩擦；第二天，童文妹的儿子带着朋友挑衅，和十五冶工作人员发生了肢体冲突。我集团公司董事长黄伟与市协调小组、征收办、市公安局、铜矿项目部、十五冶沟通，大家均以重点项目顺利推进为导向，相互理解进行友好沟通，最后得到十五冶的谅解。童文妹的儿子童耀文也得到了保释，童文妹经过此事，也充分理解和感受到了组织的关心和善意，深刻地认识到了自己的错误，同意并顺利地签订了搬迁协议。阻工拦路的事件彻底解决，为五号库下游坝按时间节点施工提供了保证。

五号库项目的推进，离不开德兴人民的努力和支持，同样铁罗山的征迁工作，离不开铁罗山居民的大力支持。职工是我们的亲人，大部分的索求都是合情合理的，但也有极少数人的诉求较高，“横看成岭侧成峰”，站在不同的位置立场，有不同的看法也是情有可原的，只要沉下心把职工当成自己的亲人，在不违法、不违规的前提下，全心全意地站在职工的角度考虑问题，一切困难都能迎刃而解。通过这次拆迁工作，我深刻地认识到，站在当事人的角度考虑问题，找出平衡点，坚持不懈，就能取得工作的胜利。

评　论　程乐生主要记录了五号库为建设采石场和弃土场而开展的拆迁工作。五号库征地工作重点难点多，众多纠纷事件呈现出耦合性特征，且较多为历史遗留问题，无据可依，因此给做村民的思想工作带来了难度。这就要求相关工作者有灵活变通和统筹兼顾的能力，在坚持政府补偿标准不动摇的前提下，采取合理的方式方法，结合实际情况，寻求平衡多方利益的解决方案。

同时，拆迁涉及和影响的人群范围广，不仅有因搬迁而造成的直接利益冲突，也有给周围村民带来的间接利益损失，对此做好全面的事前评估与分析是关键，及时发现潜在的问题并解决问题，做到早预判早处置，就能将不必要的群体诉求事件扼杀在萌芽状态。在采取协商对话方式解决问题的时候，以平等的姿态从当事人的角度出发考虑问题，在力所能及的范围内给予当事人适当的帮助，让他们感受到政府工作者的诚意；对于一些行为和情绪较为激进的“要挟者”和“闹事者”，要以法震慑，让其认识到问题的严重性，并应以事件降温为第一目标，避免不必要的财产损失和人员伤亡，待事件逐步平息后，再展开必要的思想工作。

总体看来，大茅山集团公司在征地拆迁的组织过程中有着系统完整的工作制度和流程，注意方式方法，做到文明拆迁、和谐拆迁，能够被绝大多数拆迁户所接受。除大茅山集团外，海口镇也是五号库征地拆迁的前沿阵地。

五号库征迁的苦与乐

余榜鸿 海口镇党委副书记

读梁启超先生《最苦与最乐》，令我耳目一新。梁先生讲：“人生最苦的事，莫若身上背着一种未了的责任。”“该做的事没有做完，便像是有几千斤重担子压在肩头，再苦是没有的了。”品味此言，感受极深。五号库工程项目战线长、难度大，任务重。2012 年 12 月开始启动，原计划于 2015 年 12 月完成征地拆迁任务，由于种种原因一直没有取得重大进展。截至 2016 年 7 月换届我再次调回海口工作，任镇党委副书记牵头负责海口镇五号库征迁工作时，五号库征迁因存在几个较大困难没有攻克而倍感举步维艰：①下游坝工程建设核心区涉及杜村三个组 240 余户、670 亩山场、804 万元征地款分配，由于是几十年遗留历史问题，加之涉及群体大、人员多，关系到每个村民的切身利益，纠纷调处难度大；②五号库征迁山场全部涉及红线权属面积纠纷，高寺坞、陈家坞等山场都存在林权证位置是红线范围而实际位置不是红线内范围，面积也存在林权证面积与实测面积不符等问题，造成 1 600 余亩山场无法征用；③杜村村民反映建设五号库对群众有污染，要求提高电费补贴，导致电费收缴难并经常出现阻工阻路问题；④横坑村民要求镇村工作组先期摸底测量时，对从林权证山场上测量出来的 1300 余亩旱地要求补偿问题；⑤横坑村民集体反映要求补偿生活费、与铁罗山权属纠纷等未解决，集体不愿配合征地、不愿意配合房屋测量置换；等等。

第一次参加市里五号库征迁调度会接到的任务是：“要求五号库最核心建设项目下游坝、跨坝公路等 4 个项目在 9 月份必须完成征地拆迁和开工建设任务，若做不到，按照倒排时间表届时将会造成铜矿限产乃至停产，将会成为历史的罪人。”散会后我感觉千斤重担压在身，心想 3 年都未突破的事我刚接手 2 个月就要交账怎么完得成呢？尽管如此，但我深知“军令如山”，重担在肩，不敢有丝毫的胆怯、懈怠、侥幸和推诿，也深知行进的路上风雨相加，泥泞坎坷，但是我内心坚信，哪怕浑身湿透了汗水，脚板磨起了血泡，一切的一切都只能咬紧牙关，拼命向前。不怕苦只为担当而来，有担当才可能有作为。

接棒后，我就带领镇村工作组积极进村，入户摸清难以推进工作的问题根源，召开了几十次大大小小问题解决协商会议（有几百余人的现场辨论会，也有镇村干部问题分析和村民代表会，还有挨家挨家户上门了解情况交流会等）。通过两个多月夜以继日的摸排情况、协商讨论和说服解释，终于在 9 月份拿出了涉及杜村三个组 240 余户、670 亩山林、804 万元征地款分配方案。由于前期工作充分征求民意，解决方案切合实际，实现村民同意率 100% 到位。

过完了“草地”，我又想尽一切办法爬“雪山”，一关接着一关过。在高寺坞等山场征迁上，我既当指挥员又当战斗员，每次实地测量调解现场，我都冒着酷暑，克服蚊盯虫咬困难带头上山，爬遍了几千亩山场的每一个角落，摔跟头和被虫咬到全身长包，自己都记不得有多少次了。通过和群众一起爬山涉水，了解到纠纷问题的根源，处理就有了第一手资料，调处起来心里就有了一杆秤。而且也通过一起爬山，让群众感受到我们务实的工作作风，增进了干群关系。

有了调查就有了处理问题的底气，我们以下游坝开工建设急需的位置为重点，一个问题一个问题解决，化解矛盾纠纷 50 余起。通过 2 个月镇村干部的共同努力，于 2016 年 9 月实现了下游主体坝等迫在眉睫的 4 个项目开工建设。看到五号库开工建设，镇村干部信心倍增，我就带领大家以此为契机，乘势而上加大征迁工作力度，保证了建设项目需要到哪里我们就征用到哪里，几个月的努力打破了僵局并征地 1 000 余亩。

2017 年继续加大工作力度，及时保证了项目建设需要，征地 3 000 余亩，实现了上游坝等十余个项目全线开工。2018 年是五号库攻坚年，在横坑征迁攻坚布置会上，占长远书记说，“五号库征迁的历史重任选择了我们，这是一项无上光荣而且特别有意义的事情，我们不胆怯、不懈怠、不推诿，我们只有竭尽全力去完成历史使命，才对得起组织和群众的信任，别无选择”，让我们镇村干部特别受鼓舞，也深知我们肩上的担子只有我们自己想办法挑。会后，我带领镇村工作组坚决贯彻落实市委、市政府、镇党委政府部署，在保证项目建设用地需要的征地同时，于 6 月牵头开展横坑整村搬迁工作。“白 + 黑”“5+2”，夜以继日经常工作至凌晨一两点，深入群众逐户做工作，找出村民不配合工作的问题原因，破解了横坑村民多年来一直抱团不搬的难题，在 5 天内实现了对横坑房屋全部测量完成（打破了从 2013 年、2014 年、2015 年陆陆续续测量三次都是只测几户，村民不配合工作就无法推进而停滞的局面）。7 天内突破房屋搬迁协议签约，首日实现三连签，在 3 个月内完成房屋征收 34 户（含多户一户多栋情况），横坑 200 余人全部搬迁。

2018 年 12 月，我带领镇村工作组破解了杜村村民多年来以受五号库项目建设影响生产生活为由不交电费、一收电费就阻工的顽疾，通过耐心细致的工作，实现了村民用电缴费正常化。五号库已于 2019 年 7 月 3 日成功闭库蓄水，10 月试运行，上游坝、下游坝等大大小小几十个项目已全面建成，征地面积达 7 986 亩，其中红线内 5 355 亩，横坑 34 户、200 余人全部搬迁到位。从事五号库的征迁工作，一直与苦为伴，可谓备尝艰辛，忍受的委屈难以言表。老实讲，五号库征迁工作就是五味瓶，酸、甜、苦、辣、咸尽在其中。在拆迁工作中，我丰富了人生阅历，积累了工作经验，更新了工作方法。

责任有苦亦有乐。梁先生讲，“责任完了，算是人生一件乐事”。许多事都是苦尽甘来，从事五号库工作 3 年多来，与群众征迁打交道，正是我们的执着奋斗，顽强拼搏，换来了被征迁村民的理解和支持，换来了干群鱼水关系的融洽氛围，换来了村民舍小家顾大家配合重点项目的思想升华，换来了五号库的建成投产。没有因征迁工作不利而造成五号库无法建成给铜矿带来限产停产影响而成为历史的罪人。每当站在环库公路上看到壮观的五号库、看到拥有 70 个西湖库容量的库开始蓄水时，心中油然升起一种自豪感。有人说：“一个人只有尽心竭力的工作，方能感到宽慰和快乐。”明白了人生的责任，理解了奉献的意义，就会感到生命的充实和精神的富有，再苦再累都无怨无悔。

评 论 海口镇的拆迁工作同样错综复杂，形式严峻。2016年又恰逢海口镇政府领导班子换届，7月人员刚到岗，就应德兴市政府要求当年的9月28日五号库下游坝工程必须全面开工建设，而此时征地拆迁工作却还面临着诸多的问题。德兴市政府领导的高度重视和支持并不能完全改变拆迁征地工作面临的琐碎问题，许多都是过去很多年遗留下来的“疑难杂症”，如今变得更加复杂而又迫在眉睫，必须拿出可行且有效的解决方案，为五号库工程的建设铺路。归纳起来，海口镇政府在拆迁征地工作中主要存在三大关键性纠纷问题：山林权属纠纷、地类性质纠纷和杜村电力纠纷，而在工作推进过程中又面临着三大难关：房屋面积测量、拆迁协议签订和房屋腾空拆除。

余榜鸿接手海口征地拆迁工作，可以说顶着巨大的压力，他记录下了当时矛盾的心理活动。越是关键时期，越要化压力为动力。余榜鸿上任后第一时间就奔赴第一线，挨家挨户摸清状况，倾听村民的诉求并寻求问题的根源所在。这一繁琐的工作考验着人的耐心，绝不可马虎。补偿协议是政府出台的纲领性文件，不可能涵盖千家万户所有的问题，而走访排摸工作，确实是征地拆迁过程中关键的一个环节，可以深入了解百姓对补偿协议的看法以及纠纷的症结所在，便于帮助工作人员抽丝剥茧、理清头绪，为后续的调解方案制定做好充足的准备。

为尽最大可能配合好五号库的施工，工作人员经常通宵达旦，奔赴条件最为艰苦的一线，和群众一起跋山涉水，没有时间停下脚来歇息片刻。在工程推进到最为关键的时刻，工作人员更是轮番上阵，五号库哪里亟需施工，工作的重心就落到哪里，哪怕24小时不停歇，也要争取在最快的时间内做通征拆户的思想工作，多等一天，就意味着巨大的损失。就这样日复一日、年复一年，终于功夫不负有心人，经过全体工作人员不懈的努力，自2016年后的两年里，海口镇的征地拆迁工作不断取得突破性进展，相继突破了三大关键性纠纷问题，并出色地完成了房屋征收工作。

余榜鸿特别提到的杜村电力纠纷问题，是海口镇征地拆迁工作中三大难关之一。根据20世纪90年代的电力补偿协议，杜村由于受到德兴铜矿生产的污染，每月都会收到电力使用补偿费用。但当时的补偿标准已经远不能满足现在的电价，再加上村民用电浪费，补偿费用远远不够，村民们认为政府应该加大补偿力度，并开始出现拒缴电费、长期拖欠费用的情况。当时处于僵持阶段，村民要求不提高补偿就不缴费。而随着拖欠款的累积，2018年12月电力公司也做出了从2019年开始对杜村全面停止供电的决定，但是全面停电的后果是不堪设想的，必然会导致爆发大规模的阻工事件，严重影响五号库的建设安全和秩序。这一纠纷总共涉及五六百户人家，共两千多人。海口镇政府面临的形势也更加严峻。

为尽可能避免大规模冲突，经再三考虑后，做出如下解决方案：对所有用户12月的用电量从大到小排序，首先对用电量最大的10户人家停止供电。既可以集中力量做思想工作也减少了出现大规模爆发冲突的可能，并且在农村中用电量较大的一般是强势户，家庭条件好、有影响力的人家，如果能先解决这些人的问题，后续的工作也就容易了许多。海口镇政府要求他们补缴 12 月份的电费再恢复供电，遭到他们的拒绝。找各种理由与政府唱反调，就这样双方僵持了一个多星期，政府坚持不恢复供电，而杜村村民则天天堵路阻工。为了寻找突破口，海口镇政府提出找村干部开会讨论方案，原本计划为村民多争取补偿款，决定按人平分补偿款。由于铜矿在电费补偿标准上坚决不让步，50 万元补偿费用不能提高，因此海口镇政府便积极从杜村村民身上做工作，与村民摆事实讲道理，出具相应的协议文件。文件上确实注明只有 50 万元的补偿标准，采取每家每户平摊的方式。这样 10 户人家逐个突破，工作开始的前几天是十分煎熬的，但工作推进到后面也就变得容易起来，主要是因为剩余的村民用电量不大，对补偿的诉求不高。之后镇政府的工作起到了关键成效，村民们开始恢复缴纳电费，急需解决的一大难点被攻克。

五号库工作点滴

杨之昱　海口镇副镇长

2018年2月，经组织安排，我从新营街道办综治专职副主任的岗位上调任海口镇政府副镇长。当时镇党委书记占长远找我谈话："你从新营过来的，搞过拆迁吗？""报告书记，搞过朱潭埠棚改，搞拆迁领导让上我就上！"之后很快，受占书记指派，我便加入了海口镇横坑五号库工程拆迁工作组，主要负责横坑片区征迁户各户农具及零星果树的清点工作，此外还与镇司法所长程升法共同负责7户征迁户的征迁协调工作。

初到横坑

2018年2月，我第一次到横坑。横坑属于海口镇杜村下辖的一个自然村，位置偏远，四面环山，交通非常不便，村民进出就一条泥巴路，进村以后连电话信号都没有。当时我是去指导村委会换届选举的投票工作。恰逢阴雨天气，河水暴涨，过铁罗山林场后一条小河直接把路淹没，一眼看不到底，司机说车子是无法继续前进了，只能步行。不由分说，我就和其他三名同志一起下了车，走了大概半个小时，一路泥泞，总算是到了村里。那时提前接到通知，准备投票的村民已经等候多时。

村民看我们走来，非常热情，又是端椅子，又是倒茶水。话不多说，我们就开始工作。村里的户数不多，所以选票统计得也很快，一切都显得井然有序。依照程序完成发票、计票、公示等工作后，我们就启程返回了。横坑留给我的第一印象总体是美好的，美中不足的就是阴雨的天气和泥泞的道路。

清点农具

2018年5月，我再次来到横坑，准备与市协调办的同志一道对各户的农具数量进行清点。为避免有人突击采购或租用农具以获取补偿，这一工作是事前保密的，我也是进去当天才知道是要做什么工作。结果消息还是提前走漏，部分征迁户连夜到外面或借或租搞来了不少大型农具。一进村，情绪激动的群众把我们这些工作人员围了里三层外三层，拦着不让我们上户清点，要我们给个说法。

"乡亲们，大家先不要急。我是海口镇副镇长杨之昱，是这次清点工作的负责人。这件事我一定给大家一个交代！"人群暂时安静下来了。当时在场的属我最年轻，但我是副镇长，这项工作也是由我负责，当仁不让要由我出面向群众作解释工作。进了横坑，手机没有信号，跟外界失去了联络，我不能第一时间向上级汇报。而清点的工作今天已经布置了，就不可能不做。在和协调办的几名同志短暂商量后，我决定：①清点工作必须按计划进行；②各户要求进行补偿的农具都先行登记，拿不准的可以等回去后向领导汇报再予定夺，但要向群众事先说明；③涉及大型农具的，要求农户与农具拍照留证，并要求出示购置发票等购买依据。

就这样我们波澜不惊地顺利完成了农具清点的工作，为下一步进行补偿提供了依据。通过这件事也让我明白，做征迁工作，公平公正是前提，对待任何一户都要坚持一把尺子量到底。坚决不能让老实人吃亏。

横坑再见

2020 年 1 月，我到德兴铜矿五号尾矿库对接工作。时隔半年，我再次来到了横坑，彼时五号尾矿库已于 2019 年 7 月正式投入运行，开始蓄水。阳光下，这时的横坑已是一汪湖水，晶莹碧绿，再也不见了往日村庄的模样。

从 2018 年至 2020 年，我有幸见证了德兴铜矿五号尾矿库这一超级工程的诞生。参与征迁的所有工作人员为此付出了巨大努力。难以忘记多少个日夜我们匆匆的身影、烙下的脚印和滴下的汗水，而今沧海桑田一瞬间，仿佛只有那无言的山岭静静注视着一切。流年笑掷，未来可期，也祝福所有横坑人在今后的道路上更加阳光明媚、花团锦簇！

评　论　杨之昱 2018 年接手海口镇动拆迁工作，他回忆了对横坑的初印象，并通过总结清点农具这项工作着重强调了征迁工作中坚持公开、公平、公正原则的重要性，以及最后对横坑的美好祝福，尽管只有短暂的三年时光，但字里行间也流露出了他对横坑的留恋与不舍。

利用政策漏洞谋求额外补偿的情况，在五号库征地拆迁过程中时有发生，除杨之昱提到的突击采购或租用农具事件外，还有在房屋补偿过程中，抢建违章建筑，外嫁女迁回户口等不理智的行为，给补偿核定工作带来不小的麻烦。因此对于此类工作，必须重视工作纪律，对仍处于研究阶段或尚需保密的会议内容，工作人员要严守秘密，不能随意外传，避免后续工作中遇到不必要的麻烦，同时工作人员要以身作则，禁止利用身份和掌握信息的优势获取额外利益。补偿标准公开后，需要坚持全方位、全过程透明原则，对所有征迁户一视同仁，保证村民的知情权、参与权和监督权，补偿过程中“既不能让老实人吃亏，也不让调皮的人占便宜”，既不侵犯百姓的正当利益，也不助长不良风气与行为，帮政府管好每一分钱。补偿费用核定后，应及时公开补偿款去向，做好征地拆迁工作事前、事中、事后的全方位管理。

凝心聚力化解矛盾 推进征地拆迁工作

——五号库工作点滴体会

应火根 海口镇杜村支部书记

担当让我迎难而上

2013年12月，服从组织安排，我从江田村委会调到海口镇综治信访办任副主任。2014年5月份，海口镇党委政府研究决定，把我调到杜村兼支部书记（因当时的杜村支部书记胡金海考入公务员，组织需要把他调入更重要的岗位，发挥更大的作用）。说句心里话：当党委书记齐文胜宣布这件事时，我还是有点顾虑的，大家都知道杜村的民风比较彪悍，治安环境较差，打架斗殴事件时有发生。加之省重点工程五号尾矿库正在建设，征地拆迁中的矛盾纠纷，引起的利益纠葛错综复杂，工作难度可想而知。几个同事朋友都劝我："火根，你都五十多岁了，都快退休了，村里你又不是没有待过，而杜村的工作比你江田的工作更难做，你去干嘛呀！"我说："组织都约我谈了几次了，不去怎行？"朋友们说："就是几十次，你也不要答应！"我说："那不行，既然组织相信我，需要我去杜村兼书记，我也只能迎难而上了，你们放心，我答应了组织，我也就进得去，站得住，打得开工作局面！"

凝心聚力一起努力

到杜村后，我凭着以前在镇村工作时认识的杜村老干部，对老同志逐个进行拜访，了解杜村的基本情况、杜村的风俗习惯，以及村民对五号库征地拆迁工作的想法、意见与建议。经过多次了解和走访，基本掌握了杜村的情况，经过与杜村"两委"班子商量，召开了杜村党员干部、村民小组长、村民代表、部分老同志等大会。会上分析杜村的情况，征地拆迁和发放补偿款的情况，并要求与会同志保持高度组织意识、大局意识，要以身作则带好头，特别是安定团结、社会稳定方面。因为征地拆迁补偿款问题，利益纠葛、矛盾纠纷特别多，有时被征土地的农户一户与几户都有纠纷，矛盾纠纷在人与人之间、户与户之间重叠。如何破解这些难题，化解这些矛盾纠纷是摆在市协调办、镇村干部面前的首要问题。如果这些矛盾纠纷解决不了，就会直接阻碍五号库建设工作的推进。矛盾纠纷是错综复杂的，有些矛盾纠纷是我从没遇着过的，而重点工程的推进又时不我待。我常常苦苦地思索，毕竟自已的文化知识有限，处理的方式方法还不够全面，这时我想到法律，想到了对法律法规比较懂的律师。我马上与村委会主任王崇良商量，我说："主任，我们是不是聘一个律师？"王崇良惊讶地问："书记，我们聘律师干嘛？"我解释道："老百姓这么多矛盾纠纷，有些我都弄不明白谁更有理，如果聘一个律师了，律师肯定懂，我们就好解决了。"主任觉得是个好主意。我们立即到德兴聘请了一个律师作为法律顾问，要求法律顾问每一星期或者半个月到杜村村委会来一次。在法律顾问来的头一天，我们通知有矛盾纠纷的征拆户来村委会会议室，由矛盾纠纷户说出矛盾纠纷的事由，法律顾问就从法律角度剖析问题的对与错、法与理，我们一一做好记录，然后按照法律顾问的这些分析逐一上户，逐一解决。考虑到村民白天劳动忙，有时我和市协调办和镇村干部利用晚上时间上户工作。为了五号库工作，为了及时化解矛盾纠纷，杜村村委会干部和海口镇干部是很少有周末的，白天要做工作，晚上还要去做工作，有时最多一个晚上就调处三四户人家。通过这些途径和方法，矛盾纠纷直线下降，对推动五号库工作起到了积极的作用。

化解矛盾推进工作

“这个钱，我一分都不给！”杜村一组村民王木根是大声吼着的。在五号库坝址处的高寺坞山场，有一块山林地在 2005 年时，林权证是王木根家的（面积为 20.2 亩），可同组村民说是组里的，他办证大家不知道，所以这个钱是组里的，是组里的就应该组里人共同享受。双方是公说公有理，婆说婆有理，互不相让。而杜村在推进五号库工作中似乎有一个不成文的习惯：你不把我矛盾纠纷处理好，我拿不到钱（补偿款）你就别想开工。这样一来五号库工程建设就受到影响，铜矿项目、市协调办、施工单位就会不停地催。当然，不及时解决更是我们的责任。为此，我们了解走访当地群众并从林业局档案室调取原始资料，在资料上有当时一组组长和一组部分村民的签字，经过多方多次找当事人及当时参与分山的同志谈话调解，把王木根当时说的“是我的山凭什么给你们，我一分钱都不会给”，谈到“最多拿 4 万元”“最多给 5 万元”“最多给 8 万元”，最终谈到“组里成员每个人给 2 000 元，剩余是我的”，并签订了协议。调处化解这些矛盾纠纷是艰辛的，它必须要公正，要真心，要耐心，还要细心，才能说服当事人，来不得半点马虎。因为像这种矛盾纠纷有许多历史原因和人为原因：①分山当时人们对山林不太重视，木材并不是很值钱，只是用来砍柴烧饭，多点少点也无所谓。②村里有的人好强点，会争点，就赢点。因为大家顾及着都是乡里乡亲的，不愿伤了和气，就算了。③重男轻女，儿子多的想要多分，女儿多了没用，只能分份内的，却不知现在会遇上国家征用，会有这么多补偿款。像这种案例在杜村屡见不鲜。如果不及时化解，村民诉诸法律，通过司法途径解决，那将耗时耗力，会直接影响重点工程的进度，还会伤了村民的和气。我们镇村干部对这些问题必须快刀斩乱麻，必须灵活机动，必须用情用理，用真心、细心、耐心把矛盾纠纷及时化解，所以说，及时化解矛盾纠纷也是推进五号库工作进度的重要组成部分！当然，铜矿五号尾矿库建设中，市协调办参与调处的力度是很大的，镇村协商不了的，意想不到的，市协调办都会参与其中，积极配合，为矛盾纠纷的解决提供有力的保障。

评　论　应火根还原了当初接手五号库征迁工作时不畏难、不惧怕，关键时刻挺身而出的好干部形象，尽管一些同事朋友劝他不要再去海口了，年纪大了可以享享清福了，但应火根却认为，既然组织信任他、重用他，他怎能辜负组织重托，所以毅然决然前往杜村，投身到五号库征地拆迁工作的第一线。

到岗后他第一时间就深入了解杜村情况并组织相关干部多次召开会议，并强调“组织意识，大局意识”，为化解矛盾纠纷集中集体智慧出谋划策。五号库征地拆迁的矛盾纠纷是错综复杂的，若组织内部不能凝成一股绳，形成合力，很难把事情做好，更何况杜村的很多问题都是始料未及的，因此有着丰富工作经验的应火根提出可以为百姓寻求专业的法律援助，由律师给出专业意见化解矛盾纠纷，起到了一定的效果。重大工程涉及多方参与主体，而征地拆迁是典型的企业—政府—社会协同参与的事件，当地政府虽是征地拆迁工作的主要牵头方，但过程中涉及的一些跨领域、跨专业的纠纷问题超出了政府的解决能力范围，寻求多方援助可以有效推进工作效率，起到事半功倍的效果。

应火根还提到了杜村山林权属纠纷问题，这也是海口镇征地拆迁工作中一大症结所在，属于历史遗留问题。原先杜村和铁罗山有六百多亩山林地的权属纠纷，涉及800多万元，在判给杜村后，这六百多亩地又涉及在杜村三个组内的分配问题，原本林权证是归一组所有，但目前三个组的人员情况都有变动，现在的一组已经不是五六年前的一组，人员已是鱼龙混杂，三个组为了争夺补偿款一度闹得不可开交。而且不仅三个组之间存在矛盾，组内村民之间也存在矛盾，这就要追溯到当初林改发放林权证的时候，也存在历史遗留问题，工作人员当时是在村民家中按人头在图纸上分的面积，可村民看不懂图纸，也不会想到有一天林权证会作为征地补偿款发放的依据，因此并没有十分重视这件事。很多村民实际上并没有按照林权证来使用林地，而是以自己的方式分了面积，导致现在林权证上的划分范围和村民实际使用范围不一致的情况，如今征地拆迁需要明确各自面积的权属问题就更加说不清了，有些村民认为应该以林权证为准，而实际经营的村民又觉得自己才是真正的拥有者，为此又闹得不可开交，组织人员围堵海口镇政府讨要说法。

为公平、公开、公正地解决这一问题，海口镇工作人员以尊重历史事实为原则，在应火根提到的纠纷事件中，通过走访当地群众并从林业局档案室调取原始资料，还找到了当时参与分山的同志掌握一手资料，真正让调解工作有据可依。在大量的事实证据下，该村民逐渐松口，通过对方案的不断调整和与村民的不断磨合，才最终达成一致方案。海口镇政府为解决山林权属纠纷问题，工作人员挨家挨户走访，召开会议耐心听取村民的诉求，并选取代表去村委会开会，大大小小的会议加起来有五六十次，通过不断协商的办法，确定可行方案，经历了几个月的时间才彻底攻克了这一难关。

我在横坑搬迁的日子里

舒少锋　海口镇党委委员、副镇长

2018 年是五号库项目建设攻坚之年，我有幸能到海口镇挂职锻炼，参与了这场攻坚战役。五号尾矿库项目是省重点工程，位于海口镇杜村和铁罗山境内，项目占地 1.9 万亩，其中，海口镇征地拆迁任务有林地 6 900 亩，水田 791 亩，房屋 34 户，涉及横坑村 250 余人。在杜村五号库下游坝工程全面开工建设的基础上，海口镇的主要任务是将横坑村整村搬迁出去，确保项目按照序时进度推进。市委、市政府对该项目高度重视，6 月，向海口镇党委政府下达了命令：8 月底必须完成横坑村整村搬迁任务。横坑村内是征地工作中矛盾最多、纠纷最多的核心区，也是项目建设需要比较迫切的焦点区，由于时间跨度长，历史因素影响大，在当时想要在 2 个月内完成整村搬迁几乎是不可能的任务。但接到任务后，海口镇党委政府高度重视，不敢有丝毫懈怠。6 月 2 日，在镇党委书记的带领和组织下，立即召集海口镇五号库项目协调领导小组成员和部分镇村干部召开动员部署会议，制定征迁方案，成立了四个房屋征收小组，分解征收任务，划定时间节点，层层压实责任，全面启动横坑房屋征收工作。还记得动员会上，镇党委书记坚定地说：在这个攻坚克难非常时期，每个人都要认识到，做五号库征地拆迁工作是我们的责任，没有谁让我们干这个事，是历史选择了我们，让我们处在打响征迁战役环节上，没有退路，只有勇往直前，深入群众，正视矛盾，强化依法依规，才能确保打赢这场战役，党委政府是你们的坚强后盾。党委书记的一番话为全体干部鼓足了干劲，也在思想上给全体干部吃了一颗定心丸。

我有幸被任命为其中一组征迁工作组组长。第一次领到两户任务时，信心满满，踌躇满志，计划在几天之内突破。然而在与拆迁户正面接触后，突然有种如临大敌的感觉，对方提出了一箩筐的问题，有些是对政策的曲解造成，有些是历史遗留问题悬而未决，有些是对政府没有信任造成，有些是违背原则的问题，有些是横坑整体的共性问题等。要想把他搬出去，就必须正视这些问题，让人不得不陷入思考。在与主管负责同志、镇其他小组同事和房管局同志深入沟通交流后，我意识到自己的工作方法有失偏颇。我发现靠简单的上户做工作是行不通的，必须转变思路，转变进攻方向，于是我开始仔细摸排拆迁对象的社会关系，家庭主心骨位置，分析问题的症结所在，找准突破口去做工作。在单位领导、同事和市直部门，以及朋友的帮助下，锲而不舍深入群众、“穷追猛打”谈心交流，最终完成了签约任务。第二次领任务，我总结了前期的经验，第一时间弄清拆迁对象的基本情况，了解他们的诉求，想好解决的办法，剩下的就是谈判了。谈判的过程是艰辛的，群众利益无小事，如果不真正把群众放在心上，想他们之所想，急他们之所急，是不可能谈成功的。因此，必须要勤，勤于上户联系，勤于各方沟通协调，勤于帮助解决问题。我在做这些工作的同时，也拉近了与拆迁对象的距离，加深了彼此了解和感情。这是一方面，另一方面是要掌握谈判的技巧，其实谈判也是一个心理博弈的过程，双方都是有底牌的，如果简单地将底牌亮出，有时会适得其反，谁掌握了对方的底牌就掌握了主动权，在关键的时候打出底牌往往能有锦上添花的效果。学中做，做中学，就是这样，一直到如期做通最后一户签约工作。

我的心路历程只是海口镇五号库项目工作组的一个缩影。能取得这样的成绩，跟德兴市主要领导的调度指挥，分管五号库市领导的精心部署以及镇村两级干部、市房管局领导的团结协作、戮力同心是分不开的，和海口镇主要领导亲临一线、一周一调度、周密部署、狠抓落实的毅力和决心分不开的。回想起这场征迁战役，有过苦，有过乐，期间也涌现出了很多可敬可爱的人。比如镇副书记抛开刚出生的孩子坚持工作；有的干部就像消防队员，哪户问题最棘手、矛盾最尖锐，他就冲向哪里；有的带伤出征，有的带病出征，有的废寝忘食战斗。有一次，一名房管局同志受伤，为了攻下一户拆迁户，带伤上阵做工作，硬是被我劝到海口镇卫生院就医。还有很多先进的事迹，在此我就不一一赘述。

在横坑搬迁的日子里，我深深地感觉到我们这些在茫茫人海中的普通领导干部、普通党员，有很多人身上都闪烁着为了国家工程项目建设，为了群众利益，甘于奉献、乐于奉献、敢于担当的优秀品质的光辉。有很多值得我去学习的地方，若要问我有何收获，我想这是最珍贵的了。

评　论　海口镇政府为加快横坑村搬迁进度，在分配任务的过程中，采用分组包干到户的工作方式，切实解决好每一户人家的问题。通过抽调镇村精干人员，分成四个小组，每组由能力较强、职位威信较高的同志带领其他一些同志，负责 6～10 户的征地拆迁，各组工作对象由本组里的干部挑选，先由村委员选而后由村副主任、副书记选，最后剩下的就是主任书记的，把容易做的工作给职务低的先选，难做的工作留给书记主任。工作小组的重新划分，不仅激发了小组成员的工作热情，也充分凸显了基层干部以身作则、无私奉献、坚持奔走在最前线的领导形象。

舒少锋回顾了在房屋征收工作遇到的困难和问题，从他担任三组征迁工作组组长，第一次领到任务时的信心满满；到与拆迁户正面接触后，如临大敌的感觉；再到陷入思考转变工作方法，分析问题的症结所在；直到找准突破口，锲而不舍完成任务。这跌宕起伏的心路历程在丰富他阅历的同时，也让他总结出了做好群众征地拆迁的工作经验。

对于房屋征收工作而言，完成协议签订并不意味着工作的结束，相反他们仍旧面临着挑战，只有让村民们尽早搬离，入住新的安置房小区，并将旧房彻底拆除，才标志着动拆迁工作真正进入尾声。这中间有不少村民签订了拆迁协议，但就是不肯搬迁，觉得一定要将所有的纠纷问题都处理清楚，才愿意拆房离开。由于五号库工程进度紧张，拆迁工作刻不容缓，几乎所有的人家都不可能在这么短时间内把大大小小所有的问题都解决清楚，这样新一轮的挑战又摆到了他们的面前。拆房是征迁工作中最大的事情，房子不拆除，签的协议也等同于一张废纸，而一旦启动了拆房工作，横坑最后的阻挠势力就会被彻底瓦解，海口镇政府在这个关键问题上背水一战。

在推进工作的关键时刻，为尽快寻找问题突破口，许多同志无论刮风下雨每天都要走访群众，做思想工作，有些村民不让进家门，就前往村民经营的各种店铺，在夜宵店吃夜宵，在早餐店吃早餐，与其熟络关系。有些同志更因为工作繁忙，都来不及照顾家中的孕妇和刚出生的婴儿，关键时刻始终以大局为重，怀揣着“工作我不做就没人做，舍小家为大家”的可贵精神，生怕因为个人的原因耽误关键任务进展。海口镇政府也出台了相应的补助优惠政策，极大地调动了村民们搬迁的积极性，正是所有人不计回报的付出，才使多年来的工作瓶颈得以突破，百姓为工作人员的执着和海口镇政府的诚意所打动。

大战 100 天 征地 3 000 亩 整村大搬迁

——德兴铜矿五号尾矿库海口镇征地拆迁工作纪实

占长远 原海口镇党委书记，现任德兴市副市长

2019 年 7 月 3 日，德兴铜矿五号尾矿库下游基础坝工程建成完工，正式闭库蓄水，比原计划提前了 6 个月，这标志着历时近 7 年的省重点项目五号库工程基本建成，正式投入运营。

五号库可以称得上是一个“巨无霸”工程，投资 34 亿元，库容 10 亿 m^3，相当于 70 个西湖的容量，能满足铜矿 30 年的使用需要。海口镇的主要工作是 8 000 多亩（含红线外）土地的征收使用、横坑村的整体搬迁、几百座坟墓的迁移、杜村 2 200 余名群众的饮水通行及复杂的纠纷调解等工作，同时要确保在海口镇区域内的十几个子项目顺利建成。因征地拆迁工作牵涉千家万户，与村民的切身利益密切相关，项目的施工建设严重影响村民的生产生活，工作困难非常多，工作压力也非常大。

我是 2016 年 1 月到海口镇担任党委副书记、镇长的，到任的第一件事就是参与五号库征地拆迁工作。当时的征地拆迁工作正处于胶着期，面临着前期土地摸底情况不准、村民不理解不支持、村民利益诉求过高、土地纠纷不断、饮水难出行难等诸多困难。但是在时任党委书记王军的带领下，我们努力克服多重困难，先后推动了杜村公墓区、库区变电站、下游基础坝、上游基础坝、排洪隧洞等子项目的开工建设。尤其是 2017 年 9 月 28 日，下游基础坝工程正式开工，标志着五号库项目建设取得实质性进展。

承蒙组织的信任和关爱，我从 2018 年 2 月开始担任海口镇党委书记，接棒党委书记的职务，也就等于接棒了五号库征迁第一责任人的重担。当时对我来说真是“压力山大”。一是源于领导的高度信任。时任市委、市政府主要领导和挂点领导多次提到，把我放到党委书记的岗位上，就是相信我能够快速地完成五号库征迁工作。使命使然，我不得不干好。二是源于项目倒逼的时间紧。江西铜业集团提到，如果 2019 年年底五号库工程不能按期建成投入使用，德兴铜矿就要减产停产，那我们就成了历史的罪人。要完成江西铜业集团提出的任务，就意味着十几个子项目要全面开工，高速推进。扣除项目的建设时间，基本上没留几天时间给我们征地拆迁。可是当时还有 3 000 多亩土地征收和 1 个村庄的整体搬迁两大硬任务，难度之大可想而知。为此，江铜集团与市政府建立了每月一见面商谈机制，实际上就是每个月来盯五号库进度的。三是源于新老问题集中爆发。地类属性认定、杜村电补、横坑村民违规建造房屋认定、林地纠纷不断、林木砍伐时间紧、工程建设造成村民出行难饮水难等问题集中爆发，随时都有可能引发村民阻工。四是源于干部人员的紧缺。镇里满打满算可用的就是 40 个人左右，还要忙于各项工作，可供集中抽调的干部非常有限，且党委班子就缺了镇长、

副书记、武装部长3名重要成员。

当时我的想法就是再困难也得上，必须全力以赴干完五号库，尤其是作为班长的我，绝不能有任何动摇的思想。经过两个月的调研、宣传和摸底等前期准备工作后，我于6月2日正式启动横坑村整村搬迁工作，立下了“大干100天，征地3 000亩，整村大搬迁”的军令状，确保实现当年“横坑人不在横坑过中秋，横坑人在横坑新居过春节”的目标。在动员会上，我大概讲了两层意思：一是能遇上五号库这么大的项目，是每一名干部的幸运和光荣，不是谁都有机会遇上并参与，希望大家懂得珍惜、为之自豪，希望大家扛起责任、迎难而上；二是再苦再累都是100天，只要全力以赴，100天后再来看今天一定会感觉再苦再累都值得，年老了后再回想这段时间一定会回味无穷、终生受益，希望大家快乐征迁、享受征迁。

我们的主要做法：一是抽调精兵强将干。抽调了余榜鸿、董兴付、舒少锋、杨之昱、程升法5名班子成员任组长，一个工作组由1名班子成员、1名当打之年的科室主任、1名经验丰富的老同志、1名能抄抄写写的年轻干部和1名村干部组成，把任务包干分到位。二是每周调度比着干。每周从排名后面的班子成员开始轮流挑拆迁户，责任到组、一抓到底。每周六雷打不动，我都会召集调度会，通报成绩、交流经验、改正不足，有针对性地解决一些疑难问题。三是法理兼顾统筹干。之前横坑的征迁工作启动过几次，都因多方面原因没有动起来。我们做了大量的摸底工作，按照“一户一档、一户一策”的方式进行了分类，有针对性地进行了政策查询、宣讲，提出了一些合理合规的措施，既满足了村民的现实利益，又不违反党纪国法。由于精准施策，效果显著，从未发生一起因征迁引起的进京赴省上访事件。四是全员发动助力干。征迁工作中，村民最怕的是受骗、不公平，所以取得他们的信任很重要。有的人讲千遍万遍不如别人讲一遍，关键是要找村民信任的人做工作。我们积极发动老党员、老干部和乡贤帮我们做工作，起到了非常好的效果。五是发扬“三千精神”干。只怕想不到，不怕做不到。在征地拆迁中，我们想尽千方百计、讲遍千言万语、吃过千辛万苦，不放弃任何一个机会，一个又一个地完成了任务。有的同志自掏腰包多次到拆迁户的夜宵店里吃夜宵，接连几天吃到凌晨一点，花钱熬夜做工作；有的同志一大清早就去拆迁户的早餐店吃早餐，天天软磨硬泡，硬是感动了拆迁户；有的同志托领导、托同学、托亲戚帮忙做工作，个人关系全部用在了工作上；有的同志自掏腰包请拆迁户吃饭，买水果上户，帮拆迁户解决其他困难；等等。六是党员组长带头干。我们在启动拆迁工作前就重选了横坑村的村民小组长，起到了正面宣传引领作用。我们盯住党员做工作，前几户签协议的都是党员户，很好地发挥了示范带动效应。

2018年9月19日，横坑村的最后一户村民正式搬迁，标志着横坑村整村搬迁全面完成。当年横坑村没有一人在横坑过中秋，现在横坑人都已经住进了银鹿宾馆边上的横坑新居。

在市委、市政府的高度重视下，在市直有关单位的全力支持下，在历届镇村干部的共同努力下，五号库工程已经平稳运行，正在履行着时代赋予它的使命。再次踏上五号库观景台，遥望湖面，蓝天碧水，似乎又看到了我们那一群海口人奋斗的痕迹！

评 论 回顾五号库建设的整个征地、拆迁过程，海口镇政府和大茅山公司处理的问题几百上千起，这些问题涉及部门多、纠纷多，协调过程十分复杂，所有难处理的问题都交织在一起，只能靠着耐心把每个问题抽丝剥茧出来，一件件解决。征地拆迁的关键时期，每天的工作量犹如泰山压顶，村民跟铜矿的问题，跟隔壁邻居、村民的问题，都会落到这里，协调量之大、难度之大可想而知。

总结五号库征地拆迁工作经验，包括以下方面：

（1）切实维护百姓利益。征迁组在整个工作环节中都在切实为村民做事，始终站在百姓的立场上考虑问题，将所有基本的、必须的补偿提供给村民，并尽可能满足他们提出的合理诉求，对于不合理的诉求则解释清楚原因，出具相应的制度文件，做到以理服人。同时还适当发放了农业发展补偿资金，对基础设施建设和村民的生产生活发展给予大力支持，村民也打从心底觉得该得的利益都基本得到了，对整个过程中基层干部的工作方法和态度较为满意。

（2）工作首战即决战。征迁工作先前之所以没能取得实质性进展，很大问题就在于没能持之以恒地推进，没有意识到首战即决战的重要性，没能在工作之初就将团队成员拧成一股绳，最后导致任务推进过程中遇到问题就停下来，村民们也习惯了这样的不了了之。所以，这一次明确强调了“首战即决战”的信心，工作过程中不留任何歇脚的时间，一鼓作气推进后续工作的开展，正是怀揣着这样坚定的决心，征迁工作才及早地收获了成效。

（3）发动村民做村民的工作。工作组成员意识到基层干部跟村民的关系肯定不比村民之间的关系来得亲近，因此会请一些在当地有名望的老党员、村小组长去做村民的工作。他们很多都是村民的亲戚长辈朋友，十分有威信，讲的话村民都比较认可，通过他们来传达一些政策，是切实、有效的工作方法。同时，成员们在不知道怎么解决问题的时候，也会主动去请教一些年纪大的、实际工作经验丰富的同志，采纳他们提出的合理建议，更有利于突破工作瓶颈，特别是在最为困难的时期，几乎每天都会找几个有阅历、有威望的村干部来工作组办公室，询问他们后续工作中需要注意的地方，了解今后要做工作的几户对象家中的大致情况，日复一日都坚持下来。

其实，在五号库征地拆迁工作中，不仅工作人员挥洒着汗水，海口和大茅山的搬迁户们也为五号库的成功建设做出了巨大的牺牲，这中间还包括那些未划入搬迁范围，但生活、生产受到影响的村民们。尽管村民们在征迁工作之初表现出不配合，但站在他们的角度出发都是可以理解的，毕竟这是他们祖祖辈辈生活过的地方，有太多美好而难忘的回忆，迁入德兴市城区对于他们来说意味着未来居住环境、生活习惯以及户口的转变，这种抵触流露出更多的是不舍。但他们之中大多数在大是大非的问题上还是懂得取舍的，能够理解五号库建设对德兴市发展的重要意义。

在房屋拆除过程中，有一户人家的房子当时已经全部拆除完毕，但户主的老母亲却怎么也不愿意离开。她一直坐在房屋的碎瓦片上到第二天天亮，哭着对工作人员说，我实在是不舍得离开这片土地，你们说要拆这个房子，说了这么多年一直没有拆，今天你们把我赶出来让我无家可归，我都不知道该怎么办了，这些天我想到的都是在这里生活的点点滴滴，实在是舍不得离开，我理解政府的工作，支持政府的工作，但真的一下子缓不过来。

这样的故事还有许多，搬迁户们为此做出的巨大牺牲也感动着许许多多的工作人员，也让工作人员更加坚定一切以百姓为出发点的工作原则，逐步拉近关系。工作小组领导后来多次前去新居探望慰问，了解居民最新的生活情况。许多居民搬迁后回来感谢，工作人员也都热情招待，每次都和他们一起吃工作餐，聊聊家常，就和亲人一样，对待他们的态度始终如初。

第 3 章　德兴铜矿五号尾矿库项目人文管理的启示

3.1　五号库项目人文管理的措施

3.1.1　五号库项目人文管理的难点

与一般企业管理相比，项目管理具有明显的不同之处。项目是一种非常规、非重复和一次性的任务，拥有明确的目标和有限的资源。[10]项目管理强调过程，并以转化为最终成果为单一目的。项目管理的特点给五号库项目的人文管理工作带来了更大的挑战，如表 1.2 所示。

表 1.2　项目人文管理

项目特点	解　释	人文管理难点
过程一次性	项目是不可重复的，不存在两个完全相同的项目	项目人文管理没有固定的方式，需结合多种因素考虑，对此应引入权变思想，即没有一成不变的项目人文管理模式，只有最合适的管理
组织临时性	项目组织成员往往具有双重身份，多从职能部门抽调	管理对象源于不同的组织，特别是项目起步阶段彼此较为陌生，管理者需在短时间内采取有效措施尽快使成员融入临时组织，提高绩效
环境复杂性	项目进行过程中的不确定影响因素较多，风险较大	项目不可预见因素导致成员情绪受外界环境影响波动较大，容易产生消极情绪，项目人文管理应及时发现、抑制并化解负面情绪的扩散

3.1.2　五号库项目人文管理的方法

五号库项目人文管理充分结合项目管理特点，从应对过程一次性、组织临时性、环境复杂性等角度，形成了具有项目特色的人文管理体系。

（1）组织文化的形成。组织文化是企业长期运行过程中形成的根深蒂固的观念，对企业制定管理方针起着关键的导向作用，五号库项目人文管理组织文化包括价值（看重什么）、宗旨（要做什么）和愿景（做成什么）的建设，更加强调跨组织、短期内形成统一的、强有力的文化形态，并强调将人文要素纳入组织发展的轨道中。

（2）计划目标的制定。项目目标是管理者结合项目内、外部因素而制定的，并通过计划来保证目标的实现，外部因素包括对项目未来一段时间所面临的不确定性预测和分析，内部因素包括对项目占有的人力和物力资源的评估。五号库项目的人文管理是把人作为项目目标能否实现的关键因素，把对员工的培养和尊重作为项目管理共同的目标。通过提升员工的个人能力，充分发挥主观能动性，扬长避短，将人作为项目计划和目标的一部分。

（3）组织结构的设计。人力物力资源，只有通过合适的组织结构才能发挥其价值。组织结构规定了企业中人或部门间的指令关系。随着现代社会复杂工程项目的涌现，项目组织结构设计也变得更加灵活，产生了大量的变体形式。项目人文管理是将人文因素纳入组织结构设计考虑的范围之中。五号库项目通过合理的组织结构形式，充分发挥不同部门、不同人员在项目不同时期的价值，在组织设计的过程中做到有权有责、权责对等，拒绝将人单一地视为命令执行者的现象出现，在特定范围内给予一定的权力，让每个人都有参与权、建议权和主动权。

（4）协作机制的保障。工程项目涉及参与主体众多。对于大型工程项目而言，由于影响意义巨大，往往还需要政府部门的参预，因此，对于该类型的工程项目管理，如何将这些原本分散的相关单位、部门有效整合起来，以实现共同目标为目的的协同工作就成为了管理的关键。人文管理强调以人为中心，协作的背后是对人的协调。五号库项目人文管理，要求管理者在鼓励各方各抒己见、权衡利弊的前提下进行协调，并对协调结果给出合理的解释，而不是指令式的协调。

（5）沟通交流的引导。组织内的沟通方式有正式沟通和非正式沟通两种形式。尽管正式沟通渠道占主要地位，但组织成员许多的想法、感受和体会都是通过非正式沟通渠道来表达的。传递信息的真实性和表达情绪的真诚性是项目人文管理的重要要求，表现出人与人之间最基本的尊重和信任。五号库项目通过引导合理的沟通交流方式，在正式沟通渠道要求信息公开透明，在非正式沟通渠道鼓励员工表达真情实感，方便项目管理者了解个人和集体的情绪走向，并在必要时采取一定的干预措施，体现管理者的人文关怀。

（6）决策方案的部署。在工程项目管理中，管理者几乎每天会遇到大大小小需要决策的问题。在决策方案的部署上，需要管理者认清决策时需要面对和解决的问题，通过决策方案的实施来达到预期的目的。一般来说，决策需要制定一系列可行的方案，并考核相应的指标，从中选取较为满意的方案。项目人文管理要求在决策过程中将人文的因素考虑进来。五号库项目人文管理在决策方案的部署中不以项目短期经济利益为唯一标准，而是寻求开放系统中人文主义价值和项目经济价值的平衡点，以实现项目长远利益的观点来解决人文价值和经济价值的矛盾冲突。

（7）领导关怀的影响。领导力在管理学上有许多定义，但核心思想都强调领导是一个过程而不是结果，是指挥、带领、影响和激励下属为共同目标而努力的过程。人文管理中强调领导力不是施加的，而是被领导者主动愿意接受的，否认了附属式领导和家长式领导两种错误的观点。指出被领导者本质上是有思想、有情感的独立人，他们需要被尊重，渴望得到情感上的关怀。五号库项目的人文管理重视领导关怀，通过开展平等对话了解下属的主观见解；通过关心下属的个人需求和成长，维系好领导者与被领导者间的关系。[1]

3.2　五号库项目人文管理的效果

3.2.1　保障项目建设顺利实施

像五号库这样的大型工程项目，进度、投资、质量管理所受的影响因素多，相互制约大，目标实现的不确定性也随之加大，五号库项目人文管理是通过考虑人的因素，充分发挥人的主观能动作用，确保工作者以热情饱满的姿态投入项目的建设过程中。

五号库项目初期，因征地问题而导致项目进度产生滞后。在项目追赶进度的关键时期，曾提出过“5+2”“白 + 黑”“晴 + 雨”不间断的工作模式。但需要强调的是，不间断工作模式不是一个人不间断地工作，而是科学合理地通过调度一群人接力不间断地工作。在此过程中，工作者是充分享有人文关怀的，五号库项目人文管理在物质和精神双重层面上都给予劳动者充分保障，并且认为只有休息好、身体好、情绪好，才能工作好，才能在自己的岗位上发挥出全部的力量。从人的角度出发来考虑项目目标实现的问题。

特别像五号库的隧洞工程，需要工人们长时间地下作业，施工环境极为恶劣，但管理者还是想法设法通过技术、管理等各种有效措施，保障劳动者的人生安全，并且还为他们尽可能地创造出良好的工作环境。在设身处地为他们的安全着想的同时，也能够让他们更加安心地投入隧洞工程的建设中去，无形之中也给五号库的质量安全提供了保障。实际结果表明，五号库项目以人为本的管理思想，很大程度上激发了劳动者的积极性和创造性，也进一步印证了层次需求理论观点的正确性。

3.2.2　促进参建企业蓬勃发展

人文管理是不断探索、实践、总结、提炼、修改、充实、提高和升华的过程，五号库项目在检验组织人文管理效果的同时，也在为其注入新鲜的血液和能量，将人与人之间、组织与组织之间的关系融合得更为紧密，从项目初期的磕磕绊绊到兵临城下的关键时期同舟共济。在磨合的过程中大家逐渐明白，面对如此错综复杂的难题，只有组织内部高度团结一致，组织之间上下一心，才有可能冲破重重阴霾。

五号库项目人文管理强调以人为本，充分调动了人的积极性、主动性和创造性。通过采用科学化、现代化的方法，尽最大可能挖掘人的潜能，并释放这种潜力。不论是领导还是基层员工，都是有理想、有抱负、有道德、有精神的中坚力量，没有高低贵贱和你强我弱之分。大家都以主人翁的姿态坚守在自己的岗位上，发挥着独一无二的价值。

五号库项目人文管理在发挥个人能力的同时，也重视合作精神，力图塑造协调的人际关系，从而创造出更大的群体合力。通过减少组织内部的消耗，增强成员之间的亲和力，起到

1+1 > 2 的效果；通过减少组织之间的冲突，增强成员单位之间的协作意识，起到 $2 \times N > 2N$ 的作用。人文管理在塑造良好合作氛围的同时，也提升了成员对组织的归属感，使越来越多的人愿意加入组织大家庭中，贡献自己的一份力量。

3.3.3　维护社会大局和谐稳定

工程项目管理是一个开放的社会经济系统。管理效果的评价不局限于项目自身，更应当放到社会环境中。综合考虑问题，可以采用 BGS 视角来进行工程项目管理分析，B 即 Business（企业），G 即 Government（政府），S 即 Society（社会）（图 3.1）。[11] 五号库项目是企业—政府协同管理下的重大工程项目，双方齐心协力共建五号库。在建设过程中，企业和政府通过采用合理的组织管理方法、协调沟通机制，不断优化项目管理流程，使五号库项目朝着预定的进度、质量、投资目标前进。但在此过程中，又不可避免地因项目与外部社会产生联系，从而使目标的不确定性风险逐步增加。这一点在海口镇和大茅山集团征地拆迁的过程中尤为突出，给五号库项目管理带来了挑战，社会对项目的参与往往是被动的、弱势的，但对项目的影响往往是巨大的，因此需一并纳入项目管理的考虑范围中。

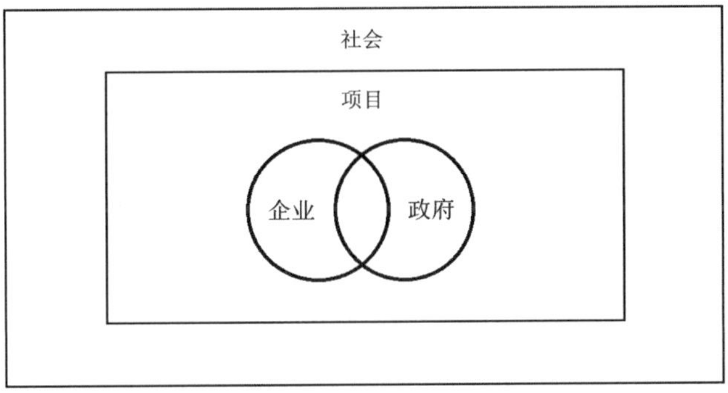

图 3.1　BGS 视角下的重大工程项目

五号库项目人文管理同样可以采用BGS视角来评价其效果，项目人文管理不仅针对企业、政府，也是对项目的，更是对社会的。企业和政府部门的人文管理侧重组织效果，是内部的；项目的人文管理侧重过程效果，是一次性的；社会的人文管理是通过企业、政府、项目的人文管理外化出来的，具有深远的影响和更大的价值。

五号库项目涉及利益主体众多，具有重大社会影响。其中有得利者，就必有失利者，五号库征地拆迁充分体现了这一点。一般认为，拆迁户们往往处于弱势地位，但五号库征地拆迁工作始终明确，他们为德兴市的未来发展牺牲了自己世世代代生活的家园。因此，一切工作的出发点都应该落在他们身上。通过各种方法尽可能弥补他们的损失，这中间当然包括经济补偿，但也不乏人文情怀。

五号库征地拆迁的工作人员在五号库人文管理思想的引领下，视百姓为自己的亲人，经常自掏腰包为他们送去生活上的温暖，设身处地为他们着想，有些在自己能力范围内的事情，能帮到他们的，决不吝啬，并且这些人文情怀没有随着拆迁工作进入尾声而渐渐淡去，相反他们从相识时的势不两立，到相知时的有说有笑，通过五号库项目收获了特殊的情谊。

征地拆迁是一项极为关键的工作，工作人员代表政府与百姓进行交涉，因此注重人文关怀对维护好党和国家在群众中的良好形象有着重要的意义。五号库征地拆迁工作始终以人文管理思想为首要指导方针，过程中没有发生大规模的群众冲突和上访事件，说明人文管理在社会这个大层面上取得了良好的效果，为维护德兴市社会稳定和长治久安提供了重要保障。

后 记

大型尾矿库的建设是矿冶工程建设中的难点工程之一。德兴铜矿五号尾矿库是江西省的重点建设工程，由于其具有涉及范围广、工程规模大、环境条件复杂等特点，处理不当会对人居环境产生重要影响。德兴铜矿五号尾矿库从项目决策伊始几经周折，终于得以建成使用。作为重要的矿冶基础设施工程，德兴铜矿五号尾矿库对德兴市的经济社会发展和江西铜业的企业发展均会产生积极而深远的影响。

坦率而言，对于本书的编写我开始是略微犹豫的，因为大型工程的成功与否需要从工程项目的全生命周期去看问题，在工程竣工时，只能说工程建设任务完成了，至于工程是否成功，特别是重大工程是否成功，不仅需要通过后评估来研判，更重要的是要从工程项目决策、规划、建设到运营乃至最终报废处置的全生命周期去分析，从可持续发展的视角去审视，在历史长河中去验证，才能得出项目是否成功的结论。因此，在当前总结项目的成功建设经验，似乎并不是一个好的时点。

在与本工程的建设管理团队沟通后，特别是与工程建设协调工作的主要负责人之一刘栋义在德兴长谈后，我发现本工程在实施过程中不仅关注与工程本体相关的投资、进度、质量和安全等传统项目管理目标，还非常注重工程项目的人文管理，这引起了我对本工程的极大兴趣。党的十九大报告中关于新时代坚持和发展中国特色社会主义的基本方略中指出，我们必须坚持在发展中保障和改善民生、坚持人与自然和谐共生。基于此，重大工程的建设必须以人为本，做好工程项目的人文管理工作。而总结本工程的项目管理实践，特别是人文管理的工作开展方式，提炼出一些可复制可推广的成功经验，对于今后我国重大工程的建设具有较强的参考价值，同时对于丰富现有的工程项目管理理论体系和知识体系也具有一定的借鉴意义。

在课题组全体成员的积极努力下，终成此书。希望读者通过阅读本案例，在了解重大工程管理基础知识的同时，积极思考如何从以人为本、人与自然和谐共生的角度实施工程建设管理工作，为我国重大工程的可持续发展贡献智慧和力量。

编者

2021 年 2 月于同济园

附录 A　各单位、部门主要参与人员名单

德兴市五号库建设协调服务领导小组主要参与人员名单

2011 年 12 月 12 日，成立德兴铜矿五号尾矿库建设协调服务领导小组

组　长：王　旻（市政府副市长）
副组长：谭正波（市公安局政委）
　　　　徐学珍（市国土资源局局长）
成　员：王君儒　张炳泉　程国林　朱裕彬　杨章志　洪　斌　张春林
　　　　严传火　储德煌　范光明　裔　刚　吴李华　齐文胜
工作组：
　　（1）宣传维稳组
　　　　组　长：谭正波
　　　　副组长：王灶根　齐文胜
　　（2）征地拆迁组
　　　　组　长：朱裕彬
　　　　副组长：王　军　钟光林　张天海　张宏斌　潘忠明
　　（3）控违组
　　　　组　长：王　军
　　　　副组长：江少俊　张志平　王爱斌
　　（4）综合协调组
　　　　组　长：徐学珍

2014 年 1 月 25 日，德兴市人民政府办公室调整德兴铜矿五号尾矿库建设协调服务领导小组

组　长：王华欣（市委常委、常务副市长）
常务副组长：张著权（市政府副市长）
副组长：徐建军（市公安局政委）
　　　　宋晓军（市政府办公室）
　　　　齐文胜（海口镇党委书记）
　　　　汪　钦（市国土资源局局长）
成　员：高春雨　叶岩明　程国林　王树和　杨章志　洪　斌　张春林
　　　　严传火　储德煌　范光明　裔　刚　王万红　程祖良　刘传金
　　　　何　为　查帅坤　程春发　钟光林　刘光辉　查文萍　朱雪平
　　　　洪　文　尚建华　刘伟杰　王　军　刘德波　王继发
市协调办公室主任：汪　钦（市国土资源局局长）
工作组：
（1）宣传维稳组
组　长：徐建军
副组长：齐文胜　蔡加才
（2）征地拆迁组
组　长：王树和
副组长：王　军　钟光林　张天海　潘　华
（3）控违组
组　长：王　军
副组长：周雄伟　张志平　邵　俊
（4）综合协调组
组　长：汪　钦
副组长：高春雨

2015 年 4 月 27 日，德兴市人民政府办公室调整德兴市铜矿五号尾矿库建设协调服务领导小组

组　长：刘瑞英（市委副书记、市长）
常务副组长：刘栋义（市政府副市长）
副组长：徐建军（市公安局政委）
　　　　宋晓军（市政委办公室）
　　　　齐文胜（海口镇党委书记）
　　　　汪　钦（市国土资源局局长）
成　员：高春雨　叶岩明　程国林　叶昆华　王树和　杨章志　洪　斌
　　　　张春林　严传火　储德煌　范光明　裔　刚　王万红　何　为
　　　　袁晓平　李寿恩　王继发　徐福华　程春发　钟光林　刘光辉
　　　　查文萍　朱雪平　洪　文　尚建华　刘伟杰　王　军　刘德波
　　　　齐　斌
市协调办公室主任：汪长生　余小明　汪云辉（市国土资源局局长）
副主任：黄　建（市国土资源局总规划师）
　　　　夏樟成（市自然资源局党组成员、副局长）
工作组：
（1）宣传维稳组
组　长：徐建军
副组长：齐文胜　钟光林
（2）征地拆迁组
组　长：王树和
副组长：王　军　项　非　张天海　段　鸿
（3）控违组
组　长：王　军
副组长：周雄伟　刘志宏　邵　俊
（4）综合协调组
组　长：汪　钦
副组长：高春丽

2017 年 8 月 9 日，德兴市人民政府办公室调整德兴市铜矿五号尾矿库建设协调服务领导小组

组　长：郭　峰（市委副书记、市长）
常务副组长：刘栋义（市委常委、统战部长）
副组长：方淼滨（市政府副市长）
张卫华（市公安局政委）
叶政宏（市政府办公室主任）
王　军（海口镇党委书记）
余小明（市国土资源局局长）
黄　伟（大茅山集团公司董事长）
成　员：储德诚　李寿恩　陆自立　李学英　杨章志　吴智晖　马发亮
李长根　储德煌　钱　中　陈院生　裔　刚　齐文胜　何　为
桂　林　董清福　王继发　徐福华　程春发　黄　建　夏樟成
钱　赟　蔡远征　刘安敏　程海亮　黄怀林　刘伟杰　占长远
程建平　齐　斌　余友敬
工作组：
（1）宣传维稳组
组　长：张卫华
副组长：王　军　余友敬
（2）征地拆迁组
组　长：杨章志
副组长：占长远　余友敬　张天海　黄　建　夏樟成　许国宏
（3）控违组
组　长：占长远
副组长：周雄伟　余榜鸿　程乐生
（4）综合协调办公室
组　长：余小明
副组长：储德诚　黄　建

德兴铜矿五号（铁罗山）尾矿库项目参与建设单位

建设单位：江西铜业股份有限公司

　　　　　江西铜业股份有限公司德兴铜矿

　　　　　江西铜业股份有限公司（德兴）项目经理部

设计单位：中国恩菲工程技术有限公司

施工单位：一标段——中国十五冶金建设集团有限公司

　　　　　二标段——五矿二十三冶建设集团有限公司

　　　　　三标段——中鼎国际工程有限责任公司

　　　　　　　　　江铜集团（德兴）建设有限公司

监理单位：江西铜业建设监理咨询有限公司

勘察单位：江西省勘察设计研究院

　　　　　中冶集团武汉勘察研究院有限公司

检测单位：江西衡宇工程质量检测有限公司

附录 B　德兴铜矿五号尾矿库大事记

2011 年	
2011 年 5 月 4 日	江西铜业股份有限公司根据国家发展和改革委员会《关于江西铜业公司德兴铜矿扩建项目核准的批复》（发改产业〔2008〕2525 号）文件要求《关于德兴铜矿五号尾矿库工程可行性研究报告的批复》〔2011〕134 号文批复同意了新建五号尾矿库工程立项
2012 年	
2012 年 3 月 27—29 日	国家发展和改革委员会委托中国咨询公司对五号尾矿库可行性研究进行了审查。 发布五号库项目建设征收公告
2012 年 5 月 31 日	五号（铁罗山）尾矿库设计启动签字仪式在北京进行
2012 年 6 月 1 日	中国咨询公司给出《江西铜业股份有限公司德兴铜矿五号（铁罗山）尾矿库项目申请报告的核准评估报告》，在评估报告中指出“为了德兴铜矿持续稳定生产，建设五号尾矿库必要性”，并同意项目申请报告中的尾矿库建设方案
2012 年 6 月 18 日	国家发展和改革委员会下发《关于江西铜业股份有限公司开展德兴铜矿五号尾矿库项目前期工作的复函》，同意建设五号尾矿库作为四号尾矿库接续，并开展前期工作
2012 年 10 月 9 日	完成了五号（铁罗山）尾矿库初步设计（送审稿）矿内审查工作
2012 年 11 月 26 日	顺利与德兴市政府签订了安置房《土地置换协议》并完成交接
2013 年	
2013 年 3 月 8 日	德兴市人民政府印发《德兴铜矿五号尾矿库建设房屋征收补偿方案》《德兴铜矿五号尾矿库建设土地征收补偿方案》的通知。 五号（铁罗山）尾矿库初步设计（送审稿）通过了集团公司审查
2013 年 3 月 10 日	项目的水土保持方案通过了国家水利部水文水资源监测预报中心的审查
2013 年 3 月 25 日	德兴市政府分别以德府字〔2013〕20，21，22，31 号下达建设土地及房屋征收补偿方案四个纲领性文件
2013 年 4 月 7 日	德兴铜矿五号（铁罗山）尾矿库（一期）列入江西省重点工程
2013 年 4 月 8 日	海口镇进驻五号库项目区开展征地测量工作
2013 年 4 月 9 日	受国家安全生产监督管理总局委托，江西省安全生产监督管理局组织评审并通过了五号尾矿库安全预评价报告。签订压覆矿产资源评估、土地复垦、探矿权收购协议
2013 年 4 月 11 日	德兴市政府召开了五号尾矿库建设土地及房屋征收动员大会，五号尾矿库工程全面进入征地拆迁与房屋拆迁补偿的实施阶段
2013 年 4 月 16 日	大茅山德兴铜矿建设项目铁罗山实业公司土地及房屋征收补偿领导小组成立

续 表

2013 年 4—5 月	大茅山铁罗山实业公司召开职工大会，听取职工的意见。 职工代表参加德兴市五号尾矿库建设征地、拆迁听证会，提出诉求。 分组进行开展摸底工作
2013 年 5 月 22 日	铁罗山实业公司职工开始签订房屋征收协议
2013 年 6 月 18 日	海口镇发放第一批征地补偿资金
2013 年 6 月 20 日	铁罗山实业公司签订房屋征收协议 24 户
2013 年 9 月	江西省发展和改革委员会下发同意五号尾矿库项目开展前期工作的复函
2013 年 9 月 25 日	江西省环境保护厅正式受理了五号尾矿库环境影响预评价报告
2013 年 10 月 29 日	批准铁罗山实业公司建造 20 套过渡安置房
2013 年 11 月 3 日	省国土资源厅评审通过五号尾矿库建设项目
2014 年	
2014 年 3 月	五号尾矿库工程项目的房屋征收安置小区正式开工建设。 德兴市成立“德兴铜矿五号尾矿库房屋征收安置小区项目工程指挥部及工程建设项目部”，专项负责安置小区的管理
2014 年 3 月 8 日	五号尾矿库环评报告通过江西省环境保护厅技术评审
2014 年 3 月 18 日	富家坞项目经理部五号尾矿库现场指挥部在德兴铜矿精尾厂的水二工段正式挂牌
2014 年 5 月 4 日	江西省环境保护厅批复《江西铜业股份有限公司德兴铜矿五号尾矿库工程环境影响报告书》
2014 年 6 月 17 日	铁罗山实业公司签订房屋征收协议 97 户，开展田地、果树补偿以及林地征收工作，成立房前屋后菜地征收小组
2014 年 7 月 31 日	江西省发展和改革委员会下发《江西省发展改革委关于江西铜业股份有限公司德兴铜矿五号（铁罗山）尾矿库项目核准的批复》（赣发改外资〔2014〕759 号），同意五号尾矿库项目建设
2014 年 8 月 8 日	铜矿项目部进驻横坑进行地类勘查工作
2014 年 9 月 15 日	江西省地震局下发《关于〈德兴铜矿五号（铁罗山）尾矿库坝址工程场地地震安全性评价报告〉的批复》（赣震发防〔2014〕59 号）
2014 年 9 月 25 日	时任上饶市政府常务副市长汪东进深入海口镇调研五号库项目建设
2014 年 10 月 27 日	铁罗山实业公司征地拆迁工作队取消双休日、节假日，以“5+2”“白 + 黑”的模式进行拆迁
2014 年 12 月 4 日	江西省林业厅下发《关于同意江西铜业股份有限公司德兴铜矿五号（铁罗山）尾矿库项目先行使用林地的批复》（赣林函字〔2014〕194 号）
2015 年	
2015 年 4 月 23—24 日	国家安全监督管理总局在德兴铜矿主持召开五号尾矿库工程安全设施设计审查会，审查采用听汇报、质询、现场查看坝址等方式进行，经过全面细致的审核，专家组形成一致意见，建设项目“安全专篇”设计基本符合国家和行业标准的要求，同意“安全专篇”通过审查，并提出了改进意见和建议

续 表

2015年8月31日	江西省国土资源厅下发《江西省国土资源厅转发国土资源部关于德兴铜矿五号（铁罗山）尾矿库项目工程建设用地批复的通知》（赣国土资函〔2015〕374号），五号尾矿库项目报批立项工作全面完成
2015年10月14日	铁罗山实业公司签订房屋征收协议133户，张榜公示101户。 化纤厂、食堂、医院基本拆除完毕。 签订林地征收协议425亩，完成林地青苗补偿约9 000余亩
2015年10月28日	德兴市人民政府下发《关于公布德兴市土地征收补偿标准的通知》
2015年12月24日	五号尾矿库攻坚项目横坑35 kV变电站开工建设
2016年	
2016年1月6日	2#排洪隧洞开工，标志着五号尾矿库项目正式开工
2016年2月29日	铁罗山实业公司林地征收工作基本完成
2016年3月11日	铁罗山实业公司启动坟墓迁移工作，并制定出了坟墓迁移方案和补偿标准
2016年4月19日	德兴市市长刘瑞英深入德兴铜矿五号尾矿库调研，矿长管勇敏、项目部相关领导陪同调研
2016年5月12日	杜村失地农民事宜正式开始办理
2016年8月18日	江西省发展和改革委员会副主任王前虎，江小兵处长一行到矿，对省重点工程五号尾矿库项目进行实地检查
2016年8月27日	德兴市市委副书记、代市长郭峰到海口镇调研指导五号库建设工作
2016年8月29日	五号尾矿库2#料石场开始动工建设
2016年9月10日	杜村水田征收及补差资金发放完成。 调处下游坝建设范围内山场纠纷
2016年9月21日	德兴市市委书记刘瑞英深入德兴铜矿五号尾矿库调研，矿党委书记周犇、项目部相关领导陪同
2016年9月28日	德兴铜矿五号尾矿库下游坝举行开工仪式
2016年10月30日	解决涉及杜村3个组近300户、670亩山场、800万资金纠纷分配事宜
2016年11月1日	召开德兴铜矿五号尾矿库项目情报汇报会，地矿双方沟通协调五号尾矿库建设急需解决的问题，加快五号尾矿库建设项目有序推进。 德兴铜矿领导管勇敏、田信普，德兴市市委书记刘瑞英等领导出席推进会
2016年12月	铁罗山实业公司签订房屋征收协议149户，张榜公示128户完成对已征收林地（补偿完成）一万余亩的上图工作。 迁移坟墓52座至德兴双龙公墓区，外迁浙江等地6座。 拆除公房2 000多平方米。 完成对铁罗山经济林的测量工作
2017年	
2017年3月10日	召开了五号库杜村范围内林地全面征收动员大会
2017年4月8日	德兴铜矿与德兴市人民政府签订《国有建设用地使用权出让合同》暨《供用地协议》

续 表

2017 年 5 月 24 日	江西省重点工程建设办公室文处长一行到矿协调推德兴铜矿五号尾矿库项目建设
2017 年 7 月 20 日	杜村林地纠纷最集中、涉及林农最多的高寺坞、陈家坞所有山场的测量和面积核对工作完成
2017 年 9 月 19 日	市委副书记、市长郭峰与江铜集团副总经理黄明金协商，为五号库建设定目标、定调子
2017 年 10 月 8 日	项目部五号尾矿库现场指挥部挂牌运行
2017 年 11 月 18 日	高寺坞山场征收工作基本完成
2017 年 12 月 7 日	江西铜业集团有限公司党委书记、董事长龙子平对五号尾矿库项目进行调研。 江西省国有资产监督管理委员会党委书记、主任陈德勤到德铜展开调研，详细了解五号尾矿库项目建设的推进情况，推进过程中存在的问题
2017 年 12 月	铁罗山实业公司已签订房屋征收协议 192 户，腾空房屋 183 户，拆除 112 户，分配安置房 183 户。 完成坟墓迁移至德兴 92 座，外迁浙江等地 12 座
2018 年	
2018 年 4 月 10 日	五号尾矿库项目库内 1# 排洪隧洞实现贯通。 海口镇召开进驻横坑征地搬迁誓师会
2018 年 4 月 24 日	海口镇完成横坑林地摸底和 70% 的林地补偿资金发放
2018 年 4 月 25 日	五号尾矿库项目库内 1# 排洪隧洞实现贯通
2018 年 5 月 8 日	五号尾矿库项目上游至下游排洪隧洞实现贯通
2018 年 5 月 29 日	海口镇完成横坑林地和水田补偿资金发放
2018 年 6 月 2 日	海口镇进驻横坑启动房屋测量和做征收工作
2018 年 6 月 7 日	海口镇实现房屋破冰征收，首日实现三连签
2018 年 7 月 20 日	海口镇完成横坑村村民的蜂桶清点统计
2018 年 8 月 16 日	德兴市人民政府市长郭峰到海口镇杜村慰问征地拆迁镇村干部
2018 年 9 月 6 日	横坑最后一户房屋征收协议签订。 横坑村内所有五号库项目实现破土动工
2018 年 9 月 19 日	五号库征地拆迁工作，横坑村整体房屋搬迁签订任务终于全部完成
2018 年 9 月 25 日	德兴市政府发布五号尾矿库清场公告
2018 年 10 月 28 日	海口镇完成老宅基地、空心砖补偿资金发放
2018 年 10 月 31 日	五号尾矿库上游坝全线封顶
2018 年 11 月 5 日	上饶市委常委、统战部长陈洪生深入海口镇调研五号库项目建设
2018 年 11 月 9 日	大山 220 kV 至 35 kV 总降变电站安装调试完成，并实现线路供电
2018 年 12 月	铁罗山红线内的搬迁户已全部签订房屋搬迁协议，房屋全部腾空和拆除。 分配安置房 252 户。 库区坟墓共 230 座，现已迁至德兴 136 座，外迁浙江等地 20 座
2018 年 12 月 18 日	下游初期坝筑成功实现封顶

续 表

2019 年	
2019 年 1 月 3 日	破解了多年来杜村村民因环境污染、饮水问题不缴电费难题，对杜村收缴电费进行专项整治，实现收缴电费正常化
2019 年 4 月 14 日	铁罗山剩余最后一户拆除完毕，标志着五号尾矿库红线范围内（横坑村 33 户、铁罗山 275 户）房屋拆除工作已全面完成
2019 年 4 月 23 日	江西省发展和改革委员会重点项目处调研五号尾矿库
2019 年 4 月 30 日	完成杜村最后一组山场征收，提前一个月完成征收任务
2019 年 5 月 15 日	德兴市人民政府发布《关于德兴铜矿五号尾矿库闭库蓄水的通告》
2019 年 7 月 3 日	德兴铜矿五号尾矿库蓄水启动仪式，五号库实现闭库蓄水
2019 年 9 月 20 日	德兴铜矿五号尾矿库负荷试生产

参考资料

中国恩菲工程技术有限公司．江西铜业股份有限公司德兴铜矿五号尾矿库可行性研究报告，2011．

中国恩菲工程技术有限公司．江西铜业股份有限公司德兴铜矿五号尾矿库初步设计，2012．

中国恩菲工程技术有限公司．江西铜业股份有限公司德兴铜矿五号尾矿库环评报告，2013．

德兴市林业局．江西铜业股份有限公司德兴铜矿五号尾矿库使用林地可行性报告，2014．

德兴市水利局．青龙山水库初步设计，2017．

上饶赢通项目管理咨询有限公司．江西铜业股份有限公司德兴铜矿五号尾矿库房屋征收安置小区项目可行性研究报告，2013．

江西益欣房地产评估顾问有限公司．江西铜业股份有限公司德兴铜矿五号尾矿库建设项目节地评价报告，2013．

德兴市自然资源局．德兴铜矿五号尾矿库建设房屋征收补偿方案，2011．

德兴市房管局．德兴铜矿五号尾矿库建设土地征收补偿方案，2011．

德兴市自然资源局，德兴市房管局．德兴铜矿五号尾矿库房屋及土地征收社会稳定风险评估报告，2012．

德兴项目部．江西铜业股份有限公司德兴铜矿富家坞矿区开发项目经理部规章制度汇编，2014

德兴项目部．德兴铜矿五号尾矿库工程安全专篇，2014．

五号库建设协调服务领导小组．会议纪要，2011—2019．

中国十五冶金建设集团有限公司．江西铜业股份有限公司德兴铜矿五号尾矿库第一标段施工组织设计，2017．

五矿二十三冶建设集团有限公司．江西铜业股份有限公司德兴铜矿五号尾矿库 1# 库内排洪系统施工组织设计，2015．

五矿二十三冶建设集团有限公司．江西铜业股份有限公司德兴铜矿五号尾矿库排洪系统 2# 库内排洪系统施工组织设计，2015．

五矿二十三冶建设集团有限公司．江西铜业股份有限公司德兴铜矿五号尾矿库排洪系统下游排洪系统施工组织设计，2015．

五矿二十三冶建设集团有限公司．圆形隧道针梁式钢模台车混凝土支护工法，2015．

五矿二十三冶建设集团有限公司．圆形隧洞模板台车施工方案，2015．

中鼎国际工程有限责任公司．江西铜业股份有限公司德兴铜矿五号尾矿库回水隧洞施工组织设计，2016．

中鼎国际工程有限责任公司．江西铜业股份有限公司德兴铜矿五号尾矿库大山尾矿输送系统施工组织设计，2016．

建设篇

[1] 广州市重点公共建筑项目管理办公室．广州亚运城项目管理的理论与实践 [M]．上海：同济大学出版社，2012．

[2] 丁士昭．工程项目管理 [M]．2 版．北京：中国建筑工业出版社，2014．

[3] 周雅珍．林地评价与保护利用研究 [D]．福州：福建师范大学，2013．

[4] 乐云，蒋卫平，崇丹．大型复杂群体项目分解结构 (PBS) 概念与方法研究：复杂项目管理的第一步是 PBS 而不是 WBS[C] // 第八届中国项目管理大会论文集．中国西安：中国项目管理大会组委会，2009：59-65．

[5] 蔡英武．工程施工阶段业主投资控制重点分析 [J]．建材与装饰，2013，19：334-335．

创新篇

[1] 沃廷枢．尾矿库手册 [M]．北京：冶金工业出版社，2013．

[2] 印万忠．尾矿堆存技术的最新进展 [J]．金属矿山，2016(07)：10-9．

[3] 王柏纯，郑争广，李运成，等．中线法筑坝加高改造技术 [J]．中国矿业，1994(04)：39-42．

[4]《尾矿设施设计参考资料》编写组．尾矿设施设计参考资料 [M]．北京：冶金工业出版社，1980．

[5] 张壮．上游式尾矿库渗流及静动力稳定分析 [D]．西安：西安理工大学，2014．

[6] 王平，王泽斌，王柏纯．浅谈中线式尾矿筑坝的安全性 [J]．矿业工程，2010，8(02)：52-3．

[7] 裘家骙，陈承贻．加拿大尾矿筑坝技术 [J]．矿冶工程，1985(03)：14-8．

[8] 田园，张军宇．浅谈尾矿坝筑坝方式 [J]．科技风，2016(18)：252．

[9] 李凤霞．浅析我国尾矿库与尾矿堆积坝的特点 [J]．企业导报，2014(08)：121-2．

[10] 卢星．中线法尾矿坝筑坝工艺及渗流、稳定分析 [D]．西安：西安理工大学，2016．

[11] 周汉民，刘晓非，胡建军．模袋法尾砂堆坝技术 [C]．尾矿库安全运行技术高峰论坛，2012．

[12] 周汉民．模袋法尾矿堆坝技术 [M]．北京：冶金工业出版社，2015．

[13] 陈华君，何艳明，栾景丽，等．尾矿堆存处理工艺比较及应用 [J]．云南冶金，2012，41(04)：68-73．

[14] 李瑞鸿，袁子有，李跃强．尾矿高浓度堆存技术实践 [J]．有色金属（矿山部分），2014，66(01)：67-71．

[15] 郭天勇，段蔚平．中线法尾矿筑坝应用问题研究 [J]．现代矿业，2014，30(12)：43-5．

[16] 张新普．尾矿库中线堆坝法的应用实践 [J]．中国有色金属，2012(03)：64-5．

[17] 张仪，惠兴欢，先永骏．中线法筑坝的研究及应用 [J]．甘肃冶金，2017，39(03)：82-3+94．

[18] 梁金建．德兴铜矿四号尾矿库中线法堆坝生产实践 [J]．中国矿山工程，2008(01)：15-7+46．

[19] 吴飞．德兴铜矿 4 号尾矿库中线法堆坝生产及技术管理实践 [J]．有色金属（选矿部分），1998(01)：37-42．

[20] 赵高举，刘让，苏永，等．龙都尾矿库存在的问题与对策 [J]．有色金属（矿山部分），2003(02)：42-3．
[21] 杨燕，戴红波．龙都尾矿库混合式筑坝坝体稳定性研究 [J]．有色金属设计，2014，41(02)：11-7．
[22] 阚永明，罗柏党．中线法扩容在山谷型尾矿库中的应用 [C]．2010 年第三届尾矿库安全运行技术高峰论坛，中国广西南宁，2010．
[23] 郭瑞．中线法筑造尾矿库的探讨与实施 [J]．冶金丛刊，2006(01)：45-7．
[24] 刘才华．米箭沟尾矿堆积坝水文地质条件分析 [J]．山西建筑，2014，40(08)：67-9．
[25] 袁斐．整体预制钢模台车在隧洞衬砌施工中的应用 [J]．有色冶金设计与研究，2013，34(04)：13-4+7．
[26] 龙志阳．模板台车的现状与研究 [J]．水利水电施工，2002(04)：71-4．
[27] 隆杰．隧道衬砌台车设计的初步探讨 [J]．企业技术开发，2010，29(23)：71-2+8．
[28] 刘旭阳．隧道衬砌模板台车设计的探讨 [J]．中国建筑金属结构，2007(02)：42-6．
[29] 祝玉学．尾矿库工程分析与管理 [M]．北京：冶金工业出版社，1999．
[30] 朱宁，陈玉明，刘相纯，等．尾矿库环境污染分析与预防对策 [J]．黄金，2014，35(2)：67．
[31] 谢学辉，范凤霞，袁学武，等．德兴铜矿尾矿重金属污染对土壤中微生物多样性的影响 [J]．微生物学通报，2012，39(05)：624-37．
[32] 栗德星．尾矿库的环保防渗设计研究 [J]．世界有色金属，2018(16)：114+6．
[33] 沈楼燕，林武．尾矿库环保防渗措施设计问题探讨 [J]．中国矿山工程，2009，38(05)：47-9+54．
[34] 刘永涛，赵文君．浅谈第Ⅱ类尾矿库防渗及生态修复设计 [J]．当代化工研究，2016(11)：105-6．
[35] 袁永强．第Ⅱ类尾矿库环保防渗系统设计探讨 [J]．金属矿山，2016(05)：178-82．
[36] 李斌，杨岳丁．浅议矿山Ⅱ类尾矿库防渗设计 [J]．化学工程与装备，2009(12)：97-9．
[37] 杨润锋．矿山环境保护与水土保持现状及对策分析 [J]．科技与创新，2016(04)：29-30．
[38] 李俊．浅析矿山环境保护与水土保持措施 [J]．低碳世界，2014(15)：13-4．
[39] 乐云，刘嘉怡．“政府—市场”二元作用与我国重大工程组织模式的关系 [J]．工程管理学报，2017，31(06)：152-7．
[40] 乐云，李永奎，胡毅，等．“政府—市场”二元作用下我国重大工程组织模式及基本演进规律 [J]．管理世界，2019，35(04)：17-27．
[41] 李永奎，乐云，张艳，等．“政府—市场”二元作用下的我国重大工程组织模式：基于实践的理论构建 [J]．系统管理学报，2018，27(01)：147-56．
[42] 乐云，胡毅，李永奎，等．重大工程组织模式与组织行为 [M]．北京：科学出版社，2018．
[43] 胡毅，李永奎，乐云，等．重大工程建设指挥部组织演化进程和研究评述：基于工程项目治理系统的视角 [J]．工程管理学报，2019，33(01)：79-83．

人文篇

[1] Domènec Melé. Understanding Humanistic Management[J]. Humanistic Management Journal，2016，1(1)：33-55.

[2] 彭俊. 管理学概论 [M]. 北京：北京大学出版社，2014.

[3] Domènec Melé. The Challenge of Humanistic Management[J]. Journal of Business Ethics，2003，44(1)：77-88.

[4] 刘跃进. 中华人文精神及其时代意义 [EB/OL]. [2018-12-10]. https://www.chnlib.com/wenhuadongtai/2018-12/872196.html.

[5] 岳巍. 习近平的人文科技观：双翼齐飞共创人类美好未来 [EB/OL]. [2016-6-4]. http://www.chinanews.com/gn/2016/06-04/7894386.shtml.

[6] 田学斌. 放射灿烂的人文之光——读《习近平谈治国理政》[EB/OL]. [2015-04-23]. http://theory.gmw.cn/2015-04/23/content_15454843.htm.

[7] 吕腾龙，常雪梅. 习近平高度重视医务人员：生活安全人文关怀都要保障到位 [EB/OL]. [2020-02-20]. http://cpc.people.com.cn/n1/2020/0220/c164113-31596051.html

[8] 周梦觉. 人文管理应用在企业发展过程中的作用及价值探讨 [J]. 时代金融，2016(12)：123.

[9] 陈江生. 习近平反腐倡廉思想的三大创新 [EB/OL]. [2017-08-23]. http://theory.people.com.cn/n1/2017/0823/c40531-29489863.html.

[10] 丁士昭. 工程项目管理 [M]. 2 版. 北京：中国建筑工业出版社，2014.

[11] Ma H Y，Zeng S X，Lin H，etc. The societal governance of megaproject social responsibility[J]. International Journal of Project Management，2017，35：1365-1377.